近现代国际关系史研究

第十一辑

徐 蓝 主编

世界知识出版社

图书在版编目（CIP）数据

近现代国际关系史研究. 第 11 辑/徐蓝主编. —北京：世界知识出版社，2017.4
ISBN 978-7-5012-5452-1

Ⅰ.①近… Ⅱ.①徐… Ⅲ.①国际关系史—研究—近现代 Ⅳ.①D819

中国版本图书馆 CIP 数据核字（2017）第 064588 号

责任编辑	罗养毅
特邀编辑	狄安略
责任出版	赵　玥
责任校对	马莉娜

书　　名	**近现代国际关系史研究（第十一辑）** Jinxiandai Guoji Guanxishi Yanjiu
主　　编	徐　蓝
出版发行	世界知识出版社
地址邮编	北京市东城区干面胡同 51 号（100010）
网　　址	www.ishizhi.cn
电　　话	010-65265923（发行） 010-85119023（邮购）
经　　销	新华书店
印　　刷	北京京华虎彩印刷有限公司
开本印张	787×1092 毫米　1/16　24¾印张
字　　数	366 千字
版次印次	2017 年 4 月第一版　2017 年 4 月第一次印刷
标准书号	ISBN 978-7-5012-5452-1
定　　价	38.00 元

版权所有　侵权必究

《近现代国际关系史》学术委员会

学术顾问：张椿年　徐天新　张宏毅　李铁城

主　　编：徐　蓝

学术委员会（以姓氏拼音为序）：
　　　崔　丕　韩东育　胡德坤　梁占军　刘北成
　　　刘德斌　钱乘旦　沈志华　史桂芳　时殷弘
　　　王晓德　武　寅　徐　蓝　于　群　赵军秀
　　　张顺洪　赵学功　朱瀛泉

本书出版受"内涵发展—国家重点学科建设—世界史"项目资助

目 录

专家讲坛

当代中国外交史研究的几个问题 / 2　　　　　　　　　　牛　军

史学论文写作漫谈：如何选题 / 25　　　　　　　　　　王立新

东京审判与国际关系 / 36　　　　　　　　　　　　　　宋志勇

会议论文

南明时期（1644—1662年）东亚国际体系的危机与重建
　　——双重政治主题下的清代朝贡体系生成史 / 51　　吕振纲

"仁祖辩诬"事件再探
　　——以康雍乾时期中朝辩诬交涉策略演变为视角 / 75　赵　蒙

庚子事变后中外关于"惩凶"问题的争论与交涉 / 90　　　邓　雨

约翰·亚当斯政府的海地政策 / 120　　　　　　　　　　孙一笑

美国与1805年《的黎波里和平友好条约》探究 / 135
　　　　　　　　　　　　　　　　　　　　李泽源　石可鑫

从敌对到合作：冷战初期澳大利亚对日政策的调整 / 149　张绍兵

宣传与公共外交史

第一次世界大战时期美国对外宣传研究综述 / 167　　　　任　一

美国一战时期的战时海报宣传
　　——以《我需要你加入美国军队》为例 / 178　　　　王一哲

事实还是谎言？
——读艾伦·阿克塞尔罗德著
 《兜售世界大战：美国宣传的兴起》/ 201　　　王一哲
公共信息委员会信息档案资源导论 / 210　　　任　一
公共信息委员会档案选译 / 215　　　翟　韬　王一哲 选编

中外关系研究

试论国民政府收回南海诸岛主权始末 / 247　　　马　菲
20世纪50年代台湾当局与菲（南）越交涉及
　　对南海权益的维护 / 263　　　郭　渊

档案文献

AU与国际关系史研究 / 309　　　姚百慧　李云霄

学术动态

"第二届全国国际关系史研究生论坛"综述 / 337　　　温主保
第一届"宣传与公共外交史工作坊"综述 / 354　　　武乐曼
中国第二次世界大战史研究会2016年年会暨学术研讨会综述 / 367
　　　　　　　　　　　　　　　　　　　　　　　武　垚

书评

《真实的黎巴嫩真主党》评介 / 371　　　狄安略
评伦德斯塔德《战后国际关系史》（第六版）/ 377　　　喻　卓

稿约 / 384

Contents

Experts Rostrum

Several Issues of Contemporary China's Diplomatic History Research / 2
                            Niu Jun

Informal Discussion on the Writing of Historical Papers: How to Choose the Thesis Topics / 25   Wang Lixin

Tokyo Trial and International Relations / 36   Song Zhiyong

Conference Papers

The South Ming (1644–1662): The Crisis and Reconstruction of East Asian International System: The History of the Qing Tributary System Generating under the Dual Political Themes / 51 Lv Zhengang

Research on Defending for Injo of Joseon Incident—As The Perspective of the Evolution of Sino-Korean Negotiation Defending Strategies in the Period of Kang Xi, Yong Zheng, Qianlong of Qing Dynasty / 75
                            Zhao Meng

Arguments and Negotiations between China and Foreign Countries on the Issue of Guilty Punishment after the Gengzi Incident / 90 Deng Yu

The Haitian Policy of John Adams Administration / 120 Sun Yixiao

An Exploration on the Treaty of Peace and Amity between the United States and Tripoli in 1805 / 135 Li Zeyuan, Shi Kexin

From Hostility to Cooperation: The Adjustment of Australia's Policy to Japan in the Early Years of the Cold War / 149 Zhang Shaobin

Publicity and Public Diplomatic History

A Review of The Research on American Foreign Propaganda in World War I / 167   Ren Yi

American's Wartime Propaganda Poster in World War I—As a Case of "I Want You For U. S. Army" / 178   Wang Yizhe

True or Lie? —A Review of Alan Axelrod's *Selling the Great War: The Making of American Propaganda* / 201   Wang Yizhe

An Introduction to Archival Information Resources of the Committee on Public Information / 210   Ren Yi

Selected Translations of Archives of the Committee on Public Information / 215   Anthologized by Zhai Tao, Wang Yizhe

Study on the Sino-Foreign Relation

A Tentative Study on the History of Nationalist Government's Resumption of Sovereignty of the South China Sea Islands / 247   Ma Fei

The Taiwan Authorities' Negotiations with the Philippines and South Vietnam and Maintaining the Rights of the South China Sea in the 1950s / 263   Guo Yuan

Archives and Literatures

Archives Unbound and Study of International Relations / 309   Yao Baihui, Li Yunxiao

Academic Trends

A Review of the Second Session of the National Postgraduates Forum of International Relations / 337   Wen Zhubao

A Review of the First Session of Propaganda and Public Diplomatic
  History Workshop / 354　　　　　　　　　　　　　　Wu Leman
A Review of the Annual Meeting and Seminar of Chinese Association for
  History of World War II in 2016 / 367　　　　　　　　　Wu Yao

Book Reviews
A Review of *The Real Story of Hezbollah* / 371　　　　　　Di Anlue
A Review of Geir Lundestand's *East, West, North, South, Major
  Developments in International Politics Since 1945* (6th Edition) / 377
　　　　　　　　　　　　　　　　　　　　　　　　　　　Yu Zhuo

Notice to Contributors / 384

[编者按] 2016年10月，首都师范大学国际关系史研究中心举办了"第二届全国国际关系史研究生论坛"，来自全国多名专家和60余位博士、硕士研究生参加了会议。会议共讨论文章44篇。本辑刊"专家论坛"的栏目，是专家们在会议上的发言和讲座；而"会议论文"则是部分学生提交论坛的习作（在收入本辑前又做了修改）。有关会议的详情，可参考本辑刊"学术动态"栏目《"第二届全国国际关系史研究生论坛"综述》一文。

专家讲坛

当代中国外交史研究的几个问题

牛 军[*]

首先非常感谢首师大历史学院的邀请,近年来,每隔一段时间受到首师大历史系邀请,很荣幸。每次来都谈对当代中国外交史研究的一些当时的体会和想法,这里谈的当代中国外交史是指 1949 年以来的外交历史。翟韬老师和我联系时,我就在想要讲什么?经常会因为阅读和研究,产生一些新的疑问和新的思考,教学的好处就是可以随时与同学交流,这次也是和各位交流。刚听了前面领导和老师介绍首师大历史学院近来的发展状况,其中一些内容同我最近在研究中遇到的问题有关系,也与今天想谈的问题有关系,很受启发,所以想将我原来提交的发言题目"当代中国外交史研究的几个问题"改成"几个疑问",我也没有答案,这里提出来同各位讨论。

一、外交史研究路在何方?

我近来在重新研究冷战时期中国对印度支那地区的政策。这是我自己现在很感兴趣的课题,因为从一开始就遇到如何界定一些重要的基本事实。

---

[*] 牛军,北京大学国际关系学院教授。

尽管其中涉及的很多历史事件听起来似乎是耳熟能详的，我现在认为远非如此。这里举个例子。在座的诸位以历史学院的老师和研究生居多，会比较容易理解我为什么这样谈问题。

我在写教科书《中华人民共和国对外关系史概论》中提到过，"援越抗美"作为一项政策推行了10年左右。我现在把它定义为新中国成立以来最大规模和持续时间最长的对外军事援助政策，围绕这个定义做研究。当时看以往的研究成果发现，"援越抗美"是国内学术界在使用的概念，而且到目前为止，还没看到任何一项研究成果，比较确切和清楚地定义这个概念的内涵和外延，以及确定这项政策是什么时候开始的，持续到什么时间结束？这都是一些很基本的问题，在过去的国内研究成果中都没有清楚地定义和解释。通常研究20世纪60年代中国外交和对印度支那政策时，都在用这个概念展开交流，但是缺少一个规范的定义，结果总是各说各话。我认为，缺乏规范定义的部分原因，是对这个历史过程涉及的重要事实掌握的不够清楚，对这个重大的历史事件本身的来龙去脉不是了解得很清楚。当然，现在有很多新的档案，包括国内国外的，都可以利用来帮助解决这个问题。这里不打算谈得太具体，这个问题对大家可能是有意思的，也可能没有。

不过对事实掌握的不够清楚只是原因之一，还有其他的一些原因。简单举例是为了说明，在当代中国外交史研究中，不仅有档案资料缺乏造成的研究难以深入，也有因为缺乏规范的思考造成的不重视对基本问题的界定、对研究对象阐述不清晰、不深入。特别是随着新档案的发现而不断形成新热点时，容易使我们忽视，这个领域本身存在着基础研究极为单薄的明显弱点，有些问题是很基本的，需要靠扎扎实实的研究来推进。对于研究者来说，能形成高品位的教研共同体至关重要，也特别要避免被媒体的兴趣牵着走，毕竟，做规范的研究才是学者安身立命的基础。

我在北京大学国际关系学院教书，客观环境造成了我在同历史研究的师生交流同时，也会同一批做国际关系、国际政治理论研究的优秀老师们不断交流，当然也在跟国际有关学术界交流。那个领域的发展也非常之快，必然会有大量新鲜知识，包括新的研究方法、新的研究视角等，涌入外交史研究领域,自然会影响到对外交史的思考和认识。在这样的环境中耳濡目染,即使不自觉地倾听、交流、吸收,也难免会受到影响,提出很多新的疑问,包括对一些已有的成果不断提出质疑。

刚才发言的老师在介绍中提到了全球史研究作为首师大历史学院的一个重点方向,已经取得了很大进步。这使我想起5年前主持翻译了一本书:《美利坚独步天下:美国是如何获得和动用它的世界优势的》,由上海人民出版社出版,作者中文姓名是韩德(Michael Hunt)。书的内容是论述美国如何获得和利用它的世界地位,及其带来的积极和消极的后果,特别是在书的最后部分向美国读者发出相当严峻的警告,等等。例如书中提道,"美国统治下的秩序会是脆弱和短暂的?还是坚固而持久的?美利坚民族和世界其他民族会在美国的主持下繁荣?还是会在积聚起来的重压下衰退?这些压力来自国家之间的猜疑、地区内部的怨恨和全球的问题。在令人恐惧的世界潮流带着他们并不喜欢的答案汹涌而来之前,历史上最强大共和国的公民们应该向自己提出这些问题"。其中一些预言正在被逐步证明,这位历史学家的确是有先见之明的。

韩德做外交史研究很多年了,在美国学界也是独树一帜的,是美国外交史研究者中比较有代表性的人物,特别是在主张引进新的研究视角、方法等以克服传统外交史研究面临的危机方面,做出了非常大的贡献,推动了美国外交史研究方法的变革,这也体现在他的一些著作中。如果算上《美利坚独步天下》这本,韩德的三部比较优秀的著作都在中国出版了。第一本书是《一种特殊关系的形成:1914年前的美国与中国》,内容是关于中美关系史的。这是韩德教授的学术奠基作,在当时是开创性的研究,包括对外交史研究方法的探索,所以影响很大,极大地扩展了研究美国对华政策和中美关系历史的眼界。第二本书是《意识形态与美国外交政策》,这是在美国学术界第一次把意识形态这个至关重要的因素引入美国外交史研究,这本书也有中文版。

在翻译那本《美利坚独步天下》之前,我和他交流过。我读了那本书之后很想了解,韩德当初为什么和如何写这本书的,因为这本书当时就对新自由主义做了尖锐的批判。《美利坚独步天下》是一本宏观地叙述19世纪末到 21 世纪初美国对外关系历史的书，我组织翻译它的原因是认为作者在外交史研究方法上有突破。韩德在有意识地摆脱以往外交史研究那种单纯依赖于外交档案的窠臼，他有意识地转换自己的叙述方式，把一些新的视角、方法等引入外交史研究。他说与他以往的写作相比，这本书写得相当吃力。我建议他为中文版专门写个序言，还同他讨论过主要写什么。他从他的角度提出，美国获得当今的世界地位（有人说 20 世纪是美国的世纪）既有很多经验，也有很多教训；其次是美国人如何认识自己的世界地位，这在美国学术界——不说别的领域，也是有巨大争论的，有很多尖锐的批评，也有很多深刻的检讨，希望能吸取经验教训，以便更好地应付复杂的未来。这本书的特点之一，就是对此没有把握，包括美国未来会给世界带来什么，以及美国现在这种巨大的对外干预的冲动，会给美国带来什么样的命运？他提出以此为出发点，对中国读者谈一些想法。他也提出可以介绍一些研究方法方面的认识。我同意选后一个内容，中国读者、特别是做历史研究的读者不大考虑前一个那么宏大的事情。后来他在中文版序言中，主要介绍了他对外交史研究方法的思考，强调这本书吸收了社会史、国际史还有全球史的研究成果，尤其是全球史研究的框架对他研究的影响，即跳出以往美国外交史研究中以民族国家作为中心的那种传统叙事的束缚，从全球历史的视野来看美国世界地位的形成和影响，以及未来将会怎么发展，等等。

　　因为有上述具体的学术交流，听前面的老师介绍情况的确很有感触。中国外交史这个学科面临的挑战的确还是很大的。我们在研究方法方面有些过于保守了，或者说是我们在交流过程中，理应对新的学术思潮给予更多的关注。韩德在中文版的序言中提出的主要观点就是，外交史研究要特别注重跨学科，解读一国的外交史应该重视跨文化的影响、互动。他那本书出版后也有一定的影响，内容很有启发，有兴趣的同学可以读一读中文版序言。

　　研究冷战史的同学都会比较了解著名的冷战史专家文安立（Odd Arne Westad）教授，他写的《全球冷战》也已经有中文版了。那本书很有影响，记得是得了三项大奖，因为他的研究是开创性的，未来一代学者会因此极大地改变对冷战的叙述，会把冷战这幅图绘制得更加丰富多彩、更加完整。这本书不是严格意义上的外交史，但包含了诸多国家间外交的叙述和对重大外交决策的分析。作者对冷战历史的大时段和全景式的叙述，显然是不依赖外交史档案的。不是说可以没有或不重视，而是说不仅仅依赖外交档案。文安立运用的方法、选择的视角等，如果有机会可以请他做专门介绍。他对整个世界宏观的观察大大超出了以往冷战国际史很多局限，大量使用了当时公开的文献，但是描述出来的图景仍然被冷战史研究、国际史研究和外交史研究等领域的专家充分的认可。这是国际学术界在这个领域已经获得巨大发展的一个例子，我们做外交史研究必须要认真地阅读、思考和考虑清楚，未来的研究到底需要走什么道路。这里顺便简单介绍，文安立是韩德的博士研究生，他们保持着密切的联系。《全球冷战》的关键思路在韩德的论述中也是可以读出来的，例如他已经指出了研究第三世界的重大意义，"半个世纪前完全消失的第三世界的声音正在主导自己国家的舞台，使国际论坛听到它们的声音"，"很难想象有比这更剧烈的全球转型了"。所以，在这里建议，特别是对博士研究生建议，如果决定做外交史研究，就需要尽可能地了解国际学术界的发展趋势。现在国内的美国外交史、美国史研究等领域对此比较重视，近年来有很多介绍和探讨值得关注。

国内当代外交史研究处于何种状况，我没有做过深入系统的研究。在讲课或讲座的时候，会谈一些对宏观问题的思考。国内的著作、论文等，绝大部分还是在史实这个层面上挖掘和叙述、解读。我认为，并不是这个领域的研究者们看不到学术思潮的发展方向，也不完全是对相关的史实本身还了解得不够，尽管应该承认这方面存在不少问题，但这毕竟是当代历史研究领域普遍面临的问题。中国外交史研究存在的突出问题有大的政治环境的影响，也有传统政治文化的影响。例如我本人就难免有些根深蒂固的观念，也经常在研究过程中反省，现在这个年纪可能对自己观念中的局限性，认识得更清楚了。例如"为尊者讳，为亲者讳，为贤者讳"作为一种文化影响，甚至触及了价值层次，它使我们落笔的时候就不那么直率了。

当年一进大学，老师就告诉我们司马迁提出的"秉笔直书"的治史原则。何为"直书"？怎么写可算"直书"？这不是一个简单的文字表述问题，每个人都是在身处的政治文化中理解它的。三十岁时写的东西，可能觉得那样已经算"直"了；但到了六十岁时会觉得当时并不能算是"直"，或者说只能算是保持了一些对"直"的追求，实际上落笔并不那么"直"，潜意识里不愿"直书"。我看到国关学界在分析批判美国和美国领导人时，文章写得特别直率，但是能不能用同等的直率来分析和叙述中国的问题呢？甚至能不能这样直率地叙述某些其他国家，可能都不行。这首先涉及到政治敏感问题，但我想说的是，那不单纯是一个政治敏感的问题，也是文化传统的影响。例如，我在北大国关学院讲"中华人民共和国对外关系史"这门课时，就指出过，国人研究中国外交有特殊的心理影响，即有一个"家丑不愿外扬"的心理问题。所以，除了外部的政审之外，还有内心的自我审查；自我审查的更深层次里，还存在自己不愿意如何写的问题，我们有时把负面评价或者批评性的内容等，视为一个很复杂的、需要加以处理的问题，这可能是一种文化的影响吧。在史实叙述的层面，我可以坦率地告诉年轻的同学，尤其是博士研究生，在我的一些论文里是有保留的。

我个人是这样看的：虽然我们在追踪国际学术潮流中取得了进步，特别是在如何展开外交史研究的一些至关重要的方面取得了重大进步，但回过头来看，我们所做的主要工作还是对最基本史实的回溯、考察。这种话在媒体里炒作就变成了追求"真相"，而"真相"对读者必然会变得非常有吸引力，值得炒作。而且"真相"好像代表了另外一种含义，好像有很多假象。实际上很多情况下是过去没有认识到一些现象的存在，或者我们虽然认识到那些现象的存在，但解读上有偏差或浅薄，慢慢纠正偏差和由浅入深的过程，也可以被称作追求"真相"吧。同前面谈到的例子联系起来看，掌握历史档案固然是至关重要的，但远不是问题的全部。即使是在挖掘、界定和厘清历史事实等层面，强化分析能力、扩展视野和学习、借鉴、运用新的方法等，也是同样重要的。所以应该尽早认识到，从事学术研究的过程在本质上也是解放自己思想的过程，研究一生都会是如此。

二、基本事实引发的疑问

之前介绍了我最近的工作,包括自己在做的研究工作。我现在组织翻译三卷本的《剑桥冷战史》,其中有我写的一章。参与写作和讨论的过程,使我看到了很多专题研究的不同视角。现在除了作专题研究外,也在断断续续地修订那本教科书。另外还有参加学术讨论会,为了修订教科书也在不断阅读其他学者的成果和档案。这些比较丰富的研究工作引起对不少研究中的问题,包括一些可能被认为是已经研究过的老题目,有了新的想法。因为想做比较全面系统的修订,将新的研究成果尽量补充进去,这就需要比较系统的思考。结果发现,有些原来认为已经确认的一些事实本身还是存在疑问的,之前相信对它们的认识是有把握的,现在则感到还需要重新考察和思考。那本书是 8 年前动笔写的,然后在 4 年前出版,即大约 5 年前完成的。这 8 年里,外交史领域的研究的进步是非常快的,特别是受到国际冷战史研究(华东师范大学沈志华老师领导的这个学术潮流)的冲击和影响,对冷战时期中国外交史的研究变化尤其显著,取得了很多新的成就。

今天在这里提出一些具体的疑问,作为例子给同学们,特别是博士生同学,在学习研究和未来设计学位论文题目时作为参考,当然这是我的主观愿望。在研究方法上,我们应该争取站到国际学术的前沿,年轻的博士研究生最好能设想更长远的、有超越性的目标,至少不要在毕业的时候就变成在思想上已经落伍的人,这一点非常重要。在我看来,基础当然还是做好最基本的对史实的确认和界定,这同收集历史资料有关,也同我们的眼界有关,要能理解史实本身的丰富含义,从中看到新的"事实",解读其到底有什么含义,需要在研究方法上跟上学术界的潮流。这有些像盖房子,首先当然要重视并认真检验基础是否牢固,用的材料是否真实坚固;然后进一步还可以思考这个基础是否还有更广泛的价值和意义。

我在课堂上给本科生讲的是概论,是一些最基本的对外关系的知识。在教学过程中会不断产生很多具体的疑问,这些问题当然还是来自对基本史实本身的认识,所以这些疑问一经提出,首先是要对事实本身重新进行界定；其次是借助比较成熟的理论和方法，例如国际政治理论、政治学、社会学、经济学研究等，提供了很多现成的工具，这些都需要学习和了解。有些史实本身也许基本是清楚的，但也有些是我们以为是清楚的，但实际上并非如此。一开始我已经谈了"援越抗美"研究的例子，在此再举几个例子。

第一个例子是在几乎所有国家的对外关系史研究中，都会使用一个概念——民族主义。但是，在研究中华人民共和国对外关系史中，中国的民族主义在具体的历史场景中到底表现出什么样的特点？如何把这个观念的实际作用从一个个有着复杂结构的历史过程中界定出来？这远不是已经被完成的任务，民族主义在中国人的意识形态中——我讲的是非正式意识形态中，到底占据什么样的地位？需要什么样的条件才会在具体的历史事件中产生值得关注的作用，从而影响当时的对外关系？要回答这个问题，并不是说明白了民族主义这个词，抓住几个概念，就能解释中国对外关系史中的有关现象。

例如讲当代中国对外关系史，必定要谈中苏关系；讲中苏关系就必须要讲三个中苏条约，即1924年5月签订的《中俄解决悬案问题大纲》，1945年8月签订的《中苏友好同盟条约》，以及1950年2月签订的《中苏友好同盟互助条约》。这三个条约中，1945年8月的条约是研究中无法回避的，毕竟1950年的新条约是在这个条约的基础上加以修改后形成。当然内容有很多不同，条约的名称增加了"互助"两个字，当时中方提出这个建议，以区别于1945年的中苏条约，另外也可以显示两个社会主义国家之间的平等地位，表明中华人民共和国政府和之前的国民政府与苏联的关系有根本性的不同。国内对中苏关系史的研究讨论中，经常使用民族主义这个概念。一些学者指出，中苏谈判1950年的条约过程中存在明显分歧，在中国方面，很重要的是中国领导人的民族主义。例如，杨奎松教授在一篇论文《中苏之间国家利益与民族情感的最初碰撞——以〈中苏友好互助同盟条约〉签订为背景的研究》中提出，后来中苏关系出现矛盾的重要原因是在1950年的谈判中，毛泽东有很强烈的民族情感而且的确产生了影响，特别是导致后来中苏破裂时，中国领导人给予这次谈判"异常负面"的评价。以此类论断为前提，这里不妨就中国民族主义在中苏关系演变进程中的具体表现方式做些比较。

按照研究近代史、革命运动史的叙事，中国的新民主主义革命运动是从1919年的五四运动开始的，而五四运动是因为巴黎和会才发生的，简单地说就是第一次世界大战后，列强企图在和会上把中国山东的权益从德国转给日本人。这在当时对中国人来说特别的不能容忍，因为一战前中国是一些战争中失败的一方，所以割地赔款、出让权益，战败国只好接受。但在一战中，中国是战胜国之一，加上民族主义的兴起——现代中国民族主义的思潮快速发展就是从辛亥革命发端，到一战以后迅速发展起来——中国人对巴黎和会中列强的做法感到是奇耻大辱，特别不能接受，其结果就是爆发了大规模的群众抗议运动，即史称五四运动。这场运动对中国人的世界观和中国政治、社会等都产生了长远的影响，影响最大的是出现了推动了社会主义思潮的传播，并在1921年诞生了中国共产党。当然这个过程是很复杂的，但在五四运动的起因、推动这场运动的重大事件的叙事中，各方都很重视民族主义或称爱国主义的影响。这里可以大略地比较1945年8月签订的中苏条约中关于中国东北权益问题和1919年巴黎和会上关于山东权益问题等的处置方式和过程。

在1943年11月开罗会议期间，中美已经讨论过中苏关系、如何安排战后东亚地区的各种问题。当时蒋介石已经了解到，苏方向美方透露了他们将要参加对日作战，而参战将是有条件的。他还不知道苏联的条件是恢复其被日本夺占的原沙皇俄国在东北攫取的权利，需要讨论的只是要恢复到什么程度而已。苏方曾提出大连作为租借地，从日本人手中转给苏联。国民政府方面坚持大连绝对不能再变成租借地，因为中国是以盟国身份参加这次世界大战，现在叫反法西斯世界战争，而民族自决权是写在1941年的《联合国家宣言》里面的，这后来成为联合国的核心价值之一，所以在民族自决权问题上不能再倒退了。当时有两个问题，一个是东北的权益；一个是香港殖民地。英国首相丘吉尔声称，他绝不做埋葬大英帝国的首相，也就是英国的东方殖民地都不能动，所以一定要保留香港这块殖民地，结果没有就此达成解决办法。关于苏联要取得中国东北的权益，罗斯福在开罗会议之后召开的德黑兰会议上告诉斯大林,大连要作为类似香港的一个自由港,不能再作为租借地,行政管理权可以在苏方手中;旅顺可作为军港租借给苏联。这种安排在实质上与苏联的要求是没什么差别的,加上将中东铁路的所有权"归还"给苏联,这等于是苏联基本上恢复了沙皇俄国和苏联时期丢给日本的权利。

问题的本质不在于"租借"的文字表述,而是在被称之为反法西斯战争的东方战场,列强仍然是以殖民战争、帝国主义战争的态度和方式来处理他们在东方的"历史遗产",这种思维并没有因为有了反法西斯主义的性质和口号,就发生了根本改变,只是有了一些形式上的调整而已。对于中国人来说,二战结束前面临的这类问题同巴黎和会时相比,我认为并没有什么实质性的改变。我的问题是,当二战结束前后出现了这种情况后,为什么没有像1919年那样,引发大规模的"群众爱国主义运动"?中苏条约公布以后,蒋介石、国民政府都对这个条约表示赞赏,他们没敢开庆祝会,但觉得可以接受,因为条约的内容很复杂,谈判中是有交易的。在延安的中共中央《解放日报》也发了专门的社论,说中苏条约是战后远东和平的保障。后来,《雅尔塔秘密协议》在1946年2月被披露之后,中国一些大城市出现了学生运动,但是也没有像五四运动那样,引起那么大的反响,如市民的参与和工人大罢工等等,全国局势还是在国民政府的控制之中。我曾经问过当时参加过那次学生抗议的人,这个学生运动是自发的,还是有国民党的操控?因为在革命史的叙事中,这次有限的学生抗议是国民党派系挑动的反苏运动。我得到的答复是自发的,当然这也无从考证了。如果有感兴趣的同学可以考证一下,1946年2月、3月在一些城市爆发的学生反苏运动,到底是国民党派系在背后操纵的,还是像五四运动那样自发的,背后没有人在操纵。

比较1919年和1945年出现的两种现象,就会引出一个重要的疑问,即到底该如何理解现当代的中国民族主义及其表现形式?以及中国历届的执政者是如何认识和应对由此类观念变化引发的各种问题?我们可以很抽象地讲中国有民族主义的问题,可是为什么民族主义在不同时期具有类似特性的问题上,会有那么不同的表现?中国人的主权国家观念、对于主权领土的那种敏感——我们现在把它们叙述得都非常重要而且有很大的影响——在不同的历史过程中，到底表现为什么？

这里再提一个疑问，也是我在修改教科书落笔迟疑之处，即"国家相互尊重主权与领土完整""国家不论大小都是国际社会平等的一员"等原则，在不同的历史过程中应如何解读。关于1954年的日内瓦会议，在我过去的研究中和我看过的其他研究成果中，都是作为中国维护地区和平的一次成功的案例。到现在我还是持这种基本看法，但这不等于其中不存在还需要进一步解释的疑问。1954年3月，在日内瓦会议召开之前，中国、越南和苏联有频繁的相互协调，周恩来曾两次去莫斯科。我看师哲的回忆里有一句话，回忆周恩来第一次去莫斯科与苏联外长莫洛托夫的会谈中有一个内容，过去我也没太注意。当时周恩来问莫洛托夫，大意是中国不是这场战争的当事国，以什么样的身份来参与这场谈判呢？这表明他和他同时期的那代中国领导人等，在初次进入国际多边舞台时是有困惑的。他们在新中国成立前后这一段时间提倡的理念在国际政治现实中遇到了困境，具体说就是第一次印度支那战争中，中国的政策是援越抗法，即帮助越南人反对法国殖民主义，而不像在朝鲜战争中，中国是直接参战方。所以就有了以什么身份来参与政治谈判的问题，以及随之而来的如何解决、如何处理这场战争的未来的问题。

在有关的研究成果肯定周恩来的外交努力的同时，实际上带来了疑问。当时的领导人依据什么政治理念认为，中国有权利参与讨论和决定越南人在这场反殖民主义战争中的命运，接受以北纬17度画线实现停战。越南后来又爆发了统一战争，由于美国介入又打了十年，我们一般称之抗美救国战争，对越南人来说是反对美国军事干涉和完成国家统一的战争，这意味着改变1954年确定的状态。当然，1954年在日内瓦会议的政策导致后来中国领导人面对美越和谈问题时，态度非常的慎重。

实际情况是，在1954年，中国领导人认为中国有一种"大国身份"。1954年1月，《人民日报》发表过一篇社论，讲五个大国即苏、美、中、英、法等，对世界和平负有特殊的责任。这样的论述同中国一贯倡导的国家不论大小都是国际社会平等的一员，是如何在逻辑上自洽的？如何在价值层面协调起来的？这是需要认真思考和解答的问题。

再举一个例子。在第二次世界大战结束以后，包括冷战爆发后一个时期，世界政治中非常重大的现象就是殖民体系的崩溃。研究殖民体系的解体过程，可以看到二战导致世界政治的中心欧洲衰落的一个后果，即随之而来的民族主义运动在全世界的勃兴和殖民体系的崩溃、大量新兴国家的出现。这是20世纪一个影响深远的大潮流，我们大概已经认定了，在这个世界性的进程中，中国是反殖民主义的民族解放运动的非常积极和坚决的支持者。而且可以从中国当时大量的档案和历史文献中证明，中国通常会支持民族主义运动中那些比较激进的力量，即走武装夺取政权、通过武装斗争推翻殖民统治的那些政治力量。特别是60年代中期以后一段时间，向一些地区和国家推广毛泽东思想，支持他们搞暴力革命。那些不坚持搞武装斗争的政治力量、组织等，则被批评为修正主义者，或者是受到帝国主义、新老殖民主义的操纵。总之，学术界有个基本共识，即中国在世界反殖民主义运动中，一直是积极的、坚决的和立场鲜明的，这方面看上去是没有疑问的。

我在写教科书时没有专门谈这个问题，当然也会有所涉及，毕竟这个问题牵涉到中英关系、中葡关系、中国与西欧国家的关系，有些教科书里会专门写"一国两制"。这就需要回答一个简单的问题，为什么中国在全世界反殖民主义的浪潮中，特别是在六七十年代走向高潮的过程中，如此积极地支持激进的民族解放运动，包括提供军事援助在内的各种各样的援助，帮助为他们培训各方面的人员，而且还同苏联激烈争论，要支持暴力革命、通过武装斗争推翻殖民主义统治，等等，而问题就在于为什么中国对香港和澳门这两块殖民地不坚决立即收回？为什么新中国成立后没有立即彻底结束殖民主义在中国的统治？在中国外交被认为最激进的时候，仍然用很实用的态度对待自己领土上的这两块殖民地，一直坚持到条约到期，通过谈判解决？这样的政策在理论上、逻辑上是如何自洽的，今天在对外政策研究中该如何解读和阐述？

文革爆发时，我小学四年级刚结束，但那时候已经有很深的印象，中国支援世界革命是非常激进的，可为什么在中国不把外交革命搞彻底呢？

台湾问题解决不了是因为军事力量不行，但香港和澳门这两块殖民地都是可以解决的，特别是20世纪70年代葡萄牙军政府被推翻以后，澳门的殖民统治问题解决起来并不很难，可事实是它就这么一直保留下来了。

上述那些疑问都来自对外关系历史中存在相互矛盾的现象，对现象的叙述和判断并不合逻辑，不能在逻辑上自洽，可看多了就会觉得它似乎理应如此，于是就这么叙述下来了，就这样讲下来，同学们上课就这样听下来了。可问题是这些现象存在相互矛盾的内容。我们想当然的把一些概念，诸如民族主义、反殖民主义、激进的革命者、现存国际体系的挑战者等等，当作标签贴在中国外交上，并为此感到自豪。实际上从冷战国际历史看，在20世纪70年代，像古巴这么小一个国家，曾经向非洲派了7万多军队，直接到那里打仗，帮助那些国家推翻殖民主义和白人统治。我们的自我叙述中强调毛泽东坚决支援世界革命，中国是世界革命的根据地，但有像古巴那样直接出兵支援非洲革命运动吗？显然没有。

20世纪60年代，中国真正付诸军事行动的地区就是印度支那，在援越抗美政策的指导下，先后派了32万的军队，以支援部队的名义进入越南北部，从事军事工程、后勤补给和有限的防空作战。当时越南领导人包括胡志明等访华，说北方的青壮年军人进入南方作战（1964年就开始了），北方的兵力不够了。毛泽东表示，中国可以把北方的事情包下来，到1965年做了最后决定，派支援部队帮助北方的军事工程和防空等，使越南能抽出部队进入南部作战。除援越抗美之外，在其他地区并没有过军事行动。即使在印度支那也谨慎避免了同美国的直接冲突，没有像古巴那样积极地直接派军队参战，在有的国家就是主力部队。所以，古巴是彻底挑战国际体制、反体制的。中国人当时很赞赏、现在也不否定自己的挑战者的形象，但在一些具体场景中应该界定到什么程度，需要在全球冷战中进行比较，然后才能得出恰如其分的结论。关于古巴的情况，推荐读《剑桥冷战史》中有关古巴那一章，写的很精彩。撰写这章的美国学者似乎对古巴和卡斯特罗很同情，认为这个国家很了不起，这么小的幅员能派那么多军队到国外去作战，支援民族解放运动，出个切·格瓦拉也不是意外。与古巴相比，中国还不是最激进的。对这种观点，我在参与学术交流过程中是真有体会的。

中国在当代世界中到底是什么样的角色？在比较的视野中，中国的身份应该说比较复杂，这体现在中国决策者的每个具体的决策之中，需要做一系列专门的研究，才能得出更为确切的结论。我们对在当代外交史的自我描述，应该同世界史的进程相互对照；要研究那个时代世界上那些曾经叱咤风云的人物，然后同中国领导人做一个对比等，然后再确定中国在世界政治中的位置，属于政治光谱的哪一系等。这些例子大大小小还有不少，那些疑问我也难以给出确切的答案，至少在做进一步专门研究之前是如此。面对这些疑问，我希望能在"中国对外政策意识形态"这个概念、这个视角去做一些解读。当然这只是一个视角、一个题目而已，远不能完全涵盖那些疑问。这里不想谈我认为需要如何去回答，而是希望能给博士研究生留下一个印象，中国当代外交史研究中是充满疑问的，已有的一些叙述是有些自以为是。探索新的方法、追踪国际学术界前沿的潮流，都是为了在比较前沿的层次对各种疑问寻找答案。

三、外交史研究应被置于哪个学科？

第三个问题与上述有关，前面提到应追踪研究前沿的发展，不过还是要面对国内中国外交史研究的现实。前面举例是要说明，针对很多最基本的事实，可以提出很多疑问，如何回答则是研究的一个出发点。从梳理学术史的角度看，修改教科书对我的研究影响比较大。我自认为是个"边缘人"，做历史研究的学者不认为我是历史学界的，国关研究者不认为我是国关学界的，我在两界游走。实际上对哪个学科来讲，我都是"边缘人"，我自己也没有归属感，没有身份和认同。第三个问题也是由此而来的，即当代中国外交史的研究到底应该主要被置于哪个学科之中？

写教科书有一部分必须要涉及写学术史，在我印象里，最早的或者我看到的最早的中华人民共和国外交史是外交学院谢益显先生主编的，那时候我还知道中国外交研究是什么内容，是为了学习和研究党史读的。我本科的专业是中共党史，硕士论文写的是1944年的中共对美国的政策，博士论文写的是中美关系，这是我研究中国外交史的起点。我了解1949年以后的中国外交，就是读外交学院的谢益显先生主编的那套，全书包括近代、民国，第三卷是中华人民共和国外交史，最早的版本写到1979年。大家都知道，外交学院是外交部的部属院校，原来是为外交部培养专才干部，学校的很多老师就是外交部的工作人员或官员。在这个体制中，谢益显教授写书也是为培养外交部官员的需要。中国外交史的学术研究最初的种子就种在这样的土壤里，然后生根发芽。这本书基本上是以外交部为叙事的中心，包括外交部的行为、外交部的话语、外交部的文件等的梳理，即以政府名义正式发布的文件的梳理，然后按时间段一段一段写下来的。书的话语系统都是正式文件中的外交语言，以及对外交行为的官方解释。这就是当代中国外交史研究的起点。

　　我毕业以后，特别是90年代开始，因为对中国外交研究有兴趣，一直关注这个领域。后来写过一篇关于中国外交史研究的学术史，分析它与中国的国际关系研究的不同发展道路。后者是从研究国际问题开始，以研究外部问题作为起点和存在的必要性，是在为中央提供外国情况咨询的基础上发展起来的，研究对象也是外国。但是，这种情况90年代开始出现了重大的变化，越来越多的研究国际问题的学者，特别是年轻一代学者，他们开始研究中国外交和中国的外交政策。先是发表评论、议论、讨论，这些体现在一些论文中。然后开始做中国外交研究，其中经常涉及当代外交史，一般都是对中国外交史中的不同阶段和事件等做宏观概括，或者说是宏观的结论、判断。不过，这些宏观概括、判断等的依据，可以说基本上就是过去以外交学院那本外交史为代表的一些教科书、通史等提供的知识，甚至有相似的语言表述。但是，它带来的变化是什么呢？我认为是一些国际关系、国际政治研究中成熟的、有助于解读中国外交现象的分析工具、理论概念等，被带入外交史研究。比如，最简单的"国家利益""现实主义"，等等。毛泽东也讲过"现实主义"这个词，但他的本意是指的"实用"。当国际政治、国际关系领域的学者把这些概念带进外交史研究，作为一种理论的"现实主义"在中国学术界已经生根并成长了。在中国外交史的叙事中，如果讲中国领导人是"讲现实主义的"，就需要区分清楚，这到底指的是"实用的",还是指是符合现实主义理论的。不能再随便用历史人物自己的话语解读他们自己的言行,不能随意使用同样的词。这只是一个例子,新的概念、理论等被这批学者带到外交史研究,给研究带来了很大的变化。如果不注重学科的交流和从中获益,外交史研究将来可能会出现失语,因为无法用那些被精确定义的社会科学概念去接轨、对话,有时写出来的文章会有互相解读的困难,包括给读者带来困惑,引起误解。

另一方面也必须指出,那些学术成果存在的问题就在于其所依据的历史知识等,是中国外交史研究的早期(不知能否算是学术)成果提供的,这些成果本身并没有经过严格的学术规范的检验。规范是至关重要的,所谓学术成果或可靠的知识,首先就在于它们产生的过程是否遵循了规范。第一个问题就是是否尽可能地收集了档案,前面说不依赖档案,但不能没有档案,这是基本的。早期的研究者们的优势是或许经历了一些事情,了解某些情况,但毕竟不知道他们有没有经过规范的方式收集、阅读和利用历史档案,根据我的经验,这在当时是不太可能的。

第二个问题是没有必要的学术讨论和批评,就是相互质疑,对证据、逻辑、概念本身的准确性等进行质疑。可以说那些成果的内容相对来说比较粗糙,判断、论证的过程等都比较可疑。在这样的基础上,简单地把国际关系理论横向地移植过来,建构对当代中国外交史的认识框架,就好像是在沙滩上盖楼房。这样说或许有点过分,但那样的知识基础的确是有问题的,尽管带来了很多概念、共同体的术语、一些新的社会科学的方法,等等。我在前面谈韩德那本书时,讲了他取得的新成果都得益于跨学科的研究,问题是需要各个学科的发展比较均衡,或者在跨学科时要先做些学术史研究,以免跨错了地方。

此外,中国历史研究的其他领域在发生的巨大变化,取得了长足的进步,甚至还有研究思想史、哲学的一些学者,开始更为宏观和抽象的解读中国历史,包括中国从古至今的外交历史,涉及对建国后这60年外交史的基本判断和概括。尽管他们的成果缺少对个案的深入分析,但对这段历史基本概括和认识中,包含了很多有价值的判断,对我的研究是很有启发的,主要是启发我们更广泛的思考。当然也要保持一份警惕,因为我总感到这个领域的基础部分有问题。

介绍了上述几个方面之后,一个比较重要的问题也就自然会浮现出来,即当代中国外交史研究到底应该主要被置于哪个学科之中。在学术研究中难免会碰触这个问题,将来也会引起争论,这会触及到根本性的问题。

对个人来说是有一个重要的选择的。关于从事国际关系研究的这批学者,他们倾向于把中国外交发展置于同国际体系的互动中,或者广泛一些说,他们主要是把中国外交的发生、发展以及未来可能的进展等同外部环境的互动作为视角,将中国外交放在这个互动的结构中解读和阐述。这种叙事,注重于国家间关系的互动对中国外交带来的影响等,这是一类。

如果转换角度,从中国学和中国研究出发,对中国外交可以做这样的基本判断,即它主要应该产生于中国的政治、经济、文化、军事、社会、历史等因素之间的互动,研究它的知识结构必须要同第一类有所区隔,当然这并不是要否定中外互动的影响。之所以提出这个问题,是由于我认为有必要思考,对于研究中国外交,具备什么样的知识结构是合理的,或者是必需的。经过多年的交流,包括与外国学者的交流,我已经非常明确地认识到,不能因为我是一个中国学者,生于斯长于斯,在中国文化中熏陶时间长,就可以自认比国外研究中国外交的那些专家更懂中国外交;仅仅借助国际政治理论、国际关系研究以及亲历过的国际经验等,是解读不了中国外交的。我个人认为,中国外交应该主要置于中国学的基础之上,这是另一条不同的路径,它要求研究者具有不同的知识结构。毕竟,当一个事件发生了,更应该关注什么,总要有一个判断和选择,这是最简单的问题。而一个人的知识结构决定了在面对一个事态时,或者说一个历史事件摆在面前需要展开研究时,他会首先关注什么,以及选择什么路径,当然这也部分取决于经验的积累,研究经验的积累也会推动一个人做出判断。这个问题早晚会引起争论,我谈的争论不是说我很讨厌的学科门派之争,而是指不同的知识结构会导致在研究相同问题时,会选择很不同的视角和路径,甚至导致非常不同的认识。

我在国关学院讲授的当代中国外交是本科生的专业基础课,我会对同学提出明确的要求,如果想认真学习和研究这个领域的问题,必须恶补中国的知识。这有两个原因，第一个是我之前讲的学术史上带来的问题；第二个是如果想解读当代世界，就必须解读当代中国，否则是解读不了当代世界的。研究当代中国需要一套专门的关于中国的学问，不能说生在中国，听的多了，认中国字，能看中国书，就足以理解中国外交史了。研究中国外交就要像研究美国外交一样，要做专门的训练，形成独特的知识结构。

这里举个例子，也是一个很有趣的现象。我曾经在社科院美国研究所工作。在讨论关于美国对华政策的国际交流中，给我们解读美国对华政策的美国人，是美国研究中国问题的专家，他们来交流是为了研究中国，却给我们讲美国对华政策。反之一样，同美国人交流的都是中国研究美国问题的专家，给美国人讲中国的政策。专门研究美国问题的中国专家能讲清中国的事情吗？可是中美学术交流一开始就是这样，双方都在借助缺少对方专门知识的人来了解对方，我那时就感觉这个现象挺奇特的。这是会带来更好的互相理解，还是可能会带来一些误解呢？对我来说，这真的是一个问题。

所以，决心研究中国外交史，如果知识结构主要是世界史、国际关系、国际政治理论，就要恶补关于中国的学问、知识。国关学界的研究是比较前沿的，对中国历史知识的重要性比较敏感，而且有些成了风气，例如国关界的很多论文都会加上一些"子曰""诗云"之类，研究战略喜欢先说两句"不谋天下者不谋一隅，不谋万世者不谋一时"云云。这好像成了一种时尚，论文里面没这么两句，就没有学兼东西。这虽然有失肤浅，但还是反映了对某种知识不足的自觉和弥补的努力，久而久之就会有效果。我感觉外交史学界对借鉴社会科学的成果方面有些排斥，历史学界对社会科学方法应该带点欣赏，在论文中尝试借鉴一些什么主义的，也未尝不可，至少不要在话语上加以排斥，表述方式上不要排斥。

四、谁在搞外交？

之前已经提出了很多疑问，与之相关的第四个问题，就是我在写教科书的时候越来越意识到，我或者说我这年龄的这些人，对中国外交到底知道什么？越研究越觉得好像不知道什么，例如中华人民共和国成立以后，到底是谁在搞外交？如果按照外交学院过去的叙事，当然就是外交部在搞外交。按照现在国际关系、国际政治理论这批学者的叙述，似乎也都这样认为，他们也是在研究外交部，或者至少以外交部为主吧。例如开所谓政策研讨会，如果有两个退休将军参加，与会的国关研究者到外面会说是军方说了什么，这听上去好像中国讲的运作也还有外交部之外的其他部门，例如军方等参与。但问题是这样就能说清楚谁在搞外交吗？

我最近先后给指导过的两位博士生出版的专著写序言，都把这个问题提出来了。事实上我们知道的很少。这里假设一个前提，即中国的外交是产生于中国的政治、经济、军事、文化，那么在解读具体的外交运作中，到底中国的外交是谁在做呢，包括发现问题、提出建议、展开讨论、做出决定、然后执行、反馈等，现在能说清楚、说完整吗？当年读谢益显先生主编的书，外交就是政府、外交部在搞，不少国关的成果并没反映出是否做了深入研究，只是在叙述中国政府的外交行为。我在写教科书时，必须尊重一个最基本的事实，即外交的主要和重要的决定是中共中央政治局做出的。历史上外交部在中国外交中是一个什么地位，现在界定的并不清楚，个案研究太缺乏了，无从界定。我希望能解释清楚外交部在中国外交中的地位，一提外交部发言人的发言就好像就是代表了中国外交，他（她）能代表吗？外交部长的重要作用是如何体现的？为什么很多研究美国外交的人把外交部长的角色类比为美国国务卿的角色？研究美国外交史的时候，美国国务卿是很重要的角色。中国外交部长是不是也那么重要？这是从学术研究出发提出问题，也要依靠规范的研究给出答案。

中华人民共和国诞生后，是在1949年11月成立外交部；1950年1月，建立了另外一个部，中共中央联络部。研究当代中国外交就必须研究中共中央联络部，还有一个中共中央社会调查部，还有其他的部门，如外经贸部等，有个例子是清楚的，50年代初担任过外交部副部长的李克农，曾同时担任军委情报局的局长。现在有各方面的回忆录提供了复杂的线索，当然还需要专门的考证。

外交部档案馆开放对外交史研究的推动太大了,虽然只开放到 1965 年,还有一些限制,但很多老师和博士研究生都通过查阅档案,了解到很多复杂内容。不过围绕外交部在中国外交中到底是什么地位这个问题展开研究,可以帮助我们确定还需要要到哪些部门去查阅资料,以及进一步确定其他很多部门和机构的实际作用,从而勾画出一个比较完整的画面。

我们对中国外交的了解程度还与了解人事变动有关。外交部第一任部长周恩来是国家总理,那是多高的地位。中联部第一任部长是王稼祥,党内地位是相当高的,长征之前曾与周恩来同任中央军委副主席。讲党史的人都知道,1937 年王明回国后,党内在统一战线、抗日军事战略等问题上有过激烈争论,后决定派王稼祥去莫斯科汇报。当时是斯大林、共产国际领导人季米特洛夫接见了他。季米特洛夫最后对他说,王明要尊重毛泽东,毛泽东是有中国革命经验的领导人。这等于是说用一种独特的方式,确认了苏联和共产国际承认毛泽东在中共中央的领导地位。否则这个争论还会持续下去,中共内部很难有统一的领导。王稼祥回国后,如实通报了苏联和共产国际关于中共中央以毛泽东为中心的决定。这发生在 1938 年,可见王稼祥在党内的地位有多高,由这种身份的人担中联部部长,也可以想象中联部的地位。

1954 年 7 月的日内瓦会议结束后,周恩来在一个谈话中说,他是很想干外交工作,但中央决定他继续担任总理,周恩来真的对外交有兴趣,从外交档案记录中可以看出来这一点。他组外交班子要把张闻天从苏联使馆调回,李克农要回军委情报局,外交部需要充实领导力量,周本人继续兼任外交部长,直到 1958 年由陈毅接任。陈毅的地位也很高,同周有非常密切的个人关系。中联部对刘少奇负责,刘少奇是国家主席,并直接负责党务工作。

两个部门中联部和外交部是可以协调的,但后来也有不协调的情况,最突出的表现是在 1962 年 9 月召开的八届十中全会期间。会上毛泽东批评"三自一包",说是有三股风"翻案风""单干风"和"包产风"。陈毅在华东组发言,说外交部也有一股风,叫"三个要和,一个要少"——对帝国主义要和,对修正主义要和,对反动派要和,对世界革命援助要少。他这个发言是联系毛泽东反对的"三自一包",说外交部也有右倾问题。毛泽东看了这个简报,认为非常好,让政治局领导都要读,发现外交部也出现了修正主义倾向。他还给王稼祥看了一个简报,其中说修正主义都是里通外国的。王稼祥后来写了辞职报告,辞去了中联部长的职务。出现这个情况的原因比较复杂,王稼祥在1962年1月的七千人大会后,认为中央要纠正"大跃进"的错误,外交领域也有必要反思大跃进以来的错误倾向,所以写了一系列报告,建议纠正外交领域的一些错误,而外交领域也要大跃进是1958年担任外交部长的陈毅提到的。

最后再举个例子,可以说明中联部的重要地位。去年(2015年)乔石去世,我看到一个回忆录,虽然不长但内容很重要,因为乔石本人在中联部工作过,还担任过中联部部长。那个回忆中说,有一天陪乔石散步。当时正逢1991年苏联"8·19"政变,乔石谈到如何看待"8·19"苏联政变和苏联解体,说外因是变化的条件,内因是变化的根据。苏联剧变的主要原因是什么,需要研究。然后他提出中联部要做研究。中联部后来专门进行研究并提交了报告,由乔石交给了江泽民。在后来的一次政治局常委会上,江泽民肯定了报告的内容,指出中俄关系还是坚持和平共处五项原则,对苏联出现的动荡,中国不参与、不介入。如果未来的研究能证明回忆录所讲的内容,这里暂不涉及可能存在的其他因素的影响,就可以看到中联部在苏联解体以后中国与俄罗斯关系上的作用,的确是实质性的。当然,不能排除外交部和其他部门可能也有自己的分析,但这个例子可以看出,中联部至少不是无足轻重的。

最近应邀为一本英文著作写书评,书名是 *Beijing's Economic Statecraft During The Cold War 1949-1991*,简称《冷战时代的中国对外经济方略》。我在书评中也提出,这本书绘制了一幅更为全面和丰富的有关冷战时期中国经济战略的图景,也因此使有一个问题不可避免地被凸显出来,即在中国持续扩展和加强运用经济工具来追求对外政策目标——不论是为了"无产阶级国际主义的革命理想"还是"国家利益"——的过程中,"到底是哪些人以及他们通过何种体制和机制等,来完成如此复杂且日益增长的巨大工作"。作者在序言中实际上意识到存在这样的问题,并指出了参与这类决策和行动的一些主要人物。这本书的第6章是关于中国援助越南的内容，作者的叙述证明，是大规模援助才导致了中国建立专门的体制，以协调中央各部门和中央与地方之间的关系，这类矛盾在对朝援助中也是存在的，作者随后专门阐述了中国对外经济援助的制度化建设。我作为读者的印象是，直到20世纪70年代，中国才开始了对外援助工作的制度化建设。我认为，随着对冷战时代中国对外政策研究的深入和冷战后中国经济外交的迅速发展，研究有关的制度建设和运行机制等，应该受到更多的重视。

综上所述，现在还无法了解到其他部门参与外交运作的情况，还不能确定都有谁在搞外交，到底有哪些人、哪些机构在发挥重要作用。由于党史、革命史、国史等研究都很突出领袖的重要作用，也是受到查阅档案的限制，这导致研究中很容易忽视很多机构和我们不知道的一些人。历史上一些人由于政治运动中被打倒了，现在无从了解他们（包括那些中层官员）的作用。我的经验是，现在的研究几乎都始终盯在有关领导人的史料上，当然也是因为只出版了一些重要领导人的档案、传记、年谱、文件集等。但是应该设想，在如此巨大的政治体制和决策系统中，会有很多机构卷入政策形成过程。这些机构和很多中层干部在外交系统中到底发挥了什么作用，这些都需要我们去研究。如果真立足于"中国知识"时，就会感到过去的研究有些轻飘飘的。

"谁在做外交"这个问题还涉及那些决策者、参与者的知识到底是什么和他们对世界政治知识的了解程度，例如至少在冷战时代，他们主要是依据对世界的了解，还是主要依据搞中国政治的经验在搞外交。这需要做深入系统的研究，才能做出判断。按照现在的基本思路叙述，基本上就是世界上出现一个事件影响到中国，然后中国就做出一个选择、决定。从现在已经公开的档案和历史文献，情况远非如此。至少毛泽东他们这代人的世界观和在中国搞政治的经验等，共同决定着他们的国际行为。

五、如何在世界体系中理解中国外交？

既然前面谈了"中国知识"的问题，最后一个问题还是要提出来，因为时间关系简而言之：如何把中国外交放在世界大结构中解读？我的基本判断和结论是，如果对过去世界政治中的40年冷战、60年世界政治的大脉络不清晰，不把中国视为世界体系中的国家之一来认识，不了解普遍性知识、世界体系的演变、世界政治潮流发展的普遍影响等，就无法谈中国的独特性。在我看来，决定世界潮流的基本因素概而言之，包括国际体系的变迁、科学技术的进步、经济全球化、全球性的意识形态斗争，以及全球性的变革等五大要素。中国外交的任何问题都没有超出这个框架，我们只能在普遍性的世界政治潮流中谈中国的独特性。如果仅强调中国特殊性，那会是一个没有意义的命题。当代中国外交史研究在这个架构中该如何评价，又是新的疑问了。因为时间关系，以后再同各位探讨。谢谢。

史学论文写作漫谈：如何选题

王立新*

在史学（学位）论文写作中，选题居于核心的地位，能否提出好的选题从根本上决定着史学（学位）论文写作的成败。在一些高校，经常发生博士生由于迟迟不能确定选题或中途变换选题而延期毕业的情况，大量的论文由于选题不当而沦为平庸之作，罕有选题不好而写出高水平论文的例子。那么，历史研究者如何提出好的选题？在这里，研究者的"问题意识"至关重要，选题的好坏取决于研究者能否就研究对象提出一个或一组"有意义的问题"。

一、什么是有意义的问题

学术研究是以问题为引领的，一个好的历史作品要提出、回答和解决前人没有解决的"有意义的问题"。在历史研究过程中，提问题的能力是根本性的，新问题的提出是学术进步的主要途径。正如法国史学家安托万·普罗斯特所言，"真正的空白不是还未有人书写其历史的漏网之鱼，而是历史学家还未做出解答的问题。当问题被更新了，空白有时候不用填就消失了。"[①] 不同学者、不同的时代对同一历史现象会提出不同的问题，因此历史研究和书写没有止境，史学也才能常新。

---

* 王立新，北京大学历史学系教授。
① ［法］安托万·普罗斯特：《历史学十二讲》，王春华译，北京：北京大学出版社，2012年，第73页。

那么，在历史研究中，什么是"有意义的问题"呢？这里强调"有意义"是指该问题对理解过去有价值，并通过收集史料可以回答。有的问题，如"拿破仑的个头有多高""秦始皇的胡子有多长"，虽然也很有趣，而且还没有答案，但这类问题是没有意义的（无论拿破仑的身高有多少、秦始皇的胡子长几许对历史本身并没有什么影响，无助于促进我们对历史的理解），而且也难以找到史料来证明。一般来说，有意义的问题有三个标准：

第一，"有意义的问题"应该是阐释性的（interpretative 或 explanatory）和分析性（analytical）的，而不是描述性的（descriptive）。"阐释性"是指对历史现象的成因和意义进行解释；"分析性"是把主题、观点或概念分解为若干个方面或范畴（category）来阐释；而"描述性"是指对历史过程的叙述，告诉读者发生了什么。任何史学论文都需要对历史过程进行描述，但这种描述应该是辅助性的，是为作者的阐释和分析服务的，史学论文不能仅仅停留在描述，否则就成了始末记，研究者变成了说书人。比如，在考察冷战兴起的历史时，仅仅叙述从凯南的"长电报"到NSC68号文件的演变，即美苏矛盾加深和遏制政策出台的过程，那就没有提出有意义的问题。而如果通过比较二战期间和二战后美苏关系的变化，试图阐释"为什么美苏之间在二战时期能够进行有效合作，而战争结束后不到两年就走向对抗，究竟是什么原因使两国的对抗未能避免"，则提出了有意义的问题，这实际上也正是冷战史研究中正统派、修正派和后修正派试图回答的核心问题。如果能更进一步，在探究冷战为什么会发生时把冷战的根源分解成国际体系、国家利益、意识形态、决策者个性等多个范畴来进行分析，就更有价值的了。

第二，"有意义的问题"关注的是不同历史现象或进程之间的联系，特别是现象与更宏大的历史进程之间的关系，而不仅仅是现象（事件、过程、人物、政策等）的来龙去脉。这种联系既可以是因果关系，也可以是相互之间的关联性。比如在讨论赫尔辛基会议后的人权史时，如果仅仅描述苏联和东欧各国的人权活动家和持不同政见者的活动，就没有提出有意义的问题来，而如果把这些活动与东欧的剧变和苏联的解体联系起来，探究人权议程、跨国非政府组织与冷战终结之间的关联性，则是非常有意义的问题。民族主义思潮与一战之间有何关系、20世纪30年代大萧条如何导致世界秩序的瓦解和二战的爆发、美国领导人的更替（罗斯福去世，杜鲁门接任总统）是否加剧美苏的猜忌并导致美苏对抗和冷战兴起等都属于这类问题。高明的研究者能在表面看来毫无关联的历史现象之间找到关联性，这需要研究者有很强的洞察力。比如，在探究美西战争根源时，伊利诺伊大学历史系克里斯廷·霍根森教授发现，到19世纪末，由于美国内战时期那代人的逝去和越来越多的女性参与政治，那个时代的美国政治领导人非常担心阳刚之气丧失和男性主宰地位动摇，这种忧虑深刻地塑造了当时美国社会关于战争与帝国的辩论，刺激了美国向西班牙宣战和征服菲律宾，因此，美西战争和美菲战争在一定意义上是一场为维护男性气概和男权地位的战争。作者独到的性别视角使其把19世纪末20世纪初美国社会的性别焦虑与美西战争联系起来，在人们习以为常的现象背后发现历史的因果关系，实现了学术创新，也深化了对美西战争起源的理解。①

第三，"有意义的问题"要超越"常规智慧"（conventional wisdom）探究历史现象和过程背后的深层动力，而不简单的史实重建或对历史的经验性解释。 史学研究最重要的工作不是提供历史的细节，当然细节很重要，它可以满足读者的好奇心，带来愉悦感，但更重要的是揭示深层次的动力——那些在历史过程中长期起作用、会重复出现的因素。任何历史现象都是在特定的历史情境（context）下发生的，是诸多因素"碰巧"（contingency）汇聚在一起发生作用的结果，具有特殊性，因此现象和细节是不会重复的，没有两种历史现象是完全一样的。重复发生的是深层次的动力和长期起作用的力量，发现和阐释这种力量是历史学家的主要职责。比如，研究一战的起源不能仅仅在经验层面关注军备竞赛、同盟政治（alliance politics）和"七月危机"，还必须探究那个时期在欧洲各国涌动的民族主义、帝国主义和社会达尔文主义思潮以及奥斯曼土耳其帝国衰落带来的力量真空和均势体系的变化。在考察两次世界大战之间的国际关系时，如果把30年代国际

---

① Kristin L. Hoganson, *Fighting for American Manhood: How Gender Politics Provoked the Spanish-American and Philippine-American Wars*, New Haven, CT: Yale University Press, 1998.

形势的混乱和二战的爆发与那个时期国际权势的转移和国际体系的变迁联系起来，则触及历史演进的深层次动力。

　　研究生在讨论自己学位论文选题的时候，通常会讲自己要研究某个问题（如政策、战略、事件、危机、战争、条约、人物、团体、制度），这里的"问题"实际上指的是"题材"（topic），即研究对象，而不是本文所说的"有意义的问题（question）"。在确定研究对象后，还必须就研究对象提出一个需要回答和解决的问题（这一问题前人没有回答或回答得不好）来，只有完成了这一步，才可以说论文选题工作完成了。也就是说，题材不等于问题，论文选题是题材和问题的结合，选题工作的关键是就研究对象提出一个或一组有意义的问题来。例如，研究美国联邦初期的教育，如果仅仅选择某个教育家，探讨其教育思想和教育活动，或关注教育体制的建立和教科书的编撰，还仅仅是确定了研究对象，这是不够的。如果研究者能透过教育家的活动和教科书的编撰探究教育活动在美国早期的国族构建（nation building），特别是培育共和主义和爱国主义中的作用，则提出了有意义的问题。北大历史系一位博士生的博士论文选题是美国第二政党体制的起源，作者没有简单去描述从第一政党体制到第二政党体制演变的过程和原因，而是探究纽约州的政党政治与全国性政党政治变迁之间的关系，论文要解决的问题是：纽约州的政党组织形式和政党文化如何影响到全国性的政党组建，并进而促进了全国性的第二政党体制的建立？这一有意义的问题为美国早期政党史的研究开辟了新的视野。另一位博士生的论文试图研究20世纪中期的人权问题，这仅仅是确定了论文的研究对象，其选题工作并未完成，因为作者不能单纯地叙述国际关系中的人权议题是如何被提出来的、《世界人权宣言》是如何产生的，还必须就20世纪中期的人权史提出一个有意义的问题来。这位同学最后确定要解决的问题是：为什么人权思想在18世纪晚期诞生后沉寂了一个多世纪，而偏偏在20世纪40年代，而不是在之前或之后，又被重新提起，并成为重要的国际议题，甚至建立了国际人权（保障）标准，实现了人权的"国际化"？在这一过程中，美国联邦政府和非政府组织扮演了什么角色？到了这一步，其选题工作才算完成。还有一位博士生，其论文的研究对象是美国对义和团运动的反应，由于学术界对这一问题几乎没有关注，作者如果能清晰地梳理美国媒体是如何报道义和团、传教士怎样描述义和团以及美国政府为什么出兵并占领北京等史实，无疑是有学术价值的。但如果作者的研究停留于此，其价值是有限的。难能可贵的是，作者更进一步，提出一个有意义的问题：美国舆论、公众和政府对义和团运动的反应与那个时期美国的帝国主义思潮之间是什么关系，反映出美国社会存在着怎样的"帝国文化"（imperial culture）？作者把美国对义和团运动的反应置于19世纪末美利坚帝国兴起与构建的背景中考察，剖析了"帝国文化"的四个方面：美国纯真的自我形象、大国荣誉思想、文明战胜野蛮的话语、家长观念。这一问题的提出和解决极大地提升了该论文的质量。

二、如何提出一个有意义的问题

很多年轻的博士生、硕士生在学习中常有提不出问题的苦恼，大量的论文只是通过材料的爬梳和解读，把事件的始末或政策的过程描述清楚了，而未能通过提出和解决问题来提供"洞见"（insight）。那么，在史学研究过程中，如何能提出有意义的好问题来？史学研究如何才能实现创新？根据笔者个人的经验，可以通过以下四个途径实现这一目标。

第一个途径是了解学术史。 通过梳理学术史可以从四个方面找到有意义的问题，实现学术创新：一是发现前人没有关注的新问题；二是对前人研究进行深化；三是对前人研究进行补充；四是挑战前人研究，提出不同的观点。

学术的进步和史学流派的演进往往是从发现和研究新问题开始的。史学思想和学术视野的变化会带动大量新问题和新题材的出现。比如，随着20世纪60年代新社会史的兴起，过去被史家忽视的底层社会的经验和普通民众的生活进入了研究者的视野，成为历史研究的新领域。20世纪80年代后期以来外交史研究的国际化和跨国史的兴起导致了大量新题材的涌现：非政府组织、跨国公司、国际体育、移民和难民、国际人权、消费主义和大众文化的跨国传播等，研究这些新题材和新问题就是重要的学术创新。

进入21世纪以来，越来越多的学者认识到意识形态和"人心之争"在冷战进程中的关键作用，冷战时期的对外宣传、公共外交和心理战等题材被学者们发现，考察"文化冷战"成为冷战史研究的新趋向。

通过学术史的梳理，可以找到前人研究较为薄弱的问题和领域，通过对这些问题和领域进行更深入的研究实现学术创新。一些老问题由于受档案解密进度的限制和研究者学养的局限，未能得到充分而全面的研究，或者由于新档案的发现和学术视野的变化需要重新审视，这样的问题就可以作为自己的论文选题。比如，冷战起源问题在冷战兴起后不久就有人研究，但那时候没有档案资料，只能依赖公开出版物和当事人的回忆。随着冷战的终结，美苏双方大量档案资料解密，学者们可以使用更加丰富的材料、从更广阔的视野、运用有利的"后见之明"（hindsight）重新研究和阐释这个问题。实际上，冷战结束后兴起的"冷战史新研究"的很多成果，如约翰·加迪斯对冷战起源的研究[1]、如迈克尔·霍根对美国国家安全国家的研究[2]，都是对以前研究的深化。关于中美关系正常化的研究由于卡特时期外交档案的解密也得到了丰富，学者们能够从更广阔的视角更全面和精细地探究中美两国寻求关系正常化的动因。[3]

另外，还可以对既有的研究进行补充。前人的研究通常是从某个角度对历史现象的考察，很难囊括所有的视角或历史现象的所有侧面，所以不可能穷尽和终结对某个问题的研究，而不过是对该问题的阶段性研究报告，后人可以提供补充性解释。在美国外交史领域，最典型的例子就是对美西战争起源的研究。美西战争的起源问题从20世纪20年代开始就得到史学界的持续关注，提出了很多解释：政治经济学视角的研究将美西战争的根源归结为美国的经济扩张和对海外市场的追求；地缘政治学的解释认为美国

---

[1] John Lewis Gaddis, *We Now Know: Rethinking Cold War History*, New York: Oxford University Press, 1997.

[2] Michael J. Hogan, *A Cross of Iron: Harry S. Truman and the Origins of the National Security State, 1945-1954*, New York: Cambridge University Press, 1998.

[3] Enrico Fardella, "The Sino-American Normalization: A Reassessment," *Diplomatic History*, Vol. 33, No. 4, September 2009, pp. 545-578.

是为了获取海外军事基地、扩大海权；社会心理学的解释把美西战争视为19世纪90年代美国社会的心理焦虑和精神危机刺激的结果；文化的解释则致力于探究美西战争背后的思想根源，包括帝国主义思潮、新"天定命运"论、种族优越感、家长观念和性别焦虑等。而哈佛大学的厄内斯特·梅教授则引入跨国和国际的视野，认为美国之所以发动美西战争，是因为受到欧洲追求海外殖民地、建立帝国的"国际时尚"的影响。在19世纪末20世纪初，拥有海外殖民地、"教化"弱小国家被认为是大国的标志，成为大国的"标配"，是进入大国俱乐部的"门票"。当时美国已经崛起为强国，渴望得到欧洲列强的承认，成为大国俱乐部的一员。正是在这种"国际时尚"的影响下，美国决定兼并菲律宾。[①] 厄内斯特·梅的这一研究不是要推翻前人的研究成果，而是对前人的研究进行补充，为美西战争起源的解释提供了新的视角。前文提到的克里斯廷·霍根森的研究也属于补充性解释。

　　直接挑战成说，推翻既有研究本身也是重要的学术创新。这方面的例子更是举不胜举。美国史学界有趋新求变的传统，一种解释被提出后，少则10年，多则20年就会有学者提出新观点，推翻此前的解释，以至于关于几乎所有美国重大历史问题的研究，都会出现从正统派（orthodox school，得到学术界普遍接受的最初的解释）到修正派（revisionist school）、后修正派（post-revisionist school）和新综合（new synthesis）的学术史演进模式。大家较为熟悉的是关于冷战起源的研究，[②] 实际上，关于一战、二战起源的研究都出现了类似的学术史的演进。挑战成说需要研究者去找寻既有解释中内在的逻辑矛盾、论据与论点之间的不一致以及与论点相反或相悖的史实。

　　第二个途径是现实关怀，即在过去和现实之间建立关联性，以此发现新问题，提出新看法。 历史学家不是古董迷，要关注现实，对现实问题的关切可以促使我们在历史中发现新问题，有关当今的知识可以直接或间接地帮助我们理解过去。托克维尔撰写《论美国的民主》就是基于作者对法

---

① Ernest May, *American Imperialism: A Speculative Essay*, New York: Atheneum, 1968.

② J. Samuel Walker, "Historians and Cold War Origins: The New Consensus," in Gerald K. Haines and J. Samuel Walker, eds., *American Foreign Relations, A Historiographical Review*, Westport, CT: Greenwood Press, 1981, pp. 207-236.

国现实的关切：为什么法国没有像美国那样在革命后迅速建立了稳固的民主制度，而是经历了多次的革命和长期的动荡？于是，他去美国考察，成就了一部经久不衰的名著。保罗·肯尼迪写出名著《大国的兴衰》，并提出"帝国的过度扩张"是历史上大国衰落的根本原因这一命题，无疑与他当时对越战导致美国衰落的关切有关。当前，中国领导人倡导建立"中美新型大国关系"，中美试图避免让两国关系陷入所谓的"修昔底德陷阱"，对这一主题的关注和了解有助于我们理解一战前的英德关系，思考英国和美国之间"霸权转移"的过程。一般来说，对历史的熟悉有助于把握和处理现实问题，了解过去是理解现在的重要途径。这一说法反过来也是成立的：对当前事务的洞察也可以帮助我们理解和重建过去。

第三个途径是培育跨学科的素养。跨学科的知识对我们发现选题，提出有意义的问题大有助益。冷战史研究中后修正派的代表人物约翰·加迪斯在20世纪70年代初对冷战起源的创造性解释就是一个范例。在此之前，关于冷战起源的解释已经有"正统派"和"修正派"，前者谴责苏联的扩张和意识形态导致美苏无法继续合作，后者指责美国的经济帝国主义政策为冷战的兴起负责。而在加迪斯看来，关于冷战起源的探究不能局限于道德的谴责，还应该看到二战后国际体系的特性对美苏行为的制约和塑造。二战后出现严格的两极体系，在两极体系下，难以摆脱的"安全困境"使美苏两国各自的防御性行为被对方视为进攻和扩张性行为，其结果是相互误解、猜忌和敌视不断加深，进而导致对抗的螺旋式上升，使冷战不可避免。[①] 这一解释借助于国际关系研究中的核心概念——"安全困境"（security dilemma），超出了经验和常识的范围，触及到国际社会的本质和国际体系的特性，推进了关于冷战起源的理解。外交史和国际关系史自20世纪80年代后期以来出现文化转向和跨国转向的取向，大量使用跨学科的方法：运用后殖民研究的概念（如爱德华·萨义德的东方主义）探究美国干涉第三世界的思想根源、用福柯的理论研究知识生产与西方（对东方的）权力之间

---

① John Lewis Gaddis, *The United States and the Origins of the Cold War, 1941–1947*, New York: Columbia University Press, 1972.

的关系、从性别的视角分析美国海外驻军与所在国当地居民的互动、借用"同盟困境"理论考察美韩关系、美日关系和美台关系的演变,等等。跨学科的概念和理论非常有助于超越经验层面和常规智慧提出深刻的问题。比如孔飞力的政治学素养帮助他在《叫魂》一书中不是简单地去描述乾隆时期遍及大半个中国的妖术恐惧和各级官员如何在皇帝的严令下追捕"妖人",而是试图分析和阐释在这一过程中最高统治者和官僚机构的关系(官僚机构如何试图操纵通讯体系来控制最高统治者,而最高统治者如何通过常规制度和非常规手段对官僚进行控制),并提出令人耳目一新的观点:清代的君主制是官僚君主制,即皇帝与官僚的共治,而不是专制君主制。① 实际上,没有政治学关于如何控制官僚的研究,孔飞力就不可能提出如此深刻的问题,并得出超越前人的结论。

第四个途径是多读深思,要对前人成果进行批判性阅读,而不是轻易认同前人的结论。关于美国革命的起源,在20世纪60年代以前,美国史学界大体上已经有共识,认为是英国的高压政策损害了殖民地人民的自由和权利,导致了殖民地人民的反抗。而哈佛大学教授伯纳德·贝林却没有简单地接受这个观点。他通过考察英国议会向殖民地人民征税的税率发现,殖民地人民承受的负担其实远远低于英国本土,殖民地人民享有的自由也超过了英国人的自由。那么,殖民地人民为什么还要造反,追求独立? 他利用前人很少使用的革命者的宣传品作为基本史料进一步深入研究,提出了"阴谋假说",认为革命者反抗英国主要不是因为英国的政策真的严重损害了殖民地人民的利益,而是由于革命者认为英国有一个阴谋,这个阴谋一旦实施,殖民地人民的自由和权利就会被剥夺殆尽。也就是说,主要是一种强烈的危机感而不是现实的损害促使殖民地人民起来反抗。② 这就是批

---

① [美]孔飞力:《叫魂:1768年中国妖术大恐慌》,陈兼、刘昶译,北京:生活·读书·新知三联书店,2012年。

② Bernard Bailyn, "The Transforming Radicalism of the American Revolution," in Bailyn, eds., *Pamphlets of the American Revolution, 1750–1776*, Cambridge, Mass.: Harvard University Press, 1965, Vol. 1; Bernard Bailyn, *The Ideological Origins of the American Revolution*, Cambridge, Mass.: Harvard University Press, 1967.

判性的阅读。批判性阅读的另一种方式是探究既有结论与经验事实是否一致。托马斯·库恩在《科学革命的结构》中提到，在科学史上，既有范式的危机是因为出现了越来越多的该范式无法解释的现象和证据，需要新的范式对这些新的现象和证据做出解释。史学研究也与此类似，如果在学习和阅读过程中发现了与既有结论不一致的史实或现象，就说明既有的解释出了问题，需要有新的解释。陈兼教授关于中国出兵朝鲜的研究就是这种批判性阅读的范例。关于中国1950年10月出兵朝鲜的传统解释认为中国的主要目标是为了维护国家安全，出兵是中国领导人面对美军逼近鸭绿江威胁中国国家安全而做出的被动反应。但陈兼教授发现，实际上在美军仁川登陆之前中国就已经决定要派兵入朝，同时毛泽东还多次谈到要利用朝鲜战争的机会达到多重目标：保持中国革命的内在动力，通过抗美援朝运动改造中国国家与社会、巩固新政权，提高新中国的国际声望与影响。这些与既有解释相悖的史实使他在传统解释之外提出新的解释：中国出兵朝鲜是中国共产党人的主动选择，而非对美国威胁的被动反应。这一解释为国际学术界研究中国出兵朝鲜的根源提供了新的视角，引起较大的反响。①

三、硕、博士学位论文的选题原则

首先，选题大小要适中，不能太大。选题太大，在有限的时间（博士学习年限一般为3—4年）无法完成，太小则学术价值又不易挖掘出来。当然，选题的大小是相对的，这与学术潮流和学术观念的变化有很大关系。其次，选题不能过难，自己要能驾驭。"过难"是指涉及太多理论问题和知识领域，超出研究生的思维能力。研究生的学养毕竟有限，不能把资深学者才能驾驭的问题让研究生来研究。再次，要"以小见大"，即题材要小一点，资料搜集比较容易，在有限的时间可以完成；同时又要有宏大的视野，

---

① Chen Jian, *China's Road to the Korean War: The Making of the Sino-American Confrontation*, New York: Columbia University Press, 1994; Chen Jian, "In the Name of Revolution: China's Road to the Korean War Revisited," in William Stueck, *Korean War in World History*, Lexington, Kentucky: University Press of Kentucky, 2004, pp. 93-125.

从小问题中阐发出大的意义来，把小问题和更宏大的历史进程和更有意义的大问题联系起来。最后，选题要有进一步拓展的空间和进行后续研究的可能性。学术研究像滚雪球，越滚越大，而不是打一枪换一个地方。很多博士生毕业后还会继续学术研究，选择一个有拓展空间的选题无疑更有利于作者长远的学术发展。

历史研究既离不开精湛的技艺，又需要深厚的学养。技艺包括叙事的技巧、文字表达的能力和史料考辨的功夫，而学养则涉及到各种理论修养、跨学科知识、思维能力、眼光和见识。"提问"的能力主要依赖于学养，学养越深厚，越能在别人看不出问题的地方发现问题，于常见的史料中发现新意义，对老问题提出新解释，从而写出优秀的史学论文来。

（本文为作者在首都师范大学历史学院国际关系史研究中心主办的第二届全国国际关系史研究生论坛的讲座稿，收入本书时，作者进行了较大幅度的增删。）

东京审判与国际关系

宋志勇[*]

首先非常感谢首都师大历史学院的邀请，让我有机会来到这里参加这次会议，并介绍一下自己研究的情况。首都师大历史学院久负盛名，其实我现在做的东京审判这个题目从某种意义上来说，也受到过我们历史学院老前辈齐世荣先生的影响。我还是跟大家差不多大做研究生的时候，齐世荣先生到我们南开大学日本研究院去参观，我们资料室有一套日文版的东京审判的庭审记录，大家知道前两年我们国家把庭审英文记录引进出版，影响特别大。实际上这个庭审记录的日文版早在20世纪60年代就已经出版了，但是它出版的部数非常少，国内收藏的更是少，可能就两套，我们南开有一套。齐先生到我们那里参观的时候说，这套材料非常好，你们一定要好好利用，而且若是有力量把它翻译出来，我帮你们找地方去出版。这套日文庭审记录可能是六号字，字号特别小又密，有十卷，阅读、翻译难度特别大，当时我们还没有力量做这样的翻译。后来齐先生再次到南开时又跟我们提这个工作的重要性。这些对于我后来的学习研究也有很大的影响。今天来到这里非常高兴，也算是回应齐先生的期待汇报下自己的研究成果吧！

刚才听到牛军老师的报告我还意犹未尽，真想把时间拿出来给牛老师讲。对牛军老师的发言，我特别感兴趣。我是搞中日关系史研究的，现在中日关系史研究弱项在哪儿呢？就是战后部分，在新中国成立以后。因为

---

[*] 宋志勇，南开大学日本研究院教授。

新中国成立以后，可以看到的原始资料太少，特别是从公布的外交档案来看，我们跟日本公布的档案比较非常不对称，我们现在公布的外交档案真的是太少了，几乎很难能够清晰地勾勒出战后我们中国政府、我们党对日政策的一个轮廓来。我们现在认为唯一比较可信的材料就是原来外交部的顾问张香山先生1979年在《日本学刊》上发表的一篇论文，那里面介绍了20世纪50年代中共中央有一个对日政策的文件，还有中央一个对日外事工作的领导小组，知道有这么一个机构，知道有这么一个文件，仅此而已。到现在为止，我们所有的关于战后初期中国对日政策的决策啊，体系啊，政策啊，仅仅只有这么一个比较可信的东西。虽然资料没有出处，但张香山先生是新中国对日外交领导人之一，所以他讲的还是比较可信的。我们前几年出版了一个《日本近现代对华关系史》，是在座的罗养毅先生的出版社给我们出的，战后这部分我们心里就不是很有底，中方外交档案用的太少，也印证了刚才牛军老师讲的内容。另外，我曾在中国驻日大使馆工作过一段时间，了解外交工作的一些程序，其中有这么两条原则，一个叫"外交无小事"，另外一个叫"外交工作授权有限"。所以，很多事情都要向上汇报，一级一级向上汇报，听中央的指示，可能我们工作的这种方式，这种传统到现在本质上没有改变。随着时代的发展，这方面也要做一些改进，多开放一些档案，我想这不仅是外交部的事。

那么现在进入我要讲的主题——东京审判与国际关系。

因为要跟我们的论坛的题目贴题，就想了这么一个题。牛军老师刚才谈了一个比较宏观的大的问题，我谈的是一个比较具体的问题。那么，东京审判是怎样与国际关系联系在一起的呢？

首先，大家都知道，东京审判是盟国与敌对国日本战争的一个结果，是一种很直接的国际关系，如果没有日本与盟国之间的战争，也就没有东京审判；没有盟国的胜利，也没有东京审判。另外，战后搞东京审判也是盟国多年反复磋商的结果，也是在国际关系过程中产生的。在东京审判过程中各个国家采取怎样的对日政策，在东京审判的方针上都有所体现。可以说，东京审判是各国对日政策的一个表现场。还有一点，国际关系自始至终地影响着东京审判，也就是说，国际关系制约着东京审判的始终，从这样的角度考虑，就拟了这么一个题——东京审判与国际关系。由于时间的关系，我现在主要谈以下几个问题：一个是战犯审判是国际共识；再一个就是在被告选定中，国际关系是如何表现出来的；再讲讲美国在东京审判中起了什么样的作用，中国起了什么样的作用，以及各个国家对天皇是一个什么样的政策，最终导致天皇逃脱了东京审判；最后，做一个小结，谈谈东京审判与国际关系的关系。由于时间的关系，可能不一定都讲到，我尽量快点讲。

今年（2016年）是东京审判开庭70周年，国内外会有一些纪念活动的。首先我把东京审判概况做一个介绍，东京审判全称是远东国际军事审判，参加国是11个国家，其实最初是9个，后来又增添到11个，所以有些表述不一定很准确，这里有一个变化的过程。被告最初是28名，实际上最终剩下了25名。另外还有这几个数据，一个是东京审判的庭审记录，英文版已经出版了，有4800多页，受理的法庭证据4336件，判决书也厚达1213页，光宣读就用了一个星期。如此庞大的判决书，可能以后再也不会有了，前无古人，后无来者。出庭的证人419人，来自于12个国家。进入正题之前介绍这么几个数据，是因为今天来了好多研究生同学，你们的论文我也看了，都写得不错。但是，在资料运用上还要给大家提个建议，就是最近几年东京审判出版的资料有这么多，还在出版中，最近两三年还有大量的资料在出版，这些资料基本上是原文影印出来的，既有绝大部分的英文版，也有个别的日文版，这些资料是非常珍贵的，应该是我们国际关系史研究的重要的参考资料。我在同学们论文里好像还没有看到有运用这些资料，这些资料很珍贵，比如说现在已经出版的国际检察局的讯问记录有70卷，当时在东京审判之前逮捕了一些人，同时还对一些跟侵略战争有关的但不够逮捕条件的人进行了讯问，一共有400多人，这个讯问记录涉及到日本政治、军事、经济各个阶层的领导人和核心人物，几乎都是一对一的提问和回答，所以这些都是一些非常生动的第一手资料，非常希望这些资料在以后的国际关系史研究中能够得到好好利用，它的价值还是非常大的。

简单地来做一个引言，为什么从国际关系这个角度来看东京审判。我们同学可能前两年都看过叫作《东京审判》的电影,当时影响非常大。我记得有一个非常有名的导演说:"是中国人都要看这部电影",好像不看这电影就不是中国人了,不过这也说明对这个电影的评价非常高。当然,在电影中有一段非常精彩的法庭的座次之争,就是讲我们的法官梅汝璈先生,当时给他排列的时候比较靠边,他不愿意,说是我们中国应该按照日本投降书签字的顺序,我们应该排在第二位,这是代表了国家的利益,而不是个人问题。我的意思就是,从一件小事可见东京审判过程中是一个国际关系互动的演示场,从东京审判的酝酿、开庭一直到法庭的辩论、结束,甚至是东京审判结束之后的一些活动自始至终都是在当时的国际关系这么一个背景下展开的。

  我们现在讲第一个问题,就是战后惩治战争罪犯是国际共识,这个不用太多的讲,大家都知道。有这么几个大家都了解的史料,足以证明战后惩治战犯是世界反法西斯国家的共同意志。法西斯德国在欧洲开始大规模地侵犯波兰等其他国家之后,美国、英国、苏联以及中国的领导人就发表了一系列的声明,声讨纳粹德国的罪行,特别是屠杀虐待犹太人。在这个过程中,1943年10月成立了盟国战争犯罪委员会(United Nations War Crimes Commission,UNWCC),中国也是最早参与这个委员会的国家,这个委员会的成立可以说代表了盟国战后审判德国、日本战犯的呼声。最初主要是针对纳粹德国的,后来由于中国的参加,而且日本的侵略战争也从对华发展到太平洋战争,这个委员会就在重庆成立了分会,开始针对日本工作,主要是搜集日本的战争罪行。可以说,盟国通过成立这个委员会强烈表现出了这样的一个共识,就是战后审判德日战争罪犯。更直接与审判日本战犯有关的是一个国际宣言,一个公告,还有日本投降书。大家都知道这个宣言就是《开罗宣言》,1943年12月美、英、中发表的《开罗宣言》有这样的表述,"我三大国发动这次战争的目的是在于制止、惩罚日本的侵略";然后是1945年7月发表的《波茨坦公告》,促使日本无条件投降,其中讲道"我无意奴役日本民族或是消灭其国家,但是对于战犯以及虐待我俘虏在内的人将要受法律的裁判";最后是1945年9月2日日本签订的投降书,最直接的法律关系就是体现在日本投降书中,日本在投降书中表示接受

《波茨坦公告》，而《波茨坦公告》中明确规定要严惩战争犯罪，这样日本也就接受了战犯审判的规定。所以我们讲惩罚日本战争犯罪是有国际法的依据的，日本跟国际社会是有这样协议的。

麦克阿瑟在战后对日占领以及东京审判中扮演了非常重要的角色，他在东京审判中的作为也是来自于盟国的授权，这是在1945年12月美、苏、英三国参加的莫斯科会议中决定，后来经中国同意的，盟军授权麦克阿瑟发表了设立远东国际军事法庭的命令。这个美国人讲话还是非常有气势的："我，道格拉斯·麦克阿瑟，兹以盟军最高统帅的资格，为行使我所受命的威权，并为实施对于战争罪犯实行严厉法律制裁的投降条款，特令规定如下：设立远东国际军事法庭，负责审判被控以个人身份或团体成员身份，或以个人身份兼团体身份犯有任何足以构成破坏和平之罪行者。"这也是设立东京审判最直接的法律来源，是盟国之间达成的国际协定。

第二个问题讲一下被告选定中的国际关系。大家知道有28名被告被纳入到甲级战犯的名单里面，那么这28名战犯是怎么选的呢？首先，在日本投降之后，麦克阿瑟率兵占领了日本，成立了盟军最高统帅部，然后由美国人组成的盟总对敌情报局根据美国搜集的情报先逮捕了一批嫌疑犯。第一批是在1945年9月逮捕的，共39个人，包括东条英机。后来又逮捕了三批，一共是118人。但是，这些人只是作为嫌疑犯被逮捕，还不能说这些人就是战犯。战犯确定是在东京审判决定开庭之后进行的。1945年年底，美国向日本投降书签字的中国等几个国家发出邀请，希望这些国家派法务官参加东京审判。而由这些国家的检察官参加的法庭国际检察局负责确定战犯名单。国际检察局由美国人基南担任首席检察官，其他国家检察官担任助理检察官，由他们来商定战犯名单。这个战犯名单怎么确定，各国检察官都代表自己国家，都希望把与自己国家有关的名单纳入到正式的战犯名单上，美国带来一份30人的名单，英国带来一份11人的名单，中国一开始带了一份12人的名单，后来又追加了一份21人的名单。苏联的情况比较特殊，苏联一开始希望派一个庞大的代表团来参加东京审判，后来被麦克阿瑟拒绝了，所以战犯名单确定整个过程苏联都没有参加，但是开庭前名单定之后，苏联觉得它不参加，东京审判也能照样进行，反而不能反映自己的利益,所以最后决定人少也参加,派了一个小的代表团到了东京。苏联代表到达的时候,东京审判的名单已经确定了,那时候是26名被告,苏联来了之后要求增加两个人,一个是梅津美治郎,还有一个是重光葵。最后国际检察局开会同意他们追加两个的要求,所以最后成了28人名单。这里我们大家可以看到中国最早提的一个12人名单。这12个人是蒋介石从一个大的名单里面圈的,名单的第一个是本庄繁,后面土肥原贤二,谷寿夫,桥本欣五郎等。有几个,土肥原、桥本、坂垣、东条英机大家都是比较熟悉的,其中有些级别比较低的,大家可能都不是太了解。从这个蒋介石御批名单我们可以看到它主要是反映了日本侵华的罪行,主要反映了中国的利益,它并没有把发动太平洋战争的除东条英机以外的日本主要领导人纳入进来,而把这些级别低的但在侵华战争中有恶行的,用我们的俗话说就是大特务,都纳入到这份名单之中。其实当时政府并不掌握东京审判究竟要审判什么级别的战犯,就像一开始讲的,东京审判要审判侵略战争罪也就是破坏和平罪,这一罪名是非常高的,像低级别的这些人其实不具备这样的条件。但是,蒋介石还是把他们都纳进来了。其中第一个本庄繁是"九一八事变"时关东军的司令,但日本宣布投降时本庄繁当时已经自杀了,但我方并不知道。美国带的名单主要是太平洋战争时东条英机内阁的成员,按照最初麦克阿瑟的想法,他不想搞东京审判,就是想搞一个军法审判,把发动太平洋战争的东条内阁的主要领导人全部审判,也就完事了。当然,麦克阿瑟的这一主张最终被美国政府否定。但美国提供的日本战犯名单明显代表了美国的利益。当然,最终战犯名单实际上是各国一个协调妥协的结果,检察官们根据各个国家提供的名单,再加上在这之前对被告嫌疑人的审讯,最后确定了这个28人的名单,这个名单的制定相对比较民主。在东京审判的过程中,美国起了主导作用,但是在一些具体的过程中也是比较民主的。比如说虽然国际检察局的首席检察官是美国人,但是调查名单是由投票决定的,美国也只有一票。所以这个名单既反映了美国的利益,也反映了其他国家的利益,是一个典型的协调妥协的结果。

第三个问题,谈一谈美国主导了东京审判。那么,从哪些方面可以体现是美国主导的呢?首先,是审判的准备,前面讲了进行战后国际军事审判是盟国早就达成的约定。但是，什么时候审、在什么地方审，并没有具体的决定。日本投降之后，美国政府包揽了这一切。美国政府做出了在东京进行审判的决定，它并未与其他国家协商，而且采取通知的形式。另外，118名嫌疑人名单的制定和嫌疑人逮捕全是美国人一手包办的，根本没有征求其他国家的意见。

再有最重要的一条，就是法庭宪章的制定，这个非常重要的，法庭宪章可以说是规定东京审判的宪法。怎么审判，适用怎样的罪行，什么样的审判程序等，都是由法庭宪章规定的。而这个宪章基本上是美国人自己一手包办的，后来只是个别征求了下英国的意见，不像之前的纽伦堡审判，那是由英国、美国、苏联、法国四个国家协商制定的。

另外，检察官的地位方面，它不像纽伦堡审判那样，各个国家的检察官是平等的。刚才说了，参加东京审判的一开始是9个国家，后来增加到11个国家，那么按理说11个国家的检察官是平等的，大家有什么事共同协商决定。但是，在东京审判的时候，美国把纽伦堡审判上的这条改了，只设一个首席检察官，其他的都是助理检察官。所以我们中国的检察官向哲濬先生，虽然我们也叫他检察官，实际上是助理检察官，实际的检察官只有一个就是美国的季南，那就是说他们的地位是不平等的。助理检察官嘛，顾名思义就是协助检察官来参与检察工作的，这些检察官是由麦克阿瑟来任命的，也是美国独断，没有和其他国家商量。

再一个是东京审判后期，开始大批地释放在押的战争嫌疑犯，在这其中也是美国起了主导作用的。当然，这也有一个客观情况，东京审判最初还是希望将在押的一百多名嫌疑犯分批审判。但是由于单单第一批的审判就耗时两年多的时间，另外，冷战的影响也非常大，当时国际关系已发生非常大的变化，气氛紧张，所以第一批审判完，到了1948年之后，大家都不想再审了，所以在此期间美国大量地释放嫌疑犯。虽然国际上也有一些反对的声音，但是不强烈。这也是美国主导东京审判的表现之一。可以说，从审判的准备到审判的各个过程，一直到最后释放战争嫌疑犯，美国都在其中起了主导的作用。

当然在评价美国主导东京审判的时候，批评的声音比较多。这本来是一个盟国的共同协议，美国却不与其他盟国商量，自己独断专行，这是应该受到批评的。但是，东京审判也有一客观背景，那就是二战之后各个国家已经筋疲力尽，财力也非常有限，实际上没有一个国家能够承担这么重要的审判任务。美国利用自己的财力、智力，就是法律方面的人才，准备和主导这个审判，从某种角度讲也是有利于东京审判的。如果没有美国在其中发挥这么大的作用，东京审判也很难进行。所以我认为对美国主导东京审判应该一分为二地看。

下面我们谈一下第四个问题，它也是我们研究东京审判的主要动力之一，即中国与东京审判的关系问题。中国是日本侵略的最大受害者，跟东京审判的关系也是非常密切的。但是，中国在东京审判中发挥了什么样的作用，这很难一句话说清楚。首先，我们参加了东京审判，按照美国的请求，我们派了检察官和法官，这个大家都很清楚，一个是梅汝璈法官，一个是向哲濬检察官。向哲濬先生的儿子叫向隆万，是上海交通大学数学系的一个教授。他退休后有志要研究他父亲曾经参与的东京审判。在他的不懈努力下，上海交大成立了东京审判研究中心，最近做了非常好的工作，成绩也非常大。几年前，我跟中央电视台采访了向隆万先生，他讲，由于东京审判是南京国民党政府参与的审判，解放后他的父亲也是灰溜溜的，并没有什么社会地位，很多资料都遗失了，家里没有留下任何东京审判的资料，甚至不清楚东京审判跟他父亲有什么关系，所以我们采访的时候，他几乎谈不出什么东西来，这也是后来促使他要研究东京审判的很重要的一个因素。向哲濬先生原来担任上海高等法院的首席检察官，所以有很丰富的法庭经验，并且也是留美的。梅汝璈先生当时是立法院外交委员会的主席，很有意思的是，梅汝璈先生身居要职，所以出国参加东京审判要请假，当时梅先生向立法院请了四个月的假。也就是说，他预计四个月东京审判就该结束了，可见当时我们对东京审判是严重估计不足。我想我们学国际关系史的同学很多都学过国际法，了解我们过去中国是大陆法系的国家，不是特别重证据、程序，但在东京审判中这是特别重要的。东京审判基本上是按英美法的程序进行的，证据是第一位的，有严格的技术性的要求，而我们中国对东京审判的判断就像许多日本人说的那样，认为东京审判就是走过场，早就知道谁会成为被告，是什么下场，我们当时的政府以及参与的人就是这么看的，所以当时的准备远远不够。梅汝璈为参加审判请了四个月的假，其实，四个月以后东京审判刚刚开始。等到东京审判结束的时候，两年半过去了，南京政府都快结束了。

东京审判一开始要求我们中国有五名司法官员参加，而不是后来的两名。为挑选赴日司法官员进行海选的时候，司法行政部和外交部协商的结果就认为我们首先应该选懂国际法的；然后是军事法庭嘛，最好是有军界法官这样经历的，所以首先要在军队里面选；最后一条，英语一定要好，因为毕竟是国际法庭。选了一圈，也没有太合适的，后来又扩大圈子，在军界外面选，这样梅汝璈、向哲濬还有后来参加东京审判非常有名的法官倪征燠先生，入选了一个 8 人的大名单。后来快开庭了，美国却说你们每个国家来两个吧，所以又从大名单里挑了两个，最后确定梅汝璈和向哲濬两人参加。之前美国也没有提什么要求，快启程的时候，美国才说你们确定一下，谁是法官，谁是检察官。所以在临走之前才确定，梅汝璈做法官，向哲濬做检察官，所以东京审判他们并没有带太多资料去，因为那时连身份都没有确定。

下面我们谈一下中国对东京审判的贡献。首先，我们提供了大量的证据，毕竟日本侵华战争是日本罪行非常重要的部分，尤其是南京大屠杀，美国非常重视，我们提供了大量的证人、证据，最终将战犯松井石根判处绞刑，这是我们的贡献之一。但是，南京政府在战争结束之后，把很大精力投入到内战中，对东京审判重视不够。比如现在从远东军事法庭中国方面和国民司法行政部来往的密电来看，承担这件事的官员级别是比较低的，大多数是由处级或副司级官员来处理，很少有更高级别的人来参与。另外，证据方面我们也是严重准备不足。后来倪征燠先生在回忆录里也提了，当时大家都认为东京审判其实就是做个样子，就是把主要的战犯审判、惩罚了就完了，所以当东京审判按照英美法要求，要求提供严格的证据的时候，我们措手不及。开始我们提了一个 12 人的战犯名单，后来又追加了一个 21 人名单，我们在这两份名单只提了犯人的名字，生卒年月，下面就是空洞的侵略中国东北、华北犯下严重的战争罪行等语，几乎没有实质的证据，这在东京审判中根本是不会采用的。后来又急急忙忙补一些证据，有些证据外交部也找不到了，东京的中国检察官没办法，只好带人到日本当地找了一些资料。大家知道，战争后期，东京被美国飞机炸得几乎整个城市都毁了，加上日本投降时又大量销毁证据，所以查找资料非常困难，虽然找到了一些，但是非常有限。另外，人手也不足，麦克阿瑟非常霸道，美国去了一百多号人参加东京审判，我们中国原本想多去一些人，但麦克阿瑟说东京没有这样的接待能力，你们还是少来人吧。没有办法，我们基本上是法官、检察官各带个秘书，还有几个助手，就那么几个人，我们在东京人数最多的时候也不超过十个人，人手严重不足，哪能承担起东京审判那么规模巨大的起诉任务。所以，我们没有获得日本侵华罪行的起诉的重要任务，日本侵华战争罪行的起诉主要是美国人负责的，就是说美国的检察官在起诉日本的侵华罪行，而不是我们中国检察官，我们中国的检察官主要是在中后期反诘阶段发挥了重要作用，特别是倪征燠先生发挥了重要作用，因为倪征燠先生是研究英美法的，对英美法比较熟悉，所以当时紧急调他去支援。

由于我们的人手不足，没有获得更多的起诉日本侵华罪行的机会。结果日本侵华罪行是由美国即第三国来起诉的，这对中国来说是件很遗憾的事，但它也带来另外一个效果，就是说它更有客观性。日本右翼一直讲东京审判是报复，那如果是由中国直接来起诉的话，它会认为这报复的因素更多。由第三国美国来起诉，从客观效果上来说可能会更好一些。当然，当时从我们准备的材料和我们的人手来看，中国确实不足以承担起重大的起诉任务，这个确实挺遗憾的。尽管如此，在非常困难的条件下，我们的检察官和法官还是尽自己最大的努力，在审判中发挥了很重要的作用。虽然向哲濬先生非常苦恼人手不足，资料也不足，不能承担起重要的起诉任务，但他还是在力所能及的情况下积极参与起诉日本侵华罪行，他在法庭上出庭的次数也不少，尽了自己的努力。还有在查找日本侵华证据资料方面，尽自己所能，带领助手到日本烧剩下的外交档案中找到了一些日本侵华的罪证。倪征燠先生在反诘板垣征四郎的法庭辩论中，充分运用英美法的技巧，揭露了板垣以及土肥原贤二的侵华罪行，很精彩。在法庭起诉书中，日本的侵华罪行占了相当大的部分，不仅仅是南京，其他地方的罪行也很多，但是由于资料不足，最后在法庭判决书中没有出现。即便如此，日本的侵华罪行还是在日本整个战争罪行中占了很大的比重，判决书专门设一章写日本的侵华罪行。经过争取，这一章最终决定由梅汝璈先生来执笔，这个也是非常重要的，因为法庭的判决书写好了，对最终定罪会起到非常重要的作用。在这方面，梅汝璈先生还是发挥了重要的作用。在这里还有一个细节，在电影《东京审判》最后判决的时候，法官对战犯判极刑的投票结果是6∶5胜出，这是气氛非常紧张的一个镜头。当投票形成5∶5时，能不能严惩这些罪犯的最后一票在庭长韦伯那儿，后来梅汝璈做了很多工作，慷慨陈词，讲述了日本侵华罪行应该怎么受到严惩什么的，韦伯最后投了决定性的赞成票。那个情节是虚构的。梅先生做没做工作？确实做工作了，但是不是在那种场合，都是在私下的，不能当着很多人的面去做说服工作。

东京审判判决之前，蒋介石给了梅汝璈一份9人名单，指示这些战犯必须严惩的，这对梅汝璈来说压力非常大。因为这11个法官情况非常不一样，有的国家已经废除了死刑，基本上可以判定他不会投死刑票；再一个，像极个别的，比如印度的法官帕尔，他认为全体被告无罪，所以他就更不可能投死刑票了。6∶5的情况是很难出现的，而且，法庭的判决是一个一个投票，并不是整体投的。唯一有可能出现6∶5的，是叫广田弘毅的，"七七事变"的时候他是日本的外相，据推断他可能是6∶5，其他的像东条英机等几乎是全票，最高的应该有10票，只有帕尔除外。

但是，非常有意思的是，东京审判的这些决定、判决过程都是法官通过法官会议民主决定的。而这个法官会议有一个守密原则，就是所有的法官必须保守法官会议的秘密，不能对外泄露。另外有一条，法官会议不能留记录，任何人不能做记录。另外，除法官之外的任何人不能列席，不能带秘书，只有一个例外就是苏联法官，因为他英语不行，所以他就带了一个翻译，当然这个翻译也是宣誓守密。我们非常钦佩法官们的职业操守，现在东京审判已经过去70年了，当年参加东京审判所有的法官，最后一位是荷兰的法官，全部都去世了。他们当中没有任何一人向外泄露东京审判的判决结果（我们现在已经看到梅汝璈在审判之后给南京政府司法行政部的密电，密电里说侵华罪犯受到了严惩，但是判决的结果一字没提），东京审判法官会议又没有留下文字记录，所以这个6：5的投票结果大家可以想象怎么来的。我们都特别期待这些法官能在回忆录里描述一下当时这个投票的结果，还有判决的结果，但是到现在还没有。也许再过多少年以后会有吧。梅汝璈先生根据他的日记写了一本《远东国际军事法庭》，这书前几年已经出版了，但是这些都没有涉及到判决的结果。而且，梅汝璈先生的日记是他在东京审判的前半部分，而他的书稿也是东京审判的前半部分。据说日记和资料在文革的时候被红卫兵抄家抄走了，后来梅汝璈先生说写检查要用，才把这些资料又要回来一部分，然后才写了《远东国际军事法庭》这本书。但涉及东京审判后期的日记和资料没有要回来，找不到了。这本书虽然只写了东京审判的一个介绍，写了东京审判前半期的一些事情，但到现在为止，仍是我们国内关于东京审判最权威的书。

但是，日本的一些历史学家进行了非常细微的工作，通过对各个国家对日战犯的政策，然后是法官的意向，一个一个来推断，这个法官和他的国家可能是什么意向，这样判断得出广田弘毅可能是6：5被判死刑这样非常接近的票决结果。刚才讲了，有些国家废除了死刑，甚至连苏联那段时间都是废除了死刑的，所以有可能不投死刑票。为了严惩战犯，出梅汝璈私下做了很多说服工作，费了很大的心血，强调日本的战争暴行对人类、对世界和平的影响，希望他们投赞成死刑票。对于最后7名战犯被判绞刑这个判决结果，梅汝璈先生是有贡献的，应该说中国政府也是比较满意的，虽然没有完全达到中国政府的要求。上面就是中国与东京审判关系的情况。从结论上讲，我们对东京审判贡献不小，但是也有不如意的地方。

最后来谈谈各国对天皇的政策。我们先谈一个很简单的问题，就是天皇裕仁有没有战争罪行？对我们来说，这不是个问题，肯定是有的。明治宪法规定天皇具有统揽一切的权力，政治、军事、立法、行政等各个方面，所以不管是从法律上来说，还是从历史史实上来说，他都是有罪的。但是，日本是否定天皇有这样的罪行的，这种情况也非常多。我们认为天皇裕仁是有罪的。但是，为什么在东京审判中他没有受到严惩？这与各个国家对天皇的政策是密切相关的。首先是美国对日本天皇政策，美国在战争后期在日本即将投降的时候，在要不要审判天皇问题上非常犹豫。美国国务院是分派系的，有亲日的，也有亲华的，在对日政策上意见相左，政策也不是非常明确。当然，《波茨坦公告》也是比较暧昧，既可以理解为保留了天皇制，但是，也并没有完全说是百分之百绝对，留有有改变的余地。

　　日本投降之后，美国占领了日本，虽说战后初期美国对日政策是要利用日本政府，进行间接的统治，从大的方向来说，也有利用天皇的意向，但是，并没有最终地确定是不是在东京审判中起诉天皇。最后实际上是把这个权力给了麦克阿瑟，要求麦克阿瑟调查裕仁天皇是不是有战争罪行。当然，大家都知道麦克阿瑟是带领美军在毫无抵抗的情况下进入日本的，他所遇到的无抵抗是因为天皇下了命令，如果没有天皇的命令，日军垂死抵抗，那麦克阿瑟很难那么顺当地进入日本，也很难那么顺利地执行这个占领计划。当然，这时候，天皇也放下身段，多次去拜访麦克阿瑟，表示他愿意为日本的战争承担责任，博得了麦克阿瑟的好感。大家可能看过一些麦克阿瑟跟天皇在一起的照片，高大粗壮的麦克阿瑟非常高傲地跟小矮个天皇在一块的照片，麦克阿瑟非常傲气，俨然是一个统治者的神态。麦克阿瑟通过实践和自己实际的判断，认为还是应该利用天皇对日进行间接统治，完成占领任务。于是他向美国政府汇报说，他经过调查没有发现天皇犯有战争罪行的证据。然后就讲，如果要审判天皇的话，美国的对日政策可能就要进行大幅度的改变，美国要派百万大军长期地占领日本，还需要几十万的行政官员长期地进驻日本，而且日本有可能会共产主义化，描述得非常恐怖。实际上，他是想回绝一些要求审判天皇的呼声，因为美国的舆论还是要求审判天皇的。最后，美国政府接受了麦克阿瑟的建议，决定不审判天皇。当然，这也不是美国一国来决定的，美国也游说其他的盟国。大家知道，战后盟国对日政策的最高决策机构是远东委员会，在东京审判开庭的前夕，远东委员会最后决定不审判天皇。后来麦克阿瑟说"是我救了天皇"，虽稍有些夸张，但基本上还是事实。如果不是麦克阿瑟的建议和给美国政府那份比较恐怖的回复文的话，天皇也有可能会受到审判。美国政府当时给他的指示里有一条，"你来判断，如果审判天皇不影响美国对日占领的话，那就可以考虑审判天皇"，所以麦克阿瑟说"我救了天皇"这句话也不为过。

当然，作为远东委员会成员的中国、英国的天皇政策也非常重要，尤其是我们中国。现在有一些误传，说中国在东京审判的时候要求严惩天皇，美国从中作梗，所以天皇逃脱了审判。其实不是这样的，大家刚才看了，我们列出的12人名单里没有天皇。最初的国民政府的大名单里有天皇，但是被删掉了。中国在东京审判的过程中自始至终也没有把天皇作为一名战争嫌疑犯提出来。为什么？答案应该可以跟蒋介石以及当时国民政府战后的对日政策有密切关系。大家都知道我们战后对日政策是以德报怨，蒋介石是留日的，是日本士官学校的学生，对日本的情况非常了解，也知道天皇在日本民族中的地位和影响。在战后对日政策上，蒋介石一个很大的倾向就是不要因为战争让中日之间再仇上加仇，形成世仇，循环往复的冤冤相报，应当先从中国这方面做起，不提出审判天皇。他认为中国要是提出审判天皇，并因此天皇最终被送上断头台的话，那么以后日本国民对中国、对中华民族的世仇可能会越结越深。所以虽然中国舆论也要求审判天皇，但是中国政府最后还是没有同意。英国也是从顺利完成对日占领政策的角度，没有提出天皇战犯的动议。那么，是不是其他国家都没有提出呢？也不是，有一个国家提出了，而且非常坚持将天皇作为战犯进行审判，这个国家是我们都很难想到的澳大利亚。澳大利亚代表坚持将天皇列入名单。我们知道澳大利亚和日本好像没有太多的关系，尤其是我们现在好像觉得日本和澳大利亚关系非常密切，也没有什么世仇，为什么澳大利亚这么坚持啊呢？其实澳大利亚在战时跟日本有比较短暂的战争，日本对澳大利亚的战俘残酷虐待，战争中澳大利亚死亡的人数不是特别多，但是战俘被虐待死的人数非常多，因此澳大利亚人坚持要求严惩罪犯、严惩天皇。但是因为它是英联邦的国家，所以英国就对其做工作，美国也做工作，最后说服澳大利亚不再把天皇作为战犯提出，结果11个国家都不再提天皇作为战争罪犯的问题。在东京审判中就出现了这样的情况，法庭不论是被告还是原告都不提天皇的战争责任，都要保天皇。就这样，美国和盟国基于政治判断，最后决定不再审判天皇，天皇就这么逃脱了东京审判。当然盟国不审判天皇是出于政治考虑，并不是说天皇没有战争罪行。他的战争罪行与战争责任还是不能否定的。

　　最后做一个小结，关于东京审判与国际关系。刚才一开始我也讲过了，东京审判是二战期间以及战后国际关系互动的一个产物。另外，东京审判的过程中充满了各国的合作、矛盾与妥协，是国际关系的表演场，各个国家之间也进行了很多的协调；战后的国际关系特别是冷战也直接影响到了东京审判的命运。大家都知道，东京审判在1948年结束了，实际上是半途而废，并没有按原来的计划对全部战犯进行审判。对此，我是这么理解的：东京审判是介乎于政治与法律之间的这么一场审判，我们要肯定它的公正性、公平性，要看到它的政治意义。大家看到了东京审判包含有的重大政治因素，而一般意义上的公平的法律审判不应该有政治因素的影响，但是东京审判的情况是特殊的，是在日本犯了如此严重的战争罪行的情况下进行的审判，所以东京审判有个政治任务，就是既要对以往的战争罪行进行追究，同时也要为将来的世界和平进行政治上的建设。比起法律意义，东京审判更重要的是政治意义。它对世界秩序和国际关系产生了重大影响。

　　时间到了，我就讲到这里，不对之处请大家批评指正，谢谢大家。

会议论文

南明时期（1644—1662年）东亚国际体系的危机与重建
——双重政治主题下的清代朝贡体系生成史*

吕振纲**

摘　要　1644年是东亚国际关系史一个重要的基准时间点。明清易代，不仅意味着中国国内的政权变迁，还意味着朝贡体系的结构变迁，明代单一的朝贡体系分裂为以清朝和南明为中心的两极朝贡体系。但两极体系从一开始就处在激烈的对峙和变动中，最主要的两大政治行为体争夺体系中的主导国地位，而主导国与朝贡国之间则面临普遍的认同危机。从清朝的角度观察朝贡体系的生成史，实际上是两种国际政治主题的交织：一种是权力政治，清朝基于自己的权力优势，运用适当的权力资源和权力策略打败南明，成为体系中唯一的主导国；另一种是认同政治，清朝改善自身同

---

* 本文是笔者参加在首都师范大学召开的第二届"全国国际关系史研究生论坛"提交的论文，会后根据评议人以及与会专家学者的意见进行修改。特别感谢王铭、孔源等与会的专家学者在会场内外给予的批评和修改意见，文中的纰漏与不足均由笔者负责。

** 吕振纲，暨南大学国际关系学院／华侨华人研究院博士研究生。曾师从暨南大学研究朝贡体系的清史专家何新华先生，现任导师为暨南大学东南亚研究所所长、博士生导师庄礼伟教授。

已有朝贡国的关系，并同南明争夺其朝贡国，建构起较为完整的认同体系。只有这两个过程完成之后，清代的朝贡体系才初步建立起来。

关键词　朝贡体系　权力政治　认同政治　双重政治

近些年来，随着中国的崛起和在世界舞台的核心角色回归，有关古代东亚的国际体系研究明显增多，这一体系通常被冠以"朝贡体系"[①]的称号。虽然有学者批评沉湎于"曾经世界"的东亚史研究[②]不可避免带有某些消极影响，但滨下武志却认为，朝贡关系是"亚洲而且只有亚洲才具有的唯一的历史体系，必须从这一视角出发，再反复思考才能够推导出亚洲史的内在联系"[③]。尽管这一体系备受争议，甚至被指责为"虚幻"的存在，[④]但任何研究东亚国际关系史学者都会承认，朝贡体系始终是一个难以绕开的话题。而在国际关系学界，敏锐的学者已经捕捉到当前中国国际关系的"历史转向"[⑤]。

这一体系主要是围绕古代中国与周边国家互动形成的涵盖政治、经济、礼仪等领域的综合性地区安排。它有一套成熟的理念、制度和实践，在该体系中，中国以无与伦比的经济实力和文化优越性位居体系的中心，吸引周边国家前来朝贡，作为回报，中国则相应给予一系列政治、经济和贸易上的好处。中国通常更为看重政治和礼仪层面的体系内涵，朝贡国则对经济层面的利益更加关注。这种利益的互补使得双方均有动

---

① 这一提法来自美国学者费正清，类似的说法还有"中国的世界秩序说""朝贡贸易体系说""封贡体系说""羁縻体制说""藩属体系说""宗藩关系说""华夷秩序说""天下体系说""天朝礼治体系"等说法，近些年来比较新颖的提法还有"藩封体制说""宗藩次序说""互市体制说""天朝体制说"等，这些提法侧重点各不相同，这并非本文研究的重点，在此不予详细展开探讨。

② 有关学者的批评，请参见韩东育：《沉湎于"曾经世界"的东亚史研究》，《读书》2011年第9期，第87—96页。

③ ［日］滨下武志：《近代中国的国际契机：朝贡贸易体系与近代亚洲贸易圈》，北京：中国社会科学出版社，2004年，第30页。

④ 庄国土：《略论朝贡制度的虚幻：以古代中国与东南亚的朝贡关系为例》，《南洋问题研究》2005年第3期。

⑤ 有关学者的对这一历史转向的详细叙述，请参见王江丽：《中国国际关系研究的历史转向》，《浙江大学学报》2013年第7期，第77—92页。

力维持这一体系的运转。朝贡体系被看作以中国为中心的差序格局，所有的周边国家甚至更远的国家都按照"五服制"理论均有一定的位置。这种制度最初是特指天子与诸侯之间的隶属交往的模式，其后被运用到处理中央政权与少数民族政权之间的交往层面，再后来被推广到同周边国家之间的关系上，最后又推广到同一切来往的国家，包括同近代西方国家的交往方面。①

朝贡体系在东亚世界盛行了数千年，历朝历代实践形态十分复杂，从汉唐到明清，我们很难用一种统一的范式去描述整个历史时期的朝贡体系。笔者曾梳理过朝贡关系史②方面的研究，对此深有体会。尽管不同的王朝朝贡体系都有一些相似点，例如以中国为中心形成的中心—边缘结构，朝贡与册封形式的互动，朝贡国遵守基本的朝贡礼仪等，但并不能因此对各个朝代的特性视而不见。元代朝贡体系中存在着鲜明的民族压迫色彩的异化倾向，已经背离了传统朝贡体系的"怀柔"精神；明朝典型的"贡市合一"特征，使得朝贡成为贸易的必要前提；清代前期朝贡体系中存在的"恰克图体制"和"广州体制"，一定程度上显示出与西方国家交往的灵活性，这些都作为这些朝代的独特内容而存在。

因此，对朝贡体系的研究，本文并不主张一种过分追随历史统一性的研究视角，这可能会起到削足适履的作用。提倡一种个案的研究方法是必要的。这些个案应该具有特殊性，首先它们是一个完整时间段，能够与其他历史时期区分开来，可以单独拿出来进行分析。本文选取南明时期作为个案，其重要意义基于以下两点：

第一，南明时期的东亚国际关系史提供了一个有关朝贡体系发生学意义上的考察。南明时期朝贡体系所拥有的体系特征都是以往朝代所不具有的，明清易变并非一个即时完成的过程，在将近长达18年的时间里，清朝才最终击败南明，成为体系中独一无二的主导国。这一历史时期围绕清朝和南明的斗争，以及体系中主导国与朝贡国的互动，给我们提供

---

① 刘德斌主编：《国际关系史》，北京：高等教育出版社，2003年，第23页。
② 有兴趣的读者可以参见笔者拙作，吕振纲：《天下体系的历史演变》，王小红、何新华：《天下体系：一种建构世界秩序的中国经验》，北京：光明日报出版社，2014年，第74—102页。

了难得的发生学上的考察，探究清代的朝贡体系是如何生成的，而并非已经建立的朝贡体系的变迁。这一点以往朝贡体系的研究中，往往是被忽略的。

第二，南明时期的东亚国际关系提供了一个朝贡体系变迁的内部范式，这种范式是并非来自费正清所说的"冲击—反应"范式，而是源于中国本土的政治权力变迁。① 这意味着，体系内部因素的排列组合或者要素发生变化，同样可以引起朝贡体系的变迁。

因此，本文旨在运用国际关系学科的相关概念和理论，对南明时期的朝贡体系的背景、特点、国际政治的主题以及互动变化过程进行分析，从清朝的角度出发，探讨清代朝贡体系的生成。

一、朝贡体系的时代特征

理解南明时期东亚国际体系的变迁，必须将其置于明亡清兴的时代大背景中解读。1616年后金的成立，标志着努尔哈赤基本完成建州女真各族权力的集中，初步具备了对外争夺的实力。在接下来的几年里，努尔哈赤继续完成整个东北地区的统一进程，一面宣布"七大恨"，发誓讨伐明朝。1636年，继位的皇太极改国号为清，已经基本统一了女真各部，实力不断壮大。

在与明朝的争夺中，清朝采取了正确的斗争策略。先后把原先向明朝朝贡的朝鲜、蒙古部落纳入自身的朝贡体系中。朝鲜李朝是清朝第一个被纳入朝贡体系的王朝。1616年，后金立国之后，随即对明朝展开了王朝战争。由于李朝坚定奉行"事大主义"②，加之明对其在"壬辰倭乱（1592—

---

① 李扬帆：《涌动的东亚——明清易代时期东亚政治行为体的身份认同》，《国际政治研究》2010年第3期，第126页。

② "事大"一词源自《孟子·梁惠王下》："齐宣王问曰：'交邻国有道乎？'孟子对曰：'有。惟仁者为能以大事小，是故汤事葛，文王事昆夷。惟智者为能以小事大，故大王事獯鬻，勾践事吴。以大事小者，乐天者也；以小事大者，畏天者也。'""事大"即"侍奉大国"之意，一般认为朝鲜李朝自1392—1895年坚决地奉行了事大主义，成为明清朝贡体系下典型的藩属国。

1598)"期间有"再造之恩",朝鲜坚定地与明朝站在了一起。为解除后患,后金先后于1627年发动"丁卯之役"和1636年发动"丙子之役",迫使朝鲜屈服,强行将朝鲜纳入清朝的朝贡体系中。①

在臣服朝鲜之后,清朝又击败漠南蒙古的林丹汗,将漠南蒙古各部争取到自己这边,形成了对明作战的统一战线。这一时期,明朝内部的农民起义军开始坐大,成为一股强大的能够对体系产生影响的政治势力。历经几年的发展壮大后,建立了大顺政权,成为明朝内部最大的一股政治势力。清朝一面继续在边境不断对明朝实行骚扰,另一方面,假手农民起义军的力量,极力削弱明朝的统治力量。在内外交困的情形中,明朝最终被大顺政权推翻,留下了角逐主导国的巨大权力真空。

南明的历史就从明朝被推翻后展开,本文所指的南明时期是指从1644年开始直至1662年南明在中国大陆的统治基本覆灭结束。② 确定基准时间对于理解这一时期的朝贡体系尤为重要。依靠基准时间,我们能够将历史划分为各个清晰可控的阶段。③ 1644年是中国农历的甲申年,是17世纪东亚国际关系史上最重要的基准时间。这一年,明朝被推翻后,中国出现了三个并立的政权,分别是清朝的顺治政权、南明的弘光政权以及农民起义军建立的大顺政权。清朝和南明都宣称自己是明朝正统王朝的继承者,推翻明朝的大顺政权也具备这一争夺的资格。三方都试图统一中国,重建朝贡体系。受制于中国境内争夺单一主导国的斗争,周边的朝贡国被迫根据自己的利益或者屈从于主导国的压力纷纷站队,尤其是朝鲜、琉球、安南这三大典型的朝贡国的行为选择更是具有典型的意义。在这一背景下,这一时期的朝贡体系,具有以下鲜明的时代特征:

---

① 关于清鲜朝贡关系请参考:付百臣主编:《中朝历代朝贡制度研究》,第五章,长春:吉林人民出版社,2008年,第140—153页。

② 对于南明史的下限,国内存在众多说法,比较常见的有1662年南明永历政权败亡、1664年夔东十三家失败和1683年台湾政权降清三种说法。由于永历败亡后,其跟随的部下也相继投降或者出走,并以后并没有新的朱氏皇室建立新的政权,可以认为作为政治行为体象征的南明已经覆灭,因此本文以1662年作为南明灭亡的下限。

③ [英]巴里·布赞、乔治·劳森:《重新思考国际关系中的基准时间》,颜震译,《史学集刊》2014年第1期,第4页。

第一，单一的朝贡体系分裂为两极朝贡体系。在大一统时代的朝贡体系，中国作为体系的中心通常是作为一个单一的整体，是一个单一的主导国。但在南明时期，单一的主导国已经分裂，清朝和南明都各自拥有一些政治行为体向其朝贡。入关后，漠南蒙古、漠北蒙古以及朝鲜已经被纳入清朝的朝贡体系中，南明尽管实力弱小，但是仍得到部分朝贡国的支持。弘光政权曾接待过琉球、安南使者，隆武政权也曾接待过琉球、安南的朝贡使团，永历政权也与安南黎朝、高平莫氏的朝贡关系维持过一段时间。①

这种两极朝贡体系从一开始就不稳定，两大主导国处于敌视和战争状态。双方都试图彻底消灭对方，重建单一的朝贡体系。双方均有这种能力和意图，从这个角度来看，两极朝贡体系并非朝贡体系的常态，除非这两大主导国能够长久地共存下去，否则，体系仍然有可能回归单一的朝贡体系。

第二，作为朝贡体系的思想基础，成为东亚世界普遍共识的"华夷观"受到猛烈冲击。文明程度较低的清朝入主中原，其野蛮的征服行径成为包括中国在内的东亚地区普遍难以接受的事情。在中国本土，明清易变成为一场关乎天下观的变革。清朝取代明朝最初被看作天下灭亡的标志，明末清初的大儒顾炎武曾这样写道："有亡国，有亡天下。亡国与亡天下奚辨？曰：易姓改号，谓之亡国；仁义充塞，而至于率兽食人，人将相食，谓之亡天下。"②强烈暗示这个天崩地坼的时代可以称之为"亡天下"。

中国成为被"蛮人"统治的国家，不仅在中国境内造成了持久的反抗，也促使"中华"观念的下移，周边国家视清朝为蛮夷，开始以"中华"自居。在朝鲜，滋生了强烈的思明意识和"小中华意识"③，统治者祭祀明朝

---

① 关于南明与琉球、安南两国的朝贡关系请参见：牛军凯：《南明与安南关系初探》，《南洋问题研究》2001年第2期，第91—95页；吴元丰：《南明时期中琉关系探实》，《中国边疆史研究》2002年第2期，第81—88页；孙宏年：《清代中越关系研究（1644—1885）》，哈尔滨：黑龙江教育出版社，2013年，第5—16页。

② 栾保群、吕宗力点校：《日知录集释》（全校本）中，上海：上海古籍出版社，2006年，第756页。

③ 有关朝鲜的小中华意识详细的考察可参见：孙卫国：《大明旗号与小中华意识：朝鲜王朝尊周思明问题研究（1637—1800）》，北京：商务印书馆，2007年。

的君主，士大夫阶层普遍使用崇祯时期的年号，对清朝内心的鄙夷促使朝鲜萌发了强烈的北伐意识，渴望为故明复仇。

即使是游离于朝贡体系之外的日本，也产生了"华夷变态"①的说法，出于对清朝的鄙夷，日本在明清易代时期明显偏向南明，南明一些割据政权与日本关系密切，前者曾多次向日本乞师，德川幕府也的确认真考虑过对南明的军事援助，后因中国时局的变化而最终放弃，但仍向南明政权提供金钱和武器上的支援。②这些乞师者对日本谦卑的态度以及公开的奉承和赞美，也助长了日本的中华意识。可见，清朝入主中原强烈动摇了传统朝贡体系的华夷观，东亚各国都在以清朝为坐标，重新定位自己，并以中华自居，提高自身在体系中的合法性。

第三，与华夷观的变化相适应，朝贡体系中存在着广泛的认同危机。这种危机不仅发生在两个主导国之间，在主导国与朝贡国之间这种危机更为严重。面对两大主导国，周边朝贡国不得不痛苦地选择自己的朝贡对象，并小心翼翼地密切注视着中国时局的变化，生怕得罪某一个主导国，为自己带来不必要的麻烦。

在同属于"汉字圈"③内的朝贡国，朝鲜是清朝依靠战争强迫将其纳入朝贡体系，朝鲜一直视为奇耻大辱，迫于清朝的压力，朝鲜虽然按时向清朝朝贡，但是内心鄙夷地称清朝为"胡虏"。出使清朝的使者所著的笔记，

---

① "华夷变态"这一说法来自于日本江户时代前期长崎奉行上报给德川幕府的中国形势报告书，即所谓的"唐船风说书"的文件汇编，由幕府儒官林春胜、林信笃父子编辑整理成册。该书根据来往于中日之间的中国商人口中所述，使用这一说法基本可以看出日本对清朝的基本态度和看法。

② 关于南明向日本求援情况，请参见：[美]牟复礼、[英]崔瑞德主编：《剑桥中国明代史：1368—1644》（上册），北京：中国社会科学出版社，1992年，第671—672页；南炳文：《南明首次乞师日本将领之姓名考》，《史学月刊》2002年第1期，第47—52页；南炳文：《南明政权对日通好求助政策的六种表现》，南开大学日本研究院编：《日本研究论集》，2003年，第163—171页；南炳文：《南明政权对日通好求助政策的形成过程》，《南开学报（哲学社会科学版）》2003年第2期，第61—65页。

③ 这种说法来自于费正清，它把朝贡体系划分为三圈，分别是汉字圈、内亚圈和外圈。汉字圈内的国家属于与中国关系最为紧密的国家，包括朝鲜、越南和琉球三个国家。请参见：[美]费正清：《中国的世界秩序：传统中国的对外关系》，杜继东译，北京：中国社会科学出版社，2010年，第2页。

在明代称之为"朝天录",清代则为"燕行录",从"朝天"到"燕行",这很能说明朝鲜内心的不认同。而与明朝渊源更深的琉球、安南等国最初选择加入南明的朝贡体系,只是在南明逐步溃败,清朝反复晓谕的时候才不得不改变认同,成为清代朝贡体系的成员。

即便与明朝仅仅存在"一般性的朝贡关系"①,暹罗在南明败局已定时期的所作所为依旧可以看出其认同倾向。1662年,清朝进入缅甸挟持永历帝后,南明将领李定国退守中国与暹罗的边界,仍试图夺取云南,暹罗对李定国做出友好表示,"至壬寅六月,暹罗国差六十余人来同晋王,欲晋王移师锦线城,休兵养马,然后助以象马恢滇"②。暹罗愿意提供象、马等援助,帮助收复云南,可见清朝最初在明朝朝贡关系较为疏远的暹罗也对清朝难以认同。

第四,朝贡体系的"负向功能"更加突出。在正常的朝贡体系中,中国作为体系中独一无二的大国,对朝贡国要承担起一系列的责任和义务。中国需要为地区提供公共产品,维持朝贡体系的正常运转。在朝贡国政权发生更迭时,主导国要承担起兴灭继绝的责任,在朝贡国面临危险时,主导国有提供军事援助的义务。这可以看作传统朝贡体系一项重要的"正向功能"。

但在南明时期,朝贡体系的"正向功能"已经运转失灵,体系的"负向功能"更加突出。所谓"负向功能",即主导国并无实力承担起对朝贡国的保护义务。相反,主导国要求朝贡国承担起救助主导国的义务,向主导国提供军事和物资援助。这一点,南明的表现最为突出,由于在与清朝的斗争中失利,南明曾广泛地向日本、琉球、安南等国家要求过援助,还试图通过天主教徒向欧洲求援,意图维持自己的生存。对南明而言,朝贡体系成为南明求援外交的唯一通道。

---

① 按照李云泉先生的划分方法,那些非汉字圈内的国家,像暹罗等东南亚国家,与中国存在的朝贡关系不具有君臣主从的实际内涵,朝贡的经济意义明显。参见李云泉:《万邦来朝:朝贡制度史论》,北京:新华出版社,2014年,第60页。

② 余定邦、黄重言编:《中国古籍中有关缅甸资料汇编》(上册),北京:中华书局,2002年,第397页。

二、权力与认同：南明时期国际政治的双重主题

鉴于朝贡体系的本体构成要素并不是现代意义上的民族国家,① 将这一时东亚国际体系中的南明、清朝这些政治实体称之为"国家"似乎并不妥当。这一时期在东亚国际政治舞台上发挥重要作用的,不仅有这类接近现代国家意义上的政治实体,还有各国境内一些较大的割据政权,如中国境内李自成领导的农民起义军建立的大顺政权,安南境内的高平莫氏政权,他们在这一时期东亚国际政治舞台上的作用不可忽视。因此,采用"政治行为体"② 这一术语来叙述,可以很好地避开使用"国家"一词带来的困惑,并将这类政治行为体包括其中。类似于韦伯给国家所下的定义,这些政治行为体的主要特点如下图所示：

政治行为体的核心要素

1. 建立了政权,有一套政权机构和符号象征体系
2. 控制了一定的区域和人民
3. 在其所控制地区垄断暴力的实施

图1 政治行为体的核心要素

另外,本文所指的朝贡体系,遵循国际关系学科中新现实主义的逻辑。按照新现实主义的代表人物华尔兹的说法,决定国际体系的结构有以下三点,分别是系统的排列原则、单元的特性以及单位间能力的分配。③ 尽管朝贡体系存在典型的等级制特征,但这种等级制依旧十分松散的,且往往是

---

① 韩献栋:《东亚国际体系转型:历史演化与结构变迁》,《当代亚太》2012年第4期,第86页。
② 目前,国内学术界已经有不少是使用这一术语来分析古代东亚的国际体系,如孙立舟:《西汉时期东亚国际体系的两极格局分析——基于汉朝与匈奴两大政治行为体的考察》,《世界经济与政治》2007年第8期,第17—25页。
③ [美]肯尼思·华尔兹:《国际政治理论》,信强译,上海:上海人民出版社,2003年,第118—134页。

礼仪性和象征性的，主导国与朝贡国关系的稳定是基于交换或者讨价还价，朝贡国仍然拥有很大程度的自主性，中国对朝贡国仅仅拥有戴维·莱克所定义的"关系型权威"①，这一定程度降低了无政府状态的弊端，却并没有改变国际体系不变的无政府状态。而当时的东亚各国，所有的政治行为体无一例外属于封建王朝式的政权，这意味着单元的特性同样是相同的。这两点在当时的东亚国际体系中，可以看作固定不变的因素，而唯一能够对体系的变迁起到决定作用的就是政治行为体之间能力的分配。

在以往的朝贡体系中，单位间能力的分配通常是在单一的主导国与几个典型的朝贡国之间进行权力分配。由于中国绝对的实力优势，已经生成的朝贡体系往往具有静态特征，朝贡体系的主题基本围绕朝贡等活动进行。但在南明的朝贡体系，单位间能力的分配主要在两大朝贡国和几个典型的朝贡国之间分配，而两大朝贡国之间的权力分配成为决定体系变化最重要因素。因此，在南明时期，朝贡体系的主题不再是围绕朝贡活动而进行，而是两大主导国之间的能力分配本身。

如果从体系的角度来看，明清易代绝非仅仅是中国国内两个政权之间的变更，而是在体系层面和单元层面都造成显著影响的重大事件。正如罗伯特·吉尔平所分析的那样，明清易代涉及国际体系统治的变化，因而属于国际政治的"系统性变革"②。明朝的灭亡并不代表朝贡体系的消亡，只是意味着单一的主导国被清朝和南明两大政治行为体所取代，大一统时期单极朝贡体系分裂为两极朝贡体系，这是一种体系层面上的变迁。

围绕着政治行为体间能力的分配，权力斗争成为朝贡体系中最重要的主题。作为体系中两大最主要的行为体，南明和清朝互相敌视，动用了军事、政治、舆论宣传等手段，抹杀对方的政治合法性，并意图消灭对方，重建单极朝贡体系。在中国境内，两大主导国之间的斗争形成了权力政治，而这种权力政治延伸到朝贡国中，就变成了主导国对朝贡国的争夺。换句

---

① 关于关系型权威的探讨参见：戴维·莱克：《国际关系中的等级制》，高婉妮译，上海：上海人民出版社，2013年，第27—41页。

② [美] 罗伯特·吉尔平：《世界政治中的战争与变革》，宋新宁等译，上海：上海人民出版社，2007年，第48页。

话说,就是两大主导国争取朝贡国认同的斗争。对主导国而言,朝贡国的存在是证明自身正统和天下共主的合法性叙述的重要步骤。如果没有朝贡国的朝贡,主导国将丧失朝贡体系中的合法地位。

这样,围绕着主导国之间以及主导国与朝贡国之间,东亚国际政治形成两个几乎同时并存的双重政治主题。第一种可以称之为权力政治,发生在中国境内,以南明、大顺政权与清朝的争夺拉开序幕,争夺体系中的主导国,最终以清朝的全部胜利告终。第二种政治主题是主导国围绕争夺朝贡国的认同而斗争,构成了南明时期独特的双重政治主题。

必须指出的是,两种政治主题的重要性仍然不能等同。权力政治是这一时期朝贡体系最主要的特征,认同政治受到其制约。无论朝贡国最初的认同如何,都必须受到权力政治的制约,其最终向体系中的唯一的主导国朝贡。在清朝实力占据优势,逐步取代南明,体系结构复归于单极朝贡体系时,加入清朝的朝贡体系才是最后明智的选择。对周边的朝贡国而言,他们的对外选择受到权力政治的制约。对他们而言,选择向谁朝贡,是一个关乎自身正统以及国家安危的重大问题。由于并不担心主导国会使用武力将自己征服(朝鲜显然是入关前的一个特例),对他们而言,倒向谁显然是一个关乎认同的问题。

三、权力政治——争夺主导国的斗争

1644年,农民起义军攻入北京后,明朝灭亡。大顺政权显示了自己拥有争夺体系主导权的资格。与此同时,迅速入关的清朝和在南京建立的南明弘光政权,都声称对中国有合法的统治权力,并且发誓要消灭对方。它们是构成了朝贡体系中主要的行为体,三大政治行为体"具备某些用于进攻的军事力量,为其彼此伤害甚至摧毁提供能够必要的资本"[①]。而受"统

[①] [美]约翰·米尔斯海默:《大国政治的悲剧》,王义桅等译,上海:上海人民出版社,2014年,第34页。

一性规范"①的支配，它们中的每一方都竭尽全力试图消灭对方，成为体系中唯一的主导国。未来的朝贡体系的变迁，将取决于它们之间权力的分配结果。成为体系中唯一的主导国，意味着将重建单一的朝贡体系，独占万邦来朝的荣耀。在这种情况下，生存是三大主导国的首要目标。而为了生存，就必须消灭现实的对手，发动预防性战争或者防御性战争。

从权力变迁的角度出发，按照三大政治行为体之间的权力消长关系，南明时期的权力政治明显可以分为二个阶段：

(一) 三强并立时期（1644年3月—1645年5月）

1644年3月19日，大顺政权攻入北京，崇祯帝在万岁山自缢，明朝灭亡。大顺政权占领了政治中心，并基本控制了中国的北方，具有一定的权力优势。大顺政权的实力虽比不上清朝，但相对于南明并不弱。②但大顺政权的权力优势建立在军事实力的基础上，一旦军事实力受损，权力优势就会迅速丧失。急于分享胜利果实的关外清军，在吴三桂的指导下火速入关，在山海关击溃大顺军，迫使其撤出北京，向西逃窜。而在5月初，在江南士绅的拥戴下，福王朱由崧在南京建立弘光政权，三大政治行为体都试图填补明亡之后的权力真空。

这一年三大行为体之间最为典型的特征就是清朝与大顺政权的交战状态以及清朝与南明短暂的"冷和平"。各个行为体争夺的基础是权力，尤其是军事权力发挥首要的支配作用。由于掌握作战经验丰富的八旗劲旅，清朝的权力优势十分明显。在将近一年的时间里，大顺政权与清朝的权力斗争是焦点。在清朝的打击，加之北方许多地区的地方官绅反叛，大顺政权

---

① 关于统一性规范、正统观念与进攻性行为的叙述，请参见孟维瞻：《中国古代国家分裂格局中的"统一性规范"——以宋、明两朝历史为例》，《当代亚太》2012年第4期，第50—77页。

② 有学者可能会提出质疑，大顺政权的存在时间是如此短暂，以至于单独将其列为一个与南明与清朝并列的政治行为体是否恰当。的确，从占领北京开始，大顺政权就走向自身的权力顶峰。在清朝的打击下，一路退往陕西。大顺政权的在北方各处的地方政权也处于土崩瓦解中。但我们不应该忽视这样一个历史事实，在清朝入关后的最初一年里，清朝的主要对手和敌人恰恰是距离最近的大顺政权，而不是南明，大顺政权虽然已从权力的巅峰走下神坛，但仍控制可观的土地，其战斗力比清朝不足，比南明有余。因此，在南明开始的最初一年里，大顺政权并没有丧失这种争夺的资格。这也是本文将大顺政权列入三强之一的重要原因。

实力受损严重,从所占领的北方领土逐步退出,转为流动作战。清朝则迅速扩大自己在北方的统治范围,抢占土地和人口等权力资源,建立并扩大自己的官僚管理体系。凭借军事权力和雄厚的权力资源优势,清朝成为最强的体系竞争者。

清朝与大顺政权的战争给了南明立足的机会。由于清朝势力尚未到达江南地区,南明直接面对的敌人是大顺政权而并非清朝。加上与大顺政权有亡国的不共戴天之仇,南明甚至对清朝抱有好感。作为体系中实力最弱的政治行为体,南明深知自身实力不济,幻想"借虏平寇",依靠清朝击败叛乱的大顺政权。而清朝在与大顺政权的战争中,竭力避开与两大政治行为体同时开战。这种高超的权力策略使得清朝进一步扩大自己的权力优势。

尽管与大顺政权有深仇大恨,南明却深知实力不济,只是寄希望于防守,基本按兵不动,清朝也察觉到南明奇怪的"静坐战争"。而此时,清朝与大顺政权的战争接近尾声,逐步在北方扩大占领的领土后,清朝开始将目光转向南明,试图依靠"和平说服"的策略,给予南明的朱氏皇室以及官僚阶级高官厚禄,诱使其放弃抵抗。在这种思想指导下,清朝发动了和平攻势。摄政王多尔衮致书南明将领史可法时欲扬先抑,先是指责南明"兹乃乘逆寇稽诛,王师暂息,岂欲雄踞江南,坐享渔人之利,揆诸情理,岂可谓平",又希望说服南明归顺清朝,共同抵抗大顺政权,同南明"诸君子同以讨贼为心"①。这种直接取消南明独立地位的做法遭到了史可法的严词拒绝。

清朝与南明的关系逐渐紧张。为了实现联虏抗寇的计划,南明对清的"绥靖政策"开始了。1644年8月,南明派出了以新提升的兵部右侍郎兼右佥都御使左懋第为首的三人使团出使清朝,决心以外交求和平。弘光朝给使团下的主要任务包括②:(1)向满族人赠送谢礼(赔礼),感谢他们把农民起义军赶出北京;(2)劝诱满族人撤军,条件是让与山海关以外的全部领土,每年纳10万两岁币,默许其统治者除"皇帝"之外的任何称号。钱

---

① 计六奇:《明季南略》,北京:中华书局,1984年,第142页。
② [美]牟复礼、[英]崔瑞德编:《剑桥中国明代史》(1368—1644年)(上卷),张书生等译,北京:中国社会科学出版社,1992年,第628页。

海岳所著的《南明史》中记载,"南渡,安南、日本、琉球、吕宋、占城诸国先后入贡,犹用承平备注。惟安宗时北使,请成犒谢,用敌国礼"①。这里的安宗即弘光皇帝,北使即指左懋第使团使清,可见,在南明的眼里,已经将清朝视为平等的敌国。

使团携带国书,幻想依靠给予其大量赏赐,清朝可以自动退往关外。但是清朝将这些使臣视为属国上贡之臣,而不是对等的使节。②进入清朝控制区后,清朝将左懋第使团安排在鸿胪寺,并要求将文书转交礼部。而这一做法,正是传统朝贡制度下朝贡国向中国朝贡的礼仪制度。

南明使团不可能不知这一安排的深层次含义,左懋第使团激烈抗议,声称自己所携带的是"天朝国书",而非属国上贡文书,要求应该按照平等的"敌国之礼"予以接待。对于弘光朝的国书,清朝拒绝接受,并指责南明"突立皇帝",不承认弘光政权的合法性。使团随后一直被扣押在北京,南明的和平外交基本名存实亡。

在1645年5月,清朝取得了最辉煌的战绩,将大顺政权赶到湖北,而李自成在这一月战死。大顺政权土崩瓦解,不再是清朝主要的敌人。清朝随即将斗争矛头直指南明。恰恰这时,南明政权内部纷争不断,江左四镇内讧不断,占据湖广的左良玉部又以"清君侧"的名义南下,给清军南下提供了千载难逢的机会。几乎没有遇到什么大的抵抗,清朝迅速南下南京,弘光政权迅速覆灭。南明史大家顾城先生无不痛惜地总结道,党争、腐败武将跋扈,忙于权力的再分配导致的内耗是弘光朝土崩瓦解的最主要原因。③

(二) 两强对立阶段(1646年6月—1662年4月)

1645年夏天,接连消灭了大顺政权和弘光政权,清军的胜利是显而易见的。这一年闰六月,南明的唐王朱聿键在文武百官支持下,在福州建立隆武政权,不久得到了两广、湘、赣南、云、贵、川等地区拥护。而同一月,鲁王朱以海在绍兴监国,建立鲁监国政权,但该政权仅仅得到了浙东

---

① 钱海岳:《南明史》(第三册),卷七,北京:中华书局,2006年,第375页。
② 司徒琳:《南明史:1644—1662年》,上海:上海古籍出版社,1992年,第27页。
③ 顾城:《南明史》,北京:光明日报出版社,2011年,第143页。

地区的拥护。南明两权并立的局面，不仅引发了正统之争，并且互相交恶，大大削弱了南明的抗清力量。另外，隆武政权的权力掌握在拥戴他们的地方军阀手中，实权多掌握在海商集团的郑氏家族手中，内部的权力斗争大大削弱了自身的力量。①

隆武朝在南明诸朝廷中较有作为。隆武帝试图光复明朝，并提出了一个五路进军收复南京的军事战略，②还一改弘光朝的联虏抗寇政策，实行了"联寇御虏"的新的对外政策，并将对外斗争的矛头转向御虏。③为了实现抗清的目的，南明接受了大顺军余部的招降，增强了自身的抗清力量。但出于对大顺军余部的不信任，南明的地方督抚和将领们对大顺军余部多方刁难，伺机削弱，大大降低了联合的力量。

南明的分裂给了清朝可乘之机，清朝采取各个击破的策略，于1646年春再次南下进攻南明，迅速占领浙东，迫使鲁王政权逃往舟山海岛。接着诱降郑芝龙，顺利进军福建。不久，隆武帝在福建汀州遇难，隆武政权土崩瓦解。清军在江南一带继续推进，南明的抵抗中心转移到中国南部和西南地区。

1646年11月，桂王一系的朱由榔继承帝位，建立永历政权。但同一月，从福建逃出来的隆武帝的弟弟朱聿键援引"兄终弟及"的惯例在广州建立邵武政权。南明内部两权并立的局面再次上演，清朝趁机南下广州，利用南明政权内部的斗争，迅速灭亡了邵武政权，永历政权也被迫离开肇庆，前往其他地区立足。

清朝在与南明的斗争中不断扩大自身的权力优势，但由于开始推行一系列不得人心的政策，如强迫汉人薙发留辫，引起了其统治地区内部激烈

---

① 关于隆武政权与郑氏家族的关系，请参见：徐晓望：《论隆武帝与郑氏家族的权力之争》，《福建师范大学学报（哲学社科科学版）》2002年第2期，第109—114页；徐晓望：《论隆武帝与郑芝龙》，《福建论坛》2002年第3期，第11—16页。

② 有关隆武帝的军事战略的探讨请参见：杨海英：《隆武政权的中兴战略及其破灭——关于隆武"兵发五路"收复南京计划的研究》，《中国史研究》2000年第4期，第116—136页；徐晓望：《论隆武帝的战略问题》，《中国史研究》2002年第2期，第115—126页。

③ 战继发：《隆武对外政策初探》，《学习与探索》1988年第5期，第140页。

的反抗。到了 1648 年，时局明显对南明更为有利。首先，在清朝已经统治的地区，接连发生"反正"事件，江西、广大和山西等地接连奉永历朝为正朔，南明名义上的统治区域已经大大扩展。其次，割据四川的张献忠领导的农民起义军政权在与清军的作战失利后，其余部退出四川，向贵州和云南地区转移，也同样归顺南明。最后，在东南沿海地区，拒绝投降清朝的郑成功逐步取得了在海商集团中的领导地位，并名义上归顺了永历朝廷。所有的反清力量出现合流，使得南明的声势更为壮大。如果永历朝能够不失时机地完成权力集中，克服权力下移，尾大不掉的弊端，在与清朝的斗争中，无疑将坚持得更久。

在严峻的形势下，清朝采取了多方面的措施，一方面，严厉镇压内部各省的反叛，甚至不惜采取屠城、恫吓等方式，平息内部的叛乱。为了切断南明与郑氏集团的联系，清朝实行了"楔子战略"，与郑氏集团摆出和谈姿态，使得永历政权试图与郑氏集团共同行动的计划落空，并利用了郑氏集团不熟悉海战的优势，对郑成功发动的北伐予以猛烈打击，郑氏在大陆的根据地不断缩小，最后被迫到逃往台湾。

另一方面，清朝充分利用永历政权内部的争斗，采取"以汉制汉"的军事打击政策，派遣已经降清的汉族将领进攻南明，保持满族军队的实力。同时不断给予南明内部叛逃的高级将领以高官厚禄，尤其是招降了当时大西政权的头号人物——永历朝的秦王孙可望，得以勘查永历朝在西南防守的虚实。在清朝的军事打击下，永历朝接连丧失土地，再加上党争及内斗不断，都使其在军事斗争中居于下风，统治区域不断缩小，永历帝被迫于 1659 年逃往缅甸，后被吴三桂带出，于 1662 年 5 月被杀死在云南，其坚持在西南边境抗清的余部不久也迅速覆灭。

（三）权力政治的斗争经验

梳理南明的历史可以发现，权力一直并且始终都是双方斗争最重要的因素。清朝最终消灭南明，从权力的角度来看，得益于以下几个原因：

第一，取得优势的权力结构。权力结构是指一种互动的实力体系，① 国际关系的本质是由权力结构塑造的。② 从清朝的角度来看，其权力结构无疑属于集中型的权力结构，这种集中有两方面的内涵，一是清朝权力的来源是中央而不是地方，中央不依靠从地方攫取权力；二是集中权力的机构掌握于中央的手中，地方只能贯彻执行中央的命令，而不能分享这种权力。这种权力结构优势使其在于南明的斗争中始终占据优势。自入关以来，清朝始终将权力掌握在以清帝为首的满洲贵族手中，并且不遗余力加强对各地的实际控制，因此能够政通令行，确保权力的集中。

而南明正好是一个反例，从弘光朝开始，其权力一直属于半集中和分散的权力结构。弘光朝的权力结构属于半集中和分散的，所谓半集中是从来源上看，南明的权力来源于地方，但它只是江南地区部分权力的集中，并不能控制广大的西南和南部地区，尽管其名义上声称拥有这些地区，但实际是半集中的。掌握权力的机构并不是南明朝廷内部，而是被党争、地方军阀所分割，因此权力结构也是分散的。南明的权力一直忙于内部的权力再分配，朝廷的权力至多是基于威望而不是实力进行统治，权力结构的劣势成为南明败亡的关键因素。

第二，丰富的权力资源优势。权力资源作为一种支配性力量，③ 在权力争夺中发挥着不可替代的作用。本文对权力资源的叙述主要从双方的地理位置、人口、民族性格以及政府的质量这四个角度来看。

从地理位置上看，清朝占据北方广大地区，统治地区内山地较多，易守难攻，而南方地区平原较多，几乎无险可守，这就使得清朝征服南明要比南明征服北方容易得多；其次，从掌握的人口来看，清朝所控制地区的人口虽然与南明不相上下，但是战争主要在南明统治地区，南明的人口损

---

① 夏路：《美国在"分裂国家统一中问题"中的外交政策——基于权力结构的视角》，《世界经济与政治》2012 年第 12 期，第 79 页。
② Robert Keohane, "Theory of World Politics: Structural Realism and Beyond," in Robert Keohane, eds., *Neorealism and Its Critics*, New York: Columbia University Press, 1986, p. 165.
③ 周旺生：《论作为支配性力量的权力资源》，《北京大学学报（哲学社会科学版）》2004 年第 4 期，第 88 页。

失更大，伤亡惨重；再次，从民族性格上来讲，属于森林游牧民族的满族更擅长骑射，攻击能力强；而汉族长期受到农耕文明的浸染，不善习武，在军事斗争中处于弱势地位；从政府的质量来看，清朝已经在其统治地区建立了行之有效、政令通行的全国政权，权力集中且十分巩固；而南明始终未能在其控制地区上建立行之有效的统治，内部的纷争大大削弱其统治力量。以上诸种因素导致南明在其清朝争夺中的弱势地位。

第三，从各自实施的权力策略上看，清朝明显更高一筹。权力策略涉及到权力的使用技巧和分配方式。当清朝与大顺政权战斗时，为避免两线作战，清朝释放谈判的烟雾弹，迷惑南明，将各部分抗清力量"各个击破"。在灭亡大顺政权后，迅速南下。另外，在与南明的交战后期，清朝已经广泛地采取了"以汉制汉"的权力策略，多派出以汉族为主的将领和士兵与南明作战，保存满族实力自身。对于南明诸将，清朝采取了"分化瓦解"政策，招降南明将领，给予其高官厚禄，从内部削弱南明的抵抗力量。

可见，在权力结构、权力资源和权力策略三方面，清朝均占有绝对的优势，因而确保了其在与南明的权力争夺中最终胜出。但是清朝成为体系中的单一主导国并不必然意味着已经取得了体系中所有成员的承认。如果不能顺利使周边国家前来朝贡，清朝作为天下共主的叙述是不合法的，这一点，费正清看得很清楚，他认为中国的国外秩序与国内秩序如此息息相关，已经到了唇亡齿寒、休戚与共的地步；如果对外不能对付蛮夷使之臣服，国内的叛乱就易于发生。① 因此，为了重建朝贡体系，一场争夺朝贡国的认同斗争是必要的。

四、认同政治——争夺朝贡国的斗争

本文所指的认同政治，并非指政治行为体内部的认同政治，而是政治行为体之间的认同，主要是朝贡国对主导国的认同。朝贡体系中的认同可

---

① [美] 费正清：《一种初步的构想》，费正清主编：《中国的世界秩序：传统中国的对外关系》，杜继东译，北京：中国社会科学出版社，2010年，第2页。

以分为三个层次，分别是身份认同、政治认同和文化认同。身份认同涉及政治行为体对该体系自身的认同，是否属于该体系的成员；政治认同涉及政治行为体是否服从主导国的权威，实质表现为接受朝贡与册封等互动形式；文化认同则涉及政治行为体对体系文化的认可和接受程度。这三个层次的认同，按照朝贡国是否是自愿还是被迫，又可以分为强迫性认同和自然性认同两大类。

在朝贡体系内部，对清朝"夷狄"身份的排斥是十分明显的，导致其在体系中的合法性严重不足。虽然入关前清朝已经将朝鲜纳入朝贡体系中，但是清朝也深知，朝鲜的认同仍然是基于强迫性认同，自然性认同尚未建立。同时清朝也迫切需要增加新的朝贡国，以证明自己继承天道，赢得天下共主的地位。在两极朝贡体系的初期，虽然清朝入关前已有朝鲜和漠南和漠北蒙古各部的朝贡，而同样作为明朝朝贡体系的核心成员国如琉球、安南等国仍继续向南明朝贡，南明初期朝贡体系中的朝贡关系如表1所示：

表1　南明初期两极朝贡体系中的主导国及各自的成员国

主导国 \ 成员国	体系中的成员国
清　朝	蒙古各部（主要是漠南蒙古和漠北蒙古各部）、朝鲜
南　明	安南各政权（主要是高平莫氏和安南黎朝）、琉球

如果从朝贡国的角度来看，南明初期各个政治行为体对清朝的认同可以明显区分出三种不同的认同倾向：

第一种是认同，并接受。以蒙古诸部为代表，它们作为满清入关的同盟者、支持者和既得利益者，在与明朝的争夺中发挥了重要作用。由于满族的优待和重视，它们自然对清朝感恩戴德，认同并且接受清朝的朝贡体系。无论是身份认同、政治认同还是文化认同，漠南蒙古和漠北蒙古基本都认同清朝的统治，而且这种认同还是自然性认同。

第二种是不认同，被迫接受。以朝鲜为代表。清朝通过两次战争强行将朝鲜纳入朝贡体系中，朝鲜被迫臣服于清朝。由于已经被纳入清朝的朝贡体系，并且被迫向清朝朝贡，接受清朝的册封，强迫性的身份认同和政治认同无法改变，出于对清朝蛮夷的鄙视，文化上的不认同朝鲜表现得最为明显。

第三种是不认同，也不参与。琉球和安南是这方面的代表。琉球和安南在南明初期都是南明典型的朝贡国，在南明与清朝的权力斗争中，它们逐渐被清朝所关注，并努力加大与琉球和安南的接触。但是最初的琉球和安南对清朝的善意置之不理，并不急于加入清朝的朝贡体系中。

可见，对清朝而言，争取朝贡国的认同分为两类，主要围绕朝鲜、琉球和安南三国进行。从清朝的角度来说，其争夺朝贡国的认同分为两个明确的目标：第一个是改变朝鲜的认同，通过改变对朝鲜的高压政策，使朝鲜心悦诚服的接受，使得朝鲜建立文化认同的归属感，变所有的强迫性认同转为自然性认同；第二个目标是与南明争夺琉球、安南等朝贡国，将这两个朝贡国纳入清朝的朝贡体系中，排挤南明朝贡体系的合法地位。围绕着这两个目标，一同构成了东亚国际体系中的认同政治。

(一) 争取朝鲜的认同

朝鲜自从被纳入朝贡体系后，清朝对其一直采取高压手段，对朝鲜施加惩罚性的贡物，还一度恢复了汉唐时期盛行的"质子"制度，要求朝鲜派质子到盛京居住，并横加干涉朝鲜的内政，强令国王裁撤反清官员，一大批坚持侍奉明朝的官员先后被治罪或者清洗，有些官员甚至被押解到盛京处死。在清朝的高压下，朝鲜国内怨声载道，敢怒而不敢言，这种强迫性的认同非但未能稳住朝鲜，反而加深了朝鲜对清朝的怨恨。这时期，朝鲜背着清朝，私通明朝的活动时有发生。[1]

满洲入关后，由于已经占据北京，对朝鲜的戒备大大降低。这一时期，清朝开始了以怀柔为主，高压为辅的对朝政策。首先，清朝释放在清朝的朝鲜质子回国。这一举动显示了清朝试图怀柔朝鲜的努力，使得朝鲜国内喜出望外。但是，回国之后，对清朝抱有好感的王世子却暴病身亡，而同样在清朝做人质，对清朝充满厌恶的凤林大君继承王位。可见双方的嫌隙

---

[1] 关于朝鲜与明朝在清朝入关前的各种私通活动，请参见：魏志江：《中韩关系史研究》，广州：中山大学出版社，2006年，第205—213页。

并非一时可以消除。但清朝毕竟为改善朝鲜的认同迈出重要的一步。

其次，清朝开始裁减朝鲜的贡物，减轻朝鲜的经济负担。进入北京后，顺治朝很明显地加大了对朝鲜贡物的裁减。有统计显示，顺治皇帝在位18年，大规模裁减朝鲜贡物共6次，其中5次是在入关之前进行，而且裁减的数额、种类远远超过了入关前。①康熙朝时期进一步降低了朝鲜的贡物数量。不仅如此，清朝还诏令朝鲜，要求朝鲜减少对出使朝鲜的清朝敕使的赏赐，降低接待标准和规格，以赢得朝鲜国内的好感。另外，还逐渐增加了对朝鲜的回赐，使得清朝与朝鲜之间的朝贡体系逐步摆脱了压迫与异化的控制时期，回归传统的怀柔轨道。这些举动都进一步赢得了朝鲜对清朝的好感，促使朝鲜对清朝的强迫性认同向自然性认同转化。

这一时期，尽管朝鲜国内仍然存在很强的抗清声音，要求北伐的声音在朝鲜国内也有一定的支持者，但终究没有转化为敌对行动，也并没有与南明等开展联合抗清行动。在南明灭亡时候，在清朝持续不断地努力下，清朝与朝鲜之间的紧张关系已经大大缓和，清朝改变朝鲜认同的努力已经初步取得成效。在康熙朝的中后期，朝鲜的强迫性认同已经基本上转化为对清朝的自然性认同，这很大程度上应归功于清朝这一时期的所作所为。

（二）争取琉球的认同

清朝入关后，并没有得琉球等明朝朝贡体系成员国的积极响应。前往北京的朝贡使团在得知北京沦陷后，当机立断，转到向在南京刚刚建立的南明朝贡，得到弘光帝的赞赏。弘光朝灭亡后，隆武政权又接待过来自琉球的贡使。对清朝而言，第一次转变的契机发生在1647年，清朝平定福建的隆武政权后，遇到了滞留福建未归的琉球贡使，将他们带回北京。以此为契机，清朝给琉球等国颁发了第一道敕谕，要求琉球等国"顺天循理，可将故明所给封诰敕印，遣使赍送来京"②。可见，清朝要求琉球缴回明朝的封诰、印、敕，遣使来京作为建立朝贡关系的条件。

但琉球对此反应冷淡，但清朝一再对琉球表示出善意，清朝和琉球的

---

① 张礼恒：《在传统与现代性之间：1626—1894年间的中朝关系》，北京：社会科学文献出版社，2012年，第74页。

② 《清世祖实录》，卷三十二，顺治四年六月丁丑条。

沟通的渠道已经打开。在清朝的反复招抚下，随着南明的政治中心转向西南，琉球已然开始认真考虑向清朝朝贡，但内心的认同仍然复杂。1649年，琉球向清朝进献投诚表文，仅仅表示归顺之意，未提缴回明朝的敕、印，并且以贡物没有备齐为理由，祈求清朝能够"献琛稍宽来裸"①，推迟向清朝派遣朝贡使臣，显示出琉球在明清易代时期复杂的观望心态和认同危机。清朝对此十分不满，为树立自己的权威，于1651年派遣琉球通使谢必振前往琉球晓谕。1652年，谢必振给琉球国长史司咨文，指责琉球"游移携贰"，"失信于天朝"，警告琉球"勿生疑怠②"，应立即遣使入京。

在清朝的压力下，1653年，琉球国王审时度势，给福建布政使咨文，按照清朝要求，缴回明朝敕、印，并求"清朝之符节"③，这就扫除了清朝与琉球关系的一大障碍，并给琉球进贡人员颁发了执照，这意味着琉球国王决心遣使进贺清朝，这些都标志着琉球在清朝的恩威并施下，开始转向认同清朝。清朝对此十分满意，赏赐琉球国王很多礼物，并打算派使者携带给琉球国王的诏书、敕谕去琉球。到达福建以后，由于南明郑氏集团控制海洋，清朝的师团滞留福州，未能成行。直至1662年，南明的败亡已成定局，东南沿海的反清活动大大的减弱，康熙派使团重新出发前往琉球册封。此后，清朝和琉球的朝贡关系初步稳定下来。

（三）争取安南的认同

安南黎朝与清朝的朝贡关系建立更晚。安南与隆武朝和永历朝都保持着朝贡关系，永历前期与安南的关系尤为密切。1647年，尽管向隆武政权朝贡的安南使臣同琉球使者一样被带往北京，安南还是对清朝的诏书不予理睬，迅速和永历政权建立朝贡关系。安南多次前来朝贡，永历也派遣使臣前往安南册封黎朝君主为安南国王。随着清朝步步紧逼，南明也希望从安南得到物资和军事援助，更加看重与安南的朝贡关系，安南境内的割据

---

① 此表文的全文请参见：《历代宝案》第1集，卷一四，"国立台湾大学"印行，1972年，第449—550页。

② 该咨文请参见：《历代宝案》（校对本）第1册第1集，卷九，冲绳县教育委员会，1996年，第295—296页。

③ 此咨文请参见：《历代宝案》第1集，卷二一，第697—698页。

政权高平莫氏后来也与南明建立朝贡关系。

清朝与安南建立朝贡关系与南明的败亡密切相关。要改变安南的认同，就必须击败南明。随着清朝逐步南下，原先与南明接壤的边疆地区先后变为与清朝接壤，安南各政权开始改变不与清朝打交道的政策，主动加大与清朝的接触，受到清朝的欢迎。在永历逃往缅甸后，与安南接壤的中国边境基本被清朝所控制，迫于清朝强大的政治影响力，安南境内的黎朝和高平莫氏政权都先后向清朝投诚，正式加入清朝的朝贡体系。清朝同样要求安南断绝与南明的联系，送还南明逃往安南境内的反清人士，并缴送或销毁明朝所颁封的敕书、敕印，经过一番讨价还价后，最终清朝与安南初步建立了朝贡关系。

对比清朝与朝贡体系内最为核心的朝鲜、琉球和安南三国，我们发现清朝在与朝贡国建立朝贡体系的过程中，存在以下特点：

第一，清朝争取朝贡国的认同经历了一个从东南再向西南的方向转变，这与清朝与南明的权力斗争转移密切相关。在清朝与弘光朝和隆武朝斗争时，南明的政治中心在东南地区，尤其是琉球朝贡借道的福建地区，所以争取琉球的认同就是清朝重要的对外任务。而当南明的政治中心转向两广和西南地区时，安南与永历政权的关系更为亲密，争取安南就成了清朝与永历朝斗争的延伸。

第二，重建认同的过程与主导国自身的实力和政策密切相关。主导国的实力决定其是否有能力成为体系的维护者和朝贡国利益的保护者，这也成为朝贡国选择主导国的重要标准。主导国的实力大小很大程度上决定了朝贡国的认同倾向，但是主导国必须拿出足够的诚意，承诺对朝贡国进行怀柔，才能将朝贡国的强迫性认同变为自然性认同，朝贡体系的文化结构才能达到真正的稳定。

第三，认同的建立是一个艰辛的过程，不是一蹴而就的，主导国与朝贡国的互动在潜移默化中发生认同的变迁。朝鲜、琉球和安南加入清朝朝贡体系，接受清朝的年号、册封和正朔，这本身就是一种对清朝认同的开始。它们开始把自己当作清朝朝贡体系的成员国，也逐步接受了清朝的权威。在南明灭亡时，身份认同和政治认同已经得到了初步的解决。尽管未能完全解决文化认同问题,随着清朝进一步的怀柔以及自身加速去"蛮夷化"的进程,文化认同的危机已经得到进一步缓解。从整体上,所有的朝贡国都已经开始对清朝转向自然性认同。

五、总　结

明清易代时期东亚国际体系的变迁,从清朝的角度来看,就是一个单一朝贡体系的生成史问题。面对分裂的清朝和南明的两极朝贡体系,清朝一方面采取进攻性的军事行动,依靠自身的权力结构优势,扩大的权力资源优势以及灵活的权力策略优势,逐步在与南明的争夺中获得权力优势,成为体系中唯一的主导国,成为权力政治中最大的获胜者。

另一方面,重建单极体系的努力必须尽可能多地争取朝贡国。这形成了体系中的另一大主题——认同政治。认同政治主要围绕朝鲜、琉球和安南这三个典型的朝贡国展开。清朝从改变对朝鲜的高压政策开始,废除对朝鲜的质子制度,大幅度降低朝鲜贡物,增加回赐,争取朝鲜的好感,推动朝鲜的强迫性认同变为自然性认同;并且在与南明的斗争中逐步将安南、琉球纳入到朝贡体系中来,并立即对安南和琉球进行怀柔,推动了两国认同的转变。

在这两种政治主题的互动与交织下,清朝用了将近18年的时间成为体系中唯一的主导国,较好解决了体系中的认同危机,顺利地重建了单极朝贡体系。这样,短暂存在的两极朝贡体系最终被清朝的单极朝贡体系所取代,危机之后的朝贡体系的初步基本完成了重建。

"仁祖辩诬"事件再探
——以康雍乾时期中朝辩诬交涉策略演变为视角

赵 蒙[*]

摘 要 康乾时期,朝鲜王朝为仁祖"正名"而多次向清廷提出"辩诬",历时近七十年终达成所愿。从事件本身来说,朝鲜对明季野史及清修《明史》的关注,虽彰显了对清代官修史书正统性之认同,却干涉了清朝的内政。从清代前期中朝宗藩关系嬗变的时代背景出发,分析不同时期中朝双方处理"仁祖辩诬"事策略演变之历程,进而挖掘双方的现实利益考量,或可探研中朝双方对辩诬一事之交涉策略对中朝宗藩认同观之演变所起的重要作用。

关键词 仁祖反正 辩诬策略 宗藩关系 清修《明史》

明代以降,朝鲜即因宗系、即位、交倭等问题入华请求辩诬,以为自身洗刷冤屈。在朝贡体系中,由作为宗主国的中国赋予朝贡属国以政权合法性,因易姓革命开国的李朝,其政权合法性曾一度被疑。玛蒂娜·德切尔认为:"(朝鲜)士大夫脱胎于旧的贵族母体,必然带有这一政治遗产的

---

[*] 赵蒙,女,中南民族大学2014级明清史方向研究生,受教于孔定芳教授。研究兴趣为明清东亚外交史、东亚文化交流史。

独特元素,最显著的就是他们对于身份地位和出身的高度敏感。"① 素以文献之邦、礼仪之邦位列属国之首的朝鲜,宗主国书籍记载之"不实",不仅有损朝鲜李朝"礼仪之邦"之形象,亦会降低朝鲜统治阶层之权威。② 因而,书籍辩诬本身不仅是朝鲜依托朝贡体制维护王朝荣誉③与提升王权④的重要方式,亦是作为属国的朝鲜向宗主国证明自身政权合法性⑤的特殊方式。

就"仁祖反正"事件本身来说,明天启三年(1623年),义理派扶植光海君之侄李倧篡位,是为仁祖,上台后一改光海君"不背明,不怒金"的双面外交政策,而积极主张联明抗金,迫使皇太极先后对朝鲜发动丁卯(1627年)、丙子(1636年)两役,朝鲜由"兄弟之国"被迫沦为清朝之藩属国。王元周认为:仁祖反正进一步强化了朝鲜王权与尊华攘夷,以及尊明排清意识之间的关系。⑥

时隔五十年后,仁祖子孙试图通过"辩诬"⑦向清廷申诉,恳求清廷下令删改明季野史和清修《明史》中对仁祖"篡位"事之负面记载,而希望改之以"匡扶正义"之举。此辩诬事虽肇端于显宗朝,却经肃宗、英祖七

---

① Martina Deuchler, *The Confucian Transformation of Korea: A Study of Society and Ideology*, Harvard University Asia Center, 1995, 转引自 [美] 康灿雄:《西方之前的东亚朝贡贸易五百年》,陈昌煦译,北京:社会科学文献出版社,2016年,第61页。
② 黄修志:《明清时期朝鲜的"书籍辩诬"与"书籍外交"》,博士学位论文,复旦大学,2013年,第31页。
③ 韦伯认为:"一个国家可能会原谅别国侵害自身利益,但绝不可能接受荣誉受损"。参见 Max Weber, *The Profession and Vocation of Politics*, p.356。
④ 黄修志认为:肃宗、英祖两位新王即位伊始就着手进行辩诬,既体现着立足未稳的新王对正统性的诉求,对祖先的正名即等同于对自己的正名,新王通过辩诬可赢得国内的政治资望,以示忠孝之心,亦与此起彼伏的党争有重要关联。参见黄修志:《明清时期朝鲜的"书籍辩诬"与"书籍外交"》,第143页。
⑤ 高艳林:《朝鲜王朝对明朝的"宗系之辨"及其政治意义》,《求是学刊》2011年第4期。
⑥ 王元周:《小中华意识的嬗变——近代中韩关系的思想史研究》,北京:民族出版社,2013年,第67页。
⑦ 孙卫国认为:对于误载之史实,朝鲜皆称之为"诬"。"诬"强调编纂者的主观意图,即编纂者明知正确的史实,故意写错,因而是"诬"。参见孙卫国:《明清时期中国史学对朝鲜的影响》,上海:上海辞书出版社,2009年,第13页。

十余年之穷追不舍,终赢得清朝官方之认同。富路特①、王崇武②、孙卫国③、杨艳秋④、韩明基⑤、黄修志⑥、季南⑦等中外学者除注重从文献学的视角出发,详细比对中朝官私史书记载,以厘清仁祖反正事件之本原外,还注重通过爬梳历次辩诬历程,进而探研明清史学对朝鲜王朝之重要影响。此外,黄修志等学者也注重分析中朝宗藩关系演变与历次辩诬效果之间的关系问题,但对于中朝双方辩诬策略演变背后的利益权衡问题,尤其是清前期康雍乾历代中朝双方处理"仁祖辩诬"事件之策略如何演变等问题,并未给予足够重视。爬梳清前期中朝双方处理"仁祖辩诬"策略演变的脉络,并将之纳入两国宗藩关系演变的复杂历程中,不仅可进一步挖掘两国辩诬决策背后的利益考量,亦有助于揭橥不同时期辩诬交涉策略对中朝宗

---

① 富路特:《朝鲜对中国历史记载的干预》,《皇家亚洲文会北中国支会季刊》1937 年第 68 期 (Goodrich, L. Carrington. "Korean Interference with Chinese Historical Records," *Journal of the North China Branch of the Royal Asiatic Society*, LX VIII (1937), pp. 27-34)。

② 王崇武:《读明史朝鲜传》,《中央研究院历史语言研究所集刊》第 12 本,1947 年。

③ 孙卫国认为:"在这种辩诬过程中,从某种层面上,可以体现朝鲜向宗主国争取自己的权利,凸显其自主的意识。"参见孙卫国:《清修〈明史〉与朝鲜之反应》,《学术月刊》2008 年第 4 期;《〈皇明通纪〉及其续补诸书对朝鲜之影响》,《中国史研究》2009 年第 2 期。

④ 杨艳秋:《朝鲜王朝仁祖反正辩诬与〈明史〉编纂》,韩国历史学研究会:《史丛》2009 年第 69 期;《〈大明会典〉〈明史〉与朝鲜辩诬——以朝鲜王朝宗系辩诬和"仁祖反正"辩诬为中心》,《南开学报(哲学社会科学版)》2010 年第 2 期。

⑤ [韩]韩明基:《17、18 世纪韩中关系与仁祖反正——朝鲜后期"仁祖反正问题"》,《韩国史学报》2002 年第 13 号。

⑥ 黄修志认为:"朝鲜的书籍辩诬既体现出国王对现实王权正统性的诉求,除因其对野史和正史的态度不同及强烈的华夷观念外,更重要的是受国内政治斗争和国际局势变化的影响,其背后透露出清代前期朝鲜已开始自觉加入清朝主导的东亚朝贡体系并对之产生某种认同。清朝对朝鲜辩诬的反应也经历了一个由怀疑试探到顺应请求的过程,最终目的是为维护和巩固两国间的宗藩关系。"参见黄修志:《清代前期朝鲜围绕"仁祖反正"展开的书籍辩诬》,《史学月刊》2013 年第 5 期。

⑦ 季南认为:朝鲜王朝对明、清展开的书籍辩诬举动反映出朝鲜对明、清历史书写权的承认,是化解国内政治矛盾、抬高自身声望的一种政治策略和工具。在处理朝鲜王朝的书籍辩诬过程中,明、清两朝都是从现实政治利益出发,调整和控制着辩诬的节奏和进程,共同维护着双方的正统地位和宗藩关系。参见季南:《朝鲜王朝与明清书籍交流研究》,博士学位论文,延边大学,2015 年,第 175 页。

藩认同观之演变起着怎样的作用。

仁祖辩诬事件虽有助于向清朝证明李朝承统之合法性地位，更含有与清廷叫板之意，却因有求于清而逐渐摒弃心理芥蒂，在一定程度上消解着朝鲜排斥蛮夷清朝之危机意识，也可借此管窥宗藩体制下中朝双方的利益角逐，实非纯粹的上下等级关系，而是一个良性互动的过程。

朝鲜作为藩属国，向清朝请求辩诬虽是为先祖正名，却反映出朝鲜对清朝在心理上不认同，但在行为上却逐渐认同的矛盾之态。通过为先祖辩诬，在与清朝的利益角逐中逐渐拉近了与清廷之距离，反映出朝鲜对清朝正统的认同感在逐渐加强。

清朝作为宗主国，从康熙、雍正、乾隆三朝的处理态度演变来看，防"你我"之别的意识明显发生变化。从康熙到雍正、乾隆朝，在处理朝鲜奋力请求删改清修明史之方式存在较大差异，这应与三朝所面临的国内外局势有较大关联，也反映了清朝作为宗主国，在处理中朝宗藩策略问题上由防范到包容的变迁过程。

一、康熙时期中朝"你我之防"与消极示诚

清朝入关后，为削减反清力量，逐渐放宽了对朝鲜之限制，行恩威并施之策，目的在于树立对朝鲜之宗主国权威。17世纪下半叶，伴随清朝巩固统治、推进汉化之步伐，康熙逐渐转向以施恩为主，通过厚往薄来以巩固中朝宗藩关系。

对于朝鲜来说，在处理与清朝宗藩关系的问题上经历了痛苦而艰辛之历程。明亡后，朝鲜长期坚持"尊明攘清"国策。17世纪中叶，朝鲜君臣笃信"胡无百年之运"，在三藩倡导"反清复明"之时，寄希望于吴三桂等"反清"割据势力，以部署反清复明之战略。三藩之乱时期（1673年11月—1681年10月），清朝的无暇东顾助长了朝鲜扩军备战之野心，朝鲜是否北伐也就成为了中朝宗藩关系由紧张转至缓和的"试金石"。

显宗朝时，明季野史有关"仁祖反正"的记载引起了朝鲜王室成员的高度重视。群臣受传统华夷观影响，而无法接受"鞑虏"女真所建政权之

合法性。即使得知清朝已开局纂修《明史》的消息，通过讨论，朝野上下终认为"非但不必辨，亦无可辨者"①，实为不愿承认清朝编纂正史之合法性。

朝鲜肃宗即位之初（1674年），听闻入清归来的告讣使听闻"辽沈之人虚传朝鲜人来袭，日夜恐惧，及使节之入而后使定"②，得知清廷在严密监视朝鲜。肃宗元年（1675年，康熙十四年），朝鲜冬至使本欲陈请西路治兵的咨文，却见清廷忙于"征兵赴战"，并于东北边境添兵设堡，故而未敢陈请治兵一事。清朝的无暇东顾，促使肃宗趁机突破禁令，加固西部海防和北部路防六镇，③ 以增加自卫筹码。肃宗二年（1676年，康熙十五年），即三藩之乱爆发第三年，吴三桂已占据湖南，朝鲜内部对是否北伐呼应南方争论不休；加之，清廷以各种名义遣使监视朝鲜。肃宗权衡再三，决定改变显宗朝以来不屑于赴京辩诬之态度，通过仁祖子孙为其先祖辩诬之请，欲趁清人无暇东顾之时，增加自身辩诬之筹码。不管清朝如何看待辩诬事宜，使臣可借机获取最新战事情报。即使辩诬失败，亦可借此转移清廷之注意力，以放松清廷对朝鲜之戒备心理。

八年平藩期间，清朝既未向朝鲜征粮，亦未向朝鲜征兵，却多次遣清使以各种名义出使朝鲜，④ 密切监督朝鲜的一举一动。朝鲜王室选择在清廷平三藩之特殊时期遣辩诬使入华，并借机多番打听最新战事情况，为肃宗朝君臣权衡利弊提供了重要参考，使其逐渐正视自身实力"不敌清朝"⑤ 之事实，终放弃了对清北伐之计。此后，中朝关系进入正常发展阶段。

肃宗二年（1676年，康熙十五年）一月，仁祖子孙福善君李柟，⑥ 继

---

① 《朝鲜显宗改修实录》卷26，显宗十四年三月癸酉。
② 《朝鲜肃宗实录》卷1，肃宗即位年十一月乙亥。
③ 宋慧娟：《清代中朝宗藩关系嬗变研究》，长春：吉林大学出版社，2007年，第79页。
④ 参看刘为：《清代中朝使者往来研究》，哈尔滨：黑龙江教育出版社，2002年，第179—182页，详列三藩期间中朝使臣官方交往记录。
⑤ 《朝鲜肃宗实录》卷4，肃宗元年六月甲子。
⑥ 福善君李柟是显宗朝、肃宗朝掀起辩诬风潮之核心人物之一。1676年奏请辩诬未果而反遭敕退，肃宗却在自此后抱持此辩诬反正之情结而不能自拔。载《朝鲜肃宗实录》卷5，肃宗二年十二月庚寅，《朝鲜肃宗实录》卷6，肃宗三年二月壬戌。

显宗朝自请辩诬未果后,再次上奏,直言晚明野史对仁祖反正事"记事爽实,至有臣子不忍见不忍言者"①。群臣合议后,"皆以辩诬为可"②。为确保辩诬顺利进行,肃宗君臣特意做了多番准备,担心清廷会诘问《十六朝广汇纪》为何时所买,不惜命朝臣统一口径,直言此书是近两年才传到朝鲜的。在送辩诬使出发时,肃宗曾担忧辩诬结果,左议政权大运却对此事甚有自信,"此事于彼无利害,持财货入去,则事必成矣"③。在朝鲜看来,为仁祖洗脱"篡位"污名对作为宗主国的清朝来说责无旁贷。八月,肃宗令福善君李柟、副使郑晢等兼本年谢恩使与陈奏辩诬使,奉命赴清,以"光海(君)无道,废母斁伦……废立之正,可谓无愧汉宣"上奏礼部,又具言《明十六朝纪》中的记述纯属"白地诬捏","冀许删改,夬示昭雪"。④ 朝鲜之辩诬请求义正言辞,认为仁祖"篡位"是正统合法之举,却并未意识到朝鲜燕行使入华私买明季野史本就触犯了清代禁传史书于朝鲜之令。况且作为藩属国,请求宗主国删改前朝遗留私史"诬蔑"朝鲜宗系事,本就存在干涉清廷内政之嫌。康熙朝忙于平叛三藩,却其所请是意料之中之事。

十一月己卯朔,礼部等衙门的处理意见较为客观,朝鲜担忧前朝野史记载会影响清修《明史》之编纂,清廷以编修《明史》"是非本乎至公",李琮之事"自有定论",如此作答合乎情理。因循明清两朝皆首肯仁祖反正一事,那么"自有定论"一说,正为其后朝鲜继续辩诬提供有利凭据。此外,针对朝鲜使臣自揭在华购买"私史"之底,礼部循常例"应遣官往朝鲜国,会同该王严加详审议处",表面看起来较为严苛,实则与清朝前期处理朝鲜禁买史书、地理书等案的策略是一致的。康熙为缓解僵局,批示:此为朝鲜分内之事,不必专派清使入朝详审,而只需令"(朝鲜)国王将私

---

① 《朝鲜肃宗实录》卷5,肃宗二年正月戊申。
② 《朝鲜肃宗实录》卷5,肃宗二年正月丙申。
③ 《朝鲜肃宗实录》卷5,肃宗二年三月戊子。
④ 《朝鲜肃宗实录》卷5,肃宗二年八月丙辰。

买史书人犯，逐一严拿详审。"① 仅令朝鲜自行处理，并未以此过度责怪朝鲜，难怪福善君李柟回国后，在禀告肃宗时直言："今虽辩诬，万无激怒之事。"② 康熙行此恩威并举策之背后，当时朝堂在处理朝鲜事务问题上，实则存在以索额图为首的（对朝鲜）强硬派和以明珠为首的缓和派。索额图认为："前朝史记，不可增减，朝鲜非不知之，而谓我势弱，欲与此探试，决不可许……亦欲拘留辩诬使而送查使。"③ 康熙中和两派之观点，一方面为安抚朝鲜，另一方面需反击朝鲜乘人之危，实则为朝鲜王室其后的辩诬留有可商量之余地。

肃宗三年冬（1677年，康熙十六年），又派出以福平君李樆为辩诬正使，李夏镇为副使，安如石为书状官的使团再次入燕辩诬④，奏文为兵曹判书金锡胄所写，对此前清廷之提问予以大力辩驳：首先，极言仁祖"篡位"为"拨乱反正""明伦"之举；其次，迫切希望清廷在"已有定论"的基础上，命史阁纂修官在修《明史·朝鲜列传》时，细加厘改仁祖癸亥事宜；再次，为表诚意，不惜抬出前朝（明廷）慷慨赐书于朝鲜，并希望清朝仿效明朝，同为宗系辩诬事宜，"《明史》之关系于小邦者，又与昔日《会典》之书相似，则岂明朝不吝乎当世制作之鸿典，而圣明乃独于前代旧史，终靳其锡予之命乎？"⑤ 从这份《辩诬奏文》中可看出，朝鲜此次辩诬策略，虽采取迂回战术，态度却较上次强硬，欲以激将法逼清廷就范，却被迫认可了清朝修正史之正统地位。

然而清朝忙于战事，并未正面回应朝鲜之请。其间朝鲜官员慎行健因私携清代地方地图，却触发了清廷之警觉。礼部更训斥福平君李樆公然违背清廷禁制，"盗买《皇明十六朝纪》持去与伊国王"⑥，并命其将《十六

---

① 《清圣祖实录》，卷六十四，康熙十五年十一月己卯朔，《清实录》（第四册），中华书局影印本，1985年版，第819—820页。

② 《朝鲜肃宗实录》卷5，肃宗二年十二月癸亥。

③ 《朝鲜肃宗实录》卷6，肃宗三年三月甲午。

④ 《朝鲜肃宗实录》卷6，肃宗三年十月丁巳。

⑤ ［朝］金锡胄：《息庵先生遗稿》，卷十九，《请改癸亥被诬事奏》，载《标点影印韩国文集丛刊》，第145册，首尔：韩国民族文化推进会，1995年，第462页。

⑥ 《同文汇考》卷33，《陈奏一》，台北：硅庭出版社，1978年，第2542页。

朝广汇纪》上缴礼部销毁。① 礼部虽未直接回复朝鲜辩诬之请，却通过向康熙奏本《史书不许收买，禁律最严》，要求严惩朝鲜采买禁购书之举，实则在变相拒绝朝鲜之请。

一年后（1678年，康熙十七年），待清廷平叛局势大转之时，肃宗再次遣辩诬使福平君李楩、副使闵黯、书状官金海一入燕进行第三次辩诬。因清廷忙于平叛善后事宜，辗转至次年二月，礼部方回复燕行使。礼部之覆议，与第一次相比，仍较客观，再次重申正史编纂与野史记载之区别，望朝鲜王室勿信野史。② 同时，清朝再次退回朝鲜的礼物，也表达了对朝鲜君王反复"渎奏"之不耐烦，对朝鲜一而再之辩诬表示不满。

然而，肃宗五年（1679年，康熙十八年）三月，经由回国辩诬副使闵黯之口，描述了他们私下贿赂史官，通过"尔宜制送"的方式按朝鲜意志修改《明史》之经过。据闵黯报告："臣等即以'虽有文龙诬罔，《明史》元不载录'等语制给，则欲依臣所制改之矣。"通过贿赂（修史）汉尚书白金后，"改动文字，与臣等所制，大意不背类。"③ 可见，相比前两次，礼部虽斥朝鲜国王"渎奏"，但从依朝鲜之意修改《明史·朝鲜列传》的问题上，却是有回旋余地。足见，对于清廷来说，朝鲜先祖是否"篡位"并不重要，重要的是，平三藩时期，朝鲜是否会借机出兵呼应反清势力。三藩平叛之际本就是清廷考验朝鲜是否忠诚之重要时期，朝鲜不仅按兵不动，反而屡次入华辩诬，确实拉近了中朝之间的距离，增强了朝鲜对清朝之宗主认同感。此次辩诬后，肃宗朝陷入了激烈党争④而无暇辩诬，加之礼部"毋庸再议"之震慑，朝鲜辩诬之请中断五十余年。

综上所述，康熙处理朝鲜三次辩诬事大致贯彻了恩威并施之策。在平

---

① 《通文馆志》卷九《纪年》，首尔：奎章阁韩国学研究院，2006年，第535页。
② 《朝鲜肃宗实录》卷8，肃宗五年三月壬寅。
③ 《朝鲜肃宗实录》卷8，肃宗五年四月丙辰。
④ 肃宗六年，经历"三福之变"（许积之子许坚与福昌君、福平君、福善君谋反）与"庚申大黜陟事件"后，南人党被击溃，西人党在如何处置南人党问题上又分裂为老论派和少论派，此后两派之间争斗不休。参见蒲笑微：《朝鲜王朝朋党政治研究》，博士学位论文，延边大学，2016年，第67页。

三藩之乱的特殊时期，清朝上下对朝鲜存敌视之见，应与清廷获悉朝鲜擅自加固边防有一定关联。对清朝来说，处理与朝鲜之宗藩关系，实则建立在双边安全的基础之上。因此，面对朝鲜之辩诬请求，清廷采取了既保留猜疑又缓解双方矛盾之"消极"处理策略。清廷对朝鲜之不满在于，朝鲜作为藩属国，在宗主国深陷泥潭之时，仅冷眼旁观而无任何军事援助之举；作为回击，康熙以敷衍态度处理朝鲜辩诬之事，实则是在向朝鲜示"宗主国"之威严。面对朝鲜接二连三的辩诬之请，清廷虽未遂其所愿，却逐渐放松了对朝鲜之防范心理，实为其后两国宗藩关系之正常开展奠定了基础。

朝鲜借由为先祖辩诬，初衷虽为申明自身统之合法性，却在一次次辩诬过程中改变着对清朝的态度。"书籍辩诬"本涉朝鲜君主统治合法性，显宗朝朝臣"拒辩"的背后，无疑潜伏着其不愿承认清朝纂修《明史》合法性的隐衷。

朝鲜肃宗即位（1676—1678）后，"辩诬"之事被重新提起，实则与新主登基未稳，面临许积等西人派与仁祖嫡系子孙逐渐羽翼丰满，王权政治合法性缺乏内外支持。借由辩诬之机，朝鲜欲趁清廷平定三藩叛乱之机，一举将辩诬一事解决，以重申仁祖以来朝鲜君王统之合法性，亦可借机命燕行使多方打探康熙平三藩的情报，① 却招致康熙帝的断然拒绝。中朝在"书籍辩诬"上的往复较量，反映出康熙前期中朝两国互相猜疑之复杂态势。

有意思的是，此阶段两国处理辩诬事宜之策略演变，实际上消解着双方紧张敌对的矛盾。肃宗朝辩诬态度之转变，实则承认清朝已具备纂修中国历史之合法权，更将洗脱先祖"污名"的希望寄托在清廷身上，表现出在心理上逐渐认同清朝是其合法宗主国的事实。此阶段之风险"辩诬"，朝鲜虽留有遗憾，却在纂修《朝鲜列传》的问题上通过贿赂史官打开了缺口，也为其后取得辩诬胜利奠定了基础。

---

① 《承政院日记》，肃宗二年十二月十五日条，首尔：国史编纂委员会，1961年。

二、雍乾时期中朝"亲如一家"与积极交心

18世纪上半叶，明亡清兴逾百年。清朝天下已定，满族经过汉化后，在文化上极力推崇儒治，中国社会迎来政治强盛、经济繁荣之景；在对外关系上，清朝亦积极推行以德柔远的礼治主义政策，不断以"字小之恩"优待朝鲜。

18世纪初，时过境迁，"胡无百年运"之梦终化为泡影，朝鲜君臣放弃了北伐清朝之策略。自英宗（祖）朝起，朝鲜国王转变了对清朝的政治立场：清初"胡皇""鞑虏"字眼常见于李朝实录，18世纪以来则代之以"清皇"，鲜见主观污蔑清朝之词眼。面对清朝之强大，朝鲜逐渐改变对清之旧有观念，在朝贡事宜上亦逐渐改变"事大不诚"之心，更抛开传统"夷夏观"之成见，积极向清朝学习。中朝自此结束了敌对、互相猜疑之态，而步入典型宗藩关系轨道。

康熙十八年（1679年）三月，三藩之乱进入善后处理阶段，清廷重开《明史》馆，逐渐展开《明史》纂修工作，至雍正即位初年，始次第撰成史稿。与此同时，恰逢英祖即位（1725年—1776年），朝鲜君臣再度请改《明史》"癸亥被诬事"，足见对清廷历史书写权之重视。

英祖元年末（1725年，雍正三年），书状官赵文命奉使入清，发现新刊《明史辑略》等明季野史仍袭讹传，仁祖声名"狼藉于史传"，又得悉"彼中开局修撰《明史》，阿克敦已为秉笔"，朝鲜君臣一方面担心《明史》纂修会受民间野史影响，更敏锐察觉到："今日时势则与其时绝异，况且其时康熙诏旨中已以私记之异于信史，有所回咨矣"；另一方面得知阿克敦①主持修纂《明史》，若"及此时援据康熙当日诏旨而奏请，则非但事理当然，可保其必得准许"②。

---

① 康雍之际，阿克敦曾四使朝鲜，熟谙朝鲜国情，更以"风裁峻整，动中礼节"受朝鲜君民之爱戴。参考（清）王昶：《太子太保协办大学士刑部尚书文勤公阿克敦行状》。
② 赵文命：《鹤岩集》，第六册《燕行日记》，乙巳八月初一日丙寅，韩国民族文化推进会：《韩国文集丛刊》第191册，1997年影印本。

次年（1726年，雍正四年）一月，英祖得见赵文命《燕行日记》后，下令当亟行辩诬。英祖即位伊始，因在即位过程中存在问题，不得不受老论派势力钳制。① 当机立断应允再行辩诬，无疑有助于加强王室地位，进而提升自身王权②。

　　二月辛未，谢恩兼陈奏正使西平君李桡、副使金有庆、书状官赵命臣拜表辞朝，上表大提学李宜显撰进之奏文，此两千余字之奏疏情恳意切："谨追先志，备陈穷天极地冤痛情节，冀蒙从实纪载，快示昭雪事。"③ 更以悲悯不能自抑之姿详陈辩诬缘由，并"历陈先祖臣庄穆王受诬概略，以冀皇上之哀怜垂察焉"。足以见得，此辩诬奏文一改康熙朝简明扼要之风格，意在抬高清朝作为宗主国之地位，凸显朝鲜作为小邦因先祖被污而更显冤屈，以消解清廷对其戒备心理，开"柔远"、怜爱之恩，为小邦"昭雪"冤屈。此外，李宜显奏文的另一大亮点在于，极言清朝有感于"（朝鲜）世世服事，恪勤侯度"而"视（朝鲜）同内服，曲加庇恤"，康熙帝更对其"益加眷顾，有请比遂，无愿不申"。以此为基调，援引肃宗朝辩诬过程中康熙帝准许史臣据实纂修之召旨，实则以先帝（康熙）略比新帝（雍正），既然前朝已允诺此事，那么新帝从朝鲜所请"继述先德"，就是理所应当之事。当今皇帝若命史臣"删除讹诬，昭载实迹，以成永世之信史，仍将印本，宣示小邦"，即是"有光于列圣字小之遗德"④。

　　饱经诸子夺嫡争斗的雍正，初登大位后承受承统合法性之争议，亟须通过晓谕内外树立新主政权之威严。面临朝鲜属国之诚恳请求，礼部议复：朝鲜国王（英祖）李昑之四代祖（仁祖）李倧，在明天启三年请封，当据该国宗族臣民称倧恭顺，因吁请统理国事。今该国王奏称：有明十六朝记，

---

　　① 参考高丽大学校韩国史研究室：《新编韩国史》，孙科志译，济南：山东大学出版社，2010年，第150页。

　　② 韩国学者韩明基详细梳理了朝鲜历代国王对"仁祖反正"的努力，并指出英祖辩诬的目的是为提升自己的王权。参见韩明基：《17、18世纪韩中关系与仁祖反正——朝鲜后期"仁祖反正问题"》，《韩国史学报》2002年第13号。

　　③ 《朝鲜英祖实录》卷9，英祖二年二月辛未。

　　④ 同上。

直以篡夺书之，实属冤诬，请删除杂说，著为定论。应如所请。俟明史告成后，将列传内立李倧之事，颁发该国。① 此举不仅有利于巩固自身作为宗主至高无上之权威地位，而且也有利于巩固、拉近中朝之间的友好关系。

朝鲜君臣得偿所愿后，即将辩诬之请放在《朝鲜列传》何时纂完，以及是否按王室所愿记载历代宗系。燕行使为顺利完成任务，煞费苦心循机接触、贿赂相关纂修人员，以期按王室意志改修《朝鲜列传》，直至清廷将刊本颁赐于朝鲜。英祖三年（1727年）闰三月，辩诬使回到朝鲜，副使郑亨益上报国王："誊本比初稍胜，而犹不无碍逼之语……盖《明史》，记我朝仁祖事，语多构诬，清国方修《明史》，故前后使行，每请改而不许。是行也，清国执政常明者，为之周旋，略改字句，仍示誊本，使臣受还而犹未尽改矣。"② 英祖六年（1730年，雍正八年）四月，冬至使金东弼等自北京回还，虽以《明史》中仁祖辩诬一册誊出者，进呈英祖，却发现史册"书太祖大王事，文字怪异，史断所论，尤肆辱说，不可不辩诬矣"③。此次虽对仁祖登极事予以改正，却不满于对太祖立国之事的记载，促使英祖指令决定再次辩诬，当即派谢恩使西平君李桡兼辩诬使。次年四月，李桡回朝鲜复命，详述在京城与明史总裁张廷玉、留保、常明等人的交涉过程。因雍正已特许"随意改之（《朝鲜列传》）"，燕行使即邀请常明、张廷玉，"涕泣请改，两人感而许之"，使臣借机挑出"国史中所欲改字句，并即拈示云，故臣（常明）等以朱笔，点'篡'字、'攫'字及'自立'等字而送之"。由是，删改事成。④

删改完毕后，朝鲜君臣热望尽早得到《朝鲜列传》刊本。两年后（1732年，雍正十年），英祖再次遣使恳请雍正尽早颁发《明史》，礼部回复："明史尚未告竣，该国王所请伊国列传，应俟明史告成，再行刊发。"雍正因体谅"该国王急欲表伊先世之诬，屡次陈请，情词恳切. 著照所请，将朝鲜国

---

① 《清世宗实录》卷四十四，雍正四年五月己未，《清实录》（第七册），中华书局影印本，1985年版，第664页。
② 《朝鲜英祖实录》卷11，英祖三年闰三月庚申。
③ 《朝鲜英祖实录》卷25，英祖六年四月己亥。
④ 《朝鲜英祖实录》卷29，英祖七年四月朔癸巳。

列传先行抄录颁示,以慰该国王恳求昭雪之心"①。从中可知,雍正朝朝鲜一次次得偿所愿,更趁热打铁,为完成辩诬事而坚持不懈,很大程度上左右着清廷纂修朝鲜宗系事迹之内容与速度。乾隆三年十月(1738年,英祖十四年),朝鲜正使金在鲁、副使金始焕、书状官李亮臣,进贺加皇太后徽号,清帝赠以定本《朝鲜列传》。②由是,史册辩诬"历经三朝,朝鲜累遣使节,终达成增光于圣祖,有耀于圣德"③之愿。

综上所述,英祖年间的持续辩诬,扭转了肃宗朝辩诬之被动局面,在清朝纂修官的帮助下,朝鲜基本上按照自身意愿为宗系洗脱了污名。雍正即位初年,《明史》纂修工作开展大半,朝鲜抓住有利时机再次请求辩诬,无疑增加了辩诬胜算。礼部一改康熙朝无暇处理之风格,积极回应辩诬事存在的问题,顺承康熙"自有定论"之说,并"应入所请,删改杂说",只待《朝鲜列传》告成而颁赐于朝,此宽仁之举实使朝鲜宗系辩诬事宜告半。从某种程度上看,康熙朝以降,中朝宗藩关系经历紧张与磨合后,朝鲜由敌视清朝发展为请求辩诬,甚至养成了向清廷"伸张正义"之习惯,有助于改变朝鲜在宗藩事务中之被动局面,以赢得外交主动权。

三、辩诬策略背后中朝宗藩认同之演变

从显宗十四年(1673年)朝鲜正式讨论向清朝辩诬的问题,其间经历肃宗朝至英祖朝近七十年的轮番请求辩诬,终在英祖十五年(1739年)获赠官方刊刊本《明史·朝鲜列传》。其间尽管也遭受过冷落,甚至责难,却终在清廷之"庇佑"下消除了《明史》记载朝鲜王室先祖"篡位"之隐患,巩固了与清朝之宗藩关系。在利益较量下,中朝双方以退为进之对话策略,实则是双方实现共赢的最好选择。

清初以降,康雍乾三朝,在处理朝鲜宗系辩诬的策略上,从斥责到容

---

① 《清世宗实录》卷一一六,雍正十年三月戊午朔,《清实录》(第八册),中华书局影印本,1985年版,第543—544页。
② 刘为:《清代中朝使者往来研究》,哈尔滨:黑龙江教育出版社,2002年,第205页。
③ 《朝鲜英祖实录》卷48,英祖十五年二月己丑。

忍、纵容再到应其所需，清朝经历了由紧到松的灵活处理过程。清初以降，朝鲜被迫沦为清朝之藩属国，皇太极极言朝鲜在侍清事宜上"事事欺瞒，少无诚信"。顺、康两朝虽不断减免朝鲜之贡物，但在处理朝鲜事宜的风格上仍存谨慎与提防之心。在处理与朝鲜关系的策略上，康熙曾明示上下："抚驭外国之道，不可太严，亦不可太宽。朝鲜之人，赋性狡诈，若遂如所请，此后未必不玩忽"①。对于清廷来说，是否有助于维持宗主国之权威地位，成为了清朝处理与朝鲜宗藩关系之决定因素。

从康熙朝到雍正朝处理辩诬事宜的决策演变来看，不同的辩诬时机（动乱与和平）与辩诬策略（单刀直入与动之以情）成为朝鲜辩诬成败之重要因素。

对于清廷来说，经由三藩之乱的考验，面对朝鲜之恭顺纳贡，清廷心安理得地接收朝鲜接连不断上贡方物，逐渐放松了对朝鲜之戒备心理。朝鲜接连辩诬之请，实则也在逐渐打破对清廷之防备僵局，清廷抓住时机对朝鲜行刚柔并济之策，也就容易攻破朝鲜拒不交心（漠视）的心理障碍。为朝鲜先祖"鸣冤昭雪"，最终目的是为安抚朝鲜，以维系两国和平稳定之宗藩局面。毕竟，循序渐进应其所请，并未对清朝构成直接威胁，实则也折射出中朝在政治、军事等安全问题不再成为主要担忧时，清朝愿意在处理朝鲜宗系正统的问题上做出更多让步。

对于朝鲜来说，为赢得清朝之期许，朝鲜逐渐改变向清廷辩诬之策略，实质上也改变了朝鲜对清朝之认同观，亦对清朝修《明史》权威地位予以了足够重视。显宗朝面临先祖被诬问题终选择"不必辨，亦无可辨"，肃宗朝则敢于趁清廷平乱之危境毅然义正言辞请求删改明季野史，后不惜搬出明朝慷慨赐书之由，虽辩诬未果却为其后英祖朝继续辩诬奠定了基础，继续突出康熙朝"有求必应"之恩惠，恳请雍正朝以"字小之恩"为先祖昭雪，而终得偿所愿。足见，如何修纂《明史·朝鲜列传》，已然成为中朝两国利益较量之温度计。清朝平三藩时期，朝鲜自知对清缺乏诚意，其通官

---

① 《清圣祖实录》卷一二一，康熙二十四年六月甲寅，《清实录》（第五册），中华书局影印本，1985年版，第279页。

张孝礼曾一针见血点出朝鲜理亏之处:"自有吴三桂叛乱,诸藩皆有所助,而朝鲜独无一事。若于前头使行送以数百柄乌铳,则皇帝必大喜,永无疑阻之患。凡有所请,无不见从,朝鲜何惜而不为。"① 从朝贡体制的层面看,当宗主国或藩国有难时,双方有互相援助之义务。康熙朝并未向朝鲜强征粮食、乌铳,实为考量朝鲜对清的忠诚度,朝鲜在此问题上则表现出冷眼旁观之态,难怪康熙朝不直接从其辩诬之请。但是,清朝三藩之乱期间,朝鲜因自身实力不济而不得已按兵不动,极容易被康熙帝视为是一种"忠诚",也为其后两国关系的顺利开展奠定了基础。朝鲜在持续探索辩诬之请时,面对康雍乾三朝态度之变化,朝鲜亦逐渐改变了向清廷施压之策略,初衷虽为伸张王权之合法性,以彰显李朝王室在朝鲜半岛的正统地位,甚至提升自身"进于中华"之合法地位,以期与清廷叫板,却通过辩诬行动逐渐认同了清朝作为宗主国权威地位之事实。

---

① 《朝鲜肃宗实录》卷3,肃宗元年三月庚申。

庚子事变后
中外关于"惩凶"问题的争论与交涉

邓 雨[*]

摘 要 庚子事变后,各国提出将"惩凶"作为与清廷议和的前提条件。这对中外议和至关重要,却又极富争议性。李鸿章等人在探知各国所指罪魁的基础上,与袁世凯等地方督抚商定祸首名单,期望先发制人,争取主动性。然而各国政府及公使对于名单人员及其惩处方式,意见甚不一致。其中,是否"严速惩办"祸首,懿亲是否处死,如何惩办毓贤、董福祥等问题,尤为争论之焦点。为此,李鸿章、奕劻、张之洞、袁世凯、刘坤一等人不仅内部频繁互动,而且与各国公使展开了艰难的交涉。最终在英使等西方强硬意见的主导下,中国全盘接受西方惩处的要求,唯一的修改只是允许英年和赵舒翘自尽以代替绞刑。此事提示出,庚辛之际,在西方主导下的中外交涉格局正逐步形成。

关键词 "惩凶" 全权大臣 地方督抚 英国公使

引 言

庚子事变后,各国互商提出,将"惩凶"作为与清廷议和的前提条件。

---

[*] 邓雨,中山大学历史学系 2015 级硕士研究生。

义和团"惩凶"涉及多方利益的角逐与较量,致使交涉过程艰难复杂。

"惩凶"对象,主要针对朝中重臣。贾熟村曾连续发表关于义和团祸首的系列人物研究,如载漪、毓贤、董福祥、李秉衡、赵舒翘等,① 叙述他们在义和团事变中的活动。郭晓勇梳理了"惩凶"史实,分析首祸确认的标准。② 雷瑶的硕士论文认为,张之洞与李鸿章在"惩凶"问题存有不和意见,进一步分析庚辛和谈另一层面的历史细节。③

少数论文为义和团中被惩大臣辩解。陈在正对毓贤的功过加以剖析和辩白。④ 赵亦彭认为,"李秉衡的言行并不符合典型'拳乱祸首'的标准"。⑤ 戴海斌从"惩董"交涉看朝廷、全权大臣、东南督抚等多种力量的频繁互动,以张之洞为中心进行了考察。⑥ 徐笑运阐述了惩罚刑部尚书赵舒翘的过程,突出李鸿章、刘坤一、张之洞与列强谈判代表之间的互动。⑦ 此外,张海鹏以及张晓宇从国际法的角度分析庚子议和与庚子"惩凶"。⑧

庚子"惩凶"涉及中外议和多方面的困难。在处理指认祸首、商量惩处办法等焦点问题上,极富争议性。其背后,不仅如前人所述,体现全权大臣、地方督抚与各国使节间的互动,然各自内部观点间的冲突,致使"惩凶"问题复杂化,亦值得关注。本文基于前人对庚子"惩凶"研究的成果,对庚子事变后中外内部关于"惩凶"问题的争论以及双方间展开的交涉试做探讨。

---

① 可参考贾熟村:《义和团时期的载漪》,《南阳师范学院学报》2006年第11期;《义和团时期的袁世凯》,《衡阳师范学院学报》2011年第1期等文。
② 郭晓勇:《庚子、辛丑之际的"惩凶"问题探析》,《广东社会科学》2007年第3期。
③ 雷瑶:《庚辛议和中的大吏因应(1900.7—1901.9)》,硕士学位论文,东华大学,2011年。
④ 陈在正:《论义和团运动时期的毓贤》,《社会科学研究》1982年第2期。
⑤ 赵亦彭:《李秉衡的"拳乱首祸"身份问题》,《清史研究》2015年第1期。
⑥ 戴海斌:《〈辛丑条约〉议定过程中的一个关节问题——从"惩董"交涉看清政府内部多种力量的互动》,《北方民族大学学报》2012年第1期。
⑦ 徐笑运:《庚子、辛丑之际"惩赵"风波探析》,《盐城师范学院学报》2015年第3期。
⑧ 参考张海鹏:《试论辛丑议和中有关国际法的几个问题》,《近代史研究》1990年第6期;张晓宇:《庚子事变后"惩凶"问题的国际法分析》,《暨南学报》2015年第4期。

一、"惩凶"问题的提出

义和团兴起后，八国联军进攻北京，局势甚危，朝廷便任奕劻、李鸿章为议和全权大臣，并于李鸿章之外，添派张之洞、刘坤一等督抚为议和全权代表，以求与各国停战议和。

德国因德使被戕而率先提出将"惩凶"作为议和的前提条件，并力争英国、日本、俄国、美国的支持。① 1900年9月5日，德国外交副大臣李福芬致驻北京公使穆默电，称"及时地将我们拟对中国提出的和平条件做一个决定似有必要"，并将"严惩一切有罪的人，主要是属于高级社会的罪魁祸首，并没收其财产"作为必要考虑的条件之一。② 李福芬的提议得到了德国外交大臣布洛夫以及驻京公使穆默的支持。③

随后英国政府表示，将在两个条件下赞成德国的提议：（一）让北京的外国代表们达成谅解来指出哪些人物的交出是有益的，可能的，并应向中国政府要求的。（二）和议的开始不要绝对地取决于中国政府先接受交出祸首的要求。也许此间人士能同意两个交涉平行地进行，但列强把中国事先接受交出的要求，作为和平的先决条件。④ 意大利在公文中表示其政府同意德国"关于中国的提议"⑤。日本政府基本赞成德国的提议，但鉴于事实上执行的困难，各国政府之间应互相征求意见。美国政府欲保留惩办最高中国权威的祸首，并拒绝要以交出列强自己指定真正的祸首来决定和议的开

---

① 《外交大臣布洛夫伯爵致外部电》（1900年9月16日），孙瑞芹译：《德国外交文件有关中国交涉史料选译》第二卷，北京：商务印书馆，1960年，第123页。

② 《外交副大臣李福芬男爵致驻北京公使穆默电》（1900年9月5日），《德国外交文件有关中国交涉史料选译》第二卷，第111页。

③ 《外交大臣布洛夫伯爵奏威廉二世电》（1900年9月16日），《德国外交文件有关中国交涉史料选译》第二卷，第123页。

④ 《驻伦敦大使哈慈菲尔德伯爵致外部电》（1900年9月18日），《德国外交文件有关中国交涉史料选译》第二卷，第127页。

⑤ 《外交副大臣李福芬男爵致皇帝侍从参事大使艾固德公爵公文》（1900年9月21日），《德国外交文件有关中国交涉史料选译》第二卷，第127页。

始。俄国则要求德国进一步解释交出祸首的要求。①

各国对德国的提议虽然稍有异同,最终还是同意将"惩凶"作为议和的前提条件。在英使窦纳乐看来,李鸿章代表清廷议和谈判,其"目的大概是为了阻止联军对北京的占领",但"惩罚那些在最近反对外国人的骚乱中扮演主要角色的人,对将来具有十分重要的关系"。②据赫德称,英国政府发布训令,"声明谈判的前提条件是交出各国公使所提出的罪状确凿的主要祸首,以备惩处,英、德政府完全一致"③。

二、朝廷的"惩凶"方略

既要"惩凶",谁是祸首尤为关键。各国政府曾明示,由在京各使指认,向朝廷索要祸首。赫德于9月8日的一封函电中称:"某些公使在庆亲王初次露面时(并不是谈公事),就告诉他,除非先把端王、庄王、载澜以及刚毅、徐桐等有关大员杀头,否则不能进行谈判。"④

日本使节即于8日由京来上海见李鸿章,密言:"各使欲请太后归政,严办端、庄、刚庇匪诸人,始可议和。"⑤9日,驻沪德国新派穆使致张之洞电,译文明确表示:"此次事变,某王(端王)及王大臣实为罪魁,必俟中国朝廷明降诏书,切实谕示,声明其甚恶既往之事,以昭信实而保将来,如此则可望有开议之端。"⑥德使在面见盛宣怀时谓:"华兵戕我使臣,故与

---

① 《德国外交文件有关中国交涉史料选译》第二卷,第128页。
② 《窦纳乐爵士致索尔兹伯理侯爵电》(1900年8月28日),胡滨译;丁名楠、余绳武校:《英国蓝皮书有关义和团运动资料选译》,北京:中华书局,1980年,第189页。
③ 赫德:《1900年9月19日伦敦来电》新字第421号,中国近代经济史资料丛刊编辑委员会编:《中国海关与义和团运动》,北京:中华书局,1983年,第12页。
④ 赫德:《1900年9月8日北京去函》,中国近代经济史资料丛刊编辑委员会编:《中国海关与义和团运动》,第10页。
⑤ 《复彼得堡杨使》(1900年9月8日),顾廷龙、戴逸主编:《李鸿章全集》第27册,合肥:安徽教育出版社,2008年,第276页。
⑥ 《鄂督张来电并致盛京堂江督东抚》(1900年9月9日),《李鸿章全集》第27册,第281页。

各国不同。德王训条，若非交出四凶，不准停战开议。"①

10日，刘坤一亦从各使节处得知，"俄、日指请惩办某某方肯开议"②。14日，张之洞闻日本人密告日本外部议和大旨，即要求清廷将"刚、董治罪，某王罢黜管束，赔款，改政"四事。③ 15日，英国代总领事霍必澜直指："山西巡抚毓贤，是一个具有激烈排外情绪的官员。这么多传教士在山西被杀的责任，应由他承担"④；董福祥是义和拳的"保护者"，端王是义和拳的"首领"，刚毅和赵舒翘对义和团运动"曾表示很大的同情"⑤。

纵观各使频繁向李、刘、张等人指认的祸首名单，无外乎载漪、董福祥、刚毅、毓贤、赵舒翘等人。李鸿章曾言各使"语极凶悍，实堪发指"⑥，其在沪会晤德使、荷兰使及税司裴士楷、各国总领事等时，已知严惩首恶，各使"所言皆同"⑦，"均有同心"⑧。

各督抚一面联合上书极力劝李鸿章早日赴京，与各使谈判，一面联合拟稿会奏，向朝廷密陈祸首。13日，袁世凯致李、盛、刘、张电称："恭读十五电旨，似可趁此进言：'罪在朕躬，悔何可及'。而其实罪在臣下，如联名痛劾诸祸首，不但可谢各国，谢臣民，尤可为两宫剖白，以昭圣德。"⑨ 刘坤一考虑李鸿章与各使交涉不易，便致电与袁、张互商，其电文称"先

---

① 《盛京堂来电并致李中堂、刘制台、袁抚台》（1900年9月20日），赵德馨主编：《张之洞全集》第10册，武汉：武汉出版社，2009年，第169页。

② 《刘制台来电并致李中堂、袁抚台》（1900年9月10日），《张之洞全集》第10册，第160页。

③ 《鄂督张来电并致盛京堂江督》（1900年9月14日），《李鸿章全集》第27册，第301页。

④ 《代总领事霍必澜致索尔兹伯理侯爵电》（1900年9月15日），《英国蓝皮书有关义和团运动资料选译》，第218页。

⑤ 《贾礼士领事致索尔兹伯理侯爵函》（1900年9月17日），《英国蓝皮书有关义和团运动资料选译》，第223页。

⑥ 《李鸿章全集》第27册，第123页。

⑦ 《寄护陕抚端并转江督刘楚督张东抚袁》（1900年9月14日），《李鸿章全集》第27册，第303页。

⑧ 《彼得堡杨使来电》（1900年9月14日），《李鸿章全集》第27册，第304页。

⑨ 《袁世凯致李鸿章、盛宣怀、刘坤一、张之洞电》（1900年9月13日），骆宝善、刘路生主编：《袁世凯全集》第6卷，开封：河南大学出版社，2013年，第354页。

将端、刚、赵从轻褫职,明降谕旨,归罪于三人,以致种种愧对各国,故先罢斥,以为谢过之据",而董福祥与毓贤需缓办。①

刘坤一的提议得到袁世凯的赞同。② 然张之洞表示不便列衔会奏,回刘、袁电称:指认祸首,"总宜由全权大臣言之","外人未指责天水(赵舒翘),似可缓,或为作一陪笔。若诸帅欲论某某,则必须劾董"。③ 至于张为何有此想法,《庚子西狩丛谈》中有记载:13日,李、刘、张、袁"连名劾载漪、载澜、载勋、刚毅、英年、赵舒翘庇拳匪。奏行而之洞中悔,请削衔。然无及矣。太后之复出也,之洞惧祸,持两端,名声远在坤一下"。④

各省督抚密陈的祸首名单中,除提及端王载漪、赵舒翘、载勋、刚毅等人外,董福祥是他们会奏指认的重要对象,但最终并未列入。⑤ 大体而言,各督抚在指认祸首时,想法虽有所分歧,然考虑议和局势,终与李鸿章达成一致。9月18日,李鸿章联合张、刘、袁上"请查办拳匪首祸王大臣密折",确认祸首名单,并给出惩处建议:

> 先将统率拳匪之庄亲王载勋、协办大学士刚毅、右翼总兵载澜、左翼总兵英年及庇护拳匪之端郡王载漪、查办不实之刑部尚书赵舒翘等,先行分别革职撤差,听候惩办。明降谕旨,归罪于该王大臣等,以谢天下,以昭圣德,即可宣告各国,与之克期开议。⑥

会奏中的祸首名单,是李鸿章及各督抚在探知各国所指罪魁的基础上

---

① 《刘坤一复电并致李鸿章、张之洞、盛宣怀》(1900年9月13日),《袁世凯全集》第6卷,第359页。
② 《致盛宣怀、刘坤一、张之洞电》(1900年9月18日),《袁世凯全集》第6卷,第388页。
③ 《张之洞来电并致李鸿章、刘坤一》(1900年9月13日),《袁世凯全集》第6卷,第360页。
④ 吴永口述:《庚子西狩丛谈》,桂林:广西师范大学出版社,2008年,第111页。
⑤ 《致盛宣怀、刘坤一、张之洞电》(1900年9月14日),《袁世凯全集》第6卷,第359页。
⑥ 《义和团档案史料》,沈云龙主编:《近代中国史料丛刊续编》第三十七辑,第361册,台北:文海出版社有限公司,1977年,第591页。

互商而形成的,总期"先发制人",而"加劾数人,系按裴士楷所称,各使开单。指名请办者,尚有毓贤、董,随后再议"。①

由各使以及刘坤一等人指认的祸首,他们位高权重,甚为慈禧佑护。密折奏至朝廷,皇上"声色俱厉",太后"默而不言"。②光绪"呼载漪等,严斥之",然慈禧"色不怡"。光绪"谓王文韶出草诏,自载漪以下得罪有差,然甚轻"。慈禧听后,"犹不悦",谓文韶曰:"诸臣皆为国效忠,今以罪去之,他日复谁肯尽力者?"③可见,两宫态度并不一致。光绪想批准李、张等人所指认的祸首名单及惩处办法的奏折,先发制人,以达早日和议。然"圣意欲照行,慈圣不肯,龃龉两时许,亦异矣哉"④。

两宫意见虽不一致,而时局甚危,终为保全社稷,25日,朝廷颁布分别轻重惩办祸首大臣之上谕:

> 此次开衅变出非常,推其致祸之由,实非朝廷本意,皆因诸王大臣等纵庇拳匪,启衅友邦,以致贻患宗社乘舆播迁。朕固不能不引咎自责,而诸王大臣等无端肇祸,亦亟应分别重轻加以惩处。庄亲王载勋、怡亲王溥静、贝勒载濂、载滢,均着革去爵职。端郡王载漪着从宽撤去一切差使,交宗人府严加议处,并着停俸。辅国公载澜、都察院左都御史英年,均着交该衙门严加议处。协办大学士吏部尚书刚毅、刑部尚书赵舒翘,着交都察院交部议处,以示惩儆。朕受祖宗付托之重,总期保全大局,不能顾及其他。诸王大臣等谋国不臧,咎由自取,当亦天下臣民所共谅也。钦此。⑤

---

① 《李中堂来电并制刘制台、袁抚台》(1900年9月15日),李鸿章撰;吴汝纶编:《李文忠公奏稿》卷80,上海:上海古籍出版社,1996年,第163页。

② 《盛宣怀致李鸿章函》(1900年9月27日),陈旭麓、顾延龙、汪熙主编:《义和团运动·盛宣怀档案资料选辑之七》,上海:上海人民出版社,2001年,第273页。

③ 吴永口述:《庚子西狩丛谈》,第111页。

④ 赵舒翘:《慎斋文集》,北京:法律出版社,2014年,第376页。

⑤ 中国第一历史档案馆编:《庚子事变清宫档案汇编》(《辛丑条约》谈判卷一),第9册,北京:中国人民大学出版社,2003年,第56页。

这是第一次以朝廷的名义宣布祸首具体名单及惩罚办法，朝廷在李鸿章等人联奏的基础上，又增加了溥静、载濂、载滢三人，由六人增至九人，多以革职惩办。不论是李鸿章等人的奏折，还是朝廷颁布的上谕，显然都有调整，毓贤与董福祥便不在其中。

三、各国对祸首名单的反响

朝廷自认为分别轻重惩办了祸首大臣，待李、刘等立将清廷颁布惩凶上谕电告在京各国公使，他们"均为哗然"①。各使除索要更多祸首名单，更要求朝廷必须重办，不能仅以革职处置。② 各使"尤恨董福祥、毓贤二人。以为教民被其戕害不少，不先杀此二人，不能开议，必欲请旨正法"③。

10月8日，驻京各使举行会议，英国与其他各使一致同意下列几点：一、就目前来说，那份名单是正确的，虽然董福祥和毓贤的名字也应列入其中；二、所处的刑罚不是很严厉的；三、惩罚在北京执行，有各国军事或文职官员代表出席，这是可取的。④ 9日，各使又指出，"在中国人提出祸首名单上有几个祸首没有列入，处分程度不够，且缺乏执行处分之保证"⑤。

英、德两使立即互商，英使执意要"完全可能有把握地指出那些犯罪

---

① 《寄西安行在军机处》（1900年11月19日），《李鸿章全集》第27册，第413页。
② 《中国旬报》第23期，1900年9月18日，路遥主编：《义和团运动文献资料汇编》（中文卷下），济南：山东大学出版社，2012年，第506页。
③ 王彦威、王亮编：《西巡大事记》卷二，《清季外交史料》，沈云龙主编：《近代中国史料丛刊三编》第二辑，台北：文海出版社有限公司，1985年，第4310页。
④ 《窦纳乐爵士致索尔兹伯理侯爵电》（1900年10月9日），《英国蓝皮书有关义和团运动资料选译》，第343页。
⑤ 《德国外交文件有关中国交涉史料选译》第二卷，第133页。

人的姓名"①。德使声明若"祸首轻办，难保必无西犯"②，应请"诛罪魁"③。法使照会李鸿章、奕劻，直指"中国极犯万国公法之要条"，"一律认明，端郡王、庄亲王（载勋）、辅国公载澜、提督董福祥、协办大学士刚毅、山西巡抚毓贤、刑部尚书赵舒翘等员均系首祸"，④要求清廷"将端、庄、澜、董、刚、毓明正典刑，方可停战"⑤。只有美使要求"治罪祸首，应按中国极重之律法从事"⑥。其余各使一致再要求，除了上谕中指出的九名祸首，还应加董、毓二人，共十一人，"均正法"⑦。

各国政府得知清廷"惩凶"上谕，亦纷纷做出提议。10月1日，德政府接到盛宣怀传达的上谕通知，布洛夫立向各国政府发出通牒："我们能从这道上谕中看出一个恢复中国秩序状态有利的基础"，并向各国政府建议，现在同意给他们驻中国的外交代表训令来审查并提出意见：（一）上谕中的罪人名单是否足够正确。（二）所拟处分是否恰当。（三）列强通过什么方法来监督处分之执行。⑧

各国政府赞成德国通牒之声明，然只有英国政府，"长期不宣布立场"⑨。美国虽有"驳斥德人之意，以首祸人须请中国自惩，不宜令交出，有妨中国体面"之主张，⑩而据驻美公使伍廷芳致李鸿章的函电可知，其态度则有变化。伍廷芳称，至于25日上谕，"惟细译旨意，仍多疑虑。各驻

---

① 《窦纳乐爵士致索尔兹伯理侯爵电》（1900年9月29日），《英国蓝皮书有关义和团运动资料选译》，第256页。
② 《复云南藩司李》（1900年11月17日），《李鸿章全集》第27册，第406页。
③ 《论今日定乱之难》，1900年10月2日，《义和团运动文献资料汇编》（中文卷（下）），第533页。
④ 《照录法国毕使照会》（1900年10月18日），《李鸿章全集》第27册，第345页。
⑤ 《寄盛京堂》（1900年10月25日），《李鸿章全集》第27册，第360页。
⑥ 中国第一历史档案馆编：《庚子事变清宫档案汇编》（《辛丑条约》谈判卷一），第9册，第157页。
⑦ 《刘坤一来电并致张之洞、盛宣怀》（1900年11月7日），《袁世凯全集》卷7，第83页。
⑧ 《外交大臣布洛夫伯爵致驻伦敦大使哈慈菲尔德伯爵电》361号（1900年10月1日），《德国外交文件有关中国交涉史料选译》第二卷，第184页。
⑨ 《德国外交文件有关中国交涉史料选译》第二卷，第133页。
⑩ 《盛京堂转日本李使来电》（1900年9月26日），《李鸿章全集》第27册，第320页。

使金称,端王罪魁,若不严惩,恐无以谢各国。刚毅、赵舒翘亦酿祸首恶,重治,方足蔽辜"。① 若能"严惩罪首,使各国深信,谅和局即可开议",不如"确实惩办"。②

各国不仅不满上谕公布的祸首名单及惩处办法,且进一步开会商量具体办法。其中,各使针对是否以死刑处死祸首而展开了激烈论争。

10月26日,俄使主动召开会议,与各使交换和议意见。德国公使穆默致德国外交部电称,会议将"一致决定向我们各国政府提议以正式的最后通牒要求中国政府将上月25日上谕中指出姓名的各人,以及毓贤,董福祥和其他日后外交团所指出的罪犯处以死刑"③。并指出,在讨论中:

> (俄国公使) 格尔思与 (英国公使) 萨道义间有相当剧烈的矛盾。格尔思要免除亲王们的死刑,或对一切仅处以最严厉的刑罚。但萨道义赞成尽可能地扩大刑罚。因此,我怀疑俄国将同意亲王处死刑的要求。意(萨尔瓦葛侯爵) 美 (康格先生) 公使大致站在英使方面。康格开始因受选举之影响违反他本人意旨来反对最后通牒这个名词。法国代表患重病,他的代表 (安托萨男爵) 保持沉默。外交团领袖公使,西班牙公使 (葛络干) 不重要,比利时公使 (姚士登) 态度似乎有些暧昧。日本公使因不懂语言完全不行,不能提出日本方面在103号电报 (指关于列强和中国谈判基础的一切提议必须提交各国驻北京外交代表先行讨论的动议)。我在各方面间之地位是困难的。④

12月4日,在京各使再次召开会议。美使康格的提案是:"死刑代以最

---

① 《华盛顿伍使来电》(1900年10月11日),《李鸿章全集》第27册,第334页。
② 《庚子事变清宫档案汇编》(《辛丑条约》谈判卷一),第9册,第82、133页。
③ 《驻北京公使穆默致外部电》(1900年10月26日),《德国外交文件有关中国交涉史料选译》第二卷,第141—142页。
④ 《驻北京公使穆默致外部电》(1900年10月26日),《德国外交文件有关中国交涉史料选译》第二卷,第141—142页。

严酷的刑罚",坚持主张要更改"死刑"措辞,此提议得到了多数使节的"赞成"。①

英、德两国最初虽表示反对,经开会调和,德使穆默最后称:"既然后面的措辞是由美国公使提议,得英国公使支持,且俄使、日使、法使——前二者是根据其政府的特别训令,违反他本人的意见——投票赞成,则如果我长远地反对下去亦没有意义。"但穆默与英使萨道义又明言,即便更换新措辞,"以最严厉的处分"惩办祸首,仍"即指死刑而言"。②英使萨道义虽坚持"死刑是对所说的那些人们所犯罪行的适当抵偿"③。最后亦称,用何种措辞并不重要,该照会"只不过是企图提出谈判的基础,最后的结果将更多地取决于列强为过去索取赔偿并为将来索取保证的决心,而不取决于在谈判刚刚开始时表示该决心的那种方式。"④

各国政府亦积极表态。英国政府执意坚持,以死刑惩办祸首。其外交部表示:"终以首恶诸人尚未重惩为愤",认为"此次祸变,始于毓贤,成于刚毅、赵舒翘,而载漪实主之,且毓贤于行在,辇毂之下诱杀无辜"。⑤清廷虽"已经点名批评了端王等与义和团有牵连的高官,并宣布将他们革职以示惩罚"。而其"做法与各国所要求的死刑相去甚远,这似乎预示着进一步谈判不会顺利,也使各国怀疑朝廷虽远在西安却仍想要花招。各国在惩办高官的问题上立场坚硬,他们想让中国效仿占领军的做法严惩高官"⑥。

德首相布洛夫致电并指示驻京公使穆默:"惩办祸首,对于德国甚为重

---

① 《驻北京公使穆默致外部电》(1900年12月4日),《德国外交文件有关中国交涉史料选译》第二卷,第158页。至于"最严酷的刑罚",中西方本有不同的法律文化含义。其中,在卜正民著《杀千刀——中西视野下的凌迟处死》中提到,巴塔耶认为凌迟是"他眼中的中国酷刑"。而在此处,西方国家仍认为"最严酷的刑罚"是"死刑",只是更改了措辞。

② 《驻北京公使穆默上帝国首相布洛夫伯爵公文》(1900年12月13日),《德国外交文件有关中国交涉史料选译》第二卷,第175—176页。

③ 《兰士敦侯爵致萨道义爵士电》(1901年1月22日),《英国蓝皮书有关义和团运动资料选译》,第408页。

④ 《英国蓝皮书有关义和团运动资料选译》,第423—424页。

⑤ 《伦敦罗星使来电》(1900年10月4日),盛宣怀撰:《愚斋存稿》卷四十二,沈云龙主编:《近代中国史料丛刊续编》第十三辑,台北县:文海出版社有限公司,1975年,第980页。

⑥ 《义和团运动文献资料汇编》英译文卷(下),第383页。

要。在这问题,像在其他问题上一样,我们应该愈少孤立我们自己,但我们必定要看在何处并怎样找到同伴。"① 对于德国,"惩凶是一件面子问题。比起此事,赔款问题尚为次要"②。照会草案中保存"死刑"这名词视为唯一的德国兴趣,我们的训令仍是,如果英国代表签字,穆默先生也签字。③

美国却"反对因坚持处死那些中国政府或许不能够处以死刑的高级官员,从而危及北京的谈判"④。俄国、法国亦拒绝对端王、澜公等亲王处以死刑。⑤ 日本政府"不愿意评论各国驻北京使节所作出的决议",认为"实现对诸亲王及高级官员处以死刑的要求不是切实可行的"。⑥

1901年2月5日,各使照会奕、李,这是他们正式将严惩首祸办法放在谈判桌上与中国全权大臣商量。各使本已商议,祸首"概行诛戮"⑦。会上,针对各使节提出的死刑办法,奕、李与他们辩驳许久,并提出了关于惩罚罪犯问题的条款。当奕、李问及"按照他们的罪行区别轻重不同的惩罚应采取什么方法"时,萨道义则以"控告书内所包括的那些罪行最轻的人,适当的刑罚是死刑;由于我们不知道有更重的刑罚,所以我们不能指出对那些罪行最重的人施以任何更严重的刑罚;因此,在他们之间不能有所区别"回答。⑧ 显然,英国并不想分别轻重惩办祸首。

---

① 《帝国首相布洛夫伯爵致驻北京公使穆默电》(1900年10月21日),《德国外交文件有关中国交涉史料选译》第二卷,第140页。
② 《帝国首相布洛夫伯爵致驻伦敦大使哈慈菲尔德伯爵电》(1900年11月30日),《德国外交文件有关中国交涉史料选译》第二卷,第156页。
③ 《外交大臣李福芬男爵致驻伦敦大使哈慈菲尔德伯爵电》(1900年12月6日),《德国外交文件有关中国交涉史料选译》第二卷,第159页。
④ 《兰士敦侯爵致萨道义爵士电》(1900年11月23日),《英国蓝皮书有关义和团运动资料选译》,第368页。
⑤ 《萨道义爵士致兰士敦侯爵电》(1901年1月23日),《英国蓝皮书有关义和团运动资料选译》,第410页。
⑥ 《林董男爵所提出的口头通知》(1900年11月28日),《英国蓝皮书有关义和团运动资料选译》,第370页。
⑦ 《寄西安行在军机处》(1900年11月3日),《李鸿章全集》第27册,第381页。
⑧ 《萨道义爵士致兰士敦侯爵函》(1901年2月6日),《英国蓝皮书有关义和团运动资料选译》,第453页。

四、"惩凶"焦点：
"严速惩办"、懿亲加刑、董毓之惩处

(一) 是否"严速惩办"祸首

各督抚因恐"联军肆扰北省，牵动东南，甚且大举西同"①，又担心"诸祸首抵陕后恃远负固，必有一番把持，和议愈远，毒根愈深，无从收拾"②，况各国不满祸首名单和惩处办法，"以事未施行，疑系空言搪塞，固执前说，众口一词"。③ 若不增加惩办人数和加重惩处办法，则议和受阻，故而李鸿章及各督抚相商惩处办法。袁世凯则两次联名奏请要重惩祸首。④ 刘坤一立即致电袁世凯、张之洞、盛宣怀，望能会奏"严速惩办"⑤。对此，盛称刘所言"尤足唤醒醉梦"，并致电各督抚，"必须速发"意见。⑥

10月22日，盛宣怀接王文韶电，并将其致袁、刘、张，王电内称："惩办加重，约以何度，试想拟，速密示。"⑦ 西安又来电，指示奕劻、李鸿章，"究应如何分别轻重办理得当之处，不妨拟议密奏，候朕定夺"⑧。

朝廷希望李鸿章、奕劻密奏惩处办法，然以何标准惩处，盛宣怀致奕、李电，惩办祸首，应"速商各国指实，据以入告。胜于凭空悬拟，免致再生枝节"⑨。刘坤一一面主张由李、奕按各国指实奏请朝廷，一面又称，若朝廷

---

① 《杨儒致刘坤一电》(1900年10月4日)，《义和团运动·盛宣怀档案资料选辑之七》，第293页。
② 《致盛宣怀、刘坤一、张之洞电》(1900年10月7日)，《袁世凯全集》卷6，第479页。
③ 《刘坤一来电并致张之洞、盛宣怀》(1900年10月19日)，《袁世凯全集》卷6，第548页。
④ 《张之洞来电并致刘坤一、盛宣怀、李鸿章》(1900年10月4日)，《袁世凯全集》卷6，第469页。
⑤ 《刘坤一来电并致张之洞、盛宣怀》(1900年10月19日)，《袁世凯全集》卷6，第548页。
⑥ 《盛宣怀来电并致刘坤一、张之洞》(1900年10月19日)，《袁世凯全集》卷6，第549页。
⑦ 《盛宣怀来电并致刘坤一、张之洞》(1900年10月22日)，《袁世凯全集》卷7，第2页。
⑧ 《盛京堂转潼关来电并呈庆邸》(1900年10月23日)，《李鸿章全集》第27册，第355页。
⑨ 《盛宣怀致刘坤一、张之洞等电》(1900年10月22日)，《义和团运动·盛宣怀档案资料选辑之七》，第332页。

不允，各省再联合会奏。① 袁亦主张先设法催促李、奕按各国"指实拟议"②。

为阻止联军西犯，李鸿章奏请"将致乱诸王大臣分别从严治罪安置"，且"万不可仍随行在"，以免"各国有所借口，致稽开议"。③ 李鸿章知各国最不平者为董、毓，便电请重办二人。25日，盛宣怀转李鸿章致王文韶电，李建议将董"酌加重惩"，至于毓贤，"非开缺能了事，至轻亦应远戍"。④

重办祸首，李、刘等人希望张能与之会奏，张却与他们意见相左，并不想参与此事。27日，张之洞致袁、刘、盛电，称既"已明言不置重典，尚属可商。又加致仁和两电，折松电紧，力量已足。假如我等会奏，若意在请轻，断无此理。若意在请重，恐上误会语意，则大不妥矣，自不宜再行会奏"⑤。

同时，张之洞担心朝廷反诘会奏诸臣，其不知如何复奏，故而不主张重办数人。一再强调，李、奕所电请，"实已尽情倾吐，办法已极重，人数已过多，又将冬、江两电改为公寄枢廷，可谓极紧"。况仅以刘、张两督之力，不能"大于德法两君"。又闻洋人言，"必欲重惩者，止端、刚、毓、董四人"，尚"不如各使所请十一人之多，如何能置议乎？窃谓不必。"⑥

尽管刘坤一再三致电相劝张，并向其解释会奏意在，"一在破主战之惑，一在助全权之力，应办何人何罪，均可不必明言"⑦。张仍称"会奏万不可发"，其"断不敢列衔"，甚至建议刘"亦不必发"，毕竟"十一人全未拟减，太重难行"。此外，若所拟"俯听全权，大不妥"。⑧

张之洞不仅不同意重办祸首，而且对李、奕两人之想法颇有不解。其

---

① 《刘坤一致张之洞、袁世凯等电》（1900年10月22），《义和团运动·盛宣怀档案资料选辑之七》，第333页。
② 《致盛宣怀电》（1900年10月23日），《袁世凯全集》卷7，第3页。
③ 《寄端护陕抚飞递行在军机处》（1900年10月12日），《李鸿章全集》第27册，第337页。
④ 《盛宣怀来电并致刘坤一、张之洞》（1900年10月25日），《袁世凯全集》卷7，第22—23页。
⑤ 《张之洞来电并致刘坤一、盛宣怀》（1900年10月27日），《袁世凯全集》卷7，第31页。
⑥ 《张之洞来电并致刘坤一、盛宣怀》（1900年11月2日），《袁世凯全集》卷7，第45页。
⑦ 《刘坤一来电并致张之洞、盛宣怀》（1900年11月6日），《袁世凯全集》卷7，第79页。
⑧ 《张之洞来电并致刘坤一、盛宣怀》（1900年11月7日），《袁世凯全集》卷7，第83页。

称李、奕曾致沪电言"必须办三四人,似须透出此意,方不激怒",然两人电奏惩处办法,"并不提明"。若"各国嫌办人太少,或设法将已死者凑数,刚戮尸,徐桐、徐承煜、裕禄追夺,崇绮撤卹典,谭文焕重办。此外择次等庇拳有据,如端、刚、李、毓等部下之员,查明奏办数人,则合计已有十余人,或可搪塞"。①

袁世凯想法却与张有异,其分析当前局势,劝刘、张酌改所拟奏稿,必须"重办数人"和"速办数人",方有补救朝廷之法。②况"万国合谋,与平常议约不同,惟有迁就忍耐,断非口舌可争。欲存诸凶,国必亡,诸凶终不可存;欲存宗社,必去诸凶。权其利害,自可决计。应酌请邸、相痛切上陈,可望回天"③。

为早开和议,袁世凯将各国"惩凶"意见电告荣禄,告以"各国请将交议九人及董、毓共十一人均正法,并请回銮。不正法,不肯开议、停战;不回銮,不肯定和"④。不妨将诸祸首"当作临战捐躯,为国捍患,从容就义,以纾国难"⑤;继而请张、刘电催李、奕,若"将端、怡、澄、濂永远圈禁,庄、澜、刚、英、毓严惩,赵遣戍,董先革职发遣,徐图严惩",如此"能否开议"。⑥

于刘坤一而言,袁、张所说,皆有各自的道理。⑦ 在袁多次函电相商下,刘虽答应与其会奏,也认同张所言"所有重笔,均可删除"⑧。仍不忘劝张能与他们会奏,催张须"速发电",若"不谓然",其自可"单衔具陈"。⑨ 其坚持认为,若朝廷"肯重办数人,彼意虽未满,愤可稍纾。必办数人后,立即速发国书,婉达商恳,或允酌减数人",此时"一人不办,彼

---

① 《张之洞来电并致刘坤一、盛宣怀》(1900年11月8日),《袁世凯全集》卷7,第89页。
② 《致刘坤一、张之洞、盛宣怀电》(1900年11月8日),《袁世凯全集》卷7,第82页。
③ 《致刘坤一、张之洞、盛宣怀电》(1900年11月9日),《袁世凯全集》卷7,第87页。
④ 《致刘坤一、张之洞、盛宣怀电》(1900年11月9日),《袁世凯全集》卷7,第88页。
⑤ 《致刘坤一、张之洞、盛宣怀电》(1900年11月25日),《袁世凯全集》卷7,第121页。
⑥ 《致刘坤一、张之洞、盛宣怀电》(1900年11月10日),《袁世凯全集》卷7,第93页。
⑦ 《刘坤一来电并致张之洞、盛宣怀》(1900年11月7日),《袁世凯全集》卷7,第83页。
⑧ 《刘坤一来电并致张之洞、盛宣怀》(1900年11月4日),《袁世凯全集》卷7,第67页。
⑨ 《刘坤一来电并致张之洞、盛宣怀》(1900年11月8日),《袁世凯全集》卷7,第84页。

必仍执十一人全办之说，商无从商，减无从减，待彼照会既来，限期紧迫，条款繁要，欲酌条款，则不能减诸人一律之罪名"。①

张之洞得知洋兵已逼近大同，考虑刘等人所来函电，方有"严速惩办"首祸之意，答应与袁、刘会奏。其言"不重惩首祸，断不停兵，断不能阻西追，断不开议"②。重办又"必宜从速，以阻进兵"，并将速办数人告知各使。当然，张还称"实在办罪，则可稍缓，以防无餍，盖求轻则必不允，求缓或尚可行"③。可见，张希望"惩凶"速中有缓，缓中有速。

袁世凯虽有"不办首祸，千言万语均赘文"之说，④然当张、刘要求酌改会奏稿，如"催办祸首一意，自可删"之建议，⑤袁亦能同意。之后曾致电张、刘："现自上谓一秉大公，且深知始末，在下自不可再请加重。"⑥

在是否"严速惩办"祸首问题上，李、袁、张、刘等人确实存有不和意见，但他们的态度并不是一成不变的，有其综合考虑。经过互商，全权大臣及各督抚立于全局，最终协商一致，答应联衔会奏，催促朝廷迅速施行。"严速惩办"祸首既已在全权大臣与各督抚之间展开了激烈的讨论，然究竟如何具体惩办，朝廷是否会按此办理，尤其是懿亲加刑、毓董之惩罚两大问题，则成为"惩凶"问题中的另外两个焦点。

（二）懿亲加刑

朝廷向有"懿亲不加刑"之律例，并电谕李鸿章、奕劻，"惩办祸首，依照中国例，督抚大员，罪至遣戍而止，自非大逆不道，从无加刑之理"⑦。而25日上谕，是以革职惩处亲王。各国后要求将祸首十一人处以死刑，包括端王载漪、辅国公载澜等懿亲在内，惩罚不能止于发遣和圈禁。

---

① 《盛京堂转江、鄂督来电》（1900年12月4日），《李鸿章全集》第27册，第436页。
② 《致西安鹿尚书》（1900年11月10日），《张之洞全集》第10册，第209页。
③ 《致江宁刘制台、济南袁抚台、上海盛京堂》（1900年11月10日），《张之洞全集》第10册，第209页。
④ 《致张之洞、刘坤一、盛宣怀电》（1900年11月12日），《袁世凯全集》卷7，第96页。
⑤ 《致张之洞、刘坤一、盛宣怀电》（1900年11月15日），《袁世凯全集》卷7，第103页。
⑥ 《致张之洞、刘坤一、盛宣怀电》（1900年11月16日），《袁世凯全集》卷7，第105页。
⑦ 王彦威、王亮编：《西巡大事记》卷二，《清季外交史料》，《近代中国史料丛刊三编》第二辑，第4321页。

对于懿亲加刑，各督抚立即函电相商。刘坤一致电张、袁，称各国此时虽言严办诸祸首，但"考外洋各国通例，懿亲有罪，亦不加刑，可较平人稍轻，臣等密探日本之意，似已许"①。又致电袁世凯称："亲王永远圈禁，法无可加，亦符西洋皇族罪不加刑之例。前接杨星使（杨儒）电，援拿破仑王穷凶极恶，只幽荷岛。弑奥后意王之犯，仅禁黑狱终身。何独苛求中国，自可执此力争"②。

清朝亦有处死皇亲国戚之先例。张之洞称："懿亲不加刑，虽有通例，似可只为端邸一人解免，彼岂不知中国有端华、（怡亲王）载垣之例乎。若余人，必不为各国所容，则优其后裔，多封支庶，带砺无穷，有何不可。"③"亲贵亦系臣子，此举本属罪人，君国为重，罪臣为轻。惩办祸首所以安两宫，若再拖延，恐更强我以难行之事"④。

懿亲不能加刑，还受驻外公使关注。驻德公使吕海寰称："亲王至革爵为最重，又复圈禁，核与西律弑逆只监禁者已属加等，各大臣分别惩办，在中朝已斟酌至当，实属格外从重。欧洲每以华刑为酷，今反逼令加重，殊不近情。况各王大臣志在保国，不得谓之不忠，断无部分轻重概与骈诛之理"⑤。

懿亲中，端王载漪为敦亲王之子，敦王宣宗之子，文宗之兄。⑥ 鉴于各国着急索要祸首，李鸿章等立即电劾"肇祸诸王大臣"，并奏请将"载漪革职，交宗人府圈禁，俟军务平定后，再行交往盛京，永远圈禁"。⑦

李言及俄格使（格尔斯）来其寓所密谈条款内容。李多次与格尔斯辩诘，"惩办祸首一节，强我所难。各国通例，懿亲不加刑"。格却言"西国王公，无如此昏谬，启衅友邦，谋危宗社。各国本拟在条款内写明治以死

---

① 《张之洞来电并致刘坤一、盛宣怀》（1900年10月22日），《袁世凯全集》卷7，第1页。
② 《寄北京庆邸李相》（1900年11月26日），《愚斋存稿》卷四十六，《近代中国史料丛刊续编》第十三辑，第1047页。
③ 《致济南袁抚台》（1900年11月28日），《张之洞全集》第10册，第225页。
④ 《致西安鹿尚书》（1900年11月10日），《张之洞全集》第10册，第209页。
⑤ 《江督刘转柏林吕使来电》（1900年11月24日），《李鸿章全集》第27册，第419页。
⑥ 简玉祥：《庚子—辛丑年间惩办载漪之论争》，《安庆师范学院学报》2015年第1期。
⑦ 《馀闻》，（清）吴永口述：《庚子西狩丛谈》，第113—116页。

罪，今留中国体面，令自行严惩，若中国仍庇护，彼必并力要挟，无可商量"。至于端王，格言"或可稍从未减，然亦非圈禁盛京所能了事，应发往新疆监禁，永不释回。"①将端王"安置沈阳"，各使"均不谓然"。②

李、奕虽"知端属懿亲，董握兵柄，措置均有为难"，而"各国日久坚执，难于转圜，事关宗社安危"，③两人望朝廷早做决定。荣禄致李电："幸赖两宫圣明，严纶立降。虽未诛戮一人，而被禁被遣者永无释期，与死何异，似可平友邦之愤懑"④。李与各使辩驳时说："端王懿亲，碍难加刑，现拟躬往新疆监禁永不释回，与死何异。"各使却谓，"何不予以假死罪，如斩监候。一二年后再发新疆，以示曲全"。但就议和形势来看，李认为荣"所称被禁被遣，永无释期，与死何异"之说难以成立，因为"彼族多疑，谓难凭信"。⑤

对端王处以死刑，英国最初态度坚肯，而其他各使皆不赞成此种做法。后经英使调解，各使一致决定：对端王的处罚，最后采纳相同的判决形式，即为"斩监候"，"应遣往新疆，永远在该处监禁，以后无任何可能减免对他的这项判决"。⑥由于中外法律不同，且在惩办祸首时，各国并未按律行事，这意味着各自在懿亲加刑问题上，观点难免冲突。中外经过协商，朝廷终"以懿亲加恩发新疆，永远监禁"⑦。

（三）毓贤之惩处

各国对毓贤的指责，言辞甚为激烈。尤其是英国，要求必处以其死刑。因毓贤任山西巡抚时，曾杀多数教士，又与端王载漪极力主张拳匪可用，

---

① 《寄西安行在军机处》（1900年12月25日），《李鸿章全集》第27册，第476页。

② 《奕劻札》（1901年1月23日），杜春和、耿来金、张秀清编：《荣禄存札》，济南：齐鲁书社，1986年，第8页。

③ 《寄西安行在军机处》（1900年11月3日），《李鸿章全集》第27册，第381页。

④ 《荣禄致电李鸿章》，《李鸿章全集》第27册，第408页。

⑤ 《寄江鄂督帅山东抚帅》（1901年2月5日），《愚斋存稿》卷五十，《近代中国史料丛刊续编》第十三辑，第1136页。

⑥ 《萨道义爵士致兰士敦侯爵函》（1901年2月6日），《英国蓝皮书有关义和团运动资料选译》，第461页。

⑦ 《徐闻》，吴永口述：《庚子西狩丛谈》，第113—116页。

诸如此类的行为，不免引起各国对他持有仇恨报复之心。驻伦敦使节罗丰禄来电称，英国外交部曾递说帖表其态，言及毓贤"诱惑无辜"，必须"严办"。① 法国副提督、德国提督、总领事后亦见张之洞、刘坤一等人，告以"毓、董罪尤重，必须骈诛"。②

朝中官员亦主张严惩毓贤。盛宣怀曾言："义和团倡自毓贤，王大臣之所以纵庇拳匪，皆惑于毓贤之说。朝廷制律议罪，以起义者为首，自当严治毓贤之罪，以谢天下。"又"为社稷苍生所不容，"实难"姑息"。③ 陕西巡抚岑春煊与山西巡抚锡良皆认为，毓贤"不能为外人所容"，为维持和局起见，奏请"严惩"，以"杜外人借口之端"。④

9月29日，袁世凯致电盛宣怀，称毓贤"在东倡为义民说，诸匪仇教，曲意庇纵"，又"结徐、崇、刚等多方蛊惑，自称为拳首"，"义和团之兴，实毓肇之"，"必撤参"。⑤ 刘坤一自说与毓贤"有微嫌"⑥，此时力言：毓贤"信庇拳匪，实为祸根"，又为"各国恨之切骨"，"必须正法，方能泄愤"。⑦ 朝廷"分别重轻，必权衡至当"，唯"各国积恨已深，恐未能满意"，况毓贤"妄杀教士、教民，中律亦应严办"。⑧ 且"罪在毓，公论可见"，并请张之洞"主稿挈衔劾毓，速置重典。陈明毓罪当诛，不仅为谢各国，冀可允行"。⑨

李、奕致电王文韶，主张以革职处罚毓贤。至惩办加重，经再三斟酌，

---

① 《照录出使大臣罗丰禄来电》（1900年10月28日），《庚子事变清宫档案汇编》（《辛丑条约》谈判卷一），第9册，第69页。
② 《盛京堂转江、鄂督来电》（1900年11月26日），《李鸿章全集》第27册，第424页。
③ 《庚子事变清宫档案汇编》，第9册，第123页。
④ 《岑春煊奏请明定升允毓贤处分以维和局缘由折》，《庚子事变清宫档案汇编》（《辛丑条约》谈判卷一），第9册，第124页。
⑤ 《致盛宣怀电》（1900年9月29日），《袁世凯全集》卷6，第436页。
⑥ 《盛京堂转江督刘来电》（1900年11月7日），《李鸿章全集》第27册，第387页。
⑦ 《盛京堂转江督刘来电》（1900年11月7日），《李鸿章全集》第27册，第386—387页。
⑧ 《江督刘来电》（1900年11月18日），《李鸿章全集》第27册，第408页。
⑨ 《刘坤一来电并致张之洞、盛宣怀》（1900年11月28日），《袁世凯全集》卷7，第134页。

"至圈禁、发遣而止"①。各使虽"不满意,尚可商"②。张却担心,"原请有圈禁字样,恐上意必为难,又多周折,若再轻又恐各国不愿",不妨"用约束、管束字样,于中国体制较好,或亦可搪塞外人"。③而王文韶则曰:"圈禁发遣字样,似不必再指请管束"④。

10月25日,盛宣怀又得知毓贤已"自尽",虑及"洋人甚疑",立请旨"声明刚毅、李秉衡、毓贤死有余辜,夺其职以释群疑"。⑤当张之洞知毓贤并未自尽,便称"如毓果未死,则须速电邸、相及外洋各国更正,庶免疑为欺彼,致失凭信"⑥。因此,毓贤是否自尽,对外释疑一层,必不可少。

据说"毓贤调任山西任巡抚时,期间利用拳匪杀洋教士,故而学政刘廷琛言贤喜事酿祸,启秀持之,廷琛几得罪。其后刘坤一、张之洞亦合劾贤,太后怒,抵其奏于地"⑦。朝廷对于毓贤的处罚,王文韶、鹿传霖传达西安旨意,谓"毓只能办遣戍"⑧。

慈禧的态度,影响各督抚弹劾毓贤的节奏。袁世凯原考虑,惩办毓贤能阻止洋兵西进。当其知朝廷态度,便致电张、刘、盛,称若诛杀毓贤可防洋兵西进,可将其"残忍各节详析奏劾","即奏请速办"。若诛杀毓贤"而兵仍不止,嗣后再有条陈,必多疑阻",此时"宜稍待"。⑨张之洞即致刘、袁、盛电,称袁所虑极是,"若局外人条陈,内肯先办亦好,敌愤稍泄,再将余人商减,或可措词。不然,彼必执定十一人全办,不容开口也"。请诛毓奏"似宜缓,盖一毓断不能抵群罪"⑩。刘坤一知两宫态度,只

---

① 《寄行在王中堂》(1900年10月24日),《李鸿章全集》第27册,第358页。
② 《寄盛京堂》(1900年10月25日),《李鸿章全集》第27册,第360页。
③ 《盛京堂转鄂督张来电》(1900年10月31日),《李鸿章全集》第27册,第371页。
④ 《袁世凯致刘坤一、张之洞等电》(1900年10月28日),《义和团运动·盛宣怀档案资料选辑之七》,第346页。
⑤ 《盛宣怀来电并致刘坤一、张之洞》(1900年10月25日),《袁世凯全集》卷7,第23页。
⑥ 《张之洞来电并致山西巡抚锡良等》(1900年10月31日),《袁世凯全集》卷7,第43页。
⑦ 吴永口述:《庚子西狩丛谈》,第117页。
⑧ 《盛京堂转江督刘来电》(1900年11月7日),《李鸿章全集》第27册,第386—387页。
⑨ 《致刘坤一、张之洞、盛宣怀电》(1900年11月28日),《袁世凯全集》卷6,第130页。
⑩ 《张之洞来电并致刘坤一、盛宣怀》(1900年11月29日),《袁世凯全集》卷7,第142页。

能与其他督抚一样,表示"劾毓奏缓发亦可"①,甚至感慨,"内意如此,和议难成"②。显然,张、袁、刘等人,本想"严速惩办"毓贤,因又受慈禧阻挠,劾毓并非易事,只能从缓。

在李、奕与各使争辩是否处毓贤死刑时,各使谓,若专办毓贤,即"可撤兵就款"。实际上,李对列强此提议,"似觉言之太易",本"实无把握"。③ 清廷却以"时危事迫,惟以宗社为重"为由,对"撤兵就款"已有考虑,声明"至追惩祸首,以太原残杀为重,若将其置之重典,便可撤兵就款,即当照办"。④ 12月4日,盛致电袁,告以"西论端、刚、毓、董四凶并重,余无甚轩轾。端圈、刚死、董逐,目前只能请杀毓"⑤。

各使在京召开会议,萨道义劝其他使节赞同将毓贤"斩首"⑥。各使照会全权大臣时,法国公使坚决主张"中国人应说明关于惩罚的建议"。对毓贤的惩罚,李、奕按朝廷旨意,以"可施行死刑"回答法使。⑦ 综合双方意见,各使最终以"斩立决"定毓贤罪。

各使要求严惩毓贤,朝廷最终允办。但朝中也有为毓贤申辩之人。编修张星吉等就曾奏请朝廷,要"矜全毓贤",认为"毓贤一人之存亡,无关乎和局之成败。而必欲置之死地者,实因毓贤劲直之性,嫉恶如仇,遂为众人所忌,借口于洋人,以遂其倾陷报复之私心"。⑧ 袁世凯曾有提及:"近日条陈阻和议,阻同銮,保毓贤、李秉衡者甚多,幸廷意尚不为摇"⑨。

---

① 《刘坤一来电并致张之洞、盛宣怀》(1900年11月30日),《袁世凯全集》卷7,第141页。
② 《盛京堂转江督刘来电》(1900年11月7日),《李鸿章全集》第27册,第386—387页。
③ 《寄荣中堂》(1900年11月27日),《李鸿章全集》第27册,第426页。
④ 《盛京堂转西安来电》(1900年11月26日),《李鸿章全集》第27册,第422—423页。
⑤ 《盛宣怀来电并致张之洞、刘坤一》(1900年12月4日),《袁世凯全集》卷7,第156页。
⑥ 《萨道义爵士致兰士敦侯爵函》(1901年2月6日),《英国蓝皮书有关义和团运动资料选译》,第460页。
⑦ 《萨道义爵士致兰士敦侯爵函》(1901年2月6日),《英国蓝皮书有关义和团运动资料选译》,第453—454页。
⑧ 《编修张星吉等奏请矜全毓贤并勿撤李秉衡恤典折》(1900年12月28日),《庚子事变宫档案汇编》(《辛丑条约》谈判卷一),第9册,第181页。
⑨ 《致盛宣怀、刘坤一、张之洞电》(1901年1月1日),《袁世凯全集》卷8,第41页。

(四) 董福祥之惩处

相比毓贤，中外互商惩处董福祥更为棘手。各使最初极力要求正法董福祥，因此，全权大臣及各督抚又展开新一轮的商量。无奈商办进程极为缓慢，难以实行。

10月3日，袁世凯致电刘、张，首倡会衔弹劾董福祥，连发两电，并给出惩处建议，其一曰：

> 盖董福祥自知罪恶多端，不仅为各国所深仇，实为天下臣民所共愤，以故增兵自卫，便其私图，似此欺罔肇祸，始终怙非，绝不为大清之宗社计，不为两宫之安危计……可否请旨将董福祥交部议处，饬回本任，罢其兵柄，所部各营，令宋庆、马玉昆、岑春煊、锡良四人分统之，分为四军，其势自戢。①

袁世凯主张先罢董福祥兵柄，刘坤一、张之洞、王之春、刘树堂等督抚立即将袁电奏请朝廷，②"上意不以为然"③。于清廷而言，肇祸诸臣，已属从重办理。惟称"董福祥碍难骤撤兵柄，遽予处分"，应"从缓筹办"。④朝廷并不想"严速惩办"董福祥，仅以革职从缓惩办，甚至对董福祥搁置不议。而"对'祸首'董福祥搁置不议，这完全是慈禧的旨意。荣禄深知这会引起东南督抚的不满"⑤，其选择仍与朝廷一样，"庇护董福祥"⑥。

是时，荣禄"总统董、马、张、聂、袁五军，势最大也"⑦。各督抚对荣禄"庇护董福祥"之举动各抒己见，认为催促朝廷惩处董福祥，关键在于先说服荣禄。其中，张对荣禄护董十分不解，称荣禄"即使畏董任董，

---

① 《与刘坤一、张之洞等会衔电奏》（1900年10月3日），《袁世凯全集》卷6，第458页。
② 《庚子事变清宫档案汇编》（《辛丑条约》谈判卷一），第9册，第68页。
③ 《张之洞来电并致刘坤一、盛宣怀》（1900年10月25日），《袁世凯全集》卷7，第15页。
④ 《盛京堂转西安来电》（1900年11月16日），《李鸿章全集》第27册，第405—406页。
⑤ 马忠文：《荣禄与晚清政局》，北京：社会科学出版社，2016年，第301页。
⑥ 同上，第299页。
⑦ 王小航：《方家园杂咏纪事》，荣孟源、章伯锋主编：《近代稗海》第一辑，成都：四川人民出版社，1985年，第7页。

何妨多留卫兵，今外军分防晋豫，陕军尽遣回防，独留一董，若惟恐有他军，则董有顾忌者，护董而不自护"。此时"欲盼一线转机，只有开悟荣相一法，胜于恳求外部"①。

刘立即致袁、盛、张电，言"董系荣用，傥有变，天下后世不能谅，宜速图之"，此时"只能电枢，不可再奏"。② 鉴于袁世凯与荣禄的关系，刘甚至建议袁致电相劝。③ 11月9日，袁致荣电，告以"董为各国所切齿，中堂万勿从中以救。办诸谬正为两宫计，办董兼为中堂计……如再游移延宕，敌人正可步步进兵，大局益不可收拾"④。

荣禄并未及时回应刘等人的来电，袁、张等"看到行在对董处置拖延不办"，⑤ 各督抚虽有催荣禄办董之意，而会奏办法并无实际进展，只好再商，希求朝廷尽早调离董福祥。

惩办祸首，朝廷虽权衡考虑，刘认为"董即缓图，亦须筹定切实办法"，⑥ 其再致荣禄电，告以"洋人疑为接济董营，屡欲拦截。香帅百端解说，总未释然"，"董为公所提拔之人，务祈及早图之，以谢天下之责"。⑦ 李亦致电劝荣，言各使"疑执事始终袒护"，且"虑别生枝节，事势危急"，务望荣相"慎重图之"。⑧

各使从各督抚处得知董福祥碍难重办，张曾对西摩尔说："董性凶悍，回兵亦横，将来若重惩，难保无他"⑨，亦便有"请将董逐退，自应酌办"，

---

① 《致江宁刘制台、济南袁抚台、上海盛京堂》（1900年11月16日），《张之洞全集》第10册，第214页。
② 《刘坤一来电并致张之洞、盛宣怀》（1900年11月17日），《袁世凯全集》卷7，第105页。
③ 《刘坤一来电并致张之洞、盛宣怀》（1900年11月8日），《袁世凯全集》卷7，第89页。
④ 《致刘坤一、张之洞、盛宣怀电》（1900年11月9日），《袁世凯全集》卷7，第89页。
⑤ 马忠文：《荣禄与晚清政局》，第304页。
⑥ 《江督刘来电》（1900年11月18日），《李鸿章全集》第27册，第408页。
⑦ 《刘坤一来电并致张之洞、盛宣怀》（1900年11月22日），《袁世凯全集》卷7，第117页。
⑧ 《寄西安行在军机处荣中堂》（1900年11月20日），《李鸿章全集》第27册，第414—415页。
⑨ 《张之洞来电并致刘坤一、刘树堂、恽祖翼、盛宣怀》（1900年11月27日），《袁世凯全集》卷7，第131页。

而非立即正法之意。① 刘言及英领事孙德雅见他时,领事言及各驻京公使照会全权时,曾商议"请速将董调开严办,会奏劾董,若照办,即开办"。刘立致电张,言:"款局已有端倪,似不值因董一人再有决裂。观荣致盛电及袁转陕友电,即再电荣,恐亦无济,似不若据领言,由我两人再行电奏,尽此心力。如公谓然,即请主稿。"② 因此,即便董福祥"暂难严惩,亦应设法夺其兵权,远离辇舆,以释各国之疑"③。

除张、刘主张夺取董兵权,将其调离行在外,李、奕亦将俄、英、日、美、德、法、义、奥、日、比十国公使先后照称的消息电告荣禄等人,告以各使视董为祸首,若"再稍事游移,必致事机决裂,应请旨严予处分,调离行在。明降谕旨,即日电事,先释各使之疑"④。

张、刘在奏请朝廷应调董一事上,表现颇为积极。张其至对袁说,此时最紧要的,是"先催调董,明文劾董,会奏宜缓一步。"⑤ 袁是首倡调董之人,其知张意在"先催调董"⑥,并称"董不患无办法,只患在不肯办耳,非先将其罪状说透不可",然虑及董"恩眷未衰,关中情形,亦难详知",又担心"如少拟办法,或未合时宜,或未当上意;多拟办法,奏内又嫌琐屑"。故而建议在会奏前一两日,由张、刘各拟两条办法,不可雷同。待"电荣相预择,追奏到,相机为之",此举颇为"周到"。⑦

此外,袁致电提醒张、刘二人,"恐内嫌两帅劾董轻告外人",不妨将"催将董福祥调开严办"一语,似宜混言"催将首祸分别严惩"。因"我辈方谋会劾董,此时不宜太露,恐疑我辈代洋人说话。上有'接济董军'一

---

① 《盛宣怀来电并致刘坤一、张之洞》(1900年11月25日),《袁世凯全集》卷7,第124页。
② 《刘制台来电》(1900年11月22日),《张之洞全集》第10册,第219页。
③ 《盛京堂转江、鄂督来电》(1900年11月26日),《李鸿章全集》第27册,第424页。
④ 《寄西安行在军机处》(1900年11月27日),《李鸿章全集》第27册,第427页。
⑤ 《张之洞来电并致刘坤一、盛宣怀》(1900年11月30日),《袁世凯全集》卷7,第138页。
⑥ 《袁世凯致刘坤一、张之洞等电》(1900年12月1日),《义和团运动·盛宣怀档案资料选辑之七》,第416页。
⑦ 《致盛宣怀、刘坤一、张之洞电》(1900年12月1日),《袁世凯全集》卷7,第145页。

语，已点到矣"①。显然，袁清楚朝廷办董的实际态度，其做法更偏向先会奏劾董，而非像张、刘两人主张朝廷应立即采取实际办法。

12月2日，董福祥自请治罪，请解兵柄。盛宣怀立电请张、袁、刘，嘱其"将计就计，只要此人办妥，大事定矣"②。各督抚趁此互商，袁世凯致电张、刘、盛，称董福祥"辞尚恳切"，"尚有天良"，然"亦甚狡"。③刘则致袁电，主张"正可藉此解其兵柄"④。刘又提议，待"董军调开后，续劾之件，似可指请将董正法，择纯实之将分统，明降谕旨，以安兵心"⑤。刘让袁再电荣禄，但袁在函电中只是恳请朝廷"董调回甘肃，或俟抵甘后，再行惩治"，⑥并未提及将董正法。对此，刘再电袁、张、盛，称"董已调甘"，"迟数日即可将济稿（袁世凯奏稿）上陈，疏尾办法，必须请正法"，因"董罪甚重，留之无益"，⑦并要张酌拟会奏稿。

袁对刘连发数电之见解，一方面，称其论"极透澈"，同意"劾董尾必欲叙明办法"，并拟请加"将董立正典刑，并明降谕旨，布其罪状"；⑧另一方面，袁从孙宝琦处得知，"朝意谓董带兵听令，非肇乱，且恐为患，故从缓。董自惧甚，似不足为患"⑨。又盛宣怀告以两宫断难惩董，建议各督抚在会奏中将"情节最重"句上删去"董福祥"三字，"调回甘肃"之下删去"或"字，建议"董状尚宜略缓"。⑩ 4日，袁又知荣禄电文明示："朝廷已有旨将董革留，其所部各军现已裁撤五千五百人，并着带领亲军数营克

---

① 《袁世凯致刘坤一、张之洞等电》（1900年12月1日），《义和团运动·盛宣怀档案资料选辑之七》，第415页。
② 《盛宣怀致张之洞、刘坤一、袁世凯电》（1900年12月2日），《袁世凯全集》卷7，第123页。
③ 《致盛宣怀、刘坤一、张之洞电》（1900年12月2日），《袁世凯全集》卷7，第146页。
④ 《刘坤一来电并致张之洞、盛宣怀》（1900年12月2日），《袁世凯全集》卷7，第147页。
⑤ 《刘坤一来电并致张之洞、盛宣怀》（1900年12月2日），《袁世凯全集》卷7，第147页。
⑥ 《刘坤一来电并致张之洞、盛宣怀》（1900年12月4日），《袁世凯全集》卷7，第122页。
⑦ 《刘坤一来电并致张之洞、盛宣怀》（1900年12月4日），《袁世凯全集》卷7，第155页。
⑧ 《致刘坤一、张之洞、盛宣怀电》（1900年12月3日），《袁世凯全集》卷7，第149页。
⑨ 《致刘坤一、张之洞、盛宣怀电》（1900年12月3日），《袁世凯全集》卷7，第150页。
⑩ 《盛宣怀来电并致张之洞、刘坤一》（1900年12月4日），《袁世凯全集》卷7，第156页。

期驰回甘肃。朝廷因陕甘军民附之者太众，不得不暂为羁縻"。①

盛、荣等人的来电，暗示朝廷办董大旨，故而袁世凯言辞有所修正，并致电刘、张、盛，谓：

> 十国只请逐董，现已明发照办。疆臣踵请诛之，似不妥。董恩眷尚未衰，迫于势不得不逐。宜先痛劾其罪状，结尾仍用活笔，不必显"正法典刑"字样。先破其宠，再图诛之较妥，请两帅速奏。劾董奏，宜稍缓，预约各省，以待机会。②

袁世凯之后还建言，惩董"如商明各使，俟同銮后再办，最为稳妥"③。刘此时称袁"所论极是"，并即请张将4日所拟会奏稿内"董一并正法"一层酌改为"祷"。④"劾董件似可略缓，且候邸、相复枢阳电再酌"⑤。

无论刘、张等人以何种方式催促惩董，朝廷一再强调董福祥碍难重办，应"从缓"。重办之关键，"不在其本人，在陕甘之愚民悍，卒以其素得回汉民心旧部甚重，非从容徐撤其兵权，复设法安抚回汉民心，方不至激生事变，断难定日月之久"，不妨待各国"复迫我以重办后始允撤兵"。⑥ 朝廷原期"渐撤兵权"，暂定惩办"至革职而止"，并希望李、奕将朝廷对董"断无轻纵之理"密旨转告各使，以求"释疑"。李、奕亦明白朝廷办董真意，即朝廷不愿骤降董兵柄，并采取各督抚之建议，将董调离行在作为惩处办法。

部分公使虽如各督抚所言，同意将董调离行在。然他们在正式照会全权大臣时，又将对董处以死刑的问题提出来，并告以全权大臣"惩凶"的

---

① 《致刘坤一、张之洞、盛宣怀电》（1900年12月4日），《袁世凯全集》卷7，第152—153页。
② 《致刘坤一、张之洞、盛宣怀电》（1900年12月4日），《袁世凯全集》卷7，第152页。
③ 《致盛宣怀电》（1900年12月29日），《袁世凯全集》卷8，第39、40页。
④ 《刘坤一致张之洞、袁世凯等电》（1900年12月5日），《义和团运动·盛宣怀档案资料选辑之七》，第429页。
⑤ 《刘坤一来电并致张之洞、盛宣怀》（1900年12月29日），《袁世凯全集》卷8，第39页。
⑥ 《复盛宣怀来电》（1901年1月16日），《庚子事变清宫档案汇编》（《辛丑条约》谈判卷一），第9册，第237页。

条件之一，即若能将董等人"概予骈诛"，方"平各国之愤"。①

李、奕两人钦遵旨意力与各使驳辩，言及对董福祥的惩处时，两人争辩说："他统率着军队，而且在回民中间享有很高的个人声望。他们抱有一切希望，以后将对他进行惩罚"。法使极力驳斥："董福祥是最恶劣的罪犯之一，他曾率领军队，而且当其他将领松劲的时候，他仍然坚持不懈，各使不能容许他免除死刑"。奕、李之反驳，遭到了德使的威胁，警告清廷，"拖延谈判将对中国产生更严重的祸害"②。各使认为董福祥"穷凶极恶，非杀不可"。李、奕告以"董先革职后再严惩"，不料多次辩诘后，德使竟起而言曰："似此重大案件，仅杀两人"。③ 可见，各使与全权大臣在争论是否以死刑处置董福祥时，双方舌战甚激。

对董的惩处，英国政府发布训令，声明"延缓惩罚此人的唯一原因，是由于中国政府感到它本身对他立即处以死刑具有困难"，希望萨道义说服他的同事"一起按照这个意思行动"，④ 并要求中国全权大臣承认。法使毕盛甚至在英国的基础上，建议用以下列词句通知中国全权大臣："各国全权代表在领会中国全权大臣于2月5日会议上提出的关于对董福祥最后施加刑罚的保证时，已明白地理解此种刑罚应当而且也只能是死刑"⑤。各使表面上同意对董福祥缓刑，实则极想处死他，奈何知"惩办董福祥不易"，英使萨道义召集各使开会，最终一致同意按奕、李所建议，"尽快地剥夺他的指挥权"。⑥

---

① 《寄西安行在军机处》（1900年12月25日），《李鸿章全集》第27册，第476页。
② 《萨道义爵士致兰士敦侯爵函》（1901年2月6日），《英国蓝皮书有关义和团运动资料选译》，第457—458页。
③ 《寄江鄂督帅山东抚帅》（1901年2月5日），《愚斋存稿》卷五十，《近代中国史料丛刊续编》第十三辑，第1136页。
④ 《兰士敦侯爵致萨道义爵士电》（1901年2月6日），《英国蓝皮书有关义和团运动资料选译》，第414页。
⑤ 《萨道义爵士致兰士敦侯爵电》（1901年2月8日），《英国蓝皮书有关义和团运动资料选译》，第416页。
⑥ 《萨道义爵士致兰士敦侯爵函》（1901年2月6日），《英国蓝皮书有关义和团运动资料选译》，第461页。

五、"惩凶"尾声：天水尚书难救

天水尚书，即刑部尚书赵舒翘，陕西长安人。义和团兴起时，其正任职于总理衙门和军机处。因赵舒翘与极力主张拳匪可用的刚毅关系颇为密切，故而被各使指认为肇事祸首之一。

各使照会全权大臣，最后定英年、赵舒翘等祸首罪名为"斩立决"。全权大臣虽有驳斥各使，然谈判至此，"惩凶"已基本成定局，各国态度并不会因为李鸿章等人的争辩而有巨大的改变。各国惩办首祸诸臣，陈夔龙作为清廷的议和办事大臣，会后感慨："罚如其罪者固多，而含冤任咎，舍身报国者，不得谓无其人，只有委之劫数而已"①。

时人多为赵舒翘之死呼冤。鲍心增作《赵尚书被冤述略》，为赵舒翘申辩："光绪庚子拳匪之乱，被祸诸王公大臣，人知其非尽祖拳者也，而赵尚书展如之冤为尤甚"②。然不可忽略的一点，在各国已拟定惩处首祸办法之后，盛宣怀得知因赵舒翘"公论皆极称冤，陕甘人尤愤也"，③而启秀、徐景澄、英年三人已无可救，盛便欲借张、袁"两帅声望"，设法"独救一赵"，望两帅速电英、德驻使，或一同电致各使，从中劝解，救一是一。

张、刘后致电英德领事及其他使节。英德领事未回复刘。又据英使复张之洞电云："查端王、载澜系皇亲免死。其余英年、赵舒翘、徐承煜、启秀等四人自无可原之处，万难减罪"。英参赞威胁全权："朝廷若再袒护，必致祸及己身。"德使复电："各国拟请惩办罪魁之法，核之，该罪魁应办罪名，甚属轻减，不能改移，若中国政府再有耽延，照允大纲第二款，则所开和议必得一概率停止，实在于中国大有妨害"。总之，各使"先不议其余条款，执意甚坚"，其"词意横悍决绝，恐难挽回"。赫德对于独救一赵之请，认为"此事危险之至，因各使前照会拟办各节均与其政府商定，奈

---

① 陈夔龙：《梦蕉亭杂记》，《近代稗海》（第一辑），第355页。
② 鲍心增：《赵尚书被冤述略》，《慎斋文集》，第379页。
③ 《盛宣怀转奕劻李鸿章来电并致刘坤一、张之洞》（1901年2月20日），《袁世凯全集》卷8，第320页。

不能照办……赵舒翘众所共怒，均非皇亲应死罪，姑息数人，坐令宗社危亡，殊为不值"①。

吕海寰率参赞官赓音泰曾赴外部，晤德国外交副大臣李福芬。寒暄时，吕海寰等人言及张、刘电称："朝廷极欲惬各国之意，俱照各使所拟，从重严办"，"惟赵舒翘一员似乎所拟太重，未免罪浮于情"。其人"曾任江苏巡抚为官，声名最好，人亦清廉公正。今苏人犹思慕不置，实系一个好官，此等人在西国人亦所敬服，其实可以原情。即在江苏任内，凡遇交涉之事，无不秉公理处决，无与西人为仇及鄙夷西人之意"。对于张、刘之言辞，李福芬极不认同，直称赵舒翘"系拳匪一党，纵容拳匪已有实证"，"赵在涿州时待西人甚不好，全无保护之心"，"西人俱深恨之"，② 故不允减。

实际上，各使强硬的态度已经表明，赵舒翘万难挽救。朝廷最终接受各使"提出的关于对诸亲王和高级官员处以刑罚的全部要求。唯一的修改是允许英年和赵舒翘自尽以代替绞刑"③。

六、结　论

关于"惩凶"，时人如是感慨："迫于敌众兵强，致王公大臣翩翩毕命，此伊古以来未有之奇变也。论其肇祸之由，罪名已难概论"④。而义和团"惩凶"，其中涉及多方利益和不同问题，中外交涉甚为艰难。

于中国而言，全权大臣力与各使争辩、各督抚之间频繁互动、朝廷采取的惩治方略，皆有其自身的考量。以袁世凯、张之洞、刘坤一为主的地方督抚，虽有各自利益的权衡，然其在朝廷与各国之间所起的作用亦不可

---

① 《岘帅香帅寄北京邸相电》（1901年2月17日），《寄江鄂督帅山东抚帅》（1901年2月18日），《愚斋存稿》卷五十一，《近代中国史料丛刊续编》第十三辑，第1155页。

② 吕海寰：《庚子海外纪事》卷三，《近代中国史料丛刊》第五辑，台北：文海出版社，1967年，第309—311页。

③ 《萨道义爵士致兰士敦侯爵电》（1901年2月23日），《英国蓝皮书有关义和团运动资料选译》，第439页。

④ 鲍心增：《呈请代奏稿》，《慎斋文集》，第377页。

忽视。各督抚与在华使节的互动往来，至少能从各使节处得知各国对"惩凶"的态度。各督抚在商办惩处办法时，即便有不和意见，以及其会奏并不被朝廷接受，但他们结合议和局势，在了解各使言论的基础上所互商的结果，也为朝廷制定"惩凶"方略提供了参考。

于各列强而言，因其在华利益不同，这固然会影响他们的"惩凶"的想法和态度。虽也曾出现分歧，仍旧不会影响其联合瓜分中国的野心。"惩凶"只不过是作为议和的前提条件之一，其作用是对肇祸诸臣施以报复，又是给予朝廷警告。然"惩凶"并不是各列强国在华的目的，其真正的目的，正如萨道义直言不讳地宣称：惩办祸首，"只不过是企图提出谈判的基础，最后的结果将更多地取决于列强为过去索取赔偿并为将来索取保证的决心，而不取决于在谈判刚刚开始时表示该决心的那种方式"①。

在整个"惩凶"交涉过程中，各国使节占据着主动地位。面对各国的威胁和过分的惩处要求，朝廷固然有所不满和抗议，然时局难挽，最终只能在英使等西方强硬意见的主导下，全盘接受西方惩处的要求，以妥协结束"惩凶"争议。

---

① 《萨道义爵士致兰士敦侯爵函》（1901年2月18日），《英国蓝皮书有关义和团运动资料选译》，第423—424页。

约翰·亚当斯政府的海地政策

孙一笑*

摘　要　海地问题在美国建国之初的外交政策当中具有重要的战略意义。约翰·亚当斯就任总统之后，结合当时的英美关系、英法关系与法美关系，改变了华盛顿总统时期不干涉海地问题的政策，采取与海地岛上著名的黑人革命领袖杜桑·卢维杜尔结盟、与英国合作共同在西印度群岛地区对抗法国的外交政策。通过这一政策，亚当斯政府一方面恢复进而拓展了美国在西印度群岛地区的贸易，另一方面则保护了美国的南部诸州免于遭受法国的军事侵犯。这一政策同时使美国得以利用海地问题牵制住英法两国，最终使得这一地区出现了各方力量达到平衡的格局。

关键词　约翰·亚当斯　杜桑·卢维杜尔　海地问题　西印度群岛

海地问题在美国建国之初的国际政治中十分重要。由于海地与美、英、法三国有着密切的贸易关系，再加上地理上具有战略意义，因此美国最早的两届政府在海地爆发革命之后都采取了相应的海地政策。华盛顿总统出于法美同盟的考虑，采取了名义上不干涉、实际上帮助法国镇压革命的政策。约翰·亚当斯就任总统之后，由于美国与欧洲大国的形势发生了变化，遂一改美国此前的外交方针，介入到海地革命当中，采取了与杜桑·卢维杜尔联盟、与英国合作共同打击亲法势力的政策。国内对于约翰·亚当斯

---

* 孙一笑，福建师范大学社会历史学院 2015 级硕士研究生。

政府海地政策的研究并不太充分，截至目前，笔者仅发现了渤海大学的一篇硕士论文是专论美国对海地政策的演变。但由于其研究范围跨越了从华盛顿到杰斐逊总统时期，因而对约翰·亚当斯政府的具体政策着墨不多。①其他关于美国外交史的专著由于宏观论述的需要，受篇幅所限，因而主要着眼于当时的美法关系。②

美国学界对于亚当斯政府海地政策的研究虽然不多，但对于这一时期美国的海地政策进行了清晰的梳理。③ 德克萨斯州立大学助理教授罗纳德·安杰罗·约翰逊于2014年出版的《黑白外交》是第一部系统研究亚当斯与卢维杜尔联盟的专著。这部书从种族交融与冲突的角度阐述了"亚当斯—卢维杜尔"同盟的建立与发展，同时论述了美国早期反奴隶制运动的发展，试图解答奴隶制的美国与反奴隶制的卢维杜尔政权结成同盟的原因。④ 作者虽在细节问题上有着巧妙的处理，将个人的历史作用做了充分阐述，例如对美国驻圣多明各总领事爱德华·史蒂文斯在双边外交之中的作用视为极其重要的一环、将美国海军在圣多明各的军事进程叙述的淋漓尽致，并将

---

① 罗俊红：《美国政府对海地革命的反应》，硕士学位论文，渤海大学，2013年。

② 例如杨生茂主编：《美国外交政策史：1775—1989》，北京：人民出版社，1991年；王晓德：《美国外交的奠基时代》，北京：中国社会科学出版社，2013年；李庆余：《美国外交史：从独立战争到2004年》，济南：山东画报出版社，2008年；王玮、戴超武：《美国外交思想史：1775—2005年》，北京：人民出版社，2007年等。

③ 直接论述1800年前后海地政策的论文有：Mary Aquinas Healy, "The Contributions of Toussaint Louverture to the Independence of the American Republic, 1776-1826," *The Americas*, Vol. 9, No. 4 (Apr., 1953), pp. 413-451; Mary Treudley, "The United States and Santo Domingo, 1789-1866," *The Journal of Race Development*, Vol. 7, No. 1 (Jul., 1916), pp. 83-145; Bob Corebell, "Napoleon's West Indian Policy and the Haitian 'Gift' to the United States," *Journal of Haitian Studies*, Vol. 2, No. 1 (Spring, 1996), pp. 71-83。此外，美国学者对海地革命时期的美海关系的研究主要是从奴隶制角度入手，研究海地革命对美国南部及美国政府关于奴隶制的态度的影响，参见：Robin Blackburn, "Haiti, Slavery, and the Age of the Democratic Revolution," *The William and Mary Quarterly*, Third Series, Vol. 63, No. 4 (Oct, 2006), pp. 643-674。该文对相关的研究做了细致的梳理，参见该文第643页注释1。

④ Ronald Angelo Johnson, *Diplomacy in Black and White: John Adams, Toussaint Louverture, and Their Atlantic World Alliance*, Athens and London: The University of Georgia Press, 2014.

此认为是推动两国外交合作的"重要角色"①，但却并未对亚当斯政府这一政策本身的目的以及这一政策产生时期的重要历史背景做出深入论述。蒂姆·马修森的专著《一项支持奴隶制的外交政策：早期共和国时期的海地与美国关系》是研究美海关系的重要参考著述，其中有两个章节叙述了亚当斯政府的海地政策。这两章的内容对亚当斯政府海地政策的确立与发展做了精细的梳理，逻辑清晰，但却未能揭示亚当斯政府制定海地政策之时的深层考虑以及这一政策所产生的影响。② 有鉴于此，本文拟在梳理亚当斯政府海地政策确立的基础上，分析其外交政策想要达到的战略目标，以及这一政策对当时的加勒比海地区局势所产生的影响。

一、亚当斯政府海地政策的形成背景与确立过程

1789 年，海地爆发革命，革命军在杜桑·卢维杜尔的率领下逐步控制了海地的北部地区。革命爆发之后，法国在海地的殖民官员立即派专人到美国寻求美方援助。受《法美同盟条约》的条款约束，同时也考虑到美国在海地的贸易，华盛顿总统决定采取中立政策。一方面以偿还债务的形式向法国提供资金援助，另一方面又小心翼翼地与海地展开贸易，并防止卷入英法之间的争斗。

至约翰·亚当斯就任总统之后，形势发生了变化。首先是英国在西印度群岛进行了政策调整。海地革命的爆发在周围地区产生了连锁反应，英国的牙买加殖民地也深受影响。一些海地的白人种植园主逃到牙买加之后，将潜藏于黑奴中间的间谍也带进了岛内，使岛上的奴隶在他们的鼓动下曾密谋发动叛乱。③ 因此，英国内阁将海地视为英属西印度群岛的威胁。同

---

① Ronald Angelo Johnson, *Diplomacy in Black and White: John Adams, Toussaint Louverture, and Their Atlantic World Alliance*, p. 10.

② Tim Matthewson, *A Proslavery Foreign Policy: Haitian-American Relations during the Early Republic*, Westport: Praeger Publishers, 2003.

③ George Wilson Bridges, *The Annals of Jamaica*, Volume the Second, London: John Murray, 1828, p. 32.

时，英国首相威廉·皮特希望将海地变为英国的战略前沿，以防御法国对英属殖民地的侵蚀，因此出兵海地。① 但是，英国派往海地的部队节节败退；牙买加岛上也于1795年爆发了奴隶起义。同时，英军占领期间耗资巨大，据统计，英国在海地的花费每年至少达到70万英镑，从海地撤军则至少可以节省40万英镑。② 因此，英国下院议员强烈反对英国继续干涉海地革命，要求政府改变当前政策。③ 1798年，英国政府遂派托马斯·梅特兰将军前往牙买加接掌西印度群岛事务。梅特兰抵达之后认为英国已无可能再度控制海地，为最大限度确保本国利益，他一方面与卢维杜尔展开谈判，签订了一份包括英军从岛上彻底撤军、卢维杜尔保证不进犯其他英属西印度群岛领地等内容的密约；另一方面则考虑同美国进行合作。④

其次是美法关系的不断恶化。英美《杰伊条约》签订之后，法国对美国政府的这一行为深表不满，法国人甚至怀疑美国"出于与英国的联系正在放弃法国"⑤。海地革命爆发之后，英国打算向海地用兵，因此在美国大量采购面粉、军马等军需品，由此引起了法国的高度警觉。法国驻美公使阿代于1796年就此事向国务卿皮克林去函，要求美国停止向英方出售此类物品，并威胁道："如果美国公民不能为了法国的利益而服务，那么他们也不应当身处英国的旗帜之下，否则我们就只能认为贵国的中立权只是虚有其表而已。"⑥ 美国自然不会牺牲自己的商业利益去满足法国的战略需求，

---

① Holden Furber, *Henry Dundas*, *First Viscount Melville*, London: Oxford University Press, 1931, p. 99.

② Walter Frewen, *Sir Thomas Maitland*: *The Mastery of the Mediterranean*, London: T. Fisher Unwin, 1897, p. 31.

③ Tim Matthewson, *A Proslavery Foreign Policy*: *Haitian-American Relations during the Early Republic*, p. 64.

④ Tim Mathewson: *A Proslavery Foreign Policy*: *Haitian-American Relations during the Early Republic*, p. 65.

⑤ James Brown Scott, ed., *The Controversy over Neutral Rights between the United States and France*, *1797-1800*: *A Collection of American State Papers and Judicial Decisions*, New York: Oxford University Press, 1917, p. 9. 转引自王晓德：《美国外交的奠基时代》，北京：中国社会科学出版社，2013年，第255页。

⑥ *State Papers and Public Documents of the United States*, Vol. 2, Second Edition, Boston: T. B. Wait and Sons, 1817, p. 445.

因此拒绝了阿代的要求。法国在交涉未果之后便立即派出私掠船劫掠了费城的一艘商船,以示警告。① 同时,也开始劫掠美国的商船,并颁布禁运令,拘禁美国在法国本土的商船。仅波尔多一处港口就有103艘美国商船遭到拘禁,货品总值达3198343里弗尔。② 此后,督政府派驻在法属西印度群岛的代理官员发布命令,宣布:"凡装载诸如可以应用于战争的武器、工具、军需,以及马匹及其装备的船只,都可以由我方之战舰或私掠船予以拦截。"③ 这道指令的贯彻使得美国的贸易形势雪上加霜,同时也使得法美关系进一步恶化。亚当斯就任总统之后,曾经想要改善法美关系,因此在1797年派遣约翰·马歇尔等三人为特使赴法谈判,但却引发了震惊朝野的"XYZ事件",继而爆发了准战争,由此使得美法之间彻底失去了谈判的基础。

最后是海地与美国的接触。美法准战争爆发之后,美国国会于当年6月通过了一项法案,"暂停美国与法国及其附属地的商业交流"④。在事实上终止了美国同法属西印度群岛之间的贸易往来。不过,该法案实际上对法属西印度群岛的经济损害更大。海地在经济上与美国的联系紧密,每年仅出口糖蜜一项,就可从美国获利近百万。⑤ 因此,海地革命的黑人领袖杜桑·卢维杜尔于1798年派遣特使布内尔前往费城希望能同美国重开贸易。在谈判中,布内尔出具了卢维杜尔的信件,其中除了上述请求之外,还保证将会在他的管辖之下保护美国的贸易权利,确保美国商船不受法国私掠船的劫掠。⑥

---

① *State Papers and Public Documents of the United States*, Vol. 2, Second Edition, Vol. 2, p. 472.

② 详细的商船名单以及各船所载货物的价值清单参见: *State Papers and Public Documents of the United States*, vol. 3, pp. 75–77。

③ *State Papers and Public Documents of the United States*, Vol. 3, p. 79.

④ *The Debates and Proceedings in the Congress of the United States: Fifth Congress*, Washington: Gales and Seaton, 1851, p. 574.

⑤ W. Winterbotham, *An Historical, Geographical, Commercial and Philosophical View of the United States of America, and of the European Settlements in America and the West Indies*, Vol. 4, New York: Tiebout and O'Brien, 1796, p. 320.

⑥ "Report by Secretary of Treasury to the President, 11 December, 1799," in George Gibbs, *Memoirs of the Administrations of Washington and John Adams*, New York: Printed for the Subscribers, 1846, Vol. 2, p. 300.

在这种形势之下,约翰·亚当斯政府改变了华盛顿总统此前的中立政策,对海地政策做出调整,这主要表现在美国对英国与海地这两个国家与地区的政策改变。

首先是英国。梅特兰与卢维杜尔签订密约之后,美国驻英公使鲁弗斯·金很快获悉此事,他认为此举对美国在西印度群岛的商业利益而言至关重要,因此立刻约见英国外交大臣格伦威尔勋爵与国防大臣亨利·邓达斯,质询英国的目的。鲁弗斯·金指出,若英国仍将海地视为法国领地而与卢维杜尔签订密约,那么在美国同法国已经陷入战争状态的情况下,这将严重损害到美国的商业利益。但若英国将海地视为一个独立的政治实体,那么美国也可同海地进行贸易。① 对此,格伦威尔勋爵表示,梅特兰的行动并非出自内阁指令。② 同时,国防大臣亨利·邓达斯在两天之后给鲁弗斯·金去信,保证梅特兰将军同卢维杜尔签订的密约不会损害美国的贸易与商船,同时也会将这一条件附属在密约当中。③ 此后,鲁弗斯·金与英国内阁成员进行了多次会谈,最终达成了两国在海地问题上进行合作的共识,并将详细情况报告给了国务卿蒂莫西·皮克林。

其次是海地。亚当斯政府同意了卢维杜尔的请求,从1799年上半年开始,先是运作国会通过了通商法草案,为美国同圣多明各的贸易确立了合法地位。随后,任命爱德华·史蒂文斯为美国驻圣多明各总领事,与卢维杜尔政权建立了实质性的外交关系。紧接着,与英国特使托马斯·梅特兰将军以及罗伯特·利斯顿在圣多明各问题上达成了合作协议。与此同时,亚当斯并没有放弃以外交手段解决美法冲突的希望,也派遣了特使赶赴巴黎,继续同法国方面进行谈判。但法国已知悉美、英合作的消息,因此这次和谈无果而终。亚当斯遂于1799年6月正式下令重开与圣多明各的贸易,

---

① "Rufus King to the Secretary of State, London, December. 7, 1798," in Charles Rufus King, eds., *The Life and Correspondence of Rufus King*, New York: G. P. Putnam's Sons, 1894. Vol. 2, p. 476.

② "Rufus King to the Secretary of State, London, December. 7, 1798," in Charles Rufus King, eds., *The Life and Correspondence of Rufus King*, p. 476.

③ "Henry Dundas to Rufus King, Downing Street, December 9, 1798," in Charles Rufus King, eds., *The Life and Correspondence of Rufus King*, p. 486.

并于 10 月份派遣由十艘战舰组成的海军舰队驶抵太子港，暗中协助卢维杜尔政府打击岛上的亲法势力。

至此，亚当斯政府形成了与杜桑·卢维杜尔政权结盟，与英国合作共同对抗法国的海地政策。

二、亚当斯政府海地政策的战略目标

亚当斯政府的海地政策有其战略依据，同时也有希望达成的战略目标，其中最重要的就是确保美国在贸易上的中立地位。

美国在建国之初就奉行中立政策，在贸易上则提出了"自由的船只所载的货物自由"的原则。① 但是，这一原则却始终得不到海上霸主英国的认可。1794 年，约翰·杰伊与英国签订条约之后，虽缓和了英美两国剑拔弩张的局面，但却无法使英国放弃损害美国贸易利益的行为，尤其对美国在西印度群岛贸易的打击，更是变本加厉。英国以《杰伊条约》为借口，不断阻挠美国与包括海地等岛屿在内的西印度群岛进行贸易，并且扣押美国商船。美法关系破裂之后，法国也效仿英国的扣押商船之举，这就使美国的贸易形势更加雪上加霜。因此，18 世纪 90 年代中期以后的美国政府，一个重要的任务就是打破英、法两国对美国造成的种种贸易障碍。

海地革命为美国提供了绝佳的机会。卢维杜尔起义的成功使西印度群岛出现了一个新兴政治实体，打破了这一地区原有的力量对比，使美国能在英法爆发全面战争之时利用海地问题牵制这两大欧洲强国，进而从中坐收渔人之利。

首先，亚当斯政府通过海地问题捏住了英国的软肋，使英国别无选择，只能与美国进行合作。1798 年，当英国公使利斯顿前来寻求美国的合作时，亚当斯表示将帮助海地"摆脱欧洲的束缚"。但这实际上只是他用来向英方施压的手段，他在给皮克林的信中明确指出："让西印度群岛的各个岛屿独

---

① 这项原则在法美《友好通商条约》中提出，参见王晓德：《美国外交的奠基时代》，第 76 页。

立对美国而言是危险的，让它们处于英国、法国甚或是荷兰政府的名义之下对我们而言才是最为有利的。"① 英方对此虽然心知肚明，但也无可奈何。在鲁弗斯·金与英国内阁的谈判中，格伦威尔勋爵坦言：无论英国政府打算怎样做，在海地问题上都必须寻求与美国的合作。②

至于法国，亚当斯政府的真正目的在于，通过对卢维杜尔政权的支持以及与英国的合作迫使法国重新回到谈判桌上。亚当斯在1799年8月6日给国务卿皮克林的指示当中这样说道："如果（与法国的）谈判不能取得进展，那么我们在圣多明各（即海地）的行动就一仍其旧。"③ 可见，其目的本身并不在于真正使海地走向独立，而是以此挟制法国，为谈判增添筹码。

除上述考虑之外，亚当斯政府也想以圣多明各为基础，逐步拓展美国在西印度群岛的贸易，这是由美国与西印度群岛之间传统的贸易联系所决定的。早在美国独立之前，北美殖民地与西印度群岛之间就形成了紧密的贸易联系。下述两表是关于这两个地区之间的贸易往来，表一显示出了海地在大西洋贸易中的重要地位，仅1796年一年从海地销往英、美两国的粗糖就达到了2500万磅，咖啡达1200万磅，棉花达300万磅。

表一　圣多明各出口项目明细表④（1796年）

	白糖	咖啡豆	靛蓝
法国	7727709 磅	68151181 磅	9300016 磅
	粗糖	咖啡豆	棉花
美国与英国	25000000 磅	12000000 磅	3000000 磅

---

① "John Adams to Pickering, Secretary of State, Quincy, 17 April, 1799," in Charles Francis Adams, *The Works of John Adams*, Vol. 8, p. 634.

② "Rufus King to the Secretary of State, London, 10 January, 1799," in Charles Rufus King, eds., *The Life and Correspondence of Rufus King*, Vol. 2, p. 500.

③ "John Adams to T. Pickering, Secretary of State, 6 August, 1799," in Charles Francis Adams, *The Works of John Adams*, Vol. 9, p. 11.

④ 数据来源：W. Winterbotham, *An Historical, Geographical, Commercial, and Philosophical View of the United States of America, and of the European Settlement in America and the West-Indies*, vol. 4, pp. 319-320。表格系笔者整理。

表二是新罕布什尔州的一处港口于1789年至1791年这两年的出口的货品及其数量：

表二　皮斯卡塔夸港出口明细表①

（1789年10月至1791年10月）

出口项	到欧洲	到西印度群岛
松木板（千英尺）	6247	11622
松木料（吨）	88	86
云杉板材（套）	13	72
木桶板材（捆）	0	2079
干鱼（公担）	250	26207
腌鱼（桶）	0	501
鲸油（桶）	0	120
牛肉（桶）	0	2775
玉米（蒲式耳）	0	391
公牛与乳牛（头）	0	577
马（匹）	0	207
绵羊（头）	0	261
马德拉葡萄酒（桶）	0	845
砖块（千块）	0	129

表二中的数据显示，美国销往西印度群岛的大宗商品基本上都是生活必需品，比如鱼干达26207英担，腌鱼达501桶，牛肉达2775桶。这仅仅是一个港口的出口数量，可见美国与西印度群岛的贸易联系之紧密。

约翰·亚当斯在就任总统之前就对西印度群岛的重要性有着深刻的了解，他在1783年写给利文斯顿的一封信当中曾经这样说道："西印度群岛

---

① 数据来源：W. Winterbotham：*An Historical, Geographical, Commercial, and Philosophical View of the United States of America, and of the European Settlement in America and the West-Indies*, Vol. 2, p. 107。表格有删节。

的贸易已经成为美国贸易体系当中的一部分。他们离开我们什么也做不了，我们也同样如此。"① 因此，恢复此前美国在西印度群岛地区的贸易就成为其对外政策的一个重要目标。随着卢维杜尔政权在海地的占领地区逐渐扩大，约翰·亚当斯也不断签署行政命令，将美国的贸易同时扩大到了卢维杜尔新占领的海港。

除了保护美国的商业利益之外，亚当斯政府的海地政策中还致力于保护美国的国土安全。

亚当斯政府希望通过将海地的亲法势力排除出去，确保美国本土不受法国的攻击，这种考虑并非杞人忧天。1798年12月17日，"XYZ事件"当中的Y先生约见美国特使埃尔布里奇·格里，威胁格里若不遵照此前的"提议"，不向法国的三位代理人以及法国外长塔列朗提供贿赂，法国的一些私掠船将从圣多明各出发去"蹂躏"美国海岸。② 这实际上就已经构成了向美国本土宣战的最后通牒。此番言论一出，舆论一片哗然。此后，美国政府将法国的入侵视为对美国国土安全的头号威胁。

战争部长亨利·诺克斯在1798年6月曾向亚当斯总统发去一封私人信函，其中坦率指出："在目前的形势下，我们的南部地区是十分薄弱的。"他认为，"（法军）极有可能在防御薄弱的南卡罗来纳和弗吉尼亚州登陆。"③ 这种考虑有其历史依据：美国革命期间，法国从圣多明各等法属西印度群岛派出舰队协助美军作战。1781年法军就曾在弗吉尼亚州的各个港口登陆，协助美军围剿康华利将军的部队。④ 法属西印度群岛自然成为美国政府眼中极具战略地位的地区。亚历山大·汉密尔顿在准战争爆发之后提

---

① "John Adams to Secretary Livingston, Paris, 23 June, 1783," in Charles Francis Adams, *The Works of John Adams*, Vol. 8, p. 74.

② John Wood, *The Suppressed History of the Administration of John Adams*, Philadelphia: Walker and Gillis, 1846, p. 116.

③ "Henry Knox to the President of the United States, Boston, 26th June, 1798," in *Naval Documents Related to Quasi—War between the United States and France*, Washington: United States Government Printing Office, 1935, vol. 1, p. 140.

④ "Henry Knox to John Jay, Camp before York, in Virginia, 21 October, 1781," in Francis S. Drake, *Life and Correspondence of Henry Knox*, Boston: Samuel G. Drake, 1873, pp. 70-71.

出了十三条防御措施,第五条就明确指出:"我们必须摧毁西印度群岛所有的小型私掠船和炮艇,并压制法属各岛屿。"①

诺克斯与汉密尔顿的推想得到了证实,督政府在1799年年初向卢维杜尔下令,要求他率军从圣多明各入侵美国南部诸州与英国的牙买加殖民地。② 在这种情况下,争取卢维杜尔政权的合作对亚当斯政府而言就是必不可少的了。

三、亚当斯政府海地政策的影响

亚当斯政府的海地政策产生了重要的影响,这一届政府对海地革命的介入直接导致了加勒比海地区政治格局的改变。美国史学家亨利·亚当斯认为,1798年之后的加勒比海地区的力量对比达到了一种平衡。英国在这一时期对美国进行拉拢,有了英国合作之后的美国得以放手支持卢维杜尔政权以换取其对美国商船的保护,由此而促成了海地在实质上的独立。这样一来,英美之间形成了短暂的联盟关系,在西印度群岛地区共同对抗法国。③

当时的西印度群岛的确达成了这样的平衡。美国在直接介入海地问题之前,这一地区的形势在总体上有利于法国。事实上,整个英帝国的局面在当时并不乐观。除牙买加等英属西印度群岛的动荡之外,爱尔兰问题也在这段时间里持续发酵。1793年,爱尔兰本土成立了名为"爱尔兰人联盟"的组织,致力于天主教徒的完全解放,由此对英国的政局产生了危险的影

---

① Henry Cabot Lodge, ed., *The Works of Alexander Hamilton*, New York and London: G. P. Putnam's Sons, 1904, vol. 7, p. 49.

② "Edward Stevens to Brigadier—General Maitland, Gonaives, 23 May, 1799," in Letters of Toussaint Louverture and of Edward Stevens, 1798-1800, *The American Historical Review*, Vol. 16, No. 1 (October, 1910), p. 73.

③ Henry Adams, *History of the United States of America during the First Administration of Thomas Jefferson*, New York: Charles Scribner's Sons, 1921, Vol. 2, p. 326.

响。① 英国首相威廉·皮特出于战争状态的考虑，希望爱尔兰的局面能够保持现状。他在派遣菲茨威廉勋爵前往爱尔兰担任总督时表示虽愿支持解决爱尔兰天主教徒的问题，但在战争状态下不会采取任何相关措施。② 然而，法国却在爱尔兰问题上大做文章，并于1796年策划了一场大规模的入侵爱尔兰行动。③ 这场行动虽以失败告终，但法国始终利用爱尔兰问题牵制英军的大部分兵力。因此，爱尔兰问题和西印度群岛问题在当时成为两个最令英国头疼的问题。面对来自两方面的压力，英国要顾及欧洲战场与本土安全就意味着在西印度群岛地区的兵力有所收缩，由此使得包括英军的作战在该地区处于被动局面。表三中的数据就可以说明这一问题：

表三　法国与英国战舰情况简表④（1797年）

国家	遭到捕获的船只	被摧毁的船只
法国	3	2
英国	4	1

表三中的数据显示，1797年这一年当中，英、法在战斗中损失的舰艇数目都是五艘。然而法国在西印度群岛地区的海战中仅损失一艘舰艇，而英国的损失则达到了四艘，英国当时在西印度群岛地区的被动局面由此可见一斑。

美国介入海地问题之后，这一地区的力量态势开始发生转变，由原来的英、法两种力量的杠杆式模式成为由英、法、美三方对峙的三角形模式。

---

① Robert Bissett, *History of the Reign of George III*, Philadelphia: William Brown Printer, 1828, Vol. 2, p. 380.

② "The Duke of Portland to William Windham, Bulstrode, October 8, 1794," in Earl of Rosebery, *The Windham Papers: The Life and Correspondence of William Windham, 1750 – 1810*, Boston: Small, Maynard and Company, 1913, vol. 1, p. 257.

③ Robert Bissett, *The History of the Reign of George III*, Vol. 2, p. 480.

④ 数据来源：William James, *The Naval History of Great Britain: From the Declaration of War by France to the Accession of George IV*, London: Macmillan and Co. Limited, 1902, vol. 2, pp. 460-463。表格系笔者整理。

而杜桑·卢维杜尔政权控制下的海地则成为这一三角形的中心。

从表面上来看,美国介入海地问题之后形成了英、美、海三方共同抵御法国威胁的态势,然而事实并非完全如此。首先,英国不可能与卢维杜尔政权构成紧密的同盟关系,原因主要在于:一方面,卢维杜尔在名义上仍然效忠于法国,并且允许法国督政府的代表居留在岛上,因此英国与卢维杜尔的合作显然缺乏战略互信。另一方面,西印度群岛对于英国而言是绝不能丢失的战略要地,这一点就连美国政府也十分清楚。早在美国革命期间,大陆会议外交事务委员会代表们曾经向韦尔热纳伯爵去信,希望法国派出舰队协同美军作战,其中明确指出:"还有一个能够决定战局的方法,那就是派遣一支足以压制他们(英军)的强大舰队前往北美海域,这支舰队与我们协同作战,由此将会摧毁英方在这一地区的所有军力。并且将会使得他们的财富与西印度群岛地区的商业处于法国的控制之下,这将会迫使他们不得不前来寻求和平。"① 由此可见,西印度群岛地区的贸易对于英国而言至关重要,而卢维杜尔的黑人政权对其他英属西印度群岛的威胁也并未由于双方达成的密约而消解。

正是由于这些原因,英国于1799年年初公布了托马斯·梅特兰将军与杜桑·卢维杜尔缔结的密约,逼迫卢维杜尔在英、法之间做出选择。此举令卢维杜尔大为光火,因此拒绝了英国派代表前往海地。② 这就使卢维杜尔政权别无选择,只能逐渐向美国靠拢。美国不顾海地在名义上仍是法属殖民地的情况,派出海军协助卢维杜尔击败了岛上忠于法国的势力,并与海地展开贸易,由此而与卢维杜尔结成了紧密的联盟关系。这样一来,表面上英、美、海联合对抗法国的局面就发生了微妙的变化,实质上就成为海地与美国结盟共同对抗法国,以及英国与海地合作共同对抗法国的一种格局。同时,在这种格局之下,还有着美国寻求与法国的和解、卢维杜尔拒

---

① "The Commissioners to Count de Vergennes, 1 January, 1779," in Charles Francis Adams, *The Works of John Adams*, Vol. 7, p. 75.

② "Edward Stevens to Timothy Pickering, 6 May, 1799," quoted in Ronald Angelo Johnson, *Diplomacy in Black and White: John Adams, Toussaint Louverture, and Their Atlantic World Alliance*, p. 109.

绝英军过多干涉海地事务、排斥英国势力的态势。

因此，美国介入海地问题之后，三个国家之间的利益冲突使得这一地区最终形成了一种稳定的三角形的力量对比模式，而海地自然而然就成为三国之间保持力量平衡的一个关键的楔子。在这一楔子的作用之下，法国在西印度群岛地区的优势也在一段时期内受到了压制，其海军在1798年的损失就很能说明问题：

表四　法国与英国战舰情况简表① （1798年）

国家	遭到捕获的船只	被摧毁的船只
法国	21	5
英国	5	0

由此可见，三方势力的介入并没有使得海地出现混乱。三个国家之间在海地的动态冲突与合作构成了表象之下的静态平衡，卢维杜尔政权的存在无疑成为维持这种静态平衡的关键之所在。

结　语

约翰·亚当斯政府在1798年出于对当时的欧洲、北美形势的观察而做出了一系列的政策调整，最终确立了与杜桑·卢维杜尔政权结盟、与英国进行合作，共同对抗法国这样的政策。亚当斯政府通过对卢维杜尔政权的支持，一方面达成了保护美国商船和贸易的目的，另一方面则利用海地问题牵制住了英国和法国这两大欧洲强国，有效地改善了美国早期外交的困境。

与此同时，亚当斯政府的海地政策也直接影响到了加勒比海地区的政治形势，使得原来英法之间激烈斗争的西印度群岛在美国介入之后形成了实质上的静态平衡模式，美国则可以在这一静态平衡的模式之下继续坚持

---

① 数据来源：William James, *The Naval History of Great Britain from the Declaration of War by France to the Accession of George IV*, Vol. 2, pp. 466–470. 表格系笔者整理。

贸易中立的原则，并且为美国商船的安全与国家安全构造一张保护网。从这个角度而言，亚当斯政府的海地政策是成功的，它首先达成了保护美国贸易的目的。其次，通过对圣多明各亲法势力的打击、通过与英国在这一时期的良好合作，这一政策也能够确保美国的南部诸州免于遭受来自法属殖民地的入侵，从而保护了美国本土的安全。

  然而，亚当斯政府所采取的这一政策仍然存在着缺陷。虽然该政策减少了法国对美国商船的劫掠，同时也在一定程度上保护了美国的商业利益，但我们必须看到，亚当斯政府并没有解决美国贸易利益受到侵犯的根本问题。就当时而言，美国倡导的"自由的船只所载的货物自由"这一贸易中立原则仍然没有得到英国政府的承认，而美国商船在1797年之后仍会遭到英国一些私掠船的劫掠。就长远来看，在这一政策下，英国对美国贸易的威胁也会随着时间的流逝而增大。美国与英国的合作是建立在确保英属西印度群岛不受威胁的基础之上，随着法国力量在该地区的削减，英国的力量必然会持续增长，这在本质上是与美国的商业利益相冲突的。因此，亚当斯政府的海地政策只能对美国当时的贸易困境起到一时的缓解作用，却无法成功地彻底解决当时美国面临的根本问题。

美国与1805年《的黎波里和平友好条约》探究

李泽源　石可鑫[*]

摘　要　1805年，美国与的黎波里签订了《的黎波里和平友好条约》。该条约集中体现了美国早期孤立主义、中立原则以及航海自由等思想，在一定程度上保障了美国的远洋贸易，推动了美国关于北非海盗问题的最终解决，同时为其日后在亚非地区的扩张以及其他条约的订立提供了宝贵的经验与范式。

关键词　美国　的黎波里　杰斐逊　《的黎波里和平友好条约》

1805年，美国通过第一次巴巴里战争迫使的黎波里[①]接受和平协议，双方签订了《的黎波里和平友好条约》。该条约对于美国早期外交产生了较大

---

[*] 李泽源，男，河南濮阳人，福建师范大学社会历史学院硕士。研究方向：美国外交史。指导老师：王晓德。石可鑫，男，福建福州人，福建师范大学社会历史学院硕士。研究方向：国际关系史。指导老师：孙建党。

① 即今天的利比亚。

的影响，同时体现出美国早期外交所遵循的一些基本原则。① 随着近年来北非—西亚地区关系不断复杂化，美国作为该地区重要利益参与国，考察历史上其对的黎波里问题的外交成果，无疑对理解现阶段地区关系的发展提供了很好的借鉴和帮助。而1805年《的黎波里和平友好条约》便是美国早期处理与巴巴里国家关系中重要的外交成果之一。国内外学者在研究过程中，往往将1805年《的黎波里和平友好条约》作为整个巴巴里问题中的一个部分，尚未出现针对该条约的主要内容进行深层次的剖析。而对于整个巴巴里问题的研究，国外学者大致可分为三种视角：一是军事战争视角②；二是以文化或宗教冲突为视角，阐述欧美国家与北非海盗国家的关系③；三是以当时主要亲历者的观察为视角④。值得一提的是，弗兰克·兰伯特

---

① 主要档案史料：William M. Malloy, eds., *Treaties, Conventions, International Acts, Protocols and Agreements Between the United States of American and Other Powers*, Washington: Government Printing office, 1910; Walter Lowrie and Matthew St. Clair Clarke, eds., *American State Papers: Foreign Relations*, Washington, Gales and Seaton, 1832。以及后人整理出版的当时美国驻巴巴里地区领事的通信文集及回忆录，如 Charles Prentiss, eds., *The Life Of The Late Gen. William Eaton*, Brookfield: E. Merriam & Co., 1813; J. B. Cathcart Newkirk, eds., *Tripoli: First War With the United States*, Herald Print: Laporte, Ind., 1901; J. B. Cathcart Newkirk, eds., *The Captive*, Herald Print, Laporte, Ind., 1899。

② 参见：Gregory Fremont-Barnes, *The Wars of The Barbary Pirates*, New York: Osprey Publishing Ltd, 2006; Mark Lardas, *Decatur's Bold And Daring Act*, Oxford: Osprey Publishing, 2011; Gardner W. Allen, *Our Navy And the Barbary Corsairs*, Boston, New York and Chicago: Houghton, Mifflin and Company, 1905.

③ 参见：Robert C. Davis, *Christian Slaves, Muslin Master: White Slavery In the Mediterranean, Barbary Coast And Italy, 1500–1800*, New York: Palgrave Macmillan, 2003; Marthla Elena Rojas, "Insults Unpunished: Barbary Captive, American Slaves, and The Negotiation of Liberty," *Early American Studies: An Interdisciplinary Journal*, Vol. 1, No. 2 (Fall 2003), pp. 159-186; Lawrence A. Peskin, *Captive and Countrymen: Barbary Slavery and The American Public, 1785–1816*, Baltimore: Johns Hopkins University Press, 2009; Charles Sumner, *White Slavery in the Barbary States*, Boston: John P. Jewett and Company。

④ 参见：Louis B. Wright and Julia H. Macleod, *The First American In North Africa: William Eaton's Struggle For A Vigorous Policy Against The Barbary Pirates, 1799–1805*, Princeton: Princeton University Press, 1945; James R. Sofka, "The Jeffersonian Idea of National Security: Commerce, the Atlantic Balance of Power, And The Barbary War, 1786-1805," *Diplomatic History*, Vol. 21, No. 4 (Fall 1997), pp. 519-543。

(Frank Lambert)的《巴巴里战争——美国在大西洋世界的独立》① 一书打破通过宗教或者文化冲突剖析巴巴里战争的传统视角，作者认为巴巴里战争不是为了对抗伊斯兰国家，而是美国在建国初期努力巩固独立战争成果的延续。国内对于巴巴里问题研究相对较少，并且主要集中于军事层面，② 同时近几年出现以海洋自由为视角来研究美国与巴巴里问题，③ 这无疑为国内此类问题研究开辟新的途径。本文从条约的角度出发，通过对条约签订前后一系列事件进行分析，同时与1796年《的黎波里条约》进行比较，试图从中挖掘美国早期处理对外关系中所体现的基本思想原则，进而反映出美国在构建地中海贸易安全的历史根源。

一、美国与巴巴里国家关系以及第一次巴巴里战争

美国独立后，一直将远洋中立贸易作为国家初期重要经济来源。法国大革命后，欧洲局势的变化为美国中立贸易的发展提供契机，美国远洋贸易及航运业得到快速发展。1790年美国船只运量仅占航运总量的1/2，但到了1800年，美国船只运量则达到95%。④ 1793—1807年，美国航运业净余额从50亿—80亿美元增长到380亿—400亿美元。⑤ 但是美国远洋贸易中的地中海贸易，却饱受安全问题困扰。此时的地中海巴巴里地区，崛起了四

---

① Frank Lambert, *The Barbary Wars: American Independence In the Atlantic World*, New York: Hill and Wang, 2005.
② 参见：魏春洋、朱爽、赵芃：《美国与北非战争》，《山东师大学报（社会科学版）》1998年第1期；魏子任、马爱国：《北非海盗对美国创建常备海军的影响与启示》，《军事历史》2009年第4期；刘博庆：《美国历史上第一次海外作战——评美国围剿巴巴里海盗成果》，《唐山师范学院学报》2014年第36卷第6期。
③ 参见：曲升、刘博庆：《为海洋自由而战：美国对巴巴里海盗国家的战争政策及其历史启示》，《太平洋学报》2015年第11期；刘博庆：《以海洋自由为原则——试论美国早期对外条约中的海事条款（1776—1815）》，《河南科技大学学报（社会科学版）》2015年8月，第33卷第4期等。
④ 韩毅等：《美国经济史（17—19世纪）》，北京：社会科学出版社，2011年，第253页。
⑤ 恩格尔曼等编：《剑桥美国经济史：漫长的19世纪》，高德步等译，北京：中国人民大学出版社，2008年，第510页。

个北非国家——阿尔及尔、摩洛哥、突尼斯和的黎波里。他们名义上受奥斯曼土耳其的控制,实则各行其政。这四个国家依靠海盗活动,劫掠地中海过往贸易商船、扣押人质索要赎金,许多欧洲国家深受其害。美国独立之前,商船有英国海军保护。但在独立后,失去保护的美国商船,不断遭到海盗的袭扰,严重影响美国在地中海贸易。据统计,在 1785 年至 1815 年间,在地中海地区,阿尔及尔捕获美国商船 22 艘,的黎波里 6 艘,摩洛哥 5 艘,突尼斯 2 艘。① 面对上述困境,美国不得不开始着手解决与海盗国家关系问题。

对于美国而言,如何处理与巴巴里海盗国家之间的关系最为棘手,美国此前并没有类似经验。在 1785 年 3 月,约翰·亚当斯给本杰明·富兰克林和托马斯·杰斐逊的信中记叙了他与韦尔热纳的谈话,亚当斯咨询了韦尔热纳该如何处理与巴巴里国家关系的一系列问题。② 除了没有经验,新生的美国也没有足够的海上力量来与这些海盗国家作战,无法实施有效手段给予商船保护。这种情况下,美国参照欧洲国家处理该问题的惯例,与巴巴里国家签订条约,通过向其交纳贡金来换取本国商船的安全。1786 年 6 月,亚当斯向杰斐逊提到,如果不与巴巴里国家签订条约,美国将损失"地中海和勒旺所有的贸易,以及与西班牙和葡萄牙一半的贸易"③。美国的经济承受不了如此巨大的贸易损失,并且当时领导层中许多人认为美国可以通过地中海贸易来弥补损失。美国与巴巴里四国的和平谈判,率先从摩洛哥取得突破。其实对美国而言,摩洛哥表现得相对友好,早在 1778 年摩洛哥皇帝便承认了美国的独立。1786 年,美国借助西班牙的影响,率先与摩洛哥签订条约。与摩洛哥的条约是美国在处理巴巴里问题上一个比较成

---

① Martha Elena Rojas, "Insults Unpunished: Barbary Captives, American Slaves, and the Negotiation of Liberty," *Early American Studies: An Interdisciplinary Journal*, Vol. 1, No. 2 (Fall 2003), pp. 159 - 186.

② John Adams, "To Benjamin Franklin and Thomas Jefferson, March 20, 1785," in Charlfs Francis Adams, eds., *The Works of John Adams*, Vol. 8, Boston: Little. Brown and Company, 1853, p. 229.

③ John Adams, "To Thomas Jefferson, June 6, 1786," in Charlfs Francis Adams, eds., *The Works of John Adams*, Vol. 8, p. 399.

功的条约,因为这个条约不仅使美国达到保护自身商船的目的,而且不用向摩洛哥交纳贡金。随后,美国又分别与阿尔及尔、的黎波里和突尼斯签订了条约。但是在这些条约中,都规定了美国要交纳贡金和礼物。如在1796年《的黎波里条约》中,第十款就明确规定:"给的黎波里总督的贡金和礼物作为这个和平友好条约的答谢以及附加收入。"①虽然与这些国家签订了条约,但是北非海盗船掠夺美国商船的事件仍时有发生,而美国政府内部始终没有宣称放弃使用武力。随着美国实力的不断增长以及周边环境趋于稳定,到了杰斐逊执政时期,武力解决巴巴里问题也就成为一种必然的趋势。

1801年,事情出现转折。经过联邦党人在地中海问题上的不断努力,以及美国海军的初步建立,②为杰斐逊时期利用军事力量解决巴巴里问题打下基础。"1800年革命"后,杰斐逊上台。此前杰斐逊便一直主张对巴巴里海盗国家采取较为强硬的态度,通过军事手段打击这些海盗国家,进而保证美国在地中海贸易的安全。早在撰写《弗吉尼亚纪事》时,杰斐逊就提出建立一只小规模的海上力量来保卫国土和商船安全。③1801年,的黎波里帕夏④得知美国新总统上台,要求美国增加贡金数额。但是这已经超过了美国政府所能承受的极限,如果答应,那美国财政将面临崩溃,这是杰斐逊断然不能接受的,所以美国拒绝了的黎波里的要求。恼羞成怒的的黎波里帕夏命人砍倒了美国驻的黎波里领事馆前的美国旗帜,对美国宣战。由于当时交通通信不便,美国并没有第一时间得知此事。当美国得知的黎波里宣战后,便立即派遣地中海舰队对的黎波里进行海上封锁,希望通过武力迫使的黎波里屈服。第一次巴巴里战争爆发。

---

① "Peace and Friendship," in William M. Malloy, eds., *Treaties, Conventions, International Acts, Protocols and Agreements Between the United States of American and Other Powers*, Vol. 1, Washington: Government Printing office, 1910, p. 1785.

② James A. Field, Jr., *American and the Mediterranean World 1776–1882*, Princeton: Princeton University Press, 1969, p. 42.

③ 托马斯·杰斐逊:《弗吉尼亚纪事》,朱曾汶译,北京:商务印书馆,2014年,第124页。

④ 当时对的黎波里统治者的称呼。

二、1805年《的黎波里和平友好条约》的签订及主要内容

战争初期，美国海军对的黎波里进行海上军事封锁的成效并不显著，战争进入僵持状态。直到1803年下半年，形势才出现很大的变化。该年11月，的黎波里帕夏的兄长哈米特·克拉玛尼（Hamet Caramanli）向杰斐逊写信求助。信中，哈米特向杰斐逊提出两个选择：一是向他提供4万美元与一些武器装备方面的援助，二是满足帕夏尤瑟夫所提出的每年交纳3万贡金。①经过长时间的讨论，美国政府最终决定与哈米特合作。

1804年9月，美国地中海舰队指挥官塞缪尔·巴伦（Samuel Barron）与前驻突尼斯领事威廉·伊顿（William Eaton）抵达地中海。与此同时，杰斐逊还任命美国前驻阿尔及尔领事托拜厄斯·李尔（Tobias Lear）作为谈判代表，命其"努力同的黎波里帕夏达成有利于美国的和平协议"②。1805年3月，伊顿与哈米特组织了一场联合远征行动。同年4月，伊顿等人攻占了利比亚重镇德尔纳（Drena）。但此时，伊顿却被告知李尔已经同尤瑟夫达成了一个和平协议，因为李尔认为继续扩大的武装行动并不会给美国带来更大的利益。经过短时间的磋商，美国与的黎波里达成协议：美国立即从德尔纳撤出并且放弃支持哈米特，而帕夏则归还哈米特的家室。③ 在此基础上，1805年《的黎波里和平友好条约》（以下简称《条约》）签订。

---

① Frank Lambert, *The Barbary Wars: American Independence In the Atlantic World*, New York: Hill and Wang, 2005, p. 146.

② Frank Lambert, *The Barbary Wars: American Independence In the Atlantic World*, p. 145.

③ Tobias Lear, "Third Article of the Preliminary Articles of a Treaty of Peace," in Walter Lowrie and Mathew St. Clair Clarke, eds., *American State Papers: Foreign Relations*, Vol. 2, Washington: Gales and Seaton, 1832, p. 713.

该条约共 20 条，其重要内容大致概括为以下五点①：

1. 美国获得了在的黎波里的最惠国待遇。

2. 对于交战双方被俘船只与人员的交换做出了详细规定。

3. 对于双方商船，特别是美国商船的保护做出了具体的规定。

4. 强调美国对伊斯兰教国家的善意，并且提出不得以宗教冲突作为两国开战的借口。

5. 强化了美国驻的黎波里领事的权力，包括外交豁免权、领事裁判权、宗教自由权及对在的黎波里的美国公民遗产进行保护与干涉的权力。

从整体上看，《条约》是在美国取得一定战略优势的情况下签订的，所以其中主要反映的是美国的利益价值理念。首先，《条约》结束了美国向的黎波里交纳贡金的"不光彩历史"。在条约签订前的短暂磋商中，李尔就对帕夏表示美国政府会交纳被俘人员的赎金，但绝"不会为和平付出一分钱"②。在许多美国人心目中，停止交纳贡金意味着1783年独立战争胜利成果在大西洋世界的延续。因为美国在摆脱英国统治和殖民地地位后，却对地中海的巴巴里国家负担着一个独立主权国家所不应有的"包袱"，这种"包袱"不仅会让美国民众对当初所宣扬的独立与自由产生怀疑，更会损害美国政府所提倡的自由贸易原则，从而在地中海以至于大西洋上形成一道无形的枷锁，进而限制美国在海洋方面的发展。格雷戈里·巴恩斯（Gregory Fremont-Barnes）也认为"纳贡的国家就不是真正意义上的独立国家"③，在结束纳贡的同时，《条约》一定程度上遏制北非海盗，这无疑也从客观上促进了美国远洋贸易的发展，提升了航海业与轮船制造业等相关行业的活力。

其次，《条约》中的贸易条款充分反映了美国的"互惠贸易观"。虽然

---

① "Treaty of Peace and Amity," in William M. Malloy, eds., *Treaties, Conventions, International Acts, Protocols and Agreements Between the United States of American and Other Powers*, Vol. 1, pp. 1788-1793.

② Tobias Lear, "To William Eaton, June 6, 1805," in Walter Lowrie and Mathew St. Clair Clarke, eds., *American State Papers: Foreign Relations*, Vol. 2, p. 714.

③ Gregory Fremont-Barnes, *The Wars of The Barbary Pirates*, p. 89.

关于战争的起因说法不一，如保障人身自由说、扩大革命成果说等，但维护大西洋上的贸易自由毫无疑问是其中最具分量的原因。作为 1801—1805 年对的黎波里战争的直接成果，《条约》中的主要条款都被"贸易"二字所占据。如《条约》第一款就提出，"如若缔约双方中的一方在将来同意给予其他国家贸易方面的最惠国特权，另一方应立即无偿地获得相应的权利。"① 再如又强调了美国商船的中立贸易权，以及对美国商船及人员的保护与援助做出了具体的规定。② 在这个条约的规定下，美国商人在进入的黎波里市场时都可以享受其他大国商人所得到的最惠待遇。值得注意的是，相对于的黎波里而言，美国在经济上还是具有相当大的优势，所以这种"互利互惠"本身就带有不平等性，故而真正受益者是美国的地中海贸易。鉴于美国与的黎波里之间的进出口贸易量并不占其贸易总量的多数，自由航行的保障与中立贸易的实现对于商人们寻找更多的贸易契机来说也是至关重要的。而美国在打击了的黎波里的海盗行为的同时，也让自己的商船可以自由地与地中海国家进行贸易，其意义是不言而喻的。

第三，《条约》强化了美国驻外领事的责任与权力，这也是其与 1796 年《的黎波里条约》的最大不同之处。如《条约》第十一款指出，贸易的"互惠权利与（美国驻的黎波里）领事所拥有的特权，包括豁免权、领事裁判权一道，构成了两国共同的商业基础"③。这充分说明美国政府认识到领事在处理外交事务中可以发挥出重要的作用。领事特权之所以能够服务于自由贸易，是因为这些特权并空洞的权力，而是针对 1796 年之后屡禁不止的侵害商人利益行为所作出的针对性规定。如对的黎波里武装人员侮辱美国商船海员或抢劫财物，美国领事若有确凿证据，即可以让上述武装人员

---

① "Treaty of Peace and Amity," in William M. Malloy, eds., *Treaties, Conventions, International Acts, Protocols and Agreements Between the United States of American and Other Powers*, Vol. 1, p. 1788.

② "Treaty of Peace and Amity," in William M. Malloy, eds., *Treaties, Conventions, International Acts, Protocols and Agreements Between the United States of American and Other Powers*, Vol. 1, pp. 1788–1793.

③ "Treaty of Peace and Amity," in William M. Malloy, eds., *Treaties, Conventions, International Acts, Protocols and Agreements Between the United States of American and Other Powers*, Vol. 1, p. 1790.

受到最严厉的惩罚。① 如果美国公民同的黎波里臣民发生纠纷，美国领事不仅有权进行仲裁，而且的黎波里当地政府还必须给予相应的协作。② 领事还有权对在的黎波里去世的美国公民财产进行保护与处理，以防止帕夏及其他人员对遗产的非法举动。③ 通过驻外领事权力的加强，保障了在外公务人员以及美国公民的人身安全，同时极大地促进了美国公民在的黎波里活动的便利，客观上有助于美国贸易的展开。

第四，《条约》修正了一些1796年《的黎波里条约》中的不妥之处。历史学家在解释的黎波里帕夏尤瑟夫为何向美国宣战的原因时，多将重点放在"美国未能及时交纳帕夏额外要求的贡金"上，而忽略了1796年《的黎波里条约》中的一处细节。该条约的第十二款规定阿尔及尔总督有权介入美国同的黎波里之间的争端。④ 其实的黎波里与阿尔及尔实际上是相互独立的两个行政实体，二者之间并不存在着任何隶属关系，这一条款让的黎波里帕夏感到了"冒犯"。同时，《条约》中明确规定了不可将战俘变为奴隶。⑤ 这点也被美国人津津乐道。另外值得注意的是，《条约》在提倡贸易自由的前提下强调了宗教自由。《条约》第十四款宣称，"美国政府对穆斯林国家的法律、宗教与习俗并无恶意，也从未参与过任何针对穆斯林国家的敌对行为，除非是为了保护美国在远洋自由航行方面的权利，则宗教方面的借口就不能成为开战的理由。"⑥ 对比1796年《的黎波里条约》，李尔在设计条款时将宗教自由与航行自由相结合，从而避免了文明层面的冲突而导致战争的可能，最大程度上确保了远洋贸易的稳定。

除此之外，《条约》还针对两国相隔较远、通信不便的情况，对于船只

---

① "Treaty of Peace and Amity," in William M. Malloy, eds., *Treaties, Conventions, International Acts, Protocols and Agreements Between the United States of American and Other Powers*, Vol.1, p.1789.

② *Ibid.*, p.1792.

③ *Ibid.*, p.1790.

④ *Ibid.*, p.1787.

⑤ *Ibid.*, pp.1791-1792.

⑥ *Ibid.*, p.1791.

通行证的兑换期限做出了明确的规定。① 更加贴近两国间的具体情况，从而最大程度上保证美国在的黎波里的利益。

三、条约签订后的遗留问题

通过对1805年《的黎波里和平友好条约》签订的探究可以发现，《条约》签订后遗留了一个问题——"哈米特问题"。从这个问题中，也暴露出《条约》中所存在的不足与缺陷。

所谓"哈米特问题"，即在《条约》签订过程中未对归还哈米特家眷做出明确时间限定，导致的黎波里方面拖延归还。正如前文中所提到的，早在《条约》签订前的谈判中，双方就哈米特一事达成协定：美国方面放弃对哈米特的支持，并且劝说其离开的黎波里，而尤瑟夫则归还哈米特的家眷。在双方最终达成的正式条约中，上述规定也得到了细化与确定。之后，哈米特同意离开的黎波里，并在美国舰队的护送下来到锡拉库扎。② 但随后他对自己的待遇产生不满，1805年9月，他在致美国人民的信中写道："我和我的三十个随从留在锡拉库扎，每个月只有200美元的生活费，对未来也不敢抱有一丝期望。"③ 哈米特希望美国能够给予他一些帮助，但皆遭到了美国拒绝。在1806年1月13日杰斐逊向国会递交哈米特的请求时写道："对于一个建立在自由以及宽宏大量原则上的国家，获得其他国家的友好与尊重，比仅仅只得到金钱要更有价值得多。"④ 杰斐逊认为美国是一个崇尚自由的国度，条约签订即已具备法律效力，美国应该遵守条约规定，对外树立一个良好的守信的形象——因为美国既已按照条约规定放弃了对哈米

---

① "Treaty of Peace and Amity," in William M. Malloy, eds., *Treaties, Conventions, International Acts, Protocols and Agreements Between the United States of American and Other Powers*, Vol. 1, p. 1790.

② 锡拉库扎，意大利西西里岛东部一港口城市。

③ Hamet Bashaw, "To the People of the United States of America, September 1, 1805," in Walter Lowrie and Mathew St. Clair Clarke, eds., *American State Papers: Foreign Relations*, Vol. 2, p. 719.

④ Thomas Jefferson, "To the Senate and House of Representatives of the United States, January 13, 1806," in Walter Lowrie and Mathew ST. Clair Clarke, eds., *American State Papers: Foreign Relations*, Vol. 2, p. 696.

特的支持，并且劝说其离开了的黎波里，那么美国就没有"义务"继续给予其帮助。更重要的一点是，鉴于的黎波里问题已然解决，杰斐逊政府不愿在巴巴里地区过多的消耗美国的"精力"，相比于此时欧洲大陆，哈米特问题并不在美国政府的优先考虑范围之内。

到了1807年"哈米特问题"升温。该年哈米特向美国发出请求，称的黎波里仍没有按照条约规定归还自己的家眷。此事引起了杰斐逊政府的注意。随即，美国方面派人与的黎波里方面进行交涉，可得到的答复却是1805年签订条约时并没有规定归还哈米特家眷的具体期限。杰斐逊立即联系了当时的美方谈判代表李尔，并且带领几名工作人员查阅当时的档案资料，最终发现了问题的所在。原来当时李尔在谈判时，只是关注于美国人质的释放问题，当尤瑟夫对李尔声称送还哈米特的家眷需要一些时间进行准备，李尔并未在意此事，所以就贸然同意了尤瑟夫的要求，忽略了对哈米特家属的归期做出明确的时间界定。杰斐逊认为这是美国公务人员在工作方面出现的严重失误，随后立即派遣戴维斯到的黎波里就此事与尤瑟夫进行交涉。最终在美国的干涉下，的黎波里方面释放并归还了哈米特的家眷。至此，"哈米特问题"得以解决。

除了"哈米特问题"，《条约》的签订还增强了美国在地中海以及大西洋扩展贸易的信心，美国试图借此来寻求与英国的谈判，希望可以取得一定成果以代替1794年美英签订的《杰伊条约》。以杰斐逊与麦迪逊为首的民主共和党人从一开始就反对同英国签订这类"妥协让步"的条约，所以当参议院投票通过《条约》之后，杰斐逊立即指示当时的驻英大使詹姆斯·门罗（James Monroe）以该条约为蓝本同英国人商讨相关条款，并且认为："在保证中立贸易的基础上，此时的美国应当寻求同世界上所有的国家建立一种既和平又公正的国家关系。"[①] 而麦迪逊在同门罗的通信中也提出了相应的贸易原则，即最惠国待遇适用于全球市场；英美之间的贸易应以

---

① Thomas Jefferson, "To the U. S. Minister to Great Britain, May 4, 1806," in Paul Leicester Ford, eds., *The Works of Thomas Jefferson*, Vol. 10, New York and London: The Knickerbocker Press, 1905, p. 263.

互惠为基础；英国应停止对美国中立贸易的干涉。① 可以看出，这些原则与《条约》中所反映的贸易精神是一脉相承的，只不过对象国从的黎波里变成了英国。而实际上杰斐逊政府一直优先考虑如何同英国达成包含最惠国待遇与中立贸易原则在内的贸易条约，因为相较于工商业不发达的的黎波里，英国为美国的农产品与制造业产品提供着极具消费潜力的市场，而鉴于英国皇家海军在大西洋上的优势，杰斐逊认为同英国达成这样的协定有利于保障美国商船在远洋自由航行方面的权利，避免海盗的劫掠行为，这"对于贸易的持续是至关重要的"②。门罗本人则对条约的签订充满信心，1806年6月20日，在其同杰斐逊的通信中，门罗表示："我坚信协议会在一个双方都满意的基础上达成。"③ 同年10月27日，门罗与威廉·平克尼（William Pinkney）同英国方面达成一致，但因为杰斐逊与麦迪逊认为条约与期望相差甚远，最终未将其送呈参议院批准。《门罗—平克尼条约》的夭折说明英美双方对于条约将要产生的效果有着不同的期待，杰斐逊希望可以借此机会扩大《条约》的积极影响，进而增加美国商品进入英国市场与欧洲大陆国家的途径，而深受拿破仑战争影响的英国则希望压缩中立贸易的生存空间，以期打击竞争对手法国的经济发展。英国议会早在1805年就授权英国海军捕获意图进入法国港口的船只，作为回应，1806年法国同样明令禁止任何与英国有关的贸易联系。英法之间的贸易战毫无疑问影响到了美国人所期盼的中立贸易权，这也是《门罗—平克尼条约》最终失败的最重要原因。深感失望的杰斐逊继续执行同英国冲突的贸易政策，而与英国矛盾的激化也导致杰斐逊执政后期的禁运政策及其最终黯然下台。

---

① James Madison, "To James Monroe, April 12, 1805," in Walter Lowrie and Mathew St. Clair Clarke, eds., *American State Papers: Foreign Relations* Vol. 2, p. 732.

② Thomas Jefferson, "To the U. S. Minister to Great Britain, May 4, 1806," in Paul Leicester Ford, eds., *The Works of Thomas Jefferson*, Vol. 10, p. 264.

③ James Monroe, "To Thomas Jefferson, June 20, 1806," in Stanislaus Murray Hamilton, eds., *The Writings of James Monroe*, Vol. 4, New York and London: G. P. Putman's Son, 1900, p. 470.

四、结　语

尽管如此，1805 年《的黎波里和平友好条约》是美国历史上首次在海外作战获胜的基础上签订的条约，其积极意义不可忽视。通过该条约，美国在与巴巴里国家的外交博弈中逐渐掌握了主动权，同时也为美国早期外交活动积累了宝贵经验，巩固和增强了美国在巴巴里地区的话语权，对第二次巴巴里战争的胜利起到了很好的铺垫作用，同时也为美国在亚非地区的外交活动积累了宝贵经验。如在 1854 年美国同日本签订的《日本亲善条约》（又称《神奈川条约》）中，就存在着美国在日本享有最惠国待遇、日本要为美国货船"补充薪水、食品、煤炭与所需物资"[①] 等与《条约》相似的条款，这充分说明 1805 年《的黎波里和平友好条约》是有其历史意义的。

通过探究 1805 年《条约》的前因后果，不难发现美国早期"面对危机时所采取的途径：对弱国战争，与强国谈判"[②]。除了 1812 年第二次美英战争外，美国在面对与"强国"（great power）摩擦时大多选择了以协商谈判的方式来解决问题。而在处理与"弱国"（little state）关系时，美国往往采取的是一种较为强硬的姿态。例如在 1805 年《条约》之后，美国相继发动了第二次巴巴里战争、美墨战争等。但值得一提的是，美国早期对外交往中一直标榜自身正义、友好、和平以及自由的形象。如在《条约》签订过程中，美国一直自诩所进行的事业是正义的，《条约》的签订极大地遏制了海盗国家的行径，保证了船只的航行安全以及维护了自由与和平。这就使得美国外交中有极大的迷幻鼓动色彩与理想主义色彩。而这种根植于每一个美国人心中的理念往往促使美国外交政策对民众有极大的煽动性，使其更容易让人民接受以及更好地获得民众支持。这也成为美国外交中的一大

[①]　信夫清三郎编：《日本外交史》，天津社会科学院日本问题研究所译，北京：商务印书馆，1980 年，第 62 页。

[②]　James A. Field, Jr., *American and the Mediterranean World 1776–1882*, Princeton: Princeton University Press, 1969, p. 37.

特点，一直延续至今。

　　另外，1805年《的黎波里和平友好条约》也反映出美国早期外交中的一些不足之处。条约签订后所遗留的"哈米特问题"就体现了美国早期外交的不成熟性。同时，美国在战争取得较大优势的情况下签订条约，依旧同意支付6万美金来用于交换战俘，这点也一直饱受诟病。此外，美国早期外交受到国内政治氛围影响较大。条约签订后，条约内容逐渐成为党派之间相互攻击的托词。联邦党人趁机抨击民主共和党以及杰斐逊政府对哈米特背信弃义，同时指责政府同意在军事胜利的情况下仍支付赎金。不过总体而言，1805年《的黎波里和平友好条约》的签订，是美国早期外交史中的一次胜利。通过该条约，美国结束了向的黎波里交纳贡金的"不光彩历史"，很大程度上遏制了的黎波里海盗对于美国商船的劫掠行为，确保了地中海贸易航道的畅通与安全，同时达到了保障远洋贸易自由与维护中立贸易的目的，并对其他巴巴里国家起到一定的警示作用，也为日后美国与他国处理类似问题提供了良好的范例。

从敌对到合作：冷战初期澳大利亚对日政策的调整

张绍兵*

摘 要 太平洋战争中，澳大利亚参加对日作战，付出了极大代价。战后初期澳主张对日本采取"硬"和平，但在寻求美国安全保护的过程中被动接受了美国对日"软"和平的主张。《旧金山对日和约》签订后，澳日结束敌对关系，但澳日政治关系的发展仍然举步维艰。为摆脱国内经济困境和重新融入国际社会，日本于1952年提出加入科伦坡计划，遭到澳大利亚的强烈反对。随着冷战局势的变化，澳大利亚追随美国的遏制战略，携手日本共同遏制共产主义，在日本加入科伦坡计划问题上做出让步，1954年同意日本加入科伦坡计划。澳大利亚以此为契机来改善澳日关系和巩固澳美同盟。

关键词 澳大利亚 日本 美国 科伦坡计划

澳大利亚因太平洋战争的惨痛记忆和日本虐待战俘的行为对日本充满敌意与仇恨，防止日本军国主义思想的死灰复燃成为其首要目标。战后，澳大利亚主张对日本实行"硬"和平，阻止日本重返东南亚、南亚，使其不再对澳构成安全威胁。随着远东冷战局势的变化，特别是新中国的成立和朝鲜战争的爆发，澳日关系逐渐由敌对走向合作。1952年9月8日，《旧

---

* 张绍兵，中山大学历史学系博士研究生。

金山对日和约》的签订结束了澳日敌对关系，但这并不意味着两国关系的发展进入快车道。日本近代的"信用记录"使其很难取得周边国家的完全信任，一度成为"世界的孤儿"。1954年8月，澳大利亚决策者顺应国际局势的变化调整对日政策，以允许日本以援助国身份加入科伦坡计划为契机开始推动日本重返东南亚、南亚，重新加入国际社会的大家庭，携手遏制共产主义。澳大利亚对日政策逐渐由敌对走向合作，随后几十年间，澳日关系发生了翻天覆地的变化。2007年3月，澳日签署《防务与安全声明》，为两国防务与安全合作提供政策性指导，推动两国关系走向准同盟。对冷战初期澳日关系，特别是对澳转变对日政策的关键节点进行研究，有利于更加深刻地理解两国关系的发展变化。近年来学术界逐渐重视对澳日关系的研究，取得丰硕的成果。① 本文以澳大利亚为视角，利用澳大利亚档案结合美、英两国档案，② 以1954年澳大利亚政府转变对日态度，允许日本加入科伦坡计划为切入点，梳理澳对日政策的调整及其原因。

一、澳日两国对亚太局势变化的因应

（一）澳大利亚国内关于日本加入科伦坡计划的争论

战后东南亚、南亚国家逐渐取得政治上的独立，独立的喜悦之情还未

---

① 国内对澳日关系的研究参见：甘振军：《国内关于澳大利亚与日本关系的研究述论》，《东南亚纵横》2012年第2期。国外学者关于科伦坡计划与澳日关系的转变的论述主要包含在澳日关系或专门论述科伦坡计划的著作中，如：David Walton, *Australia Japan and Southeast Asia: Early Postwar Initiatives in Regional Diplomacy*, New York: Nova Science Publishers, Inc, 2012; Shigeru Akita, Gerold Krozewski and Shoichi Watanabe, *The Transformation of the International Order of Asia: Decolonization, the Cold War and the Colombo Plan*, London, Routledge, 2015; Daniel Oakman, *Facing Asia: A History of the Colombo Plan*, Pandanus Books, 2004; Ademola Adeleke, *Ties Without Strings? The Colombo Plan and the Geopolitics of International Aid 1950-1980*, Ph.d. Dis., University of Toronto, 1996。

② David lowe, Daniel Oakman, *Documents on Australia Foreign Policy: Australia and the Colombo Plan 1949-1957*, Australia Department of Foreign Affairs and Trade, 2004. 关于澳大利亚外交档案开放和出版情况可参考：汪诗明：《简析澳大利亚外交档案文献》，《苏州科技学院学报（社会科学版）》2008年第3期。

散去，随即面临严重的政治、经济困境，给共产主义的传播提供了"温床"。为遏制共产主义和维持英联邦在亚洲事务中的影响，英联邦国家倡导建立科伦坡计划，向东南亚、南亚非共产党国家提供援助，维持该地区的稳定。科伦坡计划推行伊始，澳大利亚国内就开始探讨日本加入的问题。1950年，澳大利亚驻东京代表处霍奇森上校（W. R. Hodgson）向外长斯彭德（P. C. Spender）提出建议，日本向亚洲①国家提供援助符合澳国家利益。日本的援助给亚洲经济发展注入活力，促进日本与东南亚、南亚国家经贸关系的发展能减轻西方国家的援助压力。② 霍奇森认识到日本加入科伦坡计划，从经济上讲对澳有利，建议政府调整澳日关系，但这样的声音并未影响决策者的态度。

澳大利亚决策者制定对日政策时受到历史和政治因素的严重影响。历史上，澳大利亚在太平洋战争中遭到日本侵略，日本空军轰炸澳北部达尔文等城市，潜艇甚至出现悉尼附近海域，这是澳首次遭到外敌的袭击。澳大利亚与日本在东南亚和西南太平洋地区展开殊死斗争，大量士兵伤亡以及日本虐待战俘的行为使民众对日本怀有根深蒂固的仇恨，这对澳日关系的发展造成了深远的影响。政治上，澳大利亚因美国的阻碍，未能实现对日"硬"和平的主张。在日本重新武装、战争赔偿、战犯审判等问题的解决也未能如澳所愿。《澳新美同盟条约》的签订，澳大利亚虽然得到了美国名义上的安全保障，但仍将日本视为潜在的威胁。因此，澳大利亚对日政策的出发点仍然是最大限度地削弱日本，使其难以对澳形成威胁。

（二）对日和约问题的解决与《澳新美同盟条约》的签订

战后初期，影响澳日关系的关键是对日和约问题。国内学者汪诗明对

---

① 战后初期，澳大利亚外交文件中"亚洲"地区专指东南亚、南亚地区、日本和中国台湾，不包括西亚、中亚和中国大陆。

② W. R. Hodgson, *Japan's Possible Contribution to the Economic Rehabilitation of South and Southeast Asia*, 27 April 1950, A1838, 479/2 part 3, National Archives of Australia (hereafter NAA).

澳大利亚与对日和约的签订已有深入的研究。① 战后初期，澳大利亚主张对日采取严厉措施，以根除日本军国主义，使其在精神上和物质上不能对东亚、东南亚和太平洋区域，特别是对澳大利亚构成威胁。美国"单独"占领日本使对日和约问题从一开始就被纳入美国的外交战略中。美国将对日和约问题与亚洲大陆，特别是中国局势的变化联系起来。随着共产主义在亚洲大陆的胜利，美国的对日态度由遏制转变为扶持，视日本为遏制共产主义的盟友。

澳大利亚认识到在对日和约问题上难以实现预期目标，调整政策将对日和约与建立区域安全机制联系起来。澳大利亚认为建立起以美国为首的区域安全机制，将澳置于美国的保护伞下，与限制、惩罚日本一样可以达到保证澳本土安全的目的。1950年6月25日，朝鲜战争爆发，中国人民志愿军随后入朝作战，美国外交面临一个新的国际环境。美国欲干涉朝鲜事务必须先解决对日和约问题和寻求盟友的支持，而澳大利亚在地区安全机制上的要求，使美国有了交换的筹码。美国以《澳新美同盟条约》换取澳大利亚和新西兰对美国主导的旧金山媾和与美国卷入朝鲜战争的支持。1951年9月1日，澳新美三国在旧金山签订《澳新美同盟条约》，9月8日澳大利亚签署《旧金山对日和约》。对日和约问题的解决标志着澳日敌对关系的结束，尽管阻碍澳日关系的关键问题得到解决，但澳日之间并未冰释前嫌。

（三）日本的重返东南亚的期望

第二次世界大战结束以后，日本迫切希望消除因太平洋战争导致的亚太国家对日的怀疑和敌意，改善日本的国际形象，重新与亚洲国家建立正常的双边关系。为此，日本在政治上采取低姿态，而将精力集中在经济上，推行以战争赔偿和对外援助为中心的经济外交。东南亚国家历史上与日本的密切联系、经济上的互补性加之其地理位置的重要性使日本高度重视东南亚国家的对日态度，恢复与东南亚国家的正常关系和积极参与东南亚事

---

① 汪诗明：《1951年〈澳新美同盟条约〉研究》，北京：世界知识出版社，2008年；汪诗明：《由"硬"和平到"软"和平——论二战后澳大利亚对日战略》，《复旦学报（社会科学版）》2011年第6期；汪诗明：《析战后初期澳美对日政策之分歧》，《国际论坛》2007年第1期。

务成为日本外交的目标之一。

1952年,日本首相吉田茂(Shigeru Yoshida)在旧金山发表演讲时强调"日本是一个亚洲国家","希望与亚洲邻国建立紧密友好的合作关系","为繁荣其发展做贡献"。[①] 在主张反共的吉田茂眼中,亚洲邻国专指东南亚、南亚非共产党国家。为达到此目的,日本多管齐下。政治上,日本希望在更多的地区和世界事务中发挥作用,参与地区性的政治、经济组织是重新融入国际社会,避免被亚洲国家疏远和孤立的最好办法。经济上,通过战争赔偿和对外援助改善与亚洲国家的关系。中日关系紧张,日本失去重要的商品和原料市场。日本把眼光转向东南亚、南亚国家,看中那里广阔的市场、丰富的资源和廉价的劳动力。日本迫切希望通过科伦坡计划来加强与东南亚、南亚国家之间的政治经济联系。

1950年科伦坡计划开始实施时,日本因澳大利亚、新西兰和亚洲国家的反对以及国内糟糕的经济情况,未提出加入科伦坡计划。随着时间的推移,日本担心被东南亚、南亚国家孤立。此外,日本逐渐认识到加入科伦坡计划能够获得经济利益,并可以凭借经济和技术援助手段扩大对东南亚、南亚的影响,为日本与东南亚、南亚国家进一步的经济合作以及为日本产品打开东南亚、南亚市场奠定基础。[②] 最后,科伦坡计划不断有新成员国加入和美、英两国不反对日本以援助国身份加入,使日本看到了加入科伦坡计划的可能性。从1952年开始日本提出加入科伦坡计划,希望借此机会重返东南亚、南亚。

二、澳大利亚对日政策的改变

澳大利亚出于安全和经济利益的考虑极力阻止日本重返东南亚、南亚,而日本为解决资源短缺、市场狭小问题和重返国际社会的目标,迫切希望

---

① 宋有成、李寒梅等:《战后日本外交史1945—1994》,北京:世界知识出版社,1995年,第243页。

② Saori N. Katada, "Japan's Foreign Aid after the San Francisco Peace Treaty," *Journal of American-East Asian Relations*, Vol. 9, No. 3-4 (Fall-Winter 2000), p. 204.

介入东南亚、南亚事务。澳日双方在日本重返东南亚、南亚问题上，具体来说就是加入科伦坡计划问题上分歧很大。在筹划科伦坡计划的过程中，英国认识到因新独立的东南亚、南亚国家反对西方国家卷入其内部事务，直接将马歇尔计划移植到亚洲是不可行的。科伦坡计划在组织和运行机制上有着自己的特点，科伦坡计划下未建立相关的管理机构来负责计划的运行，而是在多边框架下，以双边协议为主的援助方式。为加强援助国与受援过之间的信息交流，编制年度报告，总结经验教训和安排下一年度的援助项目以及讨论成员国共同关注的话题，每年举行两次各成员国参加的协调会议，轮流在各国举行。① 日本加入科伦坡计划不仅涉及澳、日两国，还牵涉到东南亚、南亚国家和英、美等西方国家。冷战局势的变化使相关各国对日本和东南亚、南亚的战略地位认识出现了变化，对日政策也有所改变，相关国家围绕日本加入科伦坡计划以协调会议为平台进行多次外交上的交锋。

（一）卡拉奇协调会议

《旧金山对日和约》签订后，日本立即着手解决东南亚国家的战争赔款问题，希望通过战争赔款的方式尽快恢复与东南亚国家的正常关系。驻日盟军总司令麦克阿瑟（Douglas MacArthur）认识到加强日本与东南亚、南亚国家之间的经济联系，是解决日本资源短缺和市场狭小问题的关键。在1952年卡拉奇协调会议前，麦克阿瑟提出邀请日本以观察员身份参会的建议。英国代表团担心澳大利亚、新西兰和菲律宾等国的反对，不支持该项提议。②美国国务院虽然已经开始筹划推动日本加入科伦坡计划，但也认识到亚太地区反日情绪并未彻底消失，急于推动日本加入科伦坡计划会破坏

---

① Ademola Adeleke, *Ties without Strings? The Colombo Plan and the Geopolitics of International Aid 1950-1980*, (Phd), 1996, University of Toronto, pp. 225-227.

② Commonwealth Relations Offices to United Kingdom High Commissioner in Pakistan: Japan and Colombo Plan, March 17, 1952, FO371/101248, FZ11011/22, Public Record Office (hereafter PRO); U.K. High Commissioner in Pakistan to Commonwealth Relations Office: Japan and Colombo Plan, March 17, 1952, FO371/101248, FZ11011/22, PRO.

美国与东南亚、南亚国家之间的关系，应等待更好的时机。① 麦克阿瑟提出日本参会建议后，国务院通知驻东京外交人员和与会代表团，暂不支持日本参会。② 与英、美两国暂不支持日本加入的态度不同，澳大利亚出于自身利益的考虑明确反对日本加入科伦坡计划。澳大利亚代表团团长芒罗（D. J. Munro）抵达卡拉奇后，立即向英国代表团表明澳反对日本加入科伦坡计划的态度，无论是以援助国还是受援国。③

澳大利亚的反对是出于多方面考虑。安全上，历史上日本对东南亚、南太平洋地区的侵略，使澳大利亚担心日本未完全放弃战前的扩张政策。在日本成为西方阵营可信赖的成员前，日本与东南亚、南亚国家加强联系会威胁到澳的安全。政治上，澳大利亚担心日本加入科伦坡计划后借机扩大日本在东南亚、南亚地区的政治影响力，削弱澳对地区事务的影响力。经济上，澳大利亚将东南亚、南亚视为其天然的市场，担心大量廉价的日本商品涌入会挤压澳商品的市场。④ 这些政治、经济和安全上的考虑不能成为公开反对的理由，澳大利亚转而利用亚洲国家的反日情绪及日本国内经济情况等问题，提出反对日本加入的理由："日本加入前是否应该考虑法国、荷兰的加入。战争赔偿问题未妥善解决前，菲律宾和印度尼西亚会阻止日本援助其他亚洲国家。日本提供技术援助的能力毋庸置疑，但外汇储备存在结构性问题，日本经济援助的能力备受质疑。"⑤ 澳大利亚极力阻碍

---

① American Embassy Karachi to the Department of State: Report on Fourth Session of the Consultative Committee Meeting held in Karachi in March 1952, March 31, 1952, Record Group (hereafter RG) 59, Microfilm C0064 Reel 15, 890.00/3-3152, National Archives (hereafter NA).

② United Kingdom Embassy, Tokyo to Foreign Office: Japan and the Colombo Plan, March 25, 1952, FO371/101248, FZ11011/30, PRO; Memorandum Mr. Gay to Mr. Allison: U.S. Attitude toward the Colombo Plan and the Desirability of Japanese Participation, December 3 1952, RG59, Microfilm C0046 Reel16, 890.00/12-352, NA.

③ Cablegram from Watt to Department of External Affairs, Singapore, 8 March 1952, NAA, A1838, 3103/9/3/3.

④ Memorandum from Birch to Watt: Japan's Membership of Colombo Plan Consultative Committee, New Delhi, 3 September 1953, A1838, 2080/13, NAA.

⑤ Cablegram from Department of External Affairs to High Commission in Karachi: Japan and Colombo Plan, Canberra, 14 March 1952, A10299, C13, NAA.

日本的加入，即使不能阻止，也要延迟日本加入的时间。为此，澳大利亚建议不急于考虑日本的加入问题，应该在未来继续观察。

澳大利亚的反对面临来自英、美等西方国家和东南亚邻国的压力。澳大利亚决策者认识到，拒绝日本加入科伦坡计划，阻碍日本与东南亚、南亚国家发展经贸关系。日本为缓解经济困难，可能加强与"赤色"中国的联系。反之，将日本纳入科伦坡计划意味着把日本"绑"在西方民主阵营。① 英、美等西方国家难以接受工业潜力巨大、战略位置重要的日本倒向共产主义。对各受援国而言，日本以援助国身份加入科伦坡计划，意味着能够获得更多的技术或经济援助，在现实的利益面前受援国难以拒绝。② 虽然澳大利亚为科伦坡计划的形成做出了突出贡献，但一个域外国家阻止东南亚、南亚国家获得日本的援助会使东南亚、南亚国家怀疑澳的动机。简言之，将日本纳入科伦坡计划，即符合西方国家遏制共产主义的冷战战略，又能够给受援国带来现实利益。澳大利亚为维护自身利益，阻止日本重返东南亚、南亚，却与英、美等西方盟国和亚洲领国发生利益冲突。

（二）新德里协调会议

1953 年新德里协调会议前夕，日本再次提出以观察员身份参会。澳大利亚提出，在日本政府承认澳大利亚合法的大陆架权益及妥善解决日本远洋捕捞权问题前，反对日本加入科伦坡计划。美国政府对此表示愤怒，不理解澳大利亚为什么将"不相干"的事情联系起来。③ 澳日关于远洋捕捞的争论说明双方仅从本国出发来考虑问题而忽视了对方的利益诉求。对澳大利亚而言，日本船只出现在距达尔文市 100 英里的海面使澳怀疑日本另有所图，激起了澳对日的敌意和仇恨。对日本而言，日本需要通过一切可能的

---

① Memorandum from Birch to Watt: Japan's Membership of Colombo Plan Consultative Committee, New Delhi, 3 September 1953, A1838, 2080/13, NAA.

② Note, Japan and the Colombo Plan, 10 March 1952, A1838, 3103/9/3/3, NAA; Cablegram from Watt to Department of External Affairs, Singapore, 8 March 1952, A1838, 160/11//1/ part 1, NAA.

③ Department of State to American Embassy (Canberra), October 13, 1953, RG59, Microfilm C0046 Reel 16, 890.00/ 10-1353, NA.

手段来恢复发展经济，远洋捕捞一直是日本重要的经济来源。① 远洋捕捞权的问题成为制约澳日关系发展的一个重要因素。澳大利亚企图以澳日间难以解决的纠纷为借口来阻止或延迟日本加入科伦坡计划。

在新德里协调会议上，澳大利亚继续对日本的加入持反对意见，同时顾及其他国家的态度，特别是亚洲国家。卡拉奇协调会议后，澳大利亚外交部要求驻外官员积极打探相关各国对日本加入的态度。英国迫切希望日本加入，提供资金来缓解英镑区面临的资金压力。美国是推动日本加入的重要力量，一直在寻找合适的时机。新西兰没有明确的态度，更多的是在观望局势的发展。如果日本能够持续向亚洲国家提供经济或技术援助，毫无疑问，受援国将会欢迎日本的加入。② 如果亚洲国家不反对日本的加入，澳大利亚的反对将是徒劳，甚至会损害澳大利亚与东南亚、南亚国家之间的关系。西方国家对日本加入持积极的态度，亚洲国家在现实利益面前难以拒绝，如果澳大利亚一意孤行将会导致自己被孤立。

在日本加入科伦坡计划问题上，澳大利亚由于特殊的地理位置和国力的差距，与英、美出现政策分歧。澳大利亚在安全问题上依赖美、英两国的事实，削弱了澳在外交舞台上的力量。新德里协调会议后，澳大利亚权衡利弊，对日本加入科伦坡计划的态度有所改变。如果日本在渥太华协调会议召开前提出以观察员身份参会。澳大利亚在亚洲国家不反对的情况下同意日本以援助国的身份加入科伦坡计划。③

（三）渥太华协调会议

1954年起，澳大利亚政府在对日政策上采取更加务实的态度。6月23日，外长凯西（R. G. Casey）致信外交部秘书坦格（Arthur Tange），谈到澳日关系时强调："未来澳日将在太平洋地区长期共存，在制定对日政策时

---

① Alan Watt, *The Evolution of Australia Foreign Policy 1938 – 1965*, Cambridge: Cambridge University Press, 1968, pp. 214-215.

② Memorandum from Birch to Watt: Japan's Membership of Colombo Plan Consultative Committee, New Delhi, 3 September 1953, A1838, 2080/13, NAA.

③ Mannex to Cabinet Submission: Japanese Participation in the Colombo Plan, Canberra, 28 July 1954, A1838, 2080/13, NAA.

应放弃之前的消极态度,从长远的角度来推动两国关系的健康发展。"① 6月28日,外长在内阁会议上解释改善澳日关系的原因:"在政治和经济上孤立日本很可能导致日本倒向共产主义;澳大利亚的目标是维持日本温和政府的稳定和加强日本与西方阵营的联系;对日政策应该与英美保持一致,避免被孤立。"② 渥太华协调会议前夕,澳大利亚决策者就日本加入科伦坡计划进行讨论,内阁和外交部达成一致意见,有条件地支持日本加入。8月16日,内阁批准凯西外长提交的关于允许日本加入科伦坡计划的报告。③ 澳大利亚内部就日本加入科伦坡计划一事达成一致。

澳大利亚调整对日政策,采取积极措施来促进两国关系的发展。面对政策的巨大转变,反对党工党表示坚决的反对,工党领导人卡尔韦尔(A. A. Calwell)以"我们不能对屠夫采取宽容态度"为题来表达自己及工党的态度。政府采取的一系列让步措施严重损害了国家利益。④ 除此之外,民众和部分外交人员难以理解政府的行为,澳大利亚驻缅甸大使得知政府不反对日本加入科伦坡计划后,致函外交部表明其反对态度。认为允许日本加入科伦坡计划是忘记日本的侵略史,是协助日本恢复其工业能力,是鼓励日本寻求东南亚、南亚地区的领导权。⑤ 为统一思想,1954年8月28日,外交部致函驻外使领馆解释政策调整的原因。孟席斯总理(R. G. Menzies)指出日本以援助国身份加入科伦坡计划的意义:"受援国获得更多的技术和资金援助来发展经济,提高人民生活水平,稳定社会秩序符合澳

---

① Letter from Casey to Secretary of Department of External Affairs, 23 July 1954, Canberra, A1838/278, NAA.

② Cabinet Submission No. 30: Policy toward Japan, 28 July 1954, file3101/10/1 part 2, A1838/278, NAA.

③ Minute from Casey to Tange, Canberra, 16 August 1954, A1838, 2080/13, NAA; T. B. Millar, *Australian Foreign Minister: The Diaries of R. G. Casey 1951–1960*, New York: HarperCollins Publishers, 1972, p. 177.

④ "We Can't be Soft on Jap Butchers," A. A. Caldwell, *Truth*, 14 February 1954, A1838/278, NAA.

⑤ Note from Embassy in Rangoon to Department of External Affairs: Colombo Plan, Rangoon, 2 August 1954, A1838, 2080/13, NAA.

安全利益。允许日本加入科伦坡计划，是鼓励日本加强与亚洲非共产党国家的经济联系，同时也是将日本纳入西方阵营的重要步骤。"[1] 在政府的不断引导下，澳大利亚国内媒体逐渐改变对日态度，民众对日仇恨情绪也逐渐得到缓解。

1954年9月1日，凯西就日本加入科伦坡计划问题致函加拿大外长皮尔森（Lester Pearson）："国际形势变化使澳大利亚改变对日本加入科伦坡计划的态度。内阁已同意给予日本更大的宽容，不反对日本以援助国身份加入科伦坡计划。"[2] 这次通信是澳大利亚首次向外界表示，不反对日本以援助国身份加入科伦坡计划。

日本对澳大利亚突然的政策改变喜出望外。外务省指示驻澳大使西春彦（Haruhiko Nishi）与澳大利亚外交部副秘书帕特里克·绍尔（Patrick Shaw）就日本加入科伦坡计划举行会谈。会谈集中讨论科伦坡计划各成员国对日本加入的态度、日本加入科伦坡计划的程序和方式及日本加入后的援助方式。[3] 这次会谈加深了日本对科伦坡计划的认识，日本决定完全加入科伦坡计划而非仅加入技术援助委员会。

澳大利亚态度改变后，新西兰随之改变立场。1954年10月4日，作为会议主席的加拿大财长与印度尼西亚外长会谈后，印尼为维持良好的国际环境，获取更多的援助，不反对日本以援助国身份加入。10月5日，日本成为科伦坡计划的正式成员。协调委员会主席讲道："我理解各国不忘历史，但历史已经成为历史，我们必须着眼于未来。"日本加入科伦坡计划在日本国内引起了巨大的反响。[4] 10月6日，日本官方宣布：实现了与东南

---

[1] Cablegram from Department of External Affairs to Posts, Canberra, 28 August 1954, A8411, 112/2/1/2, NAA.

[2] Letter from Casey to Pearson, Melbourne, 1 September 1954, N1838, 2080/13, NAA.

[3] Record of conversation between Shaw and Nishi: Japan and Colombo Plan, Canberra, 16 September 1954, A1838, 2080/13, NAA.

[4] Cablegram from High Commission in Ottawa to Department of External Affairs, Ottawa, 6 October 1954, A4986, 25/49/22, NAA.

亚、南亚国家更加顺畅和有效的合作的方式。① 日本的媒体也认为科伦坡计划对亚洲的稳定与繁荣意义重大。② 日本一位政治评论员认为在渥太华的胜利标志着日本正式重返东南亚、南亚，具有重大的意义，加入科伦坡计划打开了日本重返国际社会的大门。③

由于地理位置的临近，澳大利亚的安全与东南亚、南亚密切相关。澳大利亚积极倡导建立科伦坡计划，希望通过经济和技术援助来维持东南亚、南亚的稳定，遏制共产主义，维护自身安全。同时也希望借此机会扩大在东南亚、南亚地区的影响力。日本加入科伦坡计划对澳大利亚来说既是机会也是挑战。同意日本加入科伦坡计划，改善澳日关系有利于两国在东南亚、南亚和西南太平洋地区携手遏制共产主义，但澳大利亚对日本的势力深入对澳休戚相关的东南亚、南亚地区造成的潜在威胁也有着深刻的认识，因此未放松对日本的警惕和怀疑。

三、澳大利亚政策调整的原因

（一）澳大利亚对日态度的改变

随着远东局势的变化，澳大利亚决策者逐渐意识到调整对日政策符合国家的长远利益。历史应该铭记，但更需要面向未来。政治上，澳大利亚和日本作为美国在亚太地区的重要盟友，在战略利益方面具有一致性，在防卫领域拥有共同关注的事项。"台海危机"以及印度支那局势的恶化使共产主义威胁日益扩大，成为对澳的首要威胁。澳大利亚对日的敌对情绪减弱，日本从潜在的"敌人"变成携手遏制共产主义的"盟友"。澳大利亚支

---

① Ministry of Foreign Affairs, Press Release, 6 October 1954, Cited in A. Rix, "*Japan's Foreign Aid Policy: A Capacity for Leadership?*" *Pacific Affairs*, Vol. 62, No. 4 (Winter 1989–1990), p. 466.

② J. A. Caldwell, "The Evolution of Japanese Economic Cooperation 1950–1970," in H. B. Maimgren, eds., *Pacific Basin Development: The American Interests*, Lexington, Mass: D. C. Heath, 1972, pp. 23–60.

③ Ademola Adeleke, *Ties without Strings? The Colombo Plan and the Geopolitics of International Aid 1950-1980*, (Phd), 1996, University of Toronto, p. 183.

持日本在全球政治和地区事务中发挥更大的作用,以此换取日本更多地承担遏制共产主义的责任。为此,澳大利亚主动改变对历史问题的看法、积极协助日本恢复经济和重返国际社会。澳日关系正常化后,凯西提出:"应该允许日本在国际法范围内恢复正常关系,与自由世界联系。"① 针对民众的反日情绪,凯西提出"今天还对日本抱有1945年的敌意和恐惧是毫无根据的",应该"用更加文明和宽容的态度去看待日本"。② 澳大利亚应该摒弃对日敌视态度,用宽容和发展的眼光去看待日本,以积极的姿态推动双边关系的发展,把日本带到世界民族的大家庭中。经济上,以贸易立国的澳大利亚调整对日政策是寻求市场多样化和发展澳日贸易的结果。战前,澳大利亚主要贸易对象是英联邦国家和欧洲国家。20世纪50年代以来,随着西欧经济一体化的发展,加之朝鲜战争已结束,美国的军事订货大幅度减少,澳大利亚不得不为初级产品和原材料寻找新的出口市场,工业潜力巨大而资源匮乏的日本成为澳眼中一个理想的市场。50年代前半期澳大利亚在对日贸易中采取歧视政策,但澳日之间的民间贸易却高速发展。日本所需的煤、铁矿石等商品大部分由澳提供,日本已经成为澳重要的贸易对象。澳日政治关系的改善也是为两国的经济合作铺路搭桥。

澳大利亚调整对日政策符合国家利益。日本提出加入科伦坡计划给澳调整对日政策提供了契机。同意日本加入科伦坡计划是澳希望改善对日关系所释放出的积极信号。澳大利亚希望绕开敏感的历史问题,以经济手段来改善澳日关系,以便于两国携手遏制共产主义。

(二)美国远东政策的调整

苏联核试验成功、新中国成立和朝鲜战争爆发等一系列事件被美国认为是苏联在远东地区扩张势力的表现。两大阵营斗争的焦点由欧洲、中东逐渐向远东地区转移。美国开始在远东地区集结力量,来应对这场"国家安全危机",开始重视东南亚、南亚和日本的战略地位。

首先,美国对日政策从"非军事化和民主化改革"调整为"积极扶持

---

① Casey Says Pacific pact Agreement Near, Sydney Sun, 22 June 1951; Safeguards in Japan - Australian Policy toward Treaty, Times, 22 June 1951.

② W. J. Hudson, *Casey*, Melbourne: Oxford University Press, 1986, p. 241.

日本复兴",协助日本恢复经济和重返国际社会,使日本成为遏制共产主义的堡垒。1948年10月9日,杜鲁门(Harry S. Truman)批准对日政策的最高文件 NSC13/2,提出:"扶持日本经济复兴成为美国对日政策的重要目标。"① 国家安全委员会指出,日本作为一个岛国国内资源匮乏需要从亚洲国家进口食品和原材料。为减轻日本对"赤色"中国的依赖,将日本纳入科伦坡计划,加强日本与东南亚、南亚国家的经济联系,用东南亚、南亚取代中国成为美国各部门的共识。② 朝鲜战争爆发后,日本在美国远东战略中的地位得到进一步的提升,将日本纳入美国的战略轨道,确保日本倾向西方阵营是解决远东安全困局的关键。

其次,美国逐渐重视东南亚、南亚地区在两大阵营对抗中的重要性。1948年6月,国务院召集驻远东各国外交官于曼谷召开会议,讨论中、苏两国在东南亚、南亚的目标,以及中、苏两党与东南亚各国共产党的关系。会议得出结论:东南亚面临严重的共产主义威胁。③ 10月13日,国务院出台《苏联远东政策模式》备忘录,指出东南亚成为美苏争夺的新"战场"。④ 之后,美国相继出台综合性的东南亚政策文件 NSC48/2 和 NSC48/5,向东南亚国家提供经济、军事援助,通过情报、教育交流计划等措施来协

---

① Report by the National Security Council on Recommendations with Respect to United States Policy towards Japan, 7 October 1948, United States Department of State, Foreign Relation of the United States (hereafter FRUS), 1948, Vol. 6, Washington D. C., U. S. Government Printing Office, pp. 857–862.

② Memorandum by the Director of the Officer of the Far Eastern Affairs (Butterworth) to the Assistant Secretary of States for Occupied Areas (Sultzman), January 16 1948, FRUS, 1948, Vol. 6, pp. 649–653.

③ "The Emergence of an Asia Pacific Rim in American Foreign Policy: The Philippines, Indochina, Thailand, Burma, Malaya and Indonesia," in Dennis Merrill, *Documentary History of the Truman Presidency*, Vol. 32, Bethesda, 2001, pp. 46, 107.

④ Memorandum Prepared in Department of State: Basic factors in Soviet Far Eastern Policy, FRUS, 1948, Vol. 1, part 2, pp. 640–644.

助东南亚国家抵御共产主义和加强其为自由世界做贡献的意愿和能力。① 东南亚、南亚地区也成为遏制共产主义的前沿。

朝鲜战争的爆发,使得东亚局势进一步紧张。美国逐渐将中国视为遏制的主要对象,日本和东南亚成为美国冷战遏制战略的关键,是美国在远东的战略支撑点。以杜勒斯(John F. Dulles)为首的美国决策者制定了"美日经济合作计划",经济合作即用军需订货和对东南亚进行援助的方式对日本经济进行刺激和提供美元逆差补助,换取日本对美国东亚政策的支持,其中日本与东南亚的经济一体化是该计划的核心。② 美国高度重视美国—日本—东南亚三角关系在远东地区的作用。经济上,该体系可以缓解美国对日本和东南亚的援助压力,解决日本的支付平衡问题,东南亚国家也能从中获利。具体来说,日本与东南亚国家的贸易处于出超地位,大量资金流入日本,日本以战争赔款的方式将其转移至华盛顿,美国以此来援助东南亚国家。③ 这样东南亚、日本与美国的经济联系更加紧密。战略上,共产党势力已经控制东亚大部分地区,如果东南亚地区被苏联集团控制,日本很可能倒向苏联。这种情况下,美国—日本—东南亚贸易体系能够弥补日本失去中国市场对其经济的影响,加强日本与自由世界的联系,阻碍苏联与东南亚国家之间的贸易。④ 加强日本与东南亚、南亚国家的联系成为

---

① A Report to the President by the National Security Council: The position of the United States with Respect to Asia, 30 December 1949, FRUS, 1949, Vol. 7, part 2, pp. 1215 – 1220; Report to the National Security Council by the Executive Secretary (Lay): United States Objectives, Policies and Courses of action in Asia, 17 May 1951, FRUS, 1951, Vol. 6, part 1, pp. 34-39.

② Willian S. Burden, *Pacific Alliance*: *United States Foreign Policy and Japanese Trade Recovery 1947-1955*, Madison: University of Wisconsin Press, 1984, pp. 149-150.

③ The Revival of the Japanese Economy, 22 July 1947, RG353, SWNCC Record, National Archives (NA), Washington D. C. 关于美国与日本经济复兴问题可参见:胡德坤、徐建华:《美国东亚遏制战略与日本对东南亚经济外交》,《世界历史》2002 年第 5 期;邓锋:《美国对日经济复兴的政策演变》,《美国研究》2002 年第 2 期;崔丕:《冷战时期每日关系史研究》,北京:中央编译出版社,2013 年,第 139—145 页。

④ Saori N. Katada, "Japan's Foreign Aid after the San Francisco Peace Treaty," *Journal of American-East Asian Relations*, Vol. 9, No. 3-4 (Fall-Winter 2000), p. 210.

美国遏制中苏的主要内容之一。

与此同时，美国也认识到日本重返东南亚会遇到诸多困难。其中最关键的是关于战争的记忆使多数亚洲国家对日本持怀疑态度。而科伦坡计划成为美国推动日本重复东南亚、南亚的重要工具。科伦坡计划是英联邦国家创建的援助东南亚、南亚非共产党国家的多边援助组织，其运行机制受到亚洲受援国的欢迎。美国希望将日本纳入到科伦坡计划，加强日本与东南亚、南亚的经贸关系以便于日本重返东南亚，事实上美国决定加入科伦坡计划时就已经开始考虑日本的加入问题。① 一方面，通过科伦坡计划加强日本与东南亚、南亚国家的联系，复兴日本经济。日本经济的复兴能够带动东南亚、南亚地区经济的发展，将东南亚、南亚地区经济纳入资本主义经济体系中。另一方面，推动日本加入科伦坡计划等亲西方的国际组织，改善日本与亚洲非共产党国家之间的政治关系，将日本纳入以美国为首的西方阵营中，使其成为遏制共产主义的堡垒。

结　语

20世纪40年代末50年代初是冷战不断向亚洲扩展的时期。两大阵营在远东地区展开了激烈争夺。澳大利亚对日政策的调整受冷战局势的严重影响，随着冷战的加剧，尤其是朝鲜战争的爆发和印度支那局势的恶化，共产主义"威胁"取代日本成为对澳的首要威胁，加速了澳日关系的转变。从国家安全角度看，共产主义在亚洲的"扩张"已严重威胁到与澳安全休戚相关的东南亚、南亚的稳定，而日本从潜在威胁变成遏制共产主义的潜在"盟友"，调整对日政策有利于澳日携手遏制共产主义。此外，将日本纳入科伦坡计划，提供技术或经济援助，有助于东南亚、南亚地区的经济发展和局势的稳定，同样对澳安全有利。从澳美关系角度考虑，《澳新美同盟条

---

① Shigeru Akita, Gerold Krozewski and Shoichi Watanabe, *The Transformation of the International Order of Asia: Decolonization, the Cold War and the Colombo Plan*, London: Routledge, 2015, pp. 180-181.

约》签订后，同盟条约很快成为澳大利亚外交和防务政策的基石。澳大利亚将自己的外交政策与美国"绑"在一起，在外交上依附于美国。澳大利亚调整对日政策，允许日本加入科伦坡计划，与其说以此为契机来改善澳日关系、携手遏制共产主义，还不如说是为巩固澳美同盟，获取美国对其安全的保障。

宣传与公共外交史

[编者按] "伴随着外交史研究的国际化和文化转向以及'9·11事件'后大国对公共外交和国家形象问题的日益重视,对大国、特别是美国对外宣传和公共外交史的研究在21世纪初逐渐成为国际学术界的热点核心的学科增长点。对这一领域进行研究不仅有助于拓展国际史的领域,深化对冷战性质和特性的理解,而且还可以为公共外交的开展、国家形象的塑造以及软实力建设提供知识资源,因而具有推进学术与影响现实的双重意义。中国的历史学者近年来也加入到这一学术新潮之中,出版了不少有价值的研究成果,一些学者的研究计划还得到国家社会科学基金等的立项。"

鉴于此,本刊物将设置"宣传与公共外交史"专栏。先期与北京市教委重点项目《美国对外宣传与文化外交史史料整理与研究综述》(SZ201510028013)项目组和国家社会科学基金一般项目《冷战前期美国对华宣传与文化外交研究(1949—1972)》(15BSS023)合作,陆续推出若干期研究专栏。专栏将系统介绍一战、二战和冷战时期美国对外宣传与公共外交史的研究状况、史料状况,并推出若干重要档案史料的中译文,以及重要著作的书评和相关的研究论文。希望借此来促进国内学术界对该领域的了解,推进相关研究迈向深入。

第一次世界大战时期美国对外宣传研究综述[*]

任 一[**]

摘 要 尽管第一次世界大战时期以公共信息委员会为首的美国对外宣传工作影响深远,但迄今为止其研究成果数量稀少,比起二战宣传尤其是冷战宣传的研究要少得多。而且研究质量也不尽如人意,存在诸如研究对象集中在欧洲国家,片面注重宣传主体在宣传活动中的作用,高度依赖美国方面的档案等问题。一战时期美国对华宣传的研究也一定程度上反映了这种局限和问题:对于宣传对象国中国的史料应用非常不够,也比较缺乏超出狭隘信息传播视野、从中美文化思想交流和近代中国寻求国家身份视角入手研究这段历史的作品。

关键词 第一次世界大战 美国 公共信息委员会 对外宣传

一、公共信息委员会情况简介

公共信息委员会(The Committee on Public Information, CPI)是伍德罗·

---

[*] 本文是北京市教委重点项目《美国对外宣传与文化外交史史料整理与研究综述》(SZ201510028013)和国家社会科学基金一般项目《冷战前期美国对华宣传与文化外交研究(1949—1972)》(15BSS023)的阶段性成果。

[**] 任一,美国宾夕法尼亚大学历史系博士研究生,研究方向为中美关系史、世界史。

威尔逊（Woodrow Wilson）总统为了能够增强美国国内的团结精神而在1917年4月中旬时发布行政命令建立的战时宣传机构，并由乔治·克里尔（George Creel）负责其工作。其最主要的任务就是鼓励美国民众支持国家的战时努力，宣传美国理想，构建国家身份，并挫败同盟国一方在美国国内进行的宣传活动。随着战争的继续，为了能够在世界范围内宣传美国思想，宣传威尔逊的世界和平计划，建立公共信息委员会海外部（Foreign Department）的方案在1917年秋天时被确定下来。公共信息委员会的海外部最初由克里尔本人进行领导，但很快就交给了阿瑟·伍兹（Arthur H. Woods）。[①] 在1919年6月公共信息委员会解散之前，其海外部领导人更迭频繁，但都由公共信息委员会的驻外记者或者驻外代表担任，其中包括驻外记者威尔·欧文（Will H. Irwin）、公共信息委员会驻俄代表埃德加·西森（Edgar Sisson），公共信息委员会驻英代表哈里·里基（Harry N. Rickey）等。[②] 在短短一年的时间内，公共信息委员会在英、法等协约国、交战国德国、意识形态发生变化的苏俄、中立国家瑞士，以及美国传统的势力范围拉美等地均建立了分部。

公共信息委员会的成员们将美国的宣传活动与他国的宣传活动做了区别，认为宣传和平、自由、民主思想的美国宣传从根本上是高于他国宣传的崇高事业，因此在公共信息委员会的大部分通信中，"宣传"一词一般不带有任何价值判断。而公共信息委员会海外部的重要工作之一就是不遗余力地将伍德罗·威尔逊的思想传遍世界每一个角落。从这个角度出发，尽

---

① 阿瑟·伍兹（Arthur H. Woods, 1870-1942），美国教育家、记者、军事及法律执行官员。1917年开始服务于公共信息委员会海外宣传部门。

② 威尔·欧文（William H. Irwin, 1873-1948），美国知名作家及记者，世纪之交时积极参与到美国的黑幕揭发运动。第一次世界大战爆发以后，欧文远赴欧洲，成为欧洲战场上第一个美国战地记者。1918年时成为公共信息委员会海外部的负责人。埃德加·西森（Edgar G. Sisson），美国记者、作家，因西森文件（Sisson Documents）而知名，1917年开始担任公共信息委员会驻俄代表，并于1918年7月负责海外部工作。哈里·里基（Harry N. Rickey）是公共信息委员会第一个驻伦敦代表，在西森之后负责海外部工作。各位负责人的相关活动，详见 George Creel, *How We Advertised America: The First Telling of the Amazing Story of the Committee on Public Information that Carried the Gospel of Americanism to Every Corner of the Globe*, New York: Harper & Brothers Publishers, 1920.

管公共信息委员会存在时间非常短暂,但其工作却是相当成功的。正如克里尔在记录公共信息委员会工作的书中所总结的那样,经过公共信息委员会颇有效率的宣传,到一战结束时,威尔逊已经成为一个在世界范围内广为人知,且深受推崇的政治人物,他被认为是民主在世界范围内的代言人。①

二、研究情况综述

纳粹德国以及斯大林时期的俄国通常被认为是20世纪进行对外宣传力度最大的国家。实际上,乔治·克里尔领导的公共信息委员会的工作不仅使美国成为20世纪最早进行宣传的国家,且对后来的宣传工作造成了深远影响。在一战刚刚结束之时,克里尔及其委员会的名号就广为人知。其中一些人对其大加赞扬,而另一些人却对其大肆批评。无论后人对其如何褒贬,二战、冷战、越南战争至今,由克里尔在1917—1918年建立的宣传机器仍然在美国持续发挥着影响力。在最近的一本关于公共信息委员会的研究著作中,作者艾伦·阿克塞尔罗德记述了这样一则轶事也反映了公共信息委员会的影响力。据艾伦描述,他曾在一本早期研究公共信息委员会的著作中发现一张备忘录的复写纸,该备忘录是由公共意见领域方面的专家科尼利厄斯·杜波依斯(Cornelius DuBois)写给一个被称为情报咨询部(Bureau of Intelligence and Consultants)的工作人员的,目的是指导该研究机构成员以公共信息委员会为蓝本对二战时期的情报工作进行研究。②

随着第一次世界大战停战协议的签订以及威尔逊在巴黎和会上的失败,原本就依靠威尔逊总统大力支持才诞生和运作的公共信息委员会很快走向了终结。之后,关于公共信息委员会的研究便开展起来。乔治·克里尔以及公共信息委员会的成员在委员会终结之后出版的《我们如何宣传美国》

---

① George Creel, *How We Advertised America*: *The First Telling of the Amazing Story of the Committee on Public Information that Carried the Gospel of Americanism to Every Corner of the Globe*, pp. 338, 351.

② Alan Axelrod, *Selling the Great War*: *The Making of American Propaganda*, New York: Palgrave Macmillan, 2009, p. 217.

成为了最早关于此机构的详细记述，并在相当长的一段时间内成为研究公共信息委员会的基本材料。① 公共信息委员会海外部领导人威尔·欧文在其《成为记者》一书中专有一章记述他在海外部的工作经历。② 公共信息委员会的成员查尔斯·梅里亚姆和维拉·怀特豪斯则描述了各自在意大利和瑞士进行的宣传工作。③ 一方面，公共信息委员会的成员最早写就的公共信息委员会历史为后来的研究提供了相关的资料；④ 另一方面，这些作者在公共信息委员会的工作经历也使其书写难以保持客观性和中立性。

除公共信息委员会的成员外，美国国内的记者、作家、学者也纷纷对公共信息委员会展开研究和评论。战后，美国国内民众对一战抱有普遍幻灭感，和平主义成为战后美国社会的主导思潮。在这样的社会背景之下，大部分公共信息委员会的研究者不同意公共信息委员会前雇员对战时宣传活动所做的肯定解释，对公共信息委员会持批评和否定的态度。他们认为公共信息委员会夸大了德国的威胁，歪曲了真相，同时公共信息委员会具有的新闻审查权对美国言论自由、民主制度造成了极大损害，这是引起战时以及战后国内种族仇恨的重要原因之一。⑤ 这种修正派观点一直到20世

---

① George Creel, *How We Advertised America*: *The First Telling of the Amazing Story of the Committee on Public Information that Carried the Gospel of Americanism to Every Corner of the Globe*, New York: Harper & Brothers Publishers, 1920.

② Will Irwin, *Making of a Reporter*, New York: G. P. Putnam's Sons, 1942.

③ Charles E. Merriam, "American Publicity in Italy," *American Political Science Review* 13 (Nov. 1919), pp. 541–555; Vira Whitehouse, *A Year as a Government Agent*, New York: Harpers & Brothers Publishers, 1920.

④ 例如档案开放以前伊利诺伊州立大学的一篇博士论文就是依靠克里《我们如何宣传美国》一书为原始材料写作的, Frank Hardee Allen, *Government Influence on News in the United States during the World War*, Ph. D. diss., University of Illinois, 1934.

⑤ Upton Sinclair, *Goose Step*, Calif.: Pasadena, 1922; Kirby Page, *War*: *Its Causes, Consequences and Cure*, New York: George H. Doran Company, 1923; Arthur Ponsonby, *Falsehood in War-Time*: *Containing an Assortment of Lies Circulated throughout the Nations during the Great War*, London: George Allen & Unwin Ltd., 1928; George Sylvester Viereck, *Spreading Germs of Hate*, New York: Liveright, 1930; O. W. Riegal, *Mobilizing for Chaos*: *The Story of the New Propaganda*, New Haven: Conn., 1934; Harry Elmer Barnes, "The Drool Method in History," *American Mercury* 1 (Jan. 1924), pp. 31–38; C. Hartley Granttan, "The Historians Cut Loose," *American Mercury* 11 (Aug. 1927), pp. 414–430.

纪70年代仍然十分盛行。① 与此同时也存在少量对公共信息委员会持肯定态度的著作,如罗伯特·奥斯古德就认为公共信息委员会促使美国将大量的财富和力量用于促进世界和平与进步的伟大事业上,其工作符合美国一贯的传教士精神。② 一些曾参加公共信息委员会宣传工作的学者,也对公共信息委员会的工作表示支持。例如曾任明尼苏达大学校长的历史学家盖伊·斯坦顿·福特在1919年明尼苏达州历史学会年会上发表题为《美国为公共舆论而战》的演说中将克里尔与托马斯·潘恩(Thomas Paine)相提并论,将潘恩比作是华盛顿时期由一个人组成的公共信息委员会,称公共信息委员会在新的世纪发动了"人类观念以及信念的战争",这种信念之战与在欧洲发生的战争同样重要。③ 拉斯韦尔在其著作《世界大战中的宣传技巧》中不仅讨论了美国,同时讨论了一战时期其他主要参战国的宣传手段和技巧。④ 虽然此书的关注点并不是宣传政策本身,而是希望为宣传研究建立一个理论框架,但此书为后来的学者提供了有效的研究工具,并且促进了传播学的发展。不过在相关档案开放之前,大部分的著述和评论只是根据当时国内关于公共信息委员会的态度和意见对公共信息委员会的是非功过进行评论,同样缺乏研究的客观性。

1938年公共信息委员会档案开放之后,第一批基于史料写就的严肃学术著作出现了。詹姆斯·莫克和塞德里克·拉森在其著作《言辞赢得战争》

---

① Robert K. Murray, *Red Scare: A Study in National Hysteria, 1919 - 1920*, Minneapolis: University of Minnesota Press, 1955; William E. Leuchtenburg, *Perils of Prosperity, 1914-32*, Chicago: University of Chicago Press, 1958; John Morton Blum, *Woodrow Wilson and the Politics of Morality*, New York: Harper Collins Publishers, 1956; Murray B. Levin, *Political Hysteria in America: The Democratic Capacity for Repression*, New York: Basic Books, 1971; Peter Buitenhuis, "The Selling of the Great War," *Canadian Review of American Studies* 7 (Fall 1976), pp. 139-150; Samuel Eliot Morison, *Oxford History of the American People*, Oxford University Press, 1965.

② Robert E. Osgood, *Ideals and Self-Interest in America's Foreign Relations*, Chicago: University of Chicago Press, 1953.

③ Guy Stanton Ford, "America's Fight for Public Opinion," *Minnesota History Bulletin* 3 (Feb. 1919), pp. 3-26.

④ Harold D. Lasswell, *Propaganda Technique in the World War*, 2nd edition, New York: P. Smith, 1938.

中认为，虽然公共信息委员会领导人具有的新闻审查权力对美国的民主造成一定的负面影响，但通过对这一权力的运用公共信息委员会在一定程度上缓和了战时民众出现的歇斯底里的情绪，保证了战时国内的稳定。① 沃尔顿·宾1941年的博士论文所持观点与莫克及拉森大致相同，他认为尽管公共信息委员会有许多不尽如人意的地方，但其充其量只是威尔逊的替罪羊。② 其他一些关注美国政府如何塑造国内舆论，如何控制公民自由，以及如何扭曲学术界观点的著作也部分地涉及到了公共信息委员会。③ 20世纪80年代之后，随着宣传理论的成熟以及宣传活动本身的发展，学者对一战时期美国的宣传更加摆脱了之前修正派的观点。史蒂芬·沃恩认为公共信息委员会的宣传工作尽管对美国国内民主、公民自由、妇女及非裔美国人权利具有消极的影响，但同时公共信息委员会的工作对保存和扩大民主政府，鼓励多种形式的民族主义等具有积极促进的作用。④ 更近的关于一战时期美国宣传的研究有诺娜·史密斯、苏珊娜·柯林斯的两篇博士论文，以及艾伦·阿克塞尔罗德的著作——《推销大战：美国宣传活动的兴起》。⑤ 两篇博士论文都不是对公共信息委员会的专题研究，诺娜·史密斯的论文将关注点集中在一战时期美国的宣传海报上，而苏珊娜·柯林斯的论文则关注一战时期美国的电影以及电影明星。两篇博士论文观点的相似之处在

---

① James R. Mock, Cedric Larson, *Words That Won the War*, Princeton: Princeton University Press, 1939, 由于只能对档案进行大致浏览, 此书没有相关注释。

② Walton Bean, *George Creel and His Critics*, Ph. D. diss., University of California, Berkeley, 1941.

③ George Blakey, *Historians on the Homefront: American Propagandists for the Great War*, Lexington: University Press of Kentucky, 1970; Carol Gruber, *Mars and Minerva: World War I and the Uses of the Higher Learning in America*, Baton Rouge: Louisiana State University Press, 1975.

④ Stephen L. Vaughn, *Holding Fast the Inner Lines: Democracy, Nationalism, and the Committee on Public Information*, Chapel Hill: The University of North Carolina Press, 1980.

⑤ Nona C. Smith, *Breasts, Brawn and Selling a War: American World War I Propaganda Posters, 1917-1918*, Ph. D. diss., Temple University, 1998; Suzanne W. Collins, *Calling All Stars: Emerging Political Authority and Cultural Policy in the Propaganda Campaign of World War I*, Ph. D. diss., New York University, 2008; Alan Axelrod, *Selling the Great War: The Making of American Propaganda*, New York: Palgrave Macmillan, 2009.

于,她们都认为并非只有公共信息委员会参与了美国的战争宣传,相反美国的战争宣传是一场大规模的全国性运动,例如艺术家、电影明星等群体都积极地参与进了美国的战时宣传。① 艾伦的书虽然专门研究公共信息委员会,但学界对此书评价并不甚高。在写作方法上有些学者认为该书过分依赖乔治·克里尔撰写的回忆录等材料,在写作目的上,有学者认为艾伦对公共信息委员会所持的肯定态度是为了给小布什2003年发动的伊拉克战争辩护。②

尽管一战时期的公共信息委员会的宣传工作影响深远,但其研究数量和质量却不尽如人意。从大的时间维度来看,学者们对美国宣传活动特别是对外宣传的研究主要集中在二战和冷战,特别是冷战时期,这主要是因为:第一,冷战本身是近些年来的研究热点;第二,到冷战时期,美国的宣传活动已经完全限制在海外,对外宣传固化为美国外交活动和政策的重要组成部分,相关的研究题目以及研究资料都更为丰富。对于很多学者来说,关于一战时美国宣传制度的起源部分只是研究美国对外宣传活动史时不能不提,又略显多余,没有新意的一个章节而已。而关于一战时期美国的对外宣传的研究则更为稀少。这种情况主要是因为一战时期的美国宣传更多地关注国内而非国外,对一战时期美国宣传的研究主要集中在公共信息委员会美国国内的宣传活动及其对美国政治、文化和社会的影响之上,对其海外活动的关注相形之下少之又少,这一点从上文对于公共信息委员会研究的学术史回顾中也可看出。大部分对于公共信息委员会海外机构的研究常常包含在对整个机构的研究专著中,或出现于某些海外支部的代表对当地工作进行的总结中,如前文提及的《我们如何宣传美国》一书,以

---

① Nona C. Smith, *Breasts, Brawn and Selling a War: American World War I Propaganda Posters, 1917–1918*, Ph. D. diss., Temple University, 1998; Suzanne W. Collins, *Calling All Stars: Emerging Political Authority and Cultural Policy in the Propaganda Campaign of World War I*, Ph. D. diss., New York University, 2008.

② Alan Axelrod, *Selling the Great War: The Making of American Propaganda*, New York: Palgrave Macmillan, 2009; Frederic Krome, "Review: Selling the Great War: the Making of American Propaganda," *Choice*, Vol. 47, Issue 1 (Sep. 2009), p. 181; Christopher Capozzola, "Review: Selling the Great War: the Making of American Propaganda," *First World War Studies*, Vol. 5, Issue 2 (May 2014), p. 263.

及威尔·欧文、查尔斯·梅里安姆、维拉·怀特豪斯等人在其著作中记述的海外宣传工作。只有一篇博士论文专门探讨了公共信息委员会在海外的宣传活动。① 从整个美国对外宣传研究领域来看,尽管20世纪90年代以来美国外交史研究的国际化和文化转向大大刺激了这一研究领域的蓬勃发展,但这一新趋势集中体现在冷战时期的美国对外宣传运动研究领域。② 对于冷战之前,特别是一战时期美国对外宣传研究仍然存在诸如研究对象集中在欧洲国家,片面注重宣传主体在宣传活动中的作用,高度依赖美国方面的档案等问题。关于一战时期美国对外宣传研究存在的弱点同样体现在一战时期美国在华宣传的研究中。

三、关于一战时期美国在华宣传的研究状况

关于一战时期美国在华宣传的研究,迄今为止只有两篇期刊论文对此问题进行过专门论述。较早对此问题产生兴趣的是日本学者一之松尾。一之松尾在文中介绍了公共信息委员会的起源,大致描述了公共信息委员会中国分部的宣传活动。他认为公共信息委员会中国分部的领导人卡尔·克罗(Carl Crow)领导下的公共信息委员会中国分部促进了威尔逊主义在中国的传播和实践,但是公共信息委员会中国分部并没有能够充分认识到中

---

① Jackson A. Giddens, *American Foreign Propaganda in World War I*, Ph. D. diss., Fletcher School, Tufts University, 1967.
② 代表性研究著作有:Walter L. Hixson, *Parting the Curtain: Propaganda, Culture, and the Cold War, 1945–1961*, Houndmills, Basingstoke, Hampshire and London: Macmillan Press Ltd., 1997; Shawn J. Parry-Giles, *The Rhetorical Presidency, Propaganda, and the Cold War, 1945–1955*, Westport, CT: Praeger Publishers, 2002; Kenneth Osgood, *Total Cold War: Eisenhower's Secret Propaganda Battle at Home and Abroad*, Lawrence, Kansas: University Press of Kansas, 2006; Laura A. Belmonte, *Selling the American Way: U. S. Propaganda and the Cold War*, Philadelphia, Pennsylvania: University of Pennsylvania, 2008; Nicholas J. Cull, *The Cold War and the United States Information Agency: American Propaganda and Public Diplomacy, 1945–1989*, Cambridge, New York: Cambridge University Press, 2008; Kenneth A. Osgood and Brian C. Etheridge, eds., *The United States and Public Diplomacy*, Leiden, Boston: Martinus Nijhoff Publishers, 2010。

国对于战争复杂且矛盾的态度。① 较近的一篇关于公共信息委员会中国分部的研究是汉斯·施密特的论文《为了中国的民主：美国宣传和五四运动》。② 与一之松尾的研究相比，施密特的研究不再仅仅局限于公共信息委员会中国分部对一战的宣传，而是试图评估公共信息委员会中国分部的宣传效果，希望建立公共信息委员会在华宣传与五四运动爆发之间的联系。除去这两篇专门论述公共信息委员会中国分部在华宣传的论文，2006 年出版的一本关于公共信息委员会中国分部领导人卡尔·克罗（Carl Crow）的著作中，也简要介绍了卡尔作为公共信息委员会在华宣传代表的这一段经历。③

关于一战时期美国在华宣传的研究不仅数量有限，在材料运用以及立意方面也有局限。目前关于一战时期美国在华宣传的研究基本建立在美国方面保存的公共信息委员会中国分部的史料上，缺乏对中国方面史料的发现和运用。尽管施密特竭力在公共信息委员会对华宣传与中国五四运动以及中国的民主进程之间建立联系，但是单薄的史料仍然难以证明在中国人中流行的威尔逊主义确实因公共信息委员会宣传而得到了加强。④ 事实上公共信息委员会中国分部领导人卡尔曾为了避免"中国的新闻机构立刻辨识出这是宣传"，"组织了一个空头的公司"，即"东方新闻社"或"中美新闻社"（Oriental News Agency, or China-American Press）来进行相关的宣传活动，但是并没有学者到中文报纸上寻找 Oriental News Agency 或 China-American Press 相对应的中文名字，更没有使用公共信息委员会中国分部官方新闻社的新闻作为自己研究的第一手材料。⑤ 在翻阅了公共信息委员会中

---

① Kazuyuki Matsuo, "American Propaganda in China: The U. S. Committee on Public Information, 1918-1919," *Journal of American and Canadian Studies* 14 (1996), pp. 19-42.

② Hans Schmidt, "Democracy for China: American Propaganda and the May Fourth Movement," *Diplomatic History*, Vol. 22, Issue 1, (Winter 1998), pp. 1-28.

③ Paul French, *Carl Crow, A Tough Old China Hand: The Life, Times, and Adventures of an American in Shanghai*, Hong Kong: Hong Kong University Press, 2006, pp. 75-81.

④ Hans Schmidt, "Democracy for China: American Propaganda and the May Fourth Movement," *Diplomatic History*, Vol. 22, Issue 1, (Winter 1998).

⑤ Carl Crow, "The Great War on the China Front," Silhouettes, pp. 13, 15, Carl Crow MSS (1913-1945), folder 48, Western Historical Manuscript Collection, University of Missouri-Columbia.

国分部存续期间（1918年9月至1919年5月）若干份重要的中文报纸之后，笔者发现公共信息委员会中国分部的官方新闻机构"东方新闻社"（Oriental News Agency）在这一时期向国内重要的报纸提供了丰富的新闻。"东方新闻社"因易与日方的"东方通信社"混淆，于1919年2月15日起正式更名为"中美新闻社"。① 公共信息委员会中国分部解散之后，这一新闻社作为单纯的新闻机构和广告公司继续在中国存在了相当长的时间。尽管东方新闻社作为公共信息委员会中国分部的官方新闻机构存在时间并不太长，但这些新闻包含了比现在美国方面档案丰富得多的信息，可以成为我们观察大战、美国与中国之间关联的窗口。遗憾的是，这些丰富的史料在过去相当长的一段时间内未能引起史学家的注意。

由于占有史料的局限，既有研究对公共信息委员会中国分部的宣传内容、宣传目的以及宣传工作性质本身的看法比较狭隘。从宣传内容和宣传目的上来看，既有研究比较关注的是公共信息委员会中国分部对大战以及对威尔逊思想的宣传。尽管这两点是整个公共信息委员会宣传的重点，但它们并不是公共信息委员会中国分部工作的全部。应该注意到的一点是，公共信息委员会中国分部建立时大战实已处于尾声，协约一方的胜利也变得显而易见，因此公共信息委员会中国分部并不需要花费太多气力去争取中国人对大战的支持。比支持大战更为紧迫的任务是引导大战后的中国走上一条正确的道路，这样一条正确的道路即是以美国的发展模式为榜样对中国进行改造和重塑的道路。从宣传性质来看，一战时期的宣传活动并没有发展到二战以及冷战时期美国对外宣传活动的专业化程度，尚没有固化为美国外交活动和政策的重要组成部分，并没有二战及冷战时期宣传活动所具有的强烈的政治性和意识形态色彩；而一战时中国又属于美国的边缘宣传国，美国在华宣传也没有同时期在俄国或德国的宣传力度大，故而一战时期美国在华宣传具有传播学中的对外传播以及社会学中涵盖范围更广的社会宣传的多重特点，生硬的套用自宣传研究较为成熟以来对外关系史

---

① 《东方新闻社招宴报界记》，《民国日报》1919年1月4日，第3张，第10版；《中美新闻社股东会记》，《民国日报》1919年2月6日，第3张，第10版。

领域对宣传下的定义易与历史的本来面目发生背离。① 因而在研究中，应该关照一战时期美国在华宣传所具有的历史学、传播学以及社会学的多重特性，更灵活地看待一战时期的美国在华宣传。同时，公共信息委员会中国分部的对华宣传或者信息传播并不仅仅是从美国到中国或从美国人到中国人这样一个单向的过程，而是包含了更为复杂的中美之间交流、互动甚至相互抵牾的双向动态过程。施密特在其文中就试图建立这样一种双向互动的过程，但是仅仅依靠美国方面的档案，这样的尝试很难说是成功的。

笔者拙文《"寰世独美"：五四前夕美国在华宣传与中国对新国家身份的追求》即是上述认识的一个自觉产物。本文不仅运用了常见的美方已刊史料和不为学者常用的未刊史料，而且还尝试运用了公共信息委员会中国分部的官方新闻社——东方新闻社（后更名为中美新闻社）的官方中文新闻、出版的中文宣传册、刊载在主要中文报刊上的新闻素材。考察了一战期间公共信息委员会在华宣传活动，更进一步指出中国人根据自己的诉求主动参与进各项宣传活动中。正是由于中国分部的积极宣传以及中国人本身对新民族国家身份的诉求，使得巴黎和会之前中国人对美国以及美国主导的战后新秩序的信心和希望不断膨胀。而当希望破灭时，中国上下产生了普遍的幻灭感，并促使一部分中国人开始重新思考中国未来的发展道路。②

窥一斑而见全豹。关于一战时期美国在华宣传研究的现状正反映出目前学界对于一战时期美国对外宣传研究的不足和局限，同时也为每一位美国历史研究者特别是美国对外宣传历史的研究者指出了值得开垦、耕耘的学术园地。

---

① 从传播学、社会学以及历史学角度对宣传下的定义，其侧重点各有不同，传播学强调媒介在宣传中发挥的作用及其效果，社会学强调宣传是一种包含广泛的社会现象，而历史学则特别强调宣传作为一种精心策划的政治活动的历史存在，注重宣传的历史语境分析和历史脉络之下事件的意义。
② 任一：《"寰世独美"：五四前夕美国在华宣传与中国对新国家身份的追求》，《史学集刊》2016年第1期，第46—57页。

美国一战时期的战时海报宣传

——以《我需要你加入美国军队》为例[*]

王一哲[**]

摘 要 作为一战时期美国的重要官方宣传机构,公共信息委员会以对内监督自愿审查制度、将官方意识形态向民众传达,对外宣传威尔逊总统的思想理念、传播"美国精神的福音"作为主要任务,在战争动员方面发挥着重要的作用。委员会下属的绘画宣传处作为专门负责战时海报创作的机构,遵循命题创作模式,创作出符合政府要求、激发民众爱国情绪的海报。海报《我需要你加入美国军队》之所以取得成功得益于其具有明确的宣传目标、完善的运行机制和设计者突出的设计能力。海报宣传是通过设计者运用特定的设计手法和符号语言来体现现实需要的一种宣传手段,设计者通过对符号语言的选择、重组,引导观众产生积极联想,使他们自觉接受和认同画中所展现出的国家形象。从构建国家形象的角度来说,"山姆大叔"形象基本体现了美国的国家精神和战争时期的国家目标。国家形象的构建既要符合自身的历史文化传统,又要最大程度地满足民众的合理诉求,它需要基于国家传统与现实的合理想象,还要力求在个人与集体的对立中找到一个平衡点。

关键词 一战 公共信息委员会 战时海报宣传

---

[*] 本文是国家社会科学一般项目《冷战前期美国对华宣传与文化外交研究(1949—1992)》和北京市教委重点项目《美国对外宣传与文化外交史史料整理与研究综述》(SZ2015 10028013)的阶段性成果。

[**] 王一哲,北京大学历史学系硕士研究生。

近年来，宣传问题成为一战史和美国史研究的热点。这既与冷战后美国将国家形象推向世界有关，也是公共外交和传播学蓬勃发展的必然结果。同时，由于历史学研究从原先的实证研究转向了跨学科的综合性新史学，史学研究呈现出更为复杂多变的多样化特点，其中对于战争史的研究转变更为明显。学者从注重政治、军事因素的传统分析转向了文化研究。

由于印刷技术的革新以及社会、经济、政治变革因素的影响，我们通常所称的海报在19世纪诞生。① 此后，海报作为一种宣传手段便广泛运用于商业广告和政治宣传活动之中。进入20世纪60—70年代，随着全球"流行艺术"的繁荣，海报研究迎来了高潮期，出现了一些关于大众传媒和商业海报设计的论著。② 但是与丰富的馆藏海报构成鲜明对比的是，海报宣传这一问题却长期被研究者忽略。③ 其中的原因一方面是由于历史研究者对于图像史料运用的审慎态度，另一方面是因为在宣传史研究中，战时海报的评价方法尚未完全形成。所以，现有的针对公共信息委员会与战时海报研究主要以两大方向为主，一是从艺术审美的角度分析战时海报的美学价值，④ 二是从新闻宣传与战争动员的角度对公共信息委员会做概述性研究。⑤ 极少有将二者结合，充分说明战时海报宣传的运作过程及海报自身价值的研究出现。本文将以绘画宣传处的决策制定、运作过程和效果评价为线索，运用图像证史的方法，以海报《我需要你加入美国军队》为个案研究，从

---

① Derek John Petz, *Past Perspectives: Posters, Modernism, and Popular Culture in Europe and North America during the Great War*, Master's Thesis, Wayne State University, 2003, p. 8.

② Derek John Petz, *Past Perspectives: Posters, Modernism, and Popular Culture in Europe and North America during the Great War*, p. 7.

③ Derek John Petz, *Past Perspectives: Posters, Modernism, and Popular Culture in Europe and North America during the Great War*, pp. 4-5.

④ 详见 Owen Gault, "Uncle Sam Wants You! Navy Recruiting Posters of WWI," *Sea Classics*, 2002, Vol. 35, Issue 12, pp. 46-53。吴振韩、顾媛媛：《一战征兵海报的文化特征与视觉传播研究——以"我需要你加入美国军队"海报为中心》，《装饰》2014年第11期，第114—115页。

⑤ 详见钟美纷：《一战时期美国的新闻宣传与战争动员》，硕士学位论文，湖南师范大学，2009年。

宣传的角度探究一战期间美国是如何借由公共信息委员会在国内塑造美国形象并影响民众舆论的，并从贯彻威尔逊思想和构建国家形象的角度分析战时海报宣传的经验。

一、宣传目标的确立与海报宣传机构的诞生

美国公共信息委员会（Committee on Public Information，CPI）的建立和美国参加一战有着直接的联系。美德关系的破裂和威尔逊"确保民主在全世界通行无阻"的理想使得美国放弃了中立，走向了战争。然而，自1917年4月7日美国参战以来，民众对于美国参加战争的决定不甚理解，战争动员的效果也并不尽如人意。此外，绝大部分媒体对于自愿审查制度（the Volunteer Censorship）的不完全遵守直接导致了公共信息委员会的出现。为了改变公众舆论、动员参战，公共信息委员会应运而生。公共信息委员会建立的主要任务是：对内监督自愿审查制度、将官方意识形态向民众传达，对外宣传威尔逊总统的思想理念、传播"美国精神的福音"（the Gospel of Americanism）。可以说，包括绘画宣传处在内的所有下属机构都为了美国放弃中立传统、走向战争的外交政策试图进行合理化的说明，而这些说明很大程度上便是以威尔逊思想为依据的。

美国公共信息委员会的机构设置根据宣传对象的不同，主要分为国内宣传部和国外宣传部两大部分。国内部分机构较为庞杂，根据不同的职能可划分为以下部门：行政处（Executive Division）、商业管理处（Office of Business Management）、速记与油印部（Division of Stenography and Mimeographing）、生产分配处（Division of Production and Distribution）、新闻处（Division of News）、外语报纸处（Foreign Language Newspaper Division）、公民与教育出版处（Division of Civic and Educational Publication）、图片处（Pictures Division）、电影处（Film Division）、国家会展处（Bureau of State Fair Exhibits）、盟军展览处（Bureau of Allied War Expositions）、劳动关系处（Division of Industrial Relations）、绘画宣传处（Division of Pictorial Publicity）、广告处（Division of Advertising）、四分钟人处（Four-Minute Men）、演讲处

(Speaking Division)、战时妇女工作处（Division of Women's War Work）、参考服务处（Service Bureau Reference）、外国出生者处（Division of Work with the Foreign Born）等协助分支机构；国外部分主要分为三个机构：无线电与电报服务处（The Wireless and Cable Service）、对外新闻处（The Foreign Press Bureau）和国外电影处（The Foreign Film Division）。

自1917年4月14日建立公共信息委员会之日起，各职能部门的创立问题便立刻提上了日程。除了必要的行政执行机构外，新闻处与绘画宣传处成为最先建立的宣传部门，远远早于战争处建立的时间。根据美国公共信息委员会主席乔治·克里尔（George Creel）的回忆，绘画宣传处完全是因为突发的灵感而临时起意建立的。当时，克里尔为招纳良才，向众多艺术家发放邀请函，这其中便包括了创作著名形象——"吉卜森女孩"（Gibson Girl）的插画家查尔斯·达纳·吉卜森。4月17日吉卜森来到公共信息委员会的总部与克里尔会面并进行讨论。会谈期间，吉卜森随身携带的一张海报引起了克里尔的强烈兴趣。① 尽管克里尔对插画并不了解，但他从这幅海报中获得了灵感，决定建立一个由著名插画家构成、以创作更多图画和海报为任务的专业团队。

海报宣传比文字宣传所具有的更大优势就在于其强大的视觉冲击力和吸引力。海报作品可以透过强烈的色彩和有趣的形象立即抓住别人的眼球。它无需复杂的解释说明，只需几秒便可使观看者了悟画作的内在含义。"人们可能不会去阅读书面文字、选择参加宣讲会或者观看电影，但是公告牌却可以吸引甚至是最冷漠的目光。"② 绘画宣传处的任务简单来说就是"创作一个'奔跑的人也可能会阅读的'战争故事。"③ 无疑，海报宣传可以弥

---

① Alan Axelrod, *Selling the Great War: The Making of American Propaganda*, New York: Palgrave Macmillan, 2009, p. 91.

② George Creel, *How We Advertised America: The First Telling of the Amazing Story of the Committee on Public Information that Carried the Gospel of Americanism to Every Corner of the Globe*, New York: Harper & Brothers Publishers, 1920, p. 133.

③ George Creel, *How We Advertised America: The First Telling of the Amazing Story of the Committee on Public Information that Carried the Gospel of Americanism to Every Corner of the Globe*, p. 133.

补文字宣传的缺陷，无论民众年龄与文化程度的高低，通俗易懂的艺术内容都可以直击人心，达到事半功倍的宣传效果。

二、宣传海报的创作要求、设计主题和宣传机构的运行特点

值得注意的一点是，战时宣传海报与商业海报的创作存在一个明显的差异，那就是深受官方意识形态的影响，为了政府和民众而创作。创作的一切宗旨就是运用引人注目的形象和解释性的文字使民众更好地理解与接受政府所传达的信息。为了达到这样的宣传效果，海报创作者必须将自身的艺术创作力与想象力融于爱国情绪之中。对于在绘画宣传处工作中的艺术家来说，完全追求艺术自由而不顾民众情感的创作是无效的。

此外，绘画宣传处的艺术家必须以创作激发民众情感的画作为己任，而不仅限于将实物图像化。"海报创作并不仅仅为了表现事实的表面情况，而是要更多地反映情感与精神层面的东西。"[1] 简单地将煤炭、武器和衣服等形象描绘出来是不够的，吉卜森要求每一幅作品都必须以强烈的画面感触动观者的心灵。他希望海报能触及民众心中敏感而柔软的情感，像人们看到比利时的孩子因缺少食物而死亡、美国士兵因缺少武器而被杀害时所产生的感情一样。[2]

海报的创作主要遵循"申请—定制"的命题创作模式。首先听取政府各部门的意见，然后因题材和内容的不同，选择适合的艺术家进行量身定制。创作流程主要分为申请、创作、评议和印制四个步骤。德维特·韦尔什（H. Devitt Welsh）作为沟通绘画宣传处与所有政府部门负责人的专职联络员，负责征集各个政府部门的创作要求，而吉卜森则负责把相应的任务分派给不同的艺术家进行创作。评议工作主要由位于纽约和华盛顿的评委会完成。评议人员并非美术出身的艺术创作行家，而是具有政治眼光的政

---

[1] Alan Axelrod, *Selling the Great War: The Making of American Propaganda*, p. 141.
[2] Ibid.

府人员。所以，评委会所起的作用也并非是从艺术的角度加以评判，而是考察作品是否符合政治要求、是否具有宣传效果。①

目前，关于战时海报的主题分类主要有以下两种，分别以詹姆斯·奥利希（James Aulich）和彼得·帕雷特（Peter Paret）为代表。《战时海报：大众传媒的武器》（*War Posters: Weapons of Mass Communication*）一书的作者詹姆斯·奥利希以一战时期各国海报为基础进行分类。他提出了海报的四种分类，分别从海报特点、宣传对象、宣传目的和战后世界四个角度进行归类。②但此分类并非完全适用于美国，且各分类互相重叠，较为混乱。彼得·帕雷特（Peter Paret）按照海报宣传的目的进行分类，提出八大海报主题，分别为战争爆发、对敌宣传、战斗场景、自我形象、征兵号召、战争贷款、食物与工业、战争后期。③此分类对海报主题归类较为准确。但美中不足之处在于他误把一些宣传策略纳入宣传主题之中（比如对敌宣传、战斗场景和自我形象），有失偏颇。笔者结合以上两本书的分类方法并根据本节所述的海报创作要求——命题创作模式，将海报主题分为人员征募、战争贷款、食物与工业。

反映人员征募主题的海报主要针对军队士兵和志愿者等各类人员的招募。绘画宣传处通过与海军征兵站（Navy Recruiting Station）等在内的一系列征兵站的合作，创作出大量反映征兵需求的海报。④绘画宣传处还根据汽车公司对女驾驶员的招募需要，设计了专门针对女性的征募海报。⑤此外，该机构还与红十字会合作，创作出反映仁爱关怀的女性志愿者的宣传海报。

---

① George L. Vogt, "When Posters Went to War: How America's Best Commercial Artists Helped Win World War I," *The Wisconsin Magazine of History*, 2000-2001, Vol. 84, Issue 2, pp. 38-47.

② 详见 James Aulich, *War Posters: Weapons of Mass Communication*, London: Thames & Hudson, 2007。

③ 详见 Peter Paret, *Persuasive Images: Posters of War and Revolution from the Hoover Institution Archives*, Princeton, N.J.: Princeton University Press, 1992。

④ Peter Paret, *Persuasive Images: Posters of War and Revolution from the Hoover Institution Archives*, pp. 54-56.

⑤ Peter Paret, *Persuasive Images: Posters of War and Revolution from the Hoover Institution Archives*, p. 64.

可以说，战时征兵海报是各类海报中种类数目最大、创作手法最多样的一类。这也是笔者选择征兵海报作为个案研究的原因。

战争贷款的海报主要是为了鼓励民众购买美国财政部发行的自由债券（Liberty Bonds）和战争储蓄邮票（War Saving Stamp，WSS）而设计的。不同于针对金融机构发行的自由债券，战争储蓄邮票不仅针对普通大众进行资金筹集，还在美国各地兴办邮票设计比赛，激发了中小学生的设计热情。①

关于食物与工业主题的海报主要为美国食物管理局（U.S. Food Administration）和美国航运局（U.S. Shipping Board）等部门号召全民节约粮食、增大工业生产以支援战争的需求而设计。战时美国作为欧洲粮食、食品的主要供应地，② 实行统制经济，呼吁美国的各个家庭节约粮食，反对浪费，提出"粮食即弹药"的口号。③ 战时钢铁工业是支持国家军备生产的命脉产业。一战期间，反映钢铁生产、轮船制造等工业生产场景的海报层出不穷。

海报设计者常常通过运用形式多样的设计策略以增强海报对民众的吸引力。笔者从各类战时海报中分析总结出以下五种设计策略：

第一，融合商业营销手段，突出表现性感女郎的形象，增强对男性的吸引力。海报宣传者在战前大多从事商业海报的设计工作。为吸引男性顾客，设计者常将性感挑逗的封面女郎作为海报的主角。"吉卜森女孩"便是当时为人熟知的广告人物形象。由于战时征兵对象多为青年男性，所以为吸引大量年轻男性参军，战时征兵海报中有很大一部分便是这一类。1917年，由霍华德·钱德勒·克里斯蒂（Howard Chandler Christy）创作的征兵海报是其中的代表。（图1）图中身着V字领海军军服的性感女郎侧身回头，

---

① The Frick Collection, "War Saving Stamp," *The American Magazine of Art*, 1918, Vol. 9, Issue 10, p. 426.

② 吴玄：《一战时期美国国内的粮食、食品供应问题研究》，硕士学位论文，湖南师范大学，2011年，第3页。

③ Peter Paret, *Persuasive Images: Posters of War and Revolution from the Hoover Institution Archives*, p. 86.

衣带飘扬。海报文字口语化，简单直接，易于理解。

图 1　克里斯蒂设计的征兵海报

转引自 James Aulich, *War Posters: Weapons of Mass Communication*, p. 86（Howard Chandler Christy: Gee! I wish I were a man, I'd join the navy", 1917, Posters: World War I Posters, Library of Congress）。

第二，直接表现强壮的男子汉形象。如果说性感女郎满足了男性对女性的幻想，那么海报中突出阳刚之气的人物便是男性的理想形象。海报主要通过直接表现身着制服、赤裸上身、肌肉结实的士兵形象以号召民众支援战争（图2）。

图 2　表现男子汉形象的征兵海报

转引自 James Aulich, *War Posters: Weapons of Mass Communication*, p. 58（Francis Xavier Leyendecker: These Men have Come across. They Are at the Front now, 1917, Posters: World War I Posters, Library of Congress）。

第三，展现盟军士兵顽强抵抗、英勇牺牲的场景，激发国内民众的同情心。呼吁民众节约粮食、购买战时债券的海报多采取这种设计策略。"食品管理局所发行的海报常表现在欧洲战场上作战部队流血牺牲的场景以更好地促使国内民众身体力行支持前方作战。"①

第四，突出家庭温情，将政府的宣传口号转化为家人的期许。参战不仅是个人行为，更对千千万万的家庭产生重要影响。海报设计者突出家庭观念，表现子女对父亲参军作战的不舍（图 3）。通过将为国作战和家庭责任相联系，体现男性作为丈夫和父亲的担当。

第五，通过丑化敌人，增强民众对敌人的仇视和厌恶。战时海报常把敌人塑造成"富有侵略性、丧失理智的野蛮人"，而这种印象带有强烈的"种族偏见"。② 凶残暴力的敌人形象符合普通民众对敌人的认知。战前通过

---

① James Aulich, *War Posters: Weapons of Mass Communication*, p. 115.
② James Aulich, *War Posters: Weapons of Mass Communication*, p. 18.

图 3　突出家庭温情的海报

转引自 http://digital.ncdcr.gov/cdm/ref/collection/p15012coll10/id/2207（Alfred Everitt Orr: For Home and Country - Victory Liberty Loan, 1918, World War I Papers, Military Collection, State Archives of North Carolina）。

英国对美国的一系列宣传活动，美国人形成了对德国人的固有印象——"疯狂的禽兽"（图4）。

根据克里尔的报告可以得知，在战时，共有58个政府部门和委员会直接提出绘画请求。绘画宣传处一共创作了1438幅绘画作品，其中海报700张、有轨电车交通卡和橱窗展示设计共122个，报纸和其他形式的印刷广告

图 4　丑化敌人的海报

转引自 http：//www.digitaldesk.org/projects/secondary/propaganda/destroy_brute.html（H. R. Hopps, Destroy This Mad Brute, 1917, Posters：World War Ⅰ Posters, Library of Congress）。

310 个，漫画 287 个，印章和纽扣等设计图案 19 个。[①] 可以说，战时几乎所有的官方绘画产品都出自绘画宣传处。并且，海报几乎渗透到了全部公共领域（如公告栏、围墙、橱窗等）。总体来看，海报宣传的效果尤为明显，

---

① U. S. Committee on Public Information, *The Creel Report*, New York：Da Capo Press, 1972, p. 42.

且基本达到了预期设想的目标。

笔者认为，公共信息委员会及其下属的绘画宣传处的机构运作主要有以下几点成功经验：

首先，它并非内在封闭的政府机构，有很大的自由性与开放性。政府和媒体、艺术家之间密切协作、通力配合，促进了官方与民间的良好交流。为了更好地使民众接受理解威尔逊思想，委员会按照不同的宣传形式划分出不同的分支机构，绘画宣传处便是专职负责海报宣传的机构。绘画宣传处除了自身的海报创作任务之外，还与广告处存在着紧密的合作关系。尽管两个部分的职能相对独立，但是广告部常常需要大量的图画来配合广告词的推广，以增加宣传效果。在1918年11月27日广告部给克里尔的报告中，负责人给予了这种合作形式以极大的肯定："（广告部）的工作效率高、地理位置优越，我们两个部门的合作富有实效性。"[1] 在公共信息委员会成立初期，召集艺术家、作家等委员会成员的任务往往由克里尔私人邀请或艺术家志愿加入两种形式为主。各个机构也并非在成立之初便设置完备，大量机构都是在后来陆续增加完备起来的。成员招募完全对外开放，并随时加入新成员，队伍不断壮大。所以，"表面上，虽然公共信息委员会看起来像是一个庞大和即时产生的官方机构，但事实上，它是一个有机实体，而非结构严密的官僚政府机构。"[2]

其次，在绘画宣传处的运行过程中引进商业标准和流程，使得海报产品的流转速度大大提高。尽管从具体的设计目的来说，战时宣传海报与商业海报有极大差异，但是从运行过程来说，前者却是商业化和以市场为指向的。这种命题创作模式正是将政府各部门视为大客户，艺术家则作为商家按照顾客相应需求生产订单。这样的"一对一"服务在保证效率的同时兼顾质量，最大程度上保证艺术家的创作热情。而如果采取全国大范围征集作品或美术比赛的形式从而筛选出符合要求的作品则会造成人才的浪费，最终造成费时费力、效率低下的结局。

---

[1] Committee on Public Information, *Government War Advertising*: *Report of the Division of the Advertising*, American Association of Advertising Agencies, 1918, p. 3.

[2] Alan Axelrod, *Selling the Great War*: *The Making of American Propaganda*, p. 77.

再次，技艺高超的插画家不仅创作出众，更因为巨大的影响力而潜移默化地影响着民众对战争的判断和倾向。绘画宣传处的各位成员都是业界享有盛誉的顶尖艺术家，他们卓越的绘画技巧是作品质量的保证。除此以外，由于他们本身所具有的业界影响力不仅为业内的其他知名画家提供了为国家服务的绝佳范本，还对公共舆论产生了积极的影响。他们身体力行支持战争的行为也对民众产生了正确的价值观引导。

虽然绘画宣传处凭借强大的宣传攻势展现出了积极的宣传效果，但是机构本身存在的局限性不容忽视。

第一，绘画宣传处在强大的质疑声中建立，缺乏强有力的舆论和资金支持。海报宣传的可行性在机构设立之初曾遭到议会甚至是威尔逊总统的质疑，他们认为组织涣散、效率低下、利欲熏心的艺术家无法承担起宣传的重任。威尔逊曾谈道："艺术品就像老虎机，它吞掉大量钱财却少有回报。"① 他认为，艺术家在商业化的运作模式中唯利是图，同时又缺乏组织纪律性，让他们服从官方意志进行创作结果让人担忧。这种不信任，即使在后来海报宣传取得了一定的成绩后也从未消失。从总体上来说，绘画宣传处在公共信息委员会的整体职能中并不占主要位置。这从政府为绘画宣传处的拨款数额中便可得知。"政府每月给海报设计者们支付的薪水只有1万3000美元，而原先画家无论在哪里，单单一幅草稿便值几千美元。"② 在这种情况下，吉卜森只得自掏腰包填补机构的运营费用空缺。

第二，由于机构成员工作具有灵活性和自由性，出现了一些个体机构绕过绘画宣传处，直接联系画家进行创作的情况。在实际运作过程中，除了公共信息委员会有专门负责海报创作的机构外，联邦政府机构（如财政部下属的美国食品管理局的自由债券项目）、各种军事部门都需要海报宣传。由于这些个体机构与公共信息委员会的联系并不紧密，便常常跳过充当中间媒介的绘画宣传处而自行与艺术家取得联系。它们一方面考虑到公

---

① George Creel, *How We Advertised America: The First Telling of the Amazing Story of the Committee on Public Information that Carried the Gospel of Americanism to Every Corner of the Globe*, p. 103.

② George L. Vogt, "When Posters Went to War: How America's Best Commercial Artists Helped Win World War I," p. 44.

共信息委员会机构运作中制作和审核过程的繁琐,另一方面也缺乏对绘画宣传处的了解与信任。

第三,海报创作周期性长,无法适应战争期间对战争场面报道的快速要求。绘画宣传处在战争期间也参与了国外战地创作的工作,创作了关于前线士兵作战状况的海报。在约翰·潘兴将军的要求下,绘画宣传处派出8名画家,作为美国军队的上尉来到法国的防御阵地,记录前线作战状况。① 然而,相机和电影所记录的客观性和准确性是画家和画笔无法比拟的。所以,海报自身创作的特性使它无法满足战地实时创作的现实要求。

三、《我需要你加入美国军队》个案研究

詹姆斯·蒙哥马利·弗拉格(James Montgomery Flagg)创作的"山姆大叔"形象海报最早出现于1916年7月6日的《莱斯利周刊》(*Leslie's Weekly*)封面。弗拉格创作海报意在号召扩大美国的军事力量、"敦促美国人民为加入欧洲战争做好最后的准备。"② 除了标题变为"你正在准备什么?"之外,海报的其他内容与之后的征兵海报《我需要你加入美国军队》如出一辙。(图5)当时,弗拉格作为"观察者"(The Vigilantes)中的一员支持美国参战。

该组织的目的是:"支持不惜一切代价维护和平的人士、激发青年在和平与战争时期的责任感和推进激发国家力量的宣传工作。"③ 弗拉格在创作过程中巧妙地借用了1914年由艾尔弗雷德·利特(Alfred Leete)创作的英国征兵海报中的霍雷肖·赫伯特·基钦纳(Horatio Herbrt Kitchener)形象(图6),并融入了自己的面容特征,形成了富有美国特色的宣传海报。

---

① Alan Axelrod, *Selling the Great War: The Making of American Propaganda*, p. 146.

② David M. Lubin, "Losing Sight: War, Authority, and Blindness in British and American Visual Cultures, 1914-22," *Art History*, 2011, Vol. 34, Issue 4, p. 802.

③ David M. Kennedy, *Over Here: The First World War and American Society*, New York: Oxford University Press, 1980, p. 41.

图 5 《莱斯利周刊》上的"山姆大叔"形象

转引自 http：//www.worthpoint.com/worthopedia/1916-leslies-illustrated-weekly-461247540。

图 6 英国海报《英国人：加入你祖国的军队！》

转引自 David M. Lubin, "Losing Sight: War, Authority, and Blindness in British and American Visual Cultures, 1914-22," *Art History*, 2011, Vol. 34, Issue 4, p. 798 (Alfred Leete, *Britons: Join Your Country's Army*!, 1914, NC: Bowman Gray Collection, Rare Book Collection, Wilson Library, The University of North Carolina at Chapel Hill)。

当美国正式宣战后,弗拉格响应政府的号召,志愿加入了绘画宣传处,并无偿捐献"山姆大叔"形象的版权,将原先的海报稍做修改变为了征兵海报。尽管"山姆大叔"属于弗拉格的原创作品,但是最先促使他将其用于征兵用途的想法还是因他人的抄袭而产生。在投送到战争部的设计草图中,一个类似于弗拉格作品的写有"我需要你"字样的海报引起了工作人员的注意。因为极大的相似性,该海报作者被认定为抄袭者。① 而正是受到这样"低劣模仿"的启发,弗拉格才决定将这幅作品再次修改以配合战争宣传之用。

从两幅作品中我们不难发现,《我需要你加入美国军队》(图7)是

图7 美国海报《我需要你加入美国军队》

转引自 David M. Lubin, "Losing Sight: War, Authority, and Blindness in British and American Visual Cultures, 1914-22," *Art History*, 2011, Vol. 34, Issue 4, p. 803(James Montgomery Flagg, *I Want You for U. S. Army*, 1917, Prints & Photographs Division, WW1 Posters, Library of Congress)。

---

① James Montgomery Flagg, *Roses and Buckshot*, New York: G. P. Putnam's Sons, 1946, p. 157.

同款英国海报的变体。尽管色调、标题均有所不同，但特点鲜明的手势以及犀利的眼神是完全相同的。但相比之下，美国版海报显然更胜一筹。

笔者认为，《我需要你加入美国军队》成功之处在于以下几点：

首先，以亲民化的邻家叔叔形象代表美国政府，将抽象实体具体化。海报运用红、白、蓝三色作为设计主体色和"山姆大叔"头上带有三颗星的礼帽包含了美国国旗的元素，使得观者极易与之和别国海报区分开来。另外，不同于英国海报中采用真人形象来施以威严，弗拉格另辟蹊径，创造出"山姆大叔"的平民形象来指代美国，体现了征兵号召的国家性和民族性。海报基于对美国精神的准确把握，使美国这一国家实体的鲜明民族特性得以加强。的确，美国人民加入美国军队"并不是出于对个人权威的遵从，而是对献身于国家的责任意识原则的认同"[①]。

其次，通过幽默、嘲讽的形象使得民众对于官方征兵海报的抵触厌恶情绪降到最低。画面中，山姆大叔头戴高顶星帽，身穿燕尾服，虽白发苍髯，却面容冷峻、精神矍铄，他直指标题——我需要你加入美国军队。虽然他的眼神严厉而深邃，但这种严肃性与他的整体非正式的衣着格格不入，给人一种忍俊不禁的幽默感。弗拉格正是通过这种风格的混搭，拉近了官方与普通民众的距离，让海报宣传的官方色彩减弱，突出了艺术作品本身的魅力与价值。马克斯·霍克海默（Max Horkheimer）和西奥多·阿多诺（Theodor W. Adorno）曾写道："在文化产业中，好的广告是即使消费者早已识破商品宣传的谎言，仍然在一种强制性驱动力下购买以及使用该产品。"[②] 笔者认为，宣传海报所要达到的目标与此类似，任何试图掩盖宣传本质的努力都是徒劳，只有设法使民众在已然知晓海报性质的前提下依旧自觉行动、响应号召，才是最优秀的海报宣传。

最后，滑稽嘲讽的装扮与严肃的表情形成强烈的反差隐喻了美国认为

---

① David M. Lubin, "Losing Sight: War, Authority, and Blindness in British and American Visual Cultures, 1914-22," p. 804.

② Max Horkheimer and Theodor W. Adorno, "The Culture Industry: Enlightenment as Mass Deception," Meenakshi Gigi Durham and Douglas M. Kellner, eds., *Media and Cultural Studies: Keyworks*, Oxford: Blackwell Publishing Ltd, 2006, p. 71.

战争与美国目标不符的观点。"山姆大叔"那如马戏团小丑般滑稽的衣着与严肃的征兵命令并不和谐，这在一定程度上反映出征兵并非出自美国的传统惯例，而是战时的特殊之举。它让反对参战的人们一定程度上减少了忧虑，"战争并不存在于美国人的血液中"，① 参战实属为实现世界民主的无奈之举。威尔逊总统所认为的美国参战目标是实现"以战反战"（fight a war against war）、"为民主而战"（a war for democracy）的理想。② 由此可见，海报通过缺乏协调感的人物设计巧妙地传达出威尔逊总统的"民主"理念，排除了人们对于美国通过战争走向侵略的怀疑，肯定了美国参战的正确性和必要性。

从如上分析中我们可以看出，《我需要你加入美国军队》这幅征兵海报体现着几组鲜明的对立：随意幽默的服饰与严肃坚定的眼神；参战动员与"中立"政策；"山姆大叔"的个人化诉求与国家为主导的征兵行为。从设计角度来说，这一系列对比起到了引起观者兴趣的作用。但从更深层的角度来说，它们实则体现了个人主义和集体主义的截然对立。画面中多次出现的红、白、蓝三色"母题"（motif）正是国家的抽象化体现，而"山姆大叔"的征兵请求正是美国个人民主自由精神的体现。可以说，海报设计者处理的个人与集体的关系问题与威尔逊思想中所反映的主题——战争与民主自由的关系有着密切的联系。正如画中所示，个人主义和集体主义的对立看似不可调和，却通过海报设计者的技巧运用做到了最大程度的融合。同样，战争和民主自由看似矛盾，但在威尔逊看来，战争却是在非常条件下实现世界民主的一种手段。从这一点来看，这幅海报的设计与威尔逊思想有机地结合了起来。

《我需要你入美国军队》无论从战争期间的发行量、征兵效果、民众反映、还是从后期的影响来说，都是成功的海报。在一战期间，这份海报的印刷量超过了 400 万份，是当时的战时宣传中最为流行的海报之一。因为"山姆大叔"的巨大影响力，在之后的二战中，这幅征兵海报继续投入使

---

① Christopher Capozzola, *Uncle Sam Wants You: World War I and the Making of the Modern American Citizen*, New York: Oxford University Press, 2008, p. 5.

② George Creel, *The War, the World, and Wilson*, New York and London: Harper & Brothers Publishers, 1920, p. 1.

用，印刷量约35万份，同时还有超过100万的海报设计用于其他用途。①

海报配合新型征兵制度的推行迅速激发了民众的参战热情。自1917年征兵制通过以来，仅在一个月之内，在征兵册上登记的21岁到30岁的男子便达千万人。② 美国著名作家华莱士·史蒂文斯（Wallace Irwin）的诗作《观战时公告牌所感》（Thoughts Inspired by a War-time Billboard）真切地记录了海报对民众的精神鼓舞力量："在寂静的街道上我驻足于围栏前/凝视着如火焰般色彩绚丽的海报/历史档案层层堆叠，那是休战前我们共享的战时记忆。"③ 诗中满怀有士气高昂的积极情绪和对鼓舞人心的海报的重点描写，十分精妙。

一战期间各国征兵海报对"山姆大叔"形象的借鉴与模仿反映了《我需要你加入美国军队》的国际认可度和影响力。从1917年到一战结束期间，德国与俄国均有与《我需要你加入美国军队》相类似的海报出现。④（图8和图9）尽管基于时间先后的考虑，笔者得出德、俄两国征兵海报与"山姆大叔"存在关联性的推论。但其中的直接联系还有待进一步论证。除了对一战期间的影响考察，笔者还追溯了《我需要你加入美国军队》在战后美国国内的影响。可以说，由弗拉格创造的"山姆大叔"形象无论是在设计领域还是现实政治领域都为数不多的几个可以轻易被模仿和借用的经典艺术形象。从二战之后一直到今天，以"山姆大叔"为原型的再创作一直源源不断。其中有用于罗斯福总统选举的宣传海报（图10）、越战期间的反战海报（图11）、伊拉克战争期间小布什总统的讽刺海报（图12），等等。

---

① James Montgomery Flagg, *Roses and Buckshot*, p.158.

② 转引自钟美纷:《一战时期美国的新闻宣传与战争动员》，硕士学位论文，湖南师范大学，2009年，第67页。

③ George Creel, *How We Advertised America: The First Telling of the Amazing Story of the Committee on Public Information that Carried the Gospel of Americanism to Every Corner of the Globe*, p.140.

④ 两幅海报分别是 J. U. Engelhardt, "You Too must Enlist," Recruitment Poster, Germany, 1919 和 D. Moor, "Have You Enrolled as a Volunteer," Red Army Recruitment Poster, Russia, 1920。转引自 Carlo Ginzburg, "Your Country Needs You: A Case Study in Political Iconography," *History Workshop Journal*, 2001, Issue 52, p.6。

宣传与公共外交史

图 8　一战时期德国征兵海报

图 9　一战时期俄国征兵海报

图 10　《我需要你，罗斯福，留下并完成工作》

图 11　越战期间的反战海报

图 12　伊拉克战争期间讽刺海报《你要这场战争吗?》

图 10—图 12 均转引自顾铮:《从征兵海报到反战海报——从一战"山姆大叔"征兵海报说起》,《文汇报》2014 年 10 月 17 日,第 T16 版。

尽管"山姆大叔"的形象通过设计师的一次次模仿展现出新的生命力,并逐渐被民众认可成为美国形象的代表,但是海报宣传本身的局限性也不容忽视。

海报中"山姆大叔"典型的白人男子形象缺乏全体代表性,具有白人优越性的色彩,对包括非裔美国人在内的号召入伍的真实性值得商榷。尽管大批非裔美国人在一战期间积极投身于为国家而战的事业中,但在服役期间他们经历了严重的种族歧视和隔离,被给予有差别的待遇。无疑,美国需要黑人士兵加入美国军队,海报中对于所有美国成年男性的期望和恳求也是相同的。但是,那种根深蒂固的种族主义观念却潜移默化地影响着设计者选择以自己的形象为模特,同时因为"山姆大叔"形象的巨大成功和广泛的普及性又使得观者产生这样确凿的心理暗示:毫无疑问,美国的代表形象本应如此。对"山姆大叔"形象如此的推崇致使民众对于白人形象是否完全代表了美国的疑问也就根本不存在了。

结　语

一战时期美国战时海报宣传之所以取得成功得益于以下几个方面：

首先，具有明确的宣传目标。改变公众舆论、动员参战是公共信息委员会所有机构的总目标和总任务。宣传者为了更好地传播威尔逊思想，采取形式各异的宣传手段，通过各项具体任务的完成为总目标服务。

其次，具有完善的运行机制。公共信息委员会具有开放性和自由性。人员流动，密切协作。通过"申请—定制"的命题海报创作模式，加强了官方与民间的联系，切实有效地解决了各政府部门的现实需求。

最后，设计者能力突出，技法高超。绘画宣传处的艺术家均为各领域的佼佼者。他们有着很高的艺术造诣，同时在行业内具有影响力。通过借鉴经典作品并融入新的设计元素，设计者创作出的作品别具一格，对民众产生很强的吸引力。此外，凭借着商业营销的经验，设计者们灵活运用各类设计手法以激发观者的爱国情绪。

海报宣传是通过设计者运用特定的设计手法和符号语言来体现现实需要的一种宣传手段，设计者通过对符号语言的选择、重组，引导观众产生积极联想，使他们自觉接受和认同画中所展现出的国家形象。作为国家形象的代表，海报中"山姆大叔"形象强化了美国民众的国家意识，加强了共同体的团结，对战争动员起到了积极作用。"山姆大叔"形象也从侧面传达了威尔逊总统关于美国参战目的的认识，减少了民众对参战的恐慌和误解。

从贯彻威尔逊思想的角度来看，战时海报宣传基本达到了最初目标，激发了民众的参战热情。但如果将海报宣传内容与现实情况相对照就会发现，海报宣传具有一定的虚伪性和欺骗性。在强调自由和民主的威尔逊理想的宣传之下实则隐含着对自由和民主精神的违背甚至是践踏。这不能不说是一种悖论。与其说是宣传出了问题，不如说是威尔逊思想本身的空想造成了这一结果。美国国家共同体的构建单靠口号式的宣传是无法完全实现的，尽管战时的宣传可以凝聚部分人的力量，但从根本上来说，只有正视各类群体的利益诉求，真正解决现实中的问题，才能获得民众的根本支持。

  从构建国家形象的角度来说，"山姆大叔"形象基本体现了美国的国家精神和战争时期的国家目标。海报设计者基于自身的商业海报创作背景，合理地运用了丰富多变的设计策略，通过借鉴、创新设计出反映威尔逊思想的海报作品。"山姆大叔"形象之所以影响深远，一方面是因为其艺术设计的成功，但更重要的一点是，它已然成为代表美国的政治符号，被民众广泛认可。而后一点的达成很大程度上要归因于公共信息委员会成功塑造公众舆论的努力。尽管海报宣传带有一定的欺骗性，但在战争时期它所起到的动员作用是不可否认的。通过美国对内构建国家形象的经验，我们可以了解到，国家形象的构建既要符合自身的历史文化传统，又要最大程度地满足民众的合理诉求，它需要基于国家传统与现实的合理想象，还要力求在个人与集体的对立中找到一个平衡点。

事实还是谎言？
——读艾伦·阿克塞尔罗德著《兜售世界大战：美国宣传的兴起》*

王一哲**

本书是关于美国第一次世界大战时期的宣传机构——美国公共信息委员会（Committee on Public Information）的概论性著作。作者将美国对一战的宣传比作一种商业推销，以独特的视角讲述了一段鲜为人知的美国宣传史，为我们理解一战时期的美国社会和威尔逊思想提供了新的研究路径。

一、本书的主要内容与作者的主要观点

本书主要探讨了美国公共信息委员会的创立和各机构的基本运行机制，说明了这些机构是如何贯彻美国总统威尔逊的思想从而达到说服民众放弃中立，支持战争的目的的。全书从内容上主要分为四大部分：前四章是公共信息委员会创立的背景。第五章主要谈及了委员会的创立过程和根本目标；第六章到第十一章作者选取了几个重点机构做了详细的介绍；最后一章是对全文的总结和引申。全书以公共信息委员会的活动为中心，探究了

---

* 本文是北京市教委重点项目《美国对外宣传与文化外交史史料整理与研究综述》（SZ201510028013）和国家社会科学基金一般项目《冷战前期美国对华宣传与文化外交研究（1949—1972）》（15BSS023）的阶段性成果。

** 王一哲，北京大学历史学系硕士研究生。

一战时期美国的宣传经验,对宣传中的事实与谎言进行了深刻的剖析。在与伊拉克战争时期的宣传做出比较之后,作者给予公共信息委员会以中肯的评价。

第一章"一个探听丑闻者的诞生"主要讲述了委员会主席乔治·克里尔(George Creel)的个人成长环境以及他逐渐参与到进步主义运动中的原因。克里尔出生于一个美国南部的邦联州,从小他由于受到母亲的非主流叙事的影响形成了认识世界的独特方式。对于历史与事实的关系,他认为历史具有"可锻性"(malleability)。① 比起历史的真相,基于事实所创造的具有说服力的话语更能称得上是历史。正是这种不同的历史叙事使克里尔逐渐对带有浪漫传奇色彩的人物产生兴趣。青年时期他十分崇拜一名无私奉献的耶稣会士,可以说这与他之后信仰威尔逊的理想主义是相契合的。同时,他还是一个是非分明、嫉恶如仇的进步青年,常常受到各种激进思潮的影响。可以说,家庭环境、见闻趣事、思想潮流都成为他选择加入进步主义运动的原因和动机。

第二章主要讲述了克里尔成为媒体人后投身到揭露黑幕运动中的具体经历。他倡导社会改革,意图用舆论改变社会风气。他揭露选举舞弊、抨击庸医和伪科学、支持禁酒、倡导学校改革、撰写文章进行道德劝说。期间,他接触到了许多出版界的传奇人物,了解到了宣传的重要原则,那就是"个人利益和社会目的的结合"② 才能产生最佳的宣传效果。

第三章主要介绍了克里尔为威尔逊竞选总统奔走以及美国参加一战的原因。因为威尔逊总统与克里尔本身追求的理想价值不谋而合,他毅然加入到了威尔逊的阵营中助阵总统大选。美国加入一战的原因主要有国内外两方面的背景。首先,国际上,德国的强大严重威胁了世界的民主,"无限制潜艇战"直接损害了美国的利益。其次,在国内,共和党人的舆论压力和贸易对协约国利好的天然倾向使得美国选择放弃中立,走向战争。

第四章主要围绕官方引导舆论支持参战和审查制度的建立而展开。为

---

① Alan Axelrod, *Selling the Great War: The Making of American Propaganda*, New York: Palgrave Macmillan, 2009, p. 3.

② Alan Axelrod, *Selling the Great War: The Making of American Propaganda*, p. 30.

了获得民众的支持，美国官方的舆论夸大了美国作为潜艇事件的受害者角色，而弱化了因运送战时违禁品而被潜艇击沉的事实。建立审查制度虽然避免了军事泄密，但一定程度上侵害了媒体的言论自由，引起了极大争议。

第五章主要阐述了公共信息委员会的建立目的以及建立之初的危机。委员会以对内监督自愿审查制度、将官方意识形态向民众传达为主要目的。在成立初期，由于不满克里尔以平民身份担任主席，国务卿兰辛与克里尔产生分歧，造成了机构内部意见不统一。作者认为，二战的宣传机构是在已建立的机构基础之上产生的，相较之下，公共信息委员会在无先例可循的情况下创立，实属不易。

第六章主要讲述了新闻审查制度的具体实施。公共信息委员会在审查制度方面享有绝对的权威。按规定，任何与军事计划相关且影响作战的消息一律封锁。虽然媒体与政府的紧密合作为鼓舞全民的战斗情绪起到了积极的作用，但在未强迫媒体报道的表象下，事实却是——公共信息委员会成为了唯一一个可以提供消息来源的机构。

第七章主要内容为"四分钟人"的宣传活动。作者认为，"四分钟人"是所有委员会下属机构中宣传技巧运用最为灵活的分支部门。在广播还未全面普及的情况下，演讲人利用电影中场休息进行四分钟的现场演说，言简意赅，使得观众对一个战时问题有了迅速准确的认识。"四分钟人"具有以下特点：宣传场所多样化；演讲人思想自由，热心改革；演讲人群有针对性。演讲人所做的不是空洞的说教，而是适时运用演讲技巧，通过求新求变、标新立异的口号吸引观众的注意力。

第八章主要介绍了利用影像手段进行宣传的具体情况。海报、照片、电影的宣传可以弥补文字宣传的缺陷，无论民众年龄与文化程度的高低，通俗易懂的艺术内容都可以直击人心，达到事半功倍的宣传效果。海报作品可以透过强烈的色彩和有趣的形象立即抓住别人的眼球。它无需复杂的解释说明，只需几秒便可使观看者了悟画作的内在含义。电影手段也在宣传中得到了广泛的运用，尤其是对海外进行美国形象宣传有着巨大影响。

第九章主要介绍了利用学校和工厂进行宣传的具体情况。大学中的学者撰写了大量关于战争目的的具有科普性质的小册子。学者事先进行双向调研：既了解群众需要获取何种知识，又考虑到政府部门的宣传需要。书中大多强调德国针对他国的残暴恶劣的行径，引发美国民众可怕的联想，其中也捏造了许多虚假的德军罪行以丑化敌军形象，加强本国民众对德国的仇视。委员会在面对工人罢工问题上努力进行利益调和，一方面保证工人的工作热情使他们支援战争，另一方面也警惕委员会成为支持工人运动的后台。

第十章主要讲述了"归化的美国人"。由于本土美国人对移民的天然歧视，也因为移民个人受教育程度不高，大多数移民无法真正融入美国社会。在战时，委员会运用操作简单却荒谬无理的标准——语言来判断外国移民的忠诚度，扩大了怀疑对象的范围，国内甚至出现了去德国化的极端行为。但同时，委员会也意识到外语对于少数族裔和国外民众宣传的必要性。

第十一章主要涉及对外宣传方面。对外宣传主要有五大方向，包括对敌宣传、对中立国的宣传、对拉美的宣传、对俄国的宣传以及盟友间的宣传。通过移民的天然联系和电影媒介的宣传，对外宣传产生了一定的效果。但由于俄国官方意识形态的控制和盟国之间的猜忌，对外宣传也有所局限。

二、事实还是谎言：关于本书主题的阐释

本书的题目"兜售世界大战"（Selling the Great War）中的"selling"有一语双关之意。它既有宣传、推销的意思，同时还有欺骗的意思。无疑，作者认为，对于美国在一战时期的宣传这两层意思都有所体现。

作者在文中屡屡将宣传比作推销。"'四分钟人'兜售世界大战正如富乐牙刷公司（Fuller Brush）的推销员推销牙刷一样：用一种推销的宣传腔调来进行演说。"① 演讲者运用"AIDA"（Attention, Interest, Desire, Action，即注意力、兴趣、欲望和行动）四步原则来进行宣传。② 从这一点来说，无论是推销还是宣传所用的技巧有相似性。但与推销实物不同的是，公共信

---

① Alan Axelrod, *Selling the Great War: The Making of American Propaganda*, p. 132.
② Ibid.

息委员会推销的是观念。而且这种观念还是与人们传统的认知完全背道而驰的：放弃中立，走向战争。作为威尔逊的忠实信徒，克里尔将威尔逊思想贯穿于一切宣传活动之中。为了调和中立与参战两种观点之间的矛盾，克里尔在宣传中强调，美国对外政策的根本目的是为了维护民主，它是美国的国家精神和普遍准则。无论是过去的中立还是现在的参战都不过是为了达到这一点根本目的的具体实现手段。而宣传也是为了更好地促进民主的实现。① 从宣传的技巧来看，推销手段的运用以及为宣传"正名"正是宣传本身积极意义的体现。

但从宣传的内容来看，克里尔的宣传谎言大于事实。或者更确切地说，克里尔宣传的是隐藏在"事实"外衣之下的谎言，即事实似的假象。宣传只具有"事实"之表，而不具有"事实"之实。克里尔认为，"真正的宣传是将信息像事实一样大量地且令人信服地传达给民众。"② 换句话说，民众是否愿意接受才是衡量信息虚伪还是真实的唯一标准，制造并传递民众想要获得的信息才是宣传的中心原则。作者认为，克里尔将事实（facts）和真相（truths）之间的区别模糊化。③ 克里尔让大众知道的部分事实单独来看是成立的，但那些忽略不讲的事实实际上常常是决定事实是否真实的重要线索。比如在宣传参战的正确性时委员会从不提及美国军事准备的完成情况；为了团结民众，宣传夸大敌军对他国的暴行却从未证实这种恶劣行径是否真的发生过，也从未探究这种暴行发生在美国人身上的可能性。宣传中威尔逊的"民族自决"思想看似是解决殖民问题的一致原则，但在爱尔兰问题上，考虑到与英国的同盟关系，"民族自决"原则却被完全抛弃了。这一系列"事实"与谎言的对立无疑使宣传的问题暴露无遗，这也是公共信息委员会在一战结束之后立即解散的一个重要原因。

尽管宣传备受质疑，但美国在一战时期的宣传还是与洗脑（brainwashing）的宣传有着本质的不同。第一，公共信息委员会的宣传具有宗教理想色彩。克里尔给"宣传"下的定义是："以在忠诚的信徒之中宣传事实为目的的收

---

① Alan Axelrod, *Selling the Great War: The Making of American Propaganda*, p. 49.
② Ibid., p. 37.
③ Ibid., p. 51.

集事实以及传播事实的活动。"① 这一点与威尔逊的理想主义不谋而合。第二，美国在一战中的宣传与德国在二战中的宣传截然不同。前者是由于战时需要，国家向民众进行的社会动员，民众对于宣传内容具有一定的自主选择性并且有主动参与宣传的意愿；而后者体现的是国家领袖强制要求民众对其个人意志无可辩驳的服从。也就是说，美国参加一战是"人民的战争"（People's War）②，而不是总统个人发动的战争。

三、积极意义与不足之处

笔者认为，本书有以下几点值得研究者学习和借鉴：

第一，强调克里尔个人的成长环境和性格特征对建立宣传机构的影响。本书的前三章向读者清楚地展示了克里尔如何从一个幼童成长为一位媒体人，最后蜕变成国家宣传机构总策划人的全过程。作者在叙述中借鉴了传记写作的特点，同时也注意到将个人经历与时代背景相结合。读者可以从中了解到对于南北战争的不同历史叙事，进步主义运动中媒体与政府的紧密联系，公共关系与宣传的渊源。可以说，这些相关背景都为理解克里尔追随威尔逊总统并创立公共信息委员会提供了坚实的基础，同时也有助于读者从宏观的角度更好地把握宣传机构创立时美国国内的社会背景。笔者认为，作者这种将传记写作和历史问题研究相结合的方式不失为一种风格独特的历史研究范式。

第二，将公共信息委员会的宣传与伊拉克战争时期的宣传做了异同的比较，体现了作者的现实关怀。作者在前言中讲道："我想知道的是为什么那么多美国人从之前坚决避免战争一夜之间变成拥护对外战争的态度。而且这场战争并不是为了回应任何对本国的直接攻击，而仅仅是为了一种关乎民主的未来以及消除未来军事冲突的理论。"③ 作者认为，两场战争的宣

---

① Alan Axelrod, *Selling the Great War: The Making of American Propaganda*, p. 115.
② *Ibid.*, p. 169.
③ *Ibid.*, p. 2.

传都是为了让民众参与到一场"选择性的战争（a war of choice）而非必要性的战争（a war of necessity）之中"①。但不同之处在于，公共信息委员会的宣传始终是公开透明的，而且克里尔也始终在"为了激发民众爱国情绪而进行信息控制的过程中努力避免破坏民主"②。但在伊拉克战争时期受五角大楼雇佣的"政客"（political operatives）是否有着同克里尔一样的道德操守就不得而知了。所以，这一比较更凸显了公共信息委员会宣传的正面价值。不同时代的学者对同一问题的研究因为其着眼点不一样所以研究常常有着不同的侧重。莫克（Mock）的那本《赢得战争的话语：公共信息委员会的故事，1917—1919》（*Words that Won the War: the Story of the Committee on Public Information, 1917-1919*）出版于1939年，自然，当时他的研究为美国在二战中的宣传提供了宝贵了经验。笔者认为，恰当合理的现实关怀是学术发展的动力之一，它有助于学者从不同角度审视同一个学术问题，扩展研究的视野。

当然，本书也有一些不足之处：

首先，全书的史料引用以克里尔个人的著述为主，③ 史料运用较为单一。通篇阅读下来，本书像是一本克里尔本人讲述的宣传史。书中对于公共信息委员会的认识皆出自克里尔的个人观点，这就让读者对于作者阐述的客观性打上了大大的问号。即使是论及国会方面对委员会的抨击，作者也仅仅是从莫克的著作中转引国会的档案记录，而且数量屈指可数。虽然关于公共信息委员会的文献资料有大量的遗失，但相关的档案文献、政府文件、新闻报道依然对这一问题的阐释有重要意义。此外，作者对于公共信息委员议会中其他参与者的态度和观点也缺乏适当的说明。同时，书中还缺乏相关图像史料的引用。尤其是第八章关于海报、图片和电影的宣传。

---

① Alan Axelrod, *Selling the Great War: The Making of American Propaganda*, p. 224.

② Ibid., p. 224.

③ 主要有以下两本：George Creel, *How We Advertised America: The First Telling of the Amazing Story of the Committee on Public Information that Carried the Gospel of Americanism to Every Corner of the Globe*, New York: Harper & Brothers Publishers, 1920; George Creel, *Rebel at Large: Recollections of Fifty Crowded Years*, New York: G. P. Putnam's Sons, 1947.

笔者认为，直观的图片往往比大段的文字描述更能清楚地说明问题。

其次，作者对委员会对外宣传部分不够重视。作者全篇用五个章节讲述了国内宣传的情况，而只用一章介绍了对外宣传。这显然与公共信息委员会运行的实际情况不符。从关于美国公共信息委员会的外交档案中我们可以了解到，对外宣传对于塑造美国国家形象，传播威尔逊思想有着不可或缺的重要影响。①

本书是关于公共信息委员会最新的概述性著作，对于该机构的研究总体非常薄弱，因而它为我们了解公共信息委员会的基本情况提供了必要参考。但不足之处在于选取的史料太过于狭窄，基本上是基于克里尔个人的叙述和回忆，而没有参考美国国家档案馆未出版的史料。笔者相信，随着《美国对外关系文件集，1917—1972：公共外交，第一次世界大战》关于公共信息委员会的 40 余份重要档案的汇编出版，② 以及学界对公共外交史研究的日益关注，相信一定会有史料扎实多元、阐发深刻精微的作品出现，超越这部不那么完美、但现在还绕不过去的学术著作。

参考文献

[美] 哈罗德·D. 拉斯韦尔：《世界大战中的宣传技巧》，张洁、田青译，北京：中国人民大学出版社，2003 年。

"Selling the Great War: The Making Of American Propaganda," *Kirkus Reviews*, 2008, Vol. 76, Issue 23, p. 1232.

"Selling the Great War: The Making of American Propaganda," *Publishers Weekly*, 2008, Vol. 255, Issue 50, p. 43.

Adam M. Howard, *Foreign Relations of the United States, 1917–1972, Public Diplomacy, World War I*, Washington D. C. : United States Government Printing

---

① 详见 Adam M. Howard, *Foreign Relations of the United States, 1917–1972, Public Diplomacy, World War I*, Washington D. C. : United States Government Printing Office, 2014。

② *Foreign Relations of United States* (FRUS), *1917–1972: Public Diplomacy, World War I*, Washington D. C. : United States Government Printing Office, 2014．

Office, 2014.

Christopher Capozzola, "Selling the Great War: The Making of American Propaganda," *First World War Studies*, 2014, Vol. 5, Issue 2, pp. 262-263.

Michael Farrell, "Selling the Great War: The Making of American Propaganda," *Library Journal*, 2009, Vol. 134, Issue 2, p. 79.

James R. Mock, *Words that Won the War: The Story of the Committee on Public Information, 1917-1919*, Princeton: Princeton University Press, 1939.

公共信息委员会信息档案资源导论*

任 一**

1917年4月13日,时任美国总统的伍德罗·威尔逊(Woodrow Wilson)于白宫发布第2594号行政命令,宣布建立公共信息委员会(Committee on Public Information, CPI)为战时宣传机构。① 该委员会由国务卿、战争部长、海军部长负责,并同时任命一位之前不担任任何官职的公民具体负责该机构的行政工作。② 这位具体负责公共信息委员会的美国公民就是当时著名的记者及作家乔治·克里尔(George Creel)。公共信息委员会的主要任务就是将能够反映美国价值,反映美国强大作战能力的新闻和读物提供给美国国内民众,动员美国民众的战时热情;散播给国内的间谍以及国外的敌人,以此动摇彼方战斗的决心;提供给美国的盟国,在世界范围内传播美国的民主。尽管公共信息委员会存续时间短暂(1917年4月13日—1919年8月21日),但它代表了现代民族国家诞生以后以政府名义进行的第一次大规模宣传,加之其在活动期间招揽了大批美国各界精英为之服务,并对美国以及他国后来的宣传活动影响深远,因此对美国宣传史以及现代宣传史

---

* 本文是北京市教委重点项目《美国对外宣传与文化外交史史料整理与研究综述》(SZ201510028013)和国家社会科学基金一般项目《冷战前期美国对华宣传与文化外交研究(1949—1972)》(15BSS023)的阶段性成果。

** 任一,美国宾夕法尼亚大学历史系博士研究生,研究方向为中美关系史、世界史。

① Woodrow Wilson, "Executive Order 2594—Creating Committee on Public Information," April 13, 1917. Online by Gerhard Peters and John T. Woolley, *The American Presidency Project*, http://www.presidency.ucsb.edu/ws/?pid=75409(2016年12月20日)。

② Ibid.

都有着极其重要的影响。

关于公共信息委员会的研究材料主要有四种：公共信息委员会的相关档案，公共信息委员会存续期间出版的宣传材料，公共信息委员会工作人员回忆录性质的出版物，以及散落于各地档案馆、图书馆的公共信息委员会工作人员的相关档案。这四种研究材料除了部分未刊印出版的档案需要研究者亲自到档案馆、图书馆进行检索查阅以外，大部分研究材料都已刊印或者已经由相关工作人员扫描上传至互联网。研究者可以很方便地在美国国会图书馆、各研究机构的图书馆以及互联网上搜索到这些已经出版或者已经扫描上传的资料。

公共信息委员的档案主要收藏于美国第二国家档案馆（National Archive, Maryland, College Park），编号为63号（Record Group 63）和59号（Record Group 59）。① 63号档案完全是有关于公共信息委员会的档案，而59号是有关国务院的档案，其中103.93和103.9302是关于公共信息委员会的档案。2014年在美国国务院的主持下编辑出版了1917年至1972年关于美国公共外交的档案集的第一集——《美国对外关系文件集，1917—1972：公共外交，第一次世界大战》，收录了大量关于公共信息委员会建立及其海外工作的档案。② 这本档案集不仅收录有重要的档案文件，同时还附有若干篇编者的说明和解释文字（Editorial Note），以及公共信息委员会的工作照片和宣传产品的书影，大大便利了相关的研究工作。但是该集并未包含所有公共信息委员会的档案，因此如果研究者的研究范围超出公共信息委员会的海外活动，则需亲自到档案馆全面搜索阅读相关档案。研究者可以首先在网上查阅63号以及59号档案的收藏情况（http：//www. archives. gov）。如果所需材料不多，可以直接打电话或写邮件给档案馆馆员让其扫描相关文件并发送至研究者邮箱。如果超过一定数量，档案馆会对扫描进行收费，因此如果需要大批量的阅读和使用档案，还需研究者亲自到档案馆进行查阅。另外，国会图书馆收藏的有关于乔治·克里尔以及伍

---

① Record Group 一译档案群组。

② *Foreign Relations of the United States, 1917-1972: Public Diplomacy, World War I*, Washington D. C.：Department of State Government Printing Office, 2014.

德罗·威尔逊的档案和文件也提供了有关公共信息委员会的建立情况，威尔逊对该机构的观点等颇有价值的信息，研究者可自行在国会图书馆网站上搜索（https://www.loc.gov/）。其中有关于威尔逊的材料亦可以在已经出版的《威尔逊全集》① 中找到。

除此之外，尚有两本已经出版的书籍是研究公共信息委员会的重要一手材料。1920 年出版的《克里尔报告：1917、1918、1919 年公共信息委员会主席的完整报告》不仅介绍了公共信息委员会的主要宣传活动，而且包含了海外各分部负责人的报告，是公共信息委员会结束之后首次对其工作的官方总结，也是全面且快速了解公共信息委员会活动的重要资料。② 大卫·卡尔伯特和理查德·伍德编辑出版了《美国的电影和宣传》一书，其中第一册汇总了一战时期宣传电影的各类信息。③

研究材料的第二种——公共信息委员会存续期间出版的宣传材料可以获取的渠道较多。第 63 号档案中囊括了一部分宣传材料，其次编号 287 号档案（Record Group 287）也收藏有部分当时政府出版的宣传材料。另外公共信息委员会出版的宣传材料大部分已经被扫描上传至互联网，研究者可以轻易在"网上档案"（https://archive.org）、国会图书馆或各大学图书馆网站找到这些宣传出版物。公共信息委员会出版的宣传资料主要有以下几类：

一、红白蓝宣传系列（Red, White, and Blue Series）：这个系列因封面印有红、白、蓝的三色条纹而得名，包含的小册子有《战争如何来到美国》（How the War Came to America）、《国家服务手册》（National Service Handbook）、《民主的战线》（The Battle Line of Democracy）、《总统国旗日讲话：关于德国计划的证据》（The President's Flag Day Speech with Evidence of

---

① Arthur Link, eds., *The Papers of Woodrow Wilson*, 69 vols, Princeton: Princeton University Press, 1966-1994.

② *The Creel Report: Complete Report of the Chairman of the Committee on Public Information, 1917; 1918; 1919*, Washington D.C.: Government Printing Office, 1920.

③ David H. Culbert and Richard E. Wood, eds., *Film and Propaganda in America: A Documentary History*, volume 1, World War I, New York: Greenwood Press, 1990.

Germany's Plans)、《德国战争实践》(German War Practices)、《战时百科全书》(The War Cyclopedia: A Handbook for Ready Reference on the Great War)、《战争、劳工和和平：总统最近的演讲和文章》(War, Labor, and Peace: Some Recent Addresses and Writings of the President)，等等。

二、战时信息系列（War Information Series）：这个系列更加是有关于一战相关信息的汇总，例如《战争信息和信息背后的真相》(The War Message and Facts behind It)、《战备中的国家》(The Nations in Arms)、《德国政府》(The Government of Germany)、《世界大战：从旁观者到参与者》(The Great War: from Spectator to Participant)、《一场自卫的战役》(A War of Self Defense)、《美国以及同盟一方的理想》(American and Allied Ideals)、《为了和平的战争：和平的朋友眼中的大战》(The War for Peace: The Present War as Viewed by Friends of Peace)，等等。

三、《官方公报》(Official Bulletin)：这是公共信息委员会从1917年5月至1919年3月出版的周报，报上包括所有政府部门战时活动的报道，通过各出版机构进行宣传散发，每年的订阅费只需五美金。《官方公报》的完整版很难在网上直接搜索到，谷歌图书上可以搜索到从1917年5月10日到7月31日的《官方公报》。除此之外，法律图书馆胶片收藏处有所有《官方公报》的微缩胶片。①

四、战争忠诚宣传册（Loyalty Leaflets）：这个系列包括《对那些国外出生的人所说的友爱之语》(Friendly Words to the Foreign Born)、《普鲁士体系》(The Prussian System)、《劳工和战争：威尔逊总统对美国劳工联合会所做的演讲》(Labor and the War: President Wilson's Address to the American Federation of Labor)、《战争中的朴素问题》(Plain Issues of the War)、《那些真正重要的问题》(What Really Matters)，等等。

五、《政府战争宣传：各部门宣传报告》(Government War Advertising: Report of the Division of Advertising)：这是公共信息委员会在1918年年底印刷

---

① 谷歌图书的网址：https://books.google.com/books? id = 6UfmAAAAMAAJ&pg = PA28#v = onepage&q&f=false（2016年12月22日）；法律图书馆网址为：http://www.llmc.com（2016年12月22日）。

出版的各政府部门宣传工作的总结，在册子的后半部分包含有各个领域参与宣传的人员名单。由于各系列当中包含的出版物非常丰富，因此笔者只在此文中罗列了其中的若干出版宣传物，研究者可自行在相关网站或档案中搜索阅读所有的宣传资料。

第三类研究资料是公共信息委员会工作人员出版的回忆录性质的文字。克里尔1920年出版的《我们如何宣传美国》是最早对公共信息委员会工作进行总结评价的著作，其中包含公共信息委员会遇到的困难，引起的争议，对美国和世界的贡献等内容，主观性很强，有夸大公共信息委员会贡献之嫌，在使用时要注意与其他材料进行对比。① 克里尔还同时出版了另一本回忆类的著作《战争、世界和威尔逊》②。大战结束后对威尔逊以及公共信息委员会的批评之声此起彼伏，这两本著作都是克里尔为委员会、自己以及威尔逊所做的辩护之词。其他一些公共信息委员会的工作人员所出版的回忆录也是研究公共信息委员会的重要资料，包括查尔斯·梅里亚姆、维拉·怀特豪斯，以及威尔·欧文等人出版发表的文字或著作。③

最后一类材料则散落于地方图书馆和档案馆，需要研究者有针对性地去检索。以笔者对公共信息委员会中国分部的研究为例。卡尔·克罗（Carl Crow）作为中国分部的领导者自然是研究的重要对象，除了检索克罗已经出版或发表的文字之外，笔者还在位于其家乡密苏里州的密苏里—哥伦比亚大学找到了一批克罗的档案。④ 因此这部分资料需要研究者根据自己具体的研究对象进行定位和搜索，以使研究材料更加完整和丰富。

---

① George Creel, *How We Advertised America*, New York and London: Harpers & Brothers Publishers, 1920.

② George Creel, *The War, the World, and Wilson*, New York and London: Harpers & Brothers Publishers, 1920.

③ Charles E. Merriam, "American Publicity in Italy," *American Political Science Review* 13 (Nov. 1919), pp. 541-555; Vira Whitehouse, *A Year as a Government Agent*, New York: Harpers & Brothers Publishers, 1920; Will Irwin, *Making of a Reporter*, New York: G. P. Putnam's Sons, 1942.

④ Carl Crow MSS, folder 48, Western Historical Manuscript Collection, University of Missouri-Columbia. 笔者的研究请参见任一：《寰世独美：五四前夕美国在华宣传与中国对新国家身份的追求》，《史学集刊》2016年第1期。

公共信息委员会档案选译*

翟 韬、王一哲**选编

本档案集档案均译自《美国对外关系文件集,1917—1972:公共外交,第一次世界大战》(2014),其中包括原书"编者说明"1件,档案7件。档案编号为编者所加。除非标注"译者注",所有注释均为原注。为了便于读者利用,编者在每份文件前增加了摘要信息。档案的译者包括王一哲、中国航天科技集团首都航天机械公司高可攀,翟韬、王一哲进行校对。

一、编者说明(Editorial Note)[①]

摘 要 本文是《美国对外关系文件集,1917—1972:公共外交,第一次世界大战》(2014) 的编者说明,是一篇关于公共信息委员会的总括性文章。主要谈了该委员会创立的目的、对外宣传的必要性、对外宣传的主要方式和手段等内容。

---

* 本文是北京市教委重点项目《美国对外宣传与文化外交史史料整理与研究综述》(SZ201510028013) 和国家社会科学基金一般项目《冷战前期美国对华宣传与文化外交研究 (1949—1972)》(15BSS023) 的阶段性成果。

** 翟韬,首都师范大学历史学院讲师;王一哲,北京大学历史学系硕士研究生。

[①] 本文译自:Foreign Relations of United States (FRUS), 1917-1972: Public Diplomacy, World War I, Washington D. C.: United States Government Printing Office, 2014, pp. 1-3 (Document 1)。——译者注

1917年4月6日美国国会对德宣战不久后，威尔逊总统便与顾问一起就建立公共信息委员会（the Committee on Public Information，CPI）的必要性一事展开了讨论。海军部长约瑟夫斯·丹尼尔斯（Josephus Daniels）在4月9日的日记中有如下记录："我与威尔逊'谈到了审查制度（censorship）。威尔逊将任命乔治·克里尔（George Creel）为公共信息委员会的主席。'"（*Papers of Woodrow Wilson*, volume 42, page 23）在一份未标明日期的备忘录中，克里尔提出了建立"宣传部"（Department of Publicity）的初步想法，丹尼尔斯在4月11日写给威尔逊总统的信中重申了这一想法。备忘录并未提及对外宣传的内容，而是强调了建立具有审查功能的国内宣传部的必要性。（Ibid., pages 39-41）4月12日威尔逊回信给丹尼尔斯："我是否可以理解为我有权任命克里尔？如果可以的话，我对此表示欣慰。我对他的备忘录表示欣赏。"（Ibid., page 43）

建立公共信息委员会的正式请求在1917年4月13日国务卿罗伯特·兰辛（Robert Lansing）、战争部长牛顿·迪尔·贝克（Newton Deihl Baker）和海军部长约瑟夫斯·丹尼尔斯联合递交给威尔逊总统的信中提出。据白宫工作人员托马斯·布雷黑尼（Thomas Brahany）所说，克里尔在与威尔逊总统协商后起草了这封信。他也谈到克里尔与兰辛之间的争论：

"在与贝克和丹尼尔斯充分讨论并获得两人的同意后，克里尔拿着信找兰辛签字时却受到了冷遇。兰辛坚持说这封信应写在印有国务院抬头的信纸上，并且他的签名应该在贝克和丹尼尔斯之上。克里尔并不想让兰辛加入委员会，但这是威尔逊总统示意的。克里尔厌恶兰辛这种对'细枝末节的过分敏感'。克里尔说，当他告诉贝克和丹尼尔斯因为兰辛想让他的名字在最前面，所以不得不再签一次名时，他们都大笑不已。"（Diary entry of April 15; ibid., page 71）丹尼尔斯曾评论这件事说："克里尔想让兰辛签字，但兰辛想要信写在国务院的信纸上并最先签字。这就是要显示他级别高啊！"（Diary entry of April 13; Ibid., page 59）

正如克里尔在备忘录中所讲的一样，这封信主要以委员会的国内工作为中心。兰辛、贝克和丹尼尔斯三人提出：

"我们认为，审查和宣传这两个功能完全可以有机地结合起来。我们建议创建公共信息委员会。公共信息委员会主席应该是非政府人员，最好是某位具有勇气、能力与眼光的作家，他得知道怎么和媒体合作，同时能够团结号召各位作家为国效力。其他成员应该出自国务院、战争部、海军部，或者详尽了解这些部门工作的政府官员。"（Ibid., page 55）

威尔逊总统批准了建立公共信息委员会的请求。同日，他便发布了第2594号行政命令，正式任命罗伯特·兰辛、牛顿·迪尔·贝克、约瑟夫斯·丹尼尔斯和乔治·克里尔共同组建公共信息委员会，并由乔治·克里尔担任公共信息委员会的主席。（Ibid., page 59）显然，这四位负责人只共同举行了一次会议。克里尔在一封未注明日期的信中写道：

"兰辛是个愚蠢而又心胸狭窄的人。他痛恨我担任委员会主席，并且在第一次会议中令人极不愉快。结果，他拒绝参加委员会的工作。为了阻碍、破坏委员会，他无所不用其极。"这封额外的打印信收录于一卷日期为1931年3月21日的信件集中，节选自6月29日威尔逊致兰辛的一封信。（Library of Congress, Papers of George Creel, Woodrow Wilson and the Committee on Public Information, 1917-1931, Box 3, Vol. III, 1917-1918, 1931）

尽管对外宣传却并未在公共信息委员会建立初期的构想中得到应有的重视，但由于威尔逊政府很快意识到对外宣传工作的重要性，委员会也适时地承担起了在协约国、同盟国和中立国之间散发宣传材料的责任。在7月17日派驻俄国的特别使团代表伊莱休·鲁特（Elihu Root）从圣彼得堡写给兰辛的信中谈道："俄国士兵们根本不理解国家坚持战争的重要性，军队中已出现了一些不愿作战的消极情绪。此外，德国强大宣传攻势更加重了士气低迷的状态。在俄国革命发生之后，前线数以千计的德国间谍迅速集聚起来，他们利用在军队中的友好关系进行宣传。"鲁特对兰辛表示，他已经开始散发"信息"并为此花费了10万美元。他敦促政府至少投入500万美元，并提出以下理由：

"这些投入宣传的费用要少于维持五个团兵力的费用。在作战中使 500 万俄国人与德国敌对要比维持五个团的兵力值得多。这些费用将用于制造大量报纸和印刷品,分发众多海报和宣传册,雇佣许多演讲者,拍摄在前线放映的电影。这些工作将在俄国政府的同意下展开,而不是以美国的名义。我们特别建议在俄国前线设立像法英前线上那种基督教青年会的派驻机构。随着 1917 年 4 月 27 日威尔逊签署行政命令批准美国军队可以这样做,最近在奥匈帝国前线上就设立了相关机构,而且就在不久前在意大利和美索不达米亚前线也建立起来了。那里有阅读室、为不识字士兵所准备的读物、演讲室和电影临时放映间。英国军队当中有 2000 个这样挤满了士兵的机构,这也是了解士兵思想的好机会。美国应该为这些机构的设置提供资金支持,但是这一事实要等到机构成立并得到公众理解后再对外公开。穆德[①](Mott)认为他可以先召集在欧洲的 20 名美国人去迅速开始实施该计划,直到招募到和训练了足够多的人手。目前,宣传工作已在许多战俘集中营取得了巨大成功。我急切盼望有更多电影可以送往这里。这些电影展现了美国的备战情况、行军情况、战列舰、生产军需品的工厂和其他一些反映美国正在行动的画面。可怜的俄国士兵经敌国宣传后相信,除了他们之外没有人在真正战斗。近日,英国持续向俄国前线派送电影并取得了良好的效果,但这些活动规模都太小、俄国士兵又人数众多,想要重新把他们的思想改造回来是完全不够的。"(Telegram 8; Foreign Relations, 1918, Russia, volume I, pages 121-122)

6 月 27 日,兰辛回复鲁特道:"如你所愿,就你提出在俄国设立有效的宣传机构一事,我正在谨慎考虑中。"(Telegram 1; Ibid. , page 127)

(王一哲译,翟韬校)

---

① 即 John R. Mott,时任基督教青年会国际委员会国际干事。此人信息译自 FRUS, 1917-1972: Public Diplomacy, World War I, p. XVII. ——译者注

二、公共信息委员会国外媒体处主任（普尔）致克里尔主席的一封信①

1918年11月15日，纽约

摘　要　这篇档案主要涉及对外宣传机构——国外媒体处（Foreign Press Bureau）的基本情况。负责人主要谈了对外开展媒体工作的重要性和相关服务改善的建议。其中多涉及对新民主国家的支持、对俄国的态度和对宣传本质的认识等内容。

亲爱的克里尔主席：

我将结合这一年来在国外媒体处所开展的建设性工作，谈谈为何我国政府应长期坚持将宣传工作作为对外关系的一部分。

承蒙您的眷顾，我在战时担任国外媒体处主任一职。对此，我感到荣幸之至。但之后我希望能卸下重任，继续完成作为作家的使命。这里的工作主要属于编辑类工作，我想我并不适合。但是如果您希望我继续负责这项工作，我向您保证在接下来世界广泛热议的三四个月里我将竭尽所能完成好任务。我自知身为一名作家我将发挥更大的价值。在今后的岁月中，我将在写作方面发挥更大的作用。我决心已定，去意已决。

但我认为，从某种意义上说，国外媒体处的工作应该继续下去。你可能会说，这项工作应由国务院负责。也许是的，但更准确的说法是，它应该如战时一样，附属于国务院或至少应该在国内外与国务院紧密合作。对我来说，使国外媒体处长期存在下去是直接而又紧急的事。这是一个外交越来越公开的时代，为了使政府的政策在国外有效地传播，我们必须运用

---

①　资料来源：国家档案馆第63号档案群组，条目105，《对外部门主任办公室，一般信件》，第16盒，普尔1917年11月至1918年4月的报告。无分类标记。停战协定于11月11日生效。（本文译自：*FRUS, 1917-1972*：*Public Diplomacy, World War I*, pp. 80-85（Document 40）．——译者注）

合法的宣传手段让国外的广大民众了解美国的生活和国家的一系列重要目标。为达到上述目的,我们需要经受特别训练的人员通过大众喜闻乐见的形式向民众介绍美国。

国外媒体处的工作并不简单。一旦建立国际联盟的提议成为现实,那么无数问题将会立即凸现出来,所以我们需要迅速针对各国关于国联提出的问题一一进行回应,说明我们政策的具体内容、制定政策的原因以及美国国内对政策的广泛支持声音。这些支持的声音显然来自于国内的各种社论、知名人士和著名组织等发表的一系列言论。而如果这些新闻的传播延误几天甚至几个小时,就很可能引起严重的危机,这对于美国是极其不利的。当前亟待解决的问题便是建立从美国通向世界各地的通信电缆服务(cable service)。

此外,美国必将制定一系列更具持久性的目标和政策。为此,美国需要在世界舆论中占有一席之地。我相信,美国并不能靠庞大的军队实现这一目标,而是要依赖于在全世界范围内公平、公开的讨论。而且,各国民主化的趋势越来越明显,各国民众希望美国为他们提供友好支持的呼声越来越高。所以邮政业务(mail service)急需建立,以便于有足够的人员更加广泛地搜集新闻和舆论,弥补电缆服务的不足。

邮政业务还将负责撰写和编辑各类反映我国人民生活和国家发展情况的文章,最好能配上些照片、插图和衬边。这些工作最为重要,为了使外交政策在外获得广泛的支持,我们必须获得全世界的亲善,激发人们对美国生活和工作各个方面的友好关切。

另外,这里还应大力推广电影业务(film service)。我认为,作为一种宣传工具,电影将在亿万群众中逐渐普及。因为对民众来说,一部电影比一篇文章更有吸引力。

以上便是我对媒体处国内工作的改善意见。而国外部分的工作则要求,在各个国家工作的媒体处人员能够从收到的电报和文章中做出正确的挑选,并用通俗的语言翻译出来;同时还要求他们彻底了解所在国家的新闻宣传方式,通过新闻报道、周刊和月刊、技术刊物、橱窗展示、照片、演讲和电影院等手段进行宣传。

当然以上工作应与大使馆、公使馆合作完成，同时也要与国务院的政策相一致。

然而，这样一项具有实际价值的公共事业决不能以最近许多国家都在用的"官方宣传"的方式开展。尽管宣传工作必须要做到可靠、完全遵循国务院的各项政策，但它不仅限于此。撰写宣传材料时要符合国外的风格，编辑和计划出版时要仔细推敲，以保证国外的编辑确信这些材料能引起读者的兴趣而广泛使用它们。没有什么比立即防止出现"宣传""官方的"这样的字眼更为重要的事了。请记住，在接下来的几年内，随着国家间的联系越来越紧密，各国的外来新闻将在各大报纸杂志中越来越多地被报道。因此，我们的新闻材料要以最像样的形式呈现出来。

如你所知，其他国家将会继续或更加重视宣传工作，而他们在这方面一向比我们投入更多的精力。一旦这些国家对我们实施敌对政策，他们就将针对我们展开宣传战，除非我们愿意承认维护国家重大目标的任务失败，他们的宣传就会得逞。

我们急需消除外国对美国的所有误解，无论是现在出现的，还是将要出现的，其中包括对这一国家、人民生活、工作、思想观念以及国家的对内对外目标的误读。这就意味着我们不仅要让外国了解美国的时事新闻和普遍观点，还要通过刊载权威观点和阐释的各类文章和小册子让他们了解美国过去几年的发展状况、某些重大目标和发展趋势，因为现在这些正对外部世界产生影响。简言之，我们不仅要以流行的形式向他们解释我们的现在，还要介绍我们的过去。

此外，我们可以发送一些可靠而实用的文章，对其他国家漫长而缓慢的民主化过程提供一些有益指导，更好地帮助在俄国、巴尔干地区、中欧和其他地区出现的民主力量。他们渴望学习一切美国关于发展民主政治和工业的方式方法。通过民主政治和工业化的发展我们已经完全避免了国家走向极端专制和无政府主义的状况。他们还希望了解建立各级自治政府的实用政治经验，即联邦政府、州政府、市政府是如何帮助人民的以及人民是如何制约政府的。通过受欢迎且权威的文章、图片、电影等形式的传播，这些经验将对各国试图走安全的中间道路的自由派来说具有重要价值。种种迹象表明，世界正面临一个关键的阶段：一方面各国对建立国联的反应可能引起新的危机；另一方面各国转向布尔什维克主义的倾向也令人担忧。如果各国自由派能彻底了解各自的使命，这将极大地促进各国确保真正民主的安全。

举个例子，如果我们通过文章、图片、特别是电影向俄国数百万农民展示美国农民的生活、使用现代机械的情况、孩子就读的学校、汽车、报纸、乡村邮递和其他一系列便利服务，这将对俄国自由主义者很有帮助。目前，在俄国的大使馆和领事馆在这一方面做得还不够。我们要通过报纸、期刊、农业杂志、演讲、电影院等手段面向各阶层民众进行宣传，展示我们所做的和正在做的事，提供我们在过去的众多尝试中所积累的成功和失败的经验，展现美国农民和工人的生活、城乡儿童的面貌，包括免费中学和免费大学在内的各类免费教育、公共卫生工作、福利工作。我们的当务之急是要破除在俄国到处盛行的谣言，那就是我们的出口公司把俄国视为将来攫取暴利的不二场所。我们必须说明真正的目的，我认为，那就是本着互利共赢的原则开展合法贸易。

此外，针对德意志民族和奥地利民族，迅速并令人信服地向他们说明我们决定采取的态度是至关重要的，这样既避免了德国军国主义复苏的危险，又解除了国家的长期仇视情绪。而这种仇视情绪很可能成为滋生后代在欧洲发生冲突的温床。

无疑，在不久的将来，我们与世界各国的贸易将有巨大的发展空间。这就要求我们开展大规模的广告宣传活动，由出口公司主导通过输出电影、橱窗展示、国外报纸和其他可能的宣传媒介进行宣传。他们将利用一切可以利用的手段（包括电影）来推进宣传活动。反映美国生活的国家目标的一张张照片将直接影响我们与别国的关系。因此，我认为，贸易公司应该适当地平衡并减少与政府的友好合作，以避免可能出现的失误。因为全世界各地关于美国的言论，无论好坏，都有赖于我们的贸易。特别是在不久的将来，当全世界急需我们的工业产品时，这一点将更为明显。许多国家的敌对宣传者鼓吹，美国将利用在世界市场中对他国不公的优势，成为庞大的商业帝国。诸如此类的攻击需要我们通过宣传活动来正面回应，说明我们真正的政策——开放的自由贸易。

我们的食品也是如此。在接下来的几年，全世界将面临食物短缺的状况，因此，人们渴望了解美国食品供应的情况。如果我们可以向世界展示美国具有充足的资源，并说明我们的意图，即最大程度上与急切需要这些资源的各地人民慷慨地共享丰富的物产，那么这将极大地增进各国对美国的友好态度。对于向其他国家的人民展示美国农民过着怎样的一种生活、自由而有序的政府为耕种土地的农民提供了哪些服务的问题，我已经在前面谈过了。旨在增进世界对美国了解的宣传作品不仅要出现在流行刊物中，还要出现在农业期刊中。

同时，如果我们使其他国家了解到，美国成千上万的年轻人在大学学习是为了在国外从事与工业、商业、教育等相关的工作，那么无疑，这将在教育领域极大地增进各国对美国的友好态度。此外，为了共筑一个更加自由和友爱的世界，最好的办法就是使世界各地的教师共同就儿童教育和公民塑造的问题展开大规模的国际性交流，而这些公民将主宰着未来的世界。这项活动最好通过全球性的教育期刊来完成。在教育领域，我们有丰富的经验可以与各国分享，包括在联邦、州、市各级的教育制度。但是我们要学习的也有很多。无疑，在从事各项宣传工作时，我们应该尽力避免一种过于傲慢的态度。我们要乐于学习，勤于学习。有人说，在接下来年代里，"教育"一词将成为热词。如果真是这样，那么提供一种手段使得一国优秀的思想迅速传播到世界各地就显得尤为重要。

这一点同样适用于医疗服务和公共卫生领域。我们要在国外的大众新闻和医疗新闻中介绍美国在医疗服务和公共卫生领域开展的所有活动，为其他国家提供相关领域的宝贵经验，同时还要说明我们从国外的众多国家中汲取经验，受益良多。此外，我们也要表达愿意支持欧洲救济工作和重建工作的态度；同时还可以介绍近二十年中美国针对公共卫生问题所发起运动取得的巨大进展，以显示出自身民主制度的优越性。我们还要尽可能地表达新的国际秩序对医学进步的推动作用以及医学进步对构建新的国际秩序的促进作用。

目前在美国大使馆和领事馆内都设有商务专员。为了促进这种专门领域新闻的互通有无，我认为，在一些更为重要的国家也应该相应地设立教育专员、农业专员，可能的话还要设立医疗专员。

无论如何，在一些重要的国家都要设立协调通信电缆服务、邮政业务和电影事业三大部门的办事局，并加强与领事馆等驻外部门的合作。同时，在国内也应相应地设立这三大部门来负责收集并传递信息。

就实际组织而言，我只能对邮政业务部提出一些建议，因为我有过相关的工作经验。

简单来说，邮政业务部由以下几部分构成。首先是新闻特写（news feature）业务。它主要负责从涉及美国方方面面的 200 份日报中摘要并进行"改写"，呈现出形形色色的观点意见，也要参考上百种综合期刊、技术杂志、行业杂志等，以及所有联邦政府和州政府的报告、私人组织的报告。

我们有专职人员负责相关领域的信息收集工作。这些领域包括，农业、粮食储存、工业和金融、劳工、教育、宗教和医学。

与之相关的部门是为数以百计的美国出口商服务的。它负责为其提供印刷制品和图片素材，再由他们通过无数商业信函、商品目录等传播到外国。

此外，我们还安排有专门的人员或其他人员来协助该部门工作。他们对其他国家有着深厚了解，包括俄国、瑞典、挪威、丹麦、荷兰、法国、英国、西班牙、意大利、奥地利、德国和拉美各国。

我们还设有艺术部，专门负责拍摄照片、制作插图和衬边等，为文章和重印作品画插图，这些文字资料常摆放在我们在国外的橱窗中；此外还负责制作反映前线战争目标和军事活动的各种海报和图画明信片。

这样的机构组织是邮政业务部门设立的基础。

我并未形成清晰有序的规划，或者详细的安排，这些只是我个人认为很有必要的建议。我希望，如果我的这一建议得到政府的同意，加上他人的意见，将会形成一个更加可行的方案以建立一个强有力而完整的对外宣传系统。在我看来，如果没有这样的宣传系统，在未来关键的几年想要构建新的国际秩序是很难获得成功的。

总之，请您采纳我的这些建议。据档案显示，我们中的很多人都希望能有人为美国建立一个永久存在的对外宣传系统。我认为,目前国外媒体处的一些工作人员完全胜任这项工作,只要有人说服他们承担这项工作。至于总指挥,我觉得没人比您更为合适。

谨致问候

欧内斯特·普尔①(Ernest Poole)

(王一哲译,翟韬校)

三、来自公共信息委员会对外新闻处的报告②

华盛顿,1918年2月1日

摘 要 本文件主要讲了对外新闻处外宣的目的、必要性和一些原则,结尾处介绍了该部门主要负责人的情况。这篇文件的重点是介绍对外宣传中通信电缆业务(即有线电报业务,cable service)建立和开展的情况,重点讲了向拉美、日本、中国等地区传播美国总统演讲的情况。

截至1918年2月1日对外新闻处(有线电报)发来的报告

本部门的根本目的是传播与美国有关的新闻,尤其是帮助人们弄清这个国家参战的原因、参战的目的、其自身的军事准备和军事行动。美国正在为呼吁世界各国保持理智判断、激发民主精神而不断努力着。然而像这样的号召,如果缺乏与世界各地报纸读者的联系是无法最终实现的。这个特殊的部门主要负责处理"热点"新闻,也就是说,它需要通过电报、电缆或无线电广播来传播新闻素材。

---

① 原件此处是普尔本人的签名。
② 资料来源:国家档案馆第63号档案群组,条目105,《对外部门主任办公室,一般信件》,第16盒,欧内斯特·普尔,1918年2月至6月。无分类标记。(本文译自:FRUS, 1917-1972: Public Diplomacy, World War I, pp.24-27(Document 12).——译者注)

毫不夸张地说，美国已经受到了整个世界的误解，这个国家的发展要么受到外国报纸的诋毁，要么缺乏足够的展示。现在这些情况仍没有多大改观。多年来，美国一直受到不利的宣传。除去一些明显的例外，可以说，国外那些关于美国的简要报道通常是耸人听闻的，缺乏相应的背景介绍，而且报道篇幅有限。另外，许多重要的新闻发布中心都无法从美国获取到直接的消息。

1. 本部门应熟悉世界各地的新闻传播渠道、特别是那些涉及美国新闻报道的传播渠道。

2. 本部门要尽一切可能鼓励新闻机构和记者增加美国新闻向海外报道的数量，只要有可能，就去扩展获取新闻的各种渠道并协助改进传输设备，还要与外国报纸的记者和新闻机构建起合作关系。

3. 本部门向任何看起来有需要的地方发送追加的新闻。根据政策，这类新闻不会同已设立的新闻机构或特派记者发出的新闻构成竞争关系。实际上，提供追加新闻旨在满足即时的需要，宣传美国人的观点。

4. 本部门随时准备向国外发送文字材料和传播信息，例如总统的演说。处理此类信息的普遍策略是先将其交由世界各国新闻传媒的中心地区，再由这些新闻中心转发到已设立的新闻机构做进一步传播。在那些没有完整传播体系的地方，由于缺少新闻机构或出于其他原因，这些信息要先发送给美国的官方代表，并由后者向当地媒体发布。

5. 本部门要与美国国务院保持直接联系，尽可能小心谨慎，绝不曲解美国政策。还要妥善安排与战争贸易委员会的密切合作事宜。

以下电报于 1 月 31 日发出：

1. 有线电报业务大约一天可向彼得格勒的委员会代表提供 250 个字消息。特别使团代表鲁特（the Root Mission）和其他熟悉俄国局势的人员敦促美国向当地发送新闻。① 在当时，美国的韦斯特尼克通讯社（Viestnik agency）每天可以从纽约发往大约100字的有线电报到彼得格勒，再由一家俄国的官方通讯社接收。我们本想将有线电报字数增至一天四五百字。但是，在经历了几个星期的尝试后，该计划被终止，随后便开始了目前的有线电报服务。服务通常包括几个简短的新闻报道，这些报道在一定时期内把美国的发展状况描绘一番。而且这是美国向俄国提供直接新闻的唯一途径。

2. 在11月29日，有线电报以大约一天1200字的速度开始发往法国。它经由海军无线电广播发送给一家法国的广播电台。最初的意图是要将这些信息发到俄国，并转发并给位于莫斯科的俄国站，但由于俄国局势混乱，消息在很长时间之后仍未送达。发给法国的有线电报，则传到了《新闻之家》(the Maison de la Presse) 从而得以在法国传播，此外它也经由电报传给了位于伯尔尼的美国公使馆，公开发布。最近，该电报已从伯尔尼发送到罗马。

3. 该无线电广播在一段时间之后传到位于巴拿马海峡的达里安（Darien）广播站，并将副本发送到当地的报纸，为满足一些加勒比盆地无线电广播站的要求，消息也在那里进行了重播。后来这项广播被发往圣迭戈（San Diego）的广播所取代。在那里，该广播被译成西班牙文，并用无线电从圣迭戈到达里安进行再传播。当前的计划允许发送特别针对南美洲的新闻。

4. 相关计划尚待将新闻范围扩大到斯德哥尔摩、委内瑞拉和亚洲各地。

5. 我们已经与相关的新闻机构代表多次谈话，力图鼓励他们扩建并改善他们的新闻传播服务。

---

① 见文件2及文件3。(这里文件2指的是 "Letter From Walter S. Rogers to the Chairman of the Committee on Public Information（Creel），" in *FRUS, 1917-1972*: *Public Diplomacy, World War I*, pp. 4-7. 文件3指的是 " Editorial Note", in *FRUS, 1917-1972*: *Public Diplomacy, World War I*, pp. 7-8. ——译者注)

这个部门负责将总统在 12 月 4 日及 1 月 8 日的演说发往世界各地，[①] 并将国务卿兰辛（Secretary Lansing）根据豪斯上校（Colonel House）针对"欧洲特别使团"[②] 所做报告的评论摘要发送到南美洲和亚洲地区。

全世界的主要报纸普遍都完整刊载了总统的演说。这种出版物已在很大程度上帮助世人了解到美国人的态度与意图。

鉴于新闻社对总统演说提供了解释说明，接下来由日本国际社（the Kokusai Agency of Japan）发表的评论就显得十分有趣。在描述完这条由美国发往旧金山的信息是怎样传播的以后，该社评论道：

> "这条消息经由陆路近 4000 英里，然后从旧金山开始了通往关岛的漫长海底之旅。在此地，这条长消息又一次被记录下来，之后又一次以'接力'的方式传送到中国和日本并分别通知路透社在上海的代理人和日本国际社总经理进行接收。此通知于周二即 4 日晚间晚些时候接收，并于周三即 5 日再次接收。[③] 5 日下午，消息的第一节、约 100 字的内容经电报系统传到了位于庄重郎町（Sojuro-cho）的国际社的总部。在这里，所有围绕这条重大消息的准备工作早已提前展开，包括妥善接收和处理；负责编辑、翻译、复印和送信的相关人员也已做好了随时工作的准备。有经验的编辑们轮流接收到来的电报。一旦收到电报，立刻将其口授录入打字机。翻译员翻译完后，再由日文和英文的首席翻译进行校对。经过润饰和对照的文稿将被改写，之后交由复印员进行必要数量

[①] 见文件 6 的脚注 2，以及文件 7 的脚注 4。（这里文件 6 指的是 "Letter from the Chairman of the Committee on Public Information（Creel）to President Wilson", in *FRUS, 1917 - 1972: Public Diplomacy, World War I*, pp.14-16. 文件 7 指的是 "Cablegram From the Committee on Public Information Commissioner in St. Petersburg（Sisson）to the Chairman of the Committee on Public Information（Creel）", in *FRUS, 1917-1972: Public Diplomacy, World War I*, pp. 16-17.——译者注）

[②] 见兰辛 1917 年 12 月 27 日转交给威尔逊的《豪斯关于美国驻欧洲使团及国际同盟会议的报告》摘要。参见《伍德罗·威尔逊文件集》，第 45 卷，第 368—369 页。

[③] 1917 年 12 月 4 日及 5 日。

的复制。"

"这是一个繁忙而有趣的夜晚,由于当地的电报线路负荷过重,事件的传播速度慢了许多。70 到 100 个字的消息只能接收到 52 条,且每条都通过同一台机器接收。"

"最后需要注意的是,在整套信息准备好联合发布之前,要避免提前泄露信息中的任何内容。"

"最先完成的副本被送上了出发的列车,这是为了保证外地报纸与城内报纸发售的同时性。第一个全英文和经过翻译的消息的副本则在清晨送到了总经理办公室——在第一时间核准后,完整的副本会被传达给美国大使。当送达的副本得到大使'准予发表'的批复后,骑着自行车的信使便迅速出发投送报纸,这样每一份报纸才能及时并同时送达到每位读者的手中。"

"其他新闻机构在与国际社合作向地方报纸传递新闻的同时,也会收到新闻。之后遍及东京、大阪、横滨、神户和其他各个地区这些新闻机构的办公室便会出现更加热火朝天的场面。数百台电话确确实实地都派上用场,新闻从日本的一地传递到另一地,准备发布。这种火热的新闻传播场景对国际新闻社来说可谓前所未有,也许,更彻底地讲,随之而来的赞许和认可是国际新闻社自创设以来从未得到过的。"

"著名的《大阪午报》就是日本报业这种火热现状的一个显著例证。在国际社办公室收到消息的短短几小时之后,这条消息就出现在 300 英里外的《大阪午报》上了。"

本部门自身仅限于发送美国的新闻事件,而且秉持的理念是,从长远来讲最好的宣传仅仅是让美国的事件自己说话。驻外编辑接收到新闻后,应该能够合理地按照预期将消息刊发。这些新闻应该是多种多样、具有吸引力的,而且要涉及时新、能引发兴趣的话题。另外,不应有"伪造"的宣传出现。

本部门办公室同海军新闻审查官（Naval Press Censor）保持联系。新闻审查官确保没有任何军事信息或恶意言论通过有线电缆从美国发送到外面的世界。这种审查制度只是预防性的；而本部门则面临的一个建设性的难题，那就是确保在海外恰当地讲述美国的故事。

我们从路透社总经理的一封信[①]中引了下面这段话，很有意思，而且也能说明大新闻机构与美国政府的合作意愿：

> "为处理好这些电报，我们出色地执行了上面下达的指示。我们的工作任务是通过电报把消息发往世界各地，并且需要精确无误地将一则急件译成3000字内容的法文并迅速发出，这真是一项浩大的工程。我们刚才已表明我们很乐意挑起这份担子，因为我们知道这样做能够为美国政府和我们的盟国提供良好和切实的帮助。"

最新的本部门管理人员情况如下：包括主任和佩里·阿诺德先生（Mr. Perry Arnold），后者曾一度主管位于华盛顿的合众社（United Press）机关，之后担任国际社的驻外编辑。最近，保罗·V. 佩里先生（Mr. Paul V. Perry）加入管理团队，他曾在《底特律自由报》（*Detroit Free Press*）担任外电新闻编辑。在海外，本部门驻彼得格勒代表由西森先生（Mr. Sisson）担任；布拉德先生（Mr. Bullard）任驻莫斯科代表；怀特豪斯夫人（Mrs. Whitehouse）任驻伯尔尼代表，H·N. 里奇先生（Mr. H. N. Rickey）任驻伦敦代表。

（高可攀译　王一哲、翟韬校）

---

① 档案中没有发现这封信。

四、公共信息委员会
驻斯堪的纳维亚分部电影部主任（史密斯）的报告①

无标注日期

摘 要 本文件主要是关于美国对中立国通过电影进行宣传的情况。

公共信息委员会驻斯堪的纳维亚分部
电影部主任盖伊·克罗斯维尔·史密斯的报告

在1918年4月1日抵达斯德哥尔摩之前，委员会办公室就与当时在彼得格勒的我取得了联系，并派我负责将美国的官方电影带到瑞典、挪威和丹麦进行散发传播。经过调查我发现，在所有这些国家的影剧院里，都放映着大量的德方宣传片和德国拍摄的剧情片。在斯堪的纳维亚，喜欢电影的人有很多，因此，在五百多家剧院里大批的观众持续不断地接受着一种观点的影响——当然，这种观点常常是德国人的观点。那些宣传影片展现了德国人和奥地利人的成就，描绘了德国城市、弹药工厂等地的场景，这些画面往往都是为了说明德国人如何打赢了这场战争。而对于美国人在战争中的作为，则没有任何的表现。尤其是在瑞典，德国的电影宣传严重损害了现存的公平中立观念，究其原因，是瑞典人几乎全部倾向于支持德国，而这些电影也不断刺激着民众深化这一认识。

据我推测，我们的电影将不得不在某种方面受制于这些影院和发行公司。由于禁运令的限制，美国的剧情片对该国的供应极为有限，这也在一段时间内排除了从美国进口电影的可能。而对德国电影制片人而言，这一

---

① 资料来源：《国家档案馆》第63号档案群组，条目106，《从公共信息委员会驻外员工处获取的信件、电报、报告和报纸》，1917年11月—1919年4月，第21盒，盖伊·史密斯—伯尔尼—电报 一月 六月'19。无分类标记。史密斯以附信的形式在6月1日从纽约把这个报告寄给里奇。(本文译自：FRUS, 1917-1972: Public Diplomacy, World War I, pp. 91-92 (Document 43). ——译者注)

情况则为他们的产品渗入中立国提供了可乘之机，但他们也就只能出售那些体现德国宣传主题的剧情片，除此之外，他们也是无计可施。

在同战争贸易委员会代表在斯德哥尔摩、克里斯丁亚那①和哥本哈根进行会晤之后，我制订了如下计划，而该计划的运作可在实际上压制德国人在斯堪的纳维亚的宣传和剧情片的放映。在我来到斯德哥尔摩的不久之前，针对美国剧情片的出口禁令已暂时提出，而现在剧情片的出口数量再一次开始增多——它们都运往了美国在不同的国家的公使馆。在销售给电影承销人之前，他们会签订协议，表明决不安排美国的影片与德国剧情片或宣传影片一同展映，同时，保证始终都有一部美国官方作品上映。该协议也将在发行前同各大戏院签订一份。控制斯堪的那维亚各戏院的三大巨头公司进一步声明：他们绝不允许任何先前已接收的影片与德国作品同期上映。由于美国电影具有优越性，这些电影在民众之间更受欢迎，这些协定产生的影响迅速呈现并愈发明显。德国电影在某种程度上逐渐被迫退出了市场，我来到这儿三个月后，已经很难找到一家影院在上映德国剧情片了，而德国宣传片也完全被驱逐，取而代之的是我们美国的官方电影。我对这三个国家的电影排片方案保持着密切的核查，结果表明，仅有少数剧院没有遵守协议，依然上映德国电影。当然，它们将失去获得美国影片的资格。

在斯堪的那维亚的八个月里，我分发了约 100000 英尺的官方电影胶片。其中包含有关于美国工业题材的影片，也有赫斯特—百代公司（Hearst-Pathe）和《环球周刊》（Universal Weeklies）对美国国内关于协约国战争活动事件的报道，还有电影《潘兴的远征军》②（Pershing's Crusaders）以及协约国战况回顾题材的影片。这些影片首先在首都斯德哥尔摩、克里斯丁亚那、哥本哈根最好的剧场进行了放映，接下来在小剧院放映，之后遍及这三个国家的其他大城小镇。这样，对大批观众而言，他们原先只能通过德国人的眼睛看到战争的新闻影像，现在他们已经能够看到我们在战争中的所作所为，了解到我们的工业成就和巨大利润，还有他们会欣赏到无论是

---

① 挪威首都奥斯陆的旧称。——译者注
② 关于《潘兴的远征军》，参阅在线附录，附录 A.11.。（这里指的是本卷文件附录中的影片截图，见 FRUS, 1917-1972: Public Diplomacy, World War I, p.104.——译者注）

题材还是角色都具有地道美国特色的而不是德国的剧情片。

在斯德哥尔摩一家报纸最新刊登的电影公告上,我注意到十二家剧院中,有十一家都在放映美国作品,有一家放映法国作品,却没有任何一部德国影片。显而易见,尽管我们的封锁控制已经结束数月有余,德国方面却依然没能恢复元气。

盖伊·克罗斯维尔·史密斯

(高可攀译,王一哲、翟韬校)

五、公共信息委员会主席备忘录(克里尔)[①]

华盛顿,无标注日期

摘　要　本文件主要涉及美国对欧洲盟国(法国、英国等)的宣传目的和原则,还谈了在欧洲设立宣传机构——美国驻欧洲公共信息局的设想。

美国驻欧洲公共信息局备忘录

来自各方的压力迫使美军当局采取类似于欧洲各宣传机构的方式进行宣传。英、法两国在协约国和中立国一直设有宣传机构,它们认为这既和国家利益有关系、也和联盟的事业有关系。

截至目前,我们唯一的"宣传"已在美国远征军情报部下属的新闻处开展,该机构负责公共关系和审查工作。它将信息自由传递给所有想获悉的人,把照片分发到各协约国,并利用特殊设施让那些具有影响力的市民、作家和记者看到我们军队的实力。

我们将来可能发展的任何组织,都应从属于政府的指导之下。各志愿

[①] 资料来源:《伍德罗·威尔逊文件集》,第46卷,第200—203页,普林斯顿:普林斯顿大学出版社,1984年。该备忘录的原始日期是"大约为1918年1月31日"。所有中括号内的内容均为档案原有。(本文译自:*FRUS, 1917-1972*: *Public Diplomacy, World War I*, pp. 21-23(Document 11).——译者注)

组织不仅要协助做好宣传工作，而且一旦出现为提高效率而接受官方援助的情况时，这些组织还要具备半官方的能力。除非他们可以贯彻执行政府的意图，否则就可能对那些最棘手的工作造成恶劣的结果。鉴于取消志愿服务制度并不可行，我们可按照下列两个方向之一采取行动。

第一，新闻处可以增加工作人员数量或者从战争部那里得到一小笔拨款，从而沿着现有的路线扩展其自身的工作。

第二，我们可以在巴黎设立一个对外宣传总局，同华盛顿的公共信息委员会及军事情报部门保持密切联系。此前，我们已在巴黎设有一间办公室，并于伦敦、罗马和马德里都建立了分局。准备工作完成后，我们的政策是要通过展示我们对德的巨大战斗能力来鼓舞士气并增强盟军作战决心。这将阻碍德国的宣传攻势并消解敌军在别国宣传（如意大利）所产生的恶劣影响。通过阐述美国的思想和理念，我们会设法让协约国民众打消对我们的参战动机所产生的极其普遍的怀疑态度，这些协约国一致认为我们是为了领土或商业利益而参战。和平谈判开启后，该组织仍将作为反映我们国家目标的手段之一而发挥其作用。

美国驻欧洲公共信息局的固定支出

	每　　年
在巴黎、伦敦、罗马、马德里、鹿特丹、伯尔尼、奥斯陆、斯德哥尔摩、哥本哈根和彼得格勒的办公室租金	24,000 美元
速记员、文员和办公室开支	50,000 美元
各分部的五名助理的工资为每月 250 美元至 500 美元	240,000 美元
固定支出合计	314,000 美元

巴黎总局的主席应该有在欧洲的丰富阅历，而伦敦、马德里、罗马和斯堪的纳维亚国家的分局领导人不仅要了解和同情其派驻地的情况还要熟练掌握当地语言。领导班子应包括一名杰出的学者，一名实干的办事人，一名经济学家、一名新闻记者，以及若干可以接触到不同机构和社会阶层的人。在对这些人进行精挑细选之后，负责人会审核其工作成果，看他们是否拥有一种典型的新美利坚人性格，以高尚谦逊、一丝不苟的态度开展

工作。而这种形象与欧洲人所联想的那样一个夸夸其谈、浮华虚假和唯利是图的美国人形象是截然相反的。

第一助理不仅要对这些工作有明智的判断，还应具备爱国精神。他们的服务只能获取微薄的报酬。在 500,000 美元的拨款里，有 176,000 美元将用于印刷、差旅和机构的紧急事务。一总局的一名助理应该是一名可以进行审计工作的会计。所有的员工都要执行每月公告的要求。不要为那些经不起公开调查的费用支出记录乱花一分钱。

1. 显然，于情于理，我们的人民都应该通过了解一些有关协约国现状的细节而知晓真相。那些事实现在已经可以从政府方面获得，这可比晚些时候从其他源头获悉要好，因为那些源头可能会为批评家所利用。

2. 我们应该清楚，协约国认为德国人在西线的军事决定性战役中取得胜利是危险的，所以他们希望我们投身于战争之中，耗尽我们的最后一滴血、最后一分钱去赢得最后的胜利，然而在一些情况下，这与我们在战争中所宣称的目的并不相符。

3. 无论如何，以目前的形势状况来看，一场教育战应当在国内打响。纵观时局，我们唯一可以令德国总参谋部心服口服的力量便是我们的军事力量和横跨连接大西洋两岸作战的能力，这可使我军对德军造成不小的压力。任何分散这一目标的准备工作甚至是公众情绪，都只会正中德军下怀，让德军只需要通过评估我们的直接打击力度或潜在打击力度就能判断出我们的实力。我方人民对当前形势应表现出坚定不移的态度，尤其是对我军的作战能力更要深信不疑，让德国人不要误判我国民意，因为这是在总统手中所掌握的让战争尽早结束的最佳利器。

4. 我们应使法国政府了解我们将事实告诉国民的目的，以防法国政府可能会——如果他们选择如此的话——利用他们的审查制度来压制那些可能会削弱法国人士气同时鼓舞我们自己的消息。

5. 法国人和一小部分英国人之中存在着这样一种普遍的论调，那就是他们大多认为我们虽然愿意向协约国进行贷款，来捐助红十字基金会并提供大量的救护车，但我们不愿意流血牺牲。能够说明我们坚决作战的最有说服力的证据就是那些训练有素的军队。无论他们的规模有多小，即使付出惨重的代价，也应当在西线为抵御强大的德军进攻而出一份力，这将预先在欧洲起到很好的宣传作用。

6. 法国军队所经历的重创给我们提供了前车之鉴，这要求我们要保护好我们的军队，并且在极端情况下要加入英国军队，利用英国基地来准备进一步的军事行动。

7. 因为法兰西的民族特性以及三年来他们一直承受的巨大伤亡，我们应该施加每一个可能的影响去加强他们的士气，使他们相信我们的力量，以便未来让他们可以承受住另一次大规模进攻。因为一旦德国人决定要在西线倾注重兵以取得决定性胜利的话，毫无疑问，这种攻势将会直接威胁到他们的防御区。

（高可攀译，王一哲、翟韬校）

六、来自西班牙大使馆的报告[①]

马德里，1917 年 12 月 22 日

摘 要 本文件主要讲的关于公共信息委员会针对中立国的宣传。对西班牙的宣传很有代表性，这里主要涉及对中立国宣传的原因、主要宣传方式等内容。

1. 此时此刻在西班牙，我们正采取着三种宣传手段：出版物、电影和个人宣传。

2. 出版物宣传采用两种形式——期刊和小册子。

[①] 资料来源：国家档案馆第 63 号档案群组，条目 111，《亚瑟·伍德信件》第 1 盒，公共信息委员会驻西班牙和意大利的特派员弗兰克·马里昂（Frank J. Marion）。无分类标识。首页顶部有"海军专员"字样。据推断，该报告是由海军专员兼海军上校本顿·德克尔（Benton C. Decker）所写。时任西班牙大使为约瑟夫·威拉德（Joseph Willard）。（本文译自：FRUS, 1917-1972: Public Diplomacy, World War I, pp.10-14 (Document 5).——译者注）

期刊可分为世俗期刊和天主教刊物。

这些出版物在各大城市出版，甚至在那些从事宣传活动的人数远逊于德国人的小镇里都能见到，尽管那些城镇小到常被人愚蠢地忽略。

尽管这里的文盲比例高，这些宣传材料还是对西班牙人民的舆论塑造产生了巨大影响；文章中的内容被那些识字的人们读过之后，又转述给那些不能读书的人们。这些印刷出版的文字给民众提供了可靠的消息来源，由于受教育程度高的精英人群并不青睐这类出版物，因而它们对普通民众来说就显得更为重要。

通过那些德国方面肆意炮制的刊物——这不幸地意味着，通过大多数西班牙的世俗报纸和天主教报纸——西班牙人民的舆论正在被错误引导，这种观念漠视民主政治与宗教信仰，并反对协约国。而反对声音一旦加强，来自人民的支持声音便一去不返；在西班牙南部，读者们常常被灌输认为英国人侵占了直布罗陀；而在西班牙北部，拿破仑的侵略阴魂不散地困扰着人们的思想；所有西班牙人都无法忘记是美国佬让他们失去了最后的殖民地荣耀。天主教徒们时常被煽动去反对那些英国异教徒，反对不信神的法国人，反对粗鄙不堪、唯物至上的美国佬，他们认为这些美国佬从不相信真理，甚至在语言上连最基本的礼仪都不懂。

然而，西班牙人没什么别的可相信，只能接受这样的灌输，认为德国皇帝和大部分日耳曼人好歹算是天主教徒；或者至少来说，即便他们是路德教徒，也都是虔诚的信徒——现在他们正捍卫着崇高的圣火，抵抗着肮脏的异教蛮人。而看起来令人不可思议的是，人们竟在受教于这些观点！

3. 然而，反对上述所有观点的协约国一方，在出版物方面则几乎或压根就没有任何反宣传的防御措施。协约国一直认为，德方的宣传活动太过粗鲁且虚假至极，根本无法取得成功。譬如，他们那一种类似于欺骗和恶毒的谎言行为在对付美国时的确是失败了，但美国那边教育和信息水平却远高于西班牙。所以在西班牙，敌人的阴谋得逞了。

4. 这并不是说西班牙就没有刊物声援协约国的主张——例如《西班牙信件》(*La Correspondencia de Espana*)、《自由》(*El Liberal*)这些刊物就代表着西班牙最好的新闻思想，它们基于事实表明自己的立场。同样，就在前两天的一晚，在一个名为"马德里的雅典娜"（the Ateneo of Madrid）的自由论坛会议中，有位国会议员毫无畏惧地告诉他的听众，协约国是在为人类权利而战，他们不惧向德国直接发动进攻，并公开谴责军国主义的存在，批评西班牙不愿为了自己的荣耀与命运而与协约国并肩作战。然而，这样的文章和发言人却依然只是少数。

5. 在西班牙，大多数人都是亲德派——贵族们是出于对自身利益的尊重，而其余人士则出于无知和误解，这主要来源于亲德的世俗和天主教刊物的影响。

6. 有人说，协约国不应该去试图纠正这种情况，因为敌人长期开展宣传活动，并已成功地固化了当地人民的观点使之永久反对我们，因而现在与他们打宣传战无疑是白费力气。

这样的努力是否一定或可能带来足够的回报就成了一道难题，它依赖于以下两个前提：其一，西班牙是否会受到引诱或者诱惑，从而加入反对协约国的一方参战；其二，如果西班牙与我们交战，她是否会让协约国受到重创。

7. 那些坚信我们对敌宣传毫无用处的人们断言，西班牙不可能加入反对协约国的战争中去，即便真的参战，她也不过就是个弱小的对手。

对我自己来说，本人持一种相反的观点即，西班牙可能会参战反对我们，而如果她真的参战，将给协约国带来重大麻烦。

8. 因此，我认为我们应努力打击敌人在西班牙的报纸上发动的宣传攻势。

9. 我认为，我们应想尽办法来做这件事，因为倘若西班牙加入敌方阵营中，西班牙将会相信，我们的对手将赢得胜利，他们会把这一信念带回国内，其结果是敌方将投放更大规模的宣传印刷品。

敌方所有的文章都是为了阐述德国军队的战无不胜、无敌的经济和工业实力、赞颂民众高涨的士气及其领导人那坚不可摧的基督教精神。其他文章则描绘了深陷饥荒和德国潜艇恐惧的英格兰、斗志涣散的法兰西、混乱无序的俄国、溃败的意大利以及鞭长莫及并为了维护自身利益在这场战争中谨小慎微的美利坚。这些说教有时一天一次，或者一天两次出现在西班牙人的日常报纸中；因此，也难怪大多数西班牙人都开始相信这些事情将成为现实。如果情况属实，他会认为协约国将失败，而德国人将获胜；进而他认为尽快与胜利者结盟会是最明智的做法，那样就可以避免因为自己行动不够快而激怒胜利者（在西班牙，每天都有人提出这样的观点——而另一些西班牙人，尽管理解并因此而感到悲哀，却也从未否定过他们上述的论证方式）。

10. 我还没有从商业角度提到过宣传的重要性。我曾在各地从西班牙人及英国人自己那里听到，"西班牙人讨厌英国人"。他们一直被灌输要对法国恨之入骨的观念。西班牙人"牢记着缅因号的教训"①，不过，考虑到英国人占据了离自己更近的直布罗陀而对英采取敌对态度，以及英法之间愈演愈烈的冲突，西班牙不久就会忘掉美西战争，如果允许的话，他们会继续与美国保持日益友好的关系——即便仅仅是因为他们更仇视其他国家！但德国人不打算让西班牙人忘记"缅因"。该事件被亲德派媒体挖掘并抓住一切机会不断报道，不断提醒西班牙人记住，那些美国佬正试图"不择手段地玷污他们的荣耀"。而敌人另一个攻击我们的借口是，我们拒绝在这场圣战中进行调解。②

11. 我确实认为，我们应努力阻止敌人刺激西班牙人民反对我们，敌人常会在这两点上喋喋不休地大做文章，他们也会抨击我们的物质主义，诋毁我们"独一无二"的特殊性。

我们的行动将让我们在战略和商业上受益，而不会让我们在这个国家的利益因德国人的谎言与嘲笑而遭到破坏。

12. 西班牙的天主教媒体有着强大的影响力。那些经教会批准而出版的

---

① 指的是"缅因"号军舰，该军舰于 1898 年 2 月 15 日在哈瓦那港口发生爆炸，造成 266 人丧生。虽然西班牙与该爆炸并无关联，但在当时，该事件加深了美西战争前美国公众对西班牙的敌意。——译者注

② 出自教皇本笃十五世于 8 月 1 日签署的和平提案及美国方面的回应，参见《伍德罗·威尔逊文件集》，第 43 卷，第 482—485、488—489 页，第 44 卷，第 57—59 页。还可参见《美国对外关系文件集》，1917 年，增补第二部分，世界大战（*Foreign Relations, 1917, Supplement 2, The World War*），第一卷，第 161—222 页。

报纸是最恪守信条的天主教徒的首选,而且能够最便捷地送达他们家中。虽然教会只负责对这些文章是否符合道德进行检查,但确凿无疑的是,教会决不会刊发在军事或政治问题上采取攻击教会当局态度的文章;令人震惊的是,鉴于某些报纸对事实的歪曲以及语言的使用,这些文章居然还能得到西班牙教会的批准。

13. 我认为我们应竭尽所能将天主教的报纸拉到我们这边阵营里。它们之中的一些并不会让我们破费很多。①

14. 通过小册子、书籍、传单等手段,并恰当地考虑到特定场合的需要,我们的宣传将产生效果。

我们一直在考虑是否有可能通过这些方法接触到那些天主教徒。法国人已经采取了一些行动。我并不知道英国人此刻在做什么,不过我听说过他们正要送出一些出版物,但那些出版物据说对这里的大多数人并不适合。

15. 法国、英国和意大利已经开始通过电影放映机来进行宣传工作。那些放映的电影内容也并不总是战争的画面。

16. 我相信马里昂先生会在这儿为帮助我们出色地完成工作。

17. 他带来了一些优秀的影片,如果这些电影在全西班牙放映,并广泛宣传的话,那就不可能不在这个国家形成一种对我们有利的舆论——毕竟,西班牙是一个无知愚昧的国家主要因为这里消息闭塞,而不是因为其呆滞和无思考能力。

举例来说,有一部马里昂先生带来的影片叫作《一粒小麦的故事》。该电影绝佳地展示了美国的农业、工业和商业水平,创造出一种仿佛置身于卡斯蒂亚小麦种植区的感觉,我敢断言,凡是看过这部片子的西班牙人都会对片中所呈现的那个拥有如此大规模农田的民族施以尊重与钦佩之情,正是通过这一方式,才成就了这样的美国。而在此之后,西班牙人心中会产生一种观念,即自己最好不要与这样的一个民族发生冲突。

18. 个人宣传。这对我们来说比较难是因为在这个国家的美国人很少,

---

① 此句不知被谁删去了。——译者注

而那些为数不多的美国人也并不总是那么受欢迎。通过个人关系进行宣传的手段被敌人研究得透彻至极；德国人同各阶层的西班牙人有所接触，并与他们关系密切——而这对于外国人来讲通常是十分困难的。

我认为我们可以沿着这个方法去做点什么，前提是我们要有一些优秀的美国牧师，他们耐心而机智，擅长西班牙语——如果可能的话，甚至在这个国家与西班牙人沾亲带故。

有些影响可能会在我们的大学教授这些知识分子中间所产生，如果他们被派去西班牙的话；但满足如下条件的游客才是我们需要的最佳人选：他们接受过良好教育、彬彬有礼，熟悉西班牙的语言与风俗，并能够同重要人物谈论共同感兴趣的话题。我们拥有一批这样的人士，而这里会给他们提供一个机会来报效祖国。

（高可攀译，王一哲、翟韬校）

七、驻俄使馆致国务院的电报[①]

圣彼得堡，1918年2月19日，下午3点

摘　要　本文件主要讲的是公共信息委员在十月革命之后向苏俄展开宣传的方针和做法，也零星涉及一些对德、奥宣传的信息。

2388号电报，西森致克里尔，"2月19日。[②] 这是对您未注明日期的公开电报所进行的回复，当时在电报里您要求对总体形势展开调查。在您发

[①] 资料来源：美国国家档案馆，第59号档案群组，核心档案1910—1929年，第731盒，103.93/54。无分类标识。绿色。在2月24日上午9点17分，帕钦（Patchin）（国务院外国情报处职员，此人信息译自 FRUS, 1917-1972: Public Diplomacy, World War I, p. XVII.——译者注）在电报第一页写下："发给克里尔的释义电文。档案。菲利普·H·帕钦"。（本文译自：FRUS, 1917-1972: Public Diplomacy, World War I, pp. 32-34 (Document 15).——译者注）

[②] 档案原文即只有一个引号。——译者注

来电报时，显然国务院还没有将编号为 2363 的第十三封加急电报①发给您，那封电报已经回答了您的部分问题。

接下来的趋势有可能是，如果德国无法攻下圣彼得堡，那么我们的宣传工作就能在战争朝着有利于美国的方向发展之后取得巨大进展。我们的宣传小册子几乎已经在整个俄国地区实现了大规模的分发。布拉德刚刚写完了一部非常不错的小册子，名为《给一位俄国友人的信》②，现正在付印。新闻小册子和关于威尔逊演讲的各版手册也都在源源不断地印刷面世。这里的印刷厂可与美国最好的印刷厂相媲美，但这几乎主要依赖于我们所付出的工作和热情的帮助。比如，我们把红、白、蓝三色的条带装饰在了布拉德的小册子上。在先前 1 月 18 日的电报中，我已经针对宣传品分发问题进行了详细的说明。这里需要补充的是，我们还会主要针对德俄前线以及部分的奥俄前线发放德语版宣传手册。总统在 2 月 11 日③的演讲正在被翻译成德语和奥地利语，我们也正在尽最大努力将讲话内容传播到奥匈帝国内部。一个由士兵组成的组织会负责此项工作，该计划即将完成。如果运气好、战况允许的话，宣传品的分发工作应该会在一个星期内展开。

有线电缆业务已经在俄国打下了根基，其在美俄两方取得的成果令我

---

① 见文件 9 的脚注 6。（这里的文件指的是 Cablegram From the Committee on Public Information Committee in St. Petersburg (Sisson) to the Chairman of the Committee on Public Information (Creel)，见 FRUS, 1917-1972: Public Diplomacy, World War 1, p. 19 (Document 9). ——译者注）

② 可能是参考了《一位美国朋友的来信》，见《公共信息委员会主席完整报告》，第 251 页。（《完整报告》即 Complete Report of the Chairman of the Committee on Public Information, 1917, 1918, 1919. 1920. Reprint: New York, Da Capo, 1972. ——译者注）

③ 2 月 11 日，威尔逊在国会两院联席会议上发表演讲，针对德奥和平建议做出了相应的评价，该建议回应了他在 1 月 18 日提出的"十四点"。威尔逊着重强调了其中的四点："最终协定的全部内容都必须以特定情况的实质正义为基础，还要为最大可能带来永久的和平做出相应的调整"；"各民族和各地区都不得在主权国家之间被交易，不得把它们仅仅当作是国际象棋中的车马象和兵卒一般"；"同这场战争相关的每一个领土协定都必须满足相关人口的利益福祉"；以及"所有被明确阐释的国家目标，都必须最大限度的满足下列条件：不能引入任何可能造成冲突和对立的新元素或长期存在的旧元素，因为这些元素迟早会打破欧洲的和平，进而打破世界的和平。"演讲全文详见《美国对外关系文件集》，1918 年，增补第一部分，世界大战（Foreign Relations, 1918, Supplement 1, The World War），第一卷，第 108—113 页。

倍感欣喜。公共信息委员会（Compub）① 的电缆将总统最新发言的独家版本带到了俄国。报纸的大力宣传足以免去在这里张贴广告的必要性。30万传单在早上开始进行分发，在莫斯科则会同时散发海报和传单。除了德国和奥地利之外，我们将试着把消息传播这类工作交给公共舆论——而不必由委员会帮助——来完成。

因此，宣传在总体上的前景还是很乐观的，但如果从即时对战争的效用来看的话，情况则很不尽如人意。这个国家正在受内战之苦，而且正在为自卫对外作战，但它却没有任何意愿帮助协约国。这些布尔什维克是狂热的国际主义者，不仅在开始而且直到最近，他们也出于革命的目的愿意获得德国人的支持。德国认为自己可以引导这股风暴的走向，但这股风暴却自有一套打算。那些要么向俄国施以援手、要么向俄国表现出好感的国家都没有受到更好的待遇。任何短期的军事援助都会得到俄国的接受，并且这些援助也不会扰乱美国和协约国国家之间预期的发展计划，破坏之前的平衡状态。因此，如果严格按照战争目的来衡量，宣传效果肯定是不足的，因为布尔什维克人已经打定主意了，我们影响不了他们；但是会有间接的宣传效果，一个是我们对俄国全时段展现了美国形象，另外就是威尔逊总统在将来缔结总体和平协议关键时刻的影响力，会很大程度上由于俄国人的持续推动而增强。我建议，整个新闻和传播计划要持续到战争结束，或者最早也要等到俄国出现真正的和平再结束。

在集会和演讲方面，我可能已经让你失望了。除非我当面和你谈，否则你根本无法想象它们有多没用。政府本来已经愿意使官办报纸讲真话了，但却因缺乏人力物力而无法实现。例如，为了给放映机接上一根电线而征得政府同意，就得花一周的时间。我从银行提取现金要花三天的时间。在这样一个绝无仅有、毫无秩序的商业运作状态中，让报纸本身成为传播者还是比较明智的做法。布拉德随后将会尝试用卡通海报来传播信息的方法。我相信你正打算给他发些漫画和海报。如果还没有，请这样做。

我已经做好了电影宣传的准备，但还没有影片。无论是伯恩斯坦

---

① Compub 是 Committee on Public Information 的简称。——译者注

(Bernstein)还是穆德(Mott)一行都还没来,他们也无法通过芬兰过来。考虑到这些,我认为在伯恩斯坦到来之后我可以出去一周。从一开始,就连你也和我们一样清楚,在将近一个月的时间内,我们一直与世隔绝,只能通过电报与外界有所接触。大约一天前,政府派破冰船送走了科洛泰女士(Madam Koloutai)① 和一群世界革命家,但芬兰现在的战争却阻碍了行程。没有信使带来消息,希望尽早得到相关信息。

无论何时,德国都能毁掉我们大部分的计划。它在今天中午宣布暂时休战,现在却正向勒韦(Revel)和德文斯克(Dvinsk)进军。② 如果德军越过勒韦,我们确信,彼得格勒将在三到五天内陷落。届时我们将不会待在这里。如果俄国政府能在内部冲击中幸存下来,它将迁往莫斯科。各国使馆也将迁往那里。在那种情况下,布拉德和众多宣传人员将被派往莫斯科,如果不能脱身前往北方,我将会亲自跑一趟。如果联系中断了,请不用担心。我们会很安全。请替我向我的家庭带去问候。如果德国人的进攻无法越过勒韦,可能会一切照旧。但我觉得,我看到了布尔什维克党人形势正在变得不利,更糟、更快的和平缔造者③正在来临。最后,我们将会继续前进,正如未来是光明的。祝好运。"

弗朗西斯

(高可攀译,王一哲、翟韬校)

---

① 亚历山德拉·柯伦泰(Aleksandra Kollontai),俄国女权主义者,社会福利人民委员会主席。
② 和平谈判(见文件 7 的注释 3)已止于 2 月 10 日,德国人恢复了对俄国的军事进攻。(文件 7 指的是 "Cablegram From the Committee on Public Information Commissioner in St. Petersburg (Sisson) to the Chairman of the Committee on Public Information (Creel)," in *FRUS, 1917 - 1972: Public Diplomacy, World War I*, pp. 16-17. ——译者注)
③ "更糟、更快的和平缔造者"很可能指的是德国人,这里的和平缔造者应该是反讽。——译者注

八、公共信息委员会对外部门主任（西森）写给战争总参谋部军事情报部长官（丘吉尔）的信[1]

华盛顿，1918年7月23日

摘　要　本文件主要讲的是公共信息委员会与美国军事情报部门关于对外宣传的分工问题。

尊敬的丘吉尔上校：

就如何开展针对敌国宣传工作的问题，军事情报部门与公共信息委员会拟定此工作协议。从根本上讲，宣传工作要以两部门工作人员最密切的合作为基础。

这两个部门关于工作和责任的分工最为简单，大体和工业生产与分配的过程相类似。

公共信息委员会首先利用自身和军队的情报机构获取消息，之后依据这些消息来源准备并制造产品。生产（宣传品）的分工职责主要归委员会执行，在法国和意大利，具体指的就是编辑准备、翻译、印制等工作的完成情况。在整个过程中，委员会将得到军事情报部代表的咨询帮助。

无论是对操作手段、还是前线执行地点的选择，这种分配（宣传品）的职责都属于军事情报部门，因为这完全是军事问题。

盟国对敌宣传编辑委员会包括了英、美、法、意的代表，他们负责监

---

[1] 资料来源：国家档案馆，第63号档案群组，条目105，对外部门主任办公室，通用信件，第13盒，军事情报部与公共信息委员会的协议。无分类标识。7月23日，西森致信克里尔称丘吉尔"还没有从埃尔文或你那里收到任何信件"，这里信件指的就是公共信息委员会和军事情报部之间的协议。因此他起草了刊登在此处的这封信并要求克里尔"如果你批准"则"在两份协议上签字"。（这条信息的来源是《西森寄给克里尔的备忘录》，国家档案馆，第63号档案群组，条目105，对外部门主任办公室，通用信件，第7盒，乔治·克里尔，1918年6月—8月。）（本文译自：*FRUS*, *1917-1972*: *Public Diplomacy*, *World War I*, pp. 62-63 (Document 29). ——译者注）

督编辑的方针政策是否落实。而来自美国的委员会成员詹姆斯·基利（James Keeley），将会成为公共信息委员会驻巴黎总部的宣传总负责人。G. H. 艾杰尔（G. H. Edgell）教授，将是委员会在意大利分部对敌宣传的负责人，并受总负责人基利先生的管辖。我们会根据法国和意大利两个分部的需求相应增加作家、翻译人员和广告人才的数量。基利先生将在军事情报成员抵达巴黎之后，及时在巴黎征求布兰肯霍恩上校（Captain Blankenhorn）和他上级的意见。

总而言之，公共信息委员会将充分利用军事情报部所提供的咨询援助以获得有用的材料，之后进行产品生产。军事情报部则负责产品的分配。该协议的本质是激发双方解决彼此间问题的合作精神。

这封信会发给您两份。如果您对该信内容表示同意，可否请您在其中一份上签字，并将它返回给委员会？

此致

  敬礼

    委员会对外部门主任 埃德加·西森（Edgar Sisson）
    同意
  军事情报部执行处参谋长 丘吉尔上校（M. Churchill）[①]

（高可攀译 王一哲、翟韬校）

[①] 在西森和丘吉尔署名处偏左，克里尔写下了："乔治·克里尔批准。"由于三个签名都在上面，因此这份文件显然就是西森在7月24日发给丘吉尔、后者在7月30日寄回的。（7月24日西森致丘吉尔的信、7月30日丘吉尔致西森的信，两封都存于国家档案馆第63号档案群组，条目105，对外部门主任办公室，通用信件，第13盒，军事情报和公共信息委员会协议）

中外关系研究

试论国民政府收回南海诸岛主权始末

马 菲[*]

摘 要 自20世纪30年代以来,对于"法占九小岛"事件和日本对南海诸岛的占领,国民政府无不付诸多方面努力以维护南海主权,但收效甚微。二战后,根据《开罗宣言》和《波茨坦公告》,中国可恢复在二战中被日本所强占的南海诸岛主权。1946年始,国民政府便把握时机,积极筹划,组建舰队,不畏艰险终成功进驻南海诸岛,并在进驻后实现南海诸岛后期管辖和建设。无论是二战前国民政府维护南海诸岛的斗争还是二战后收复并建设南海诸岛的行为,对中国的南海主权主张都具有极为重要的国际法意义。

关键词 "法占九小岛"事件 国民政府 南海诸岛主权

1945年8月15日,日本战败投降,中国作为反法西斯联盟国之一,赢得了第二次世界大战胜利。根据《开罗宣言》和《波茨坦公告》,国民政府于1946年开始着手收回南海诸岛主权。关于此历史事件,有的学者重点关

---

[*] 马菲,暨南大学历史学系2014级研究生。

注其影响与意义,① 也有学者从国际法的角度来研究其历史地位。②

总体而言,由于国民政府1949年崩溃并逃往台湾时带走了大部分的档案资料,导致大陆与此历史时期的相关资料稀缺,较难把握该历史事件的具体细节。这些年随着当年国民政府接收南海诸岛的相关档案资料的陆续开放,学界对民国时期报刊资料的整理和挖掘,以及台湾方面出版的《"外交部"南海诸岛档案资料汇编》③和台湾唐屹教授出版的《中华民国领南海资料汇编》④,解密了与南海相关的国民政府档案资料,让我们对这段历史有了更深入的了解。本文通过利用上述资料,力求梳理和分析厘清国民政府收回南海诸岛主权的背景、收复计划的酝酿及其行动的过程和后期辖制等,可见南海诸岛为中国所有是有着坚实的历史基础和法理依据的,以便为中国政府拥有南海诸岛主权提供依据。

一、法日对南海诸岛主权之觊觎与国民政府的应对

1930年,法国政府派遣炮舰"马立休士"号到南威岛进行测量,在无视中国渔民已在岛上居住的事实的提前下,秘密插上法国国旗。⑤ 1933年4月7日至12日,法国分别占领南威岛、安波沙洲、太平岛、南子礁、北子

---

① 如林金枝:《1912—1949年中国政府行使和维护南海诸岛主权的斗争》,《南洋问题研究》1991年第4期;李国强:《民国政府与南沙群岛》,《近代史研究》1992年第6期;吴士存:《民国时期的南海诸岛问题》,《民国档案》1996年第3期;吕一燃:《近代中国政府和人民维护南海诸岛主权概论》,《近代史研究》1997年第3期;李金明:《抗战前后中国政府维护西沙、南沙群岛主权的斗争》,《中国边疆史地研究》,1998年第3期;侯毅:《1946年民国政府接收太平岛的过程与意义》,《昆明学院学报》2015年第4期等。

② 如王军敏:《中国在南海的历史性权利》,《中国边疆史地研究》2014年第4期;任念文:《国际公法条件下南海诸岛主权问题的史地考证》,《太平洋学报》2013年第12期,郭渊:《南海九小岛事件与中日法之间的交涉》,《世界历史》2015年第3期;徐志良:《民国海疆版图演变与南海断续国界线的形成》,《太平洋学报》2010年第4期等。

③ 俞宽赐、陈鸿瑜主编:《"外交部"南海诸岛档案资料汇编》,"外交部"南海诸岛档案汇编编辑委员会,1995年。

④ 唐屹编:《中华民国领南海资料汇编》,唐屹出版。

⑤ 胡焕庸:《法日觊觎之南海诸岛》,《外交评论》1934年4月刊,第68页。

礁、南钥岛及中业岛。① 随后，为了"宣告"其占有南沙岛礁的主权，1933年7月15日法国参谋部将"阿斯特罗巴尔"号和"警报"号两舰及两舰船员占领诸岛的照片，发表在公开的报刊上。②

"法占九小岛"的消息传出后，国民政府外交部随即于7月17日向海军部致电询问："据报法国将安南与菲岛间之九小岛竖旗占领，该岛位置约在东经一百十五度北纬十度，岛上有中国渔民居住，究竟该小群岛是否我国领土，有无专名，是否即是西沙群岛，以及现在岛上有无中国人民居留？"③ 7月19日，海军部电复："其在菲岛与安南之间，迤北所称九岛，即是西沙群岛，与琼州岛相距甚近，各有具体的经纬度。海图中为三组，一组名曰月形组，有四岛，曰罗摆特岛、陶尔岛、都兰莽岛、钱财岛；另一组名曰海神组，有三岛，曰树岛、茂林岛、石岛；较之东者，有一岛曰林康岛，较之西南者有一岛曰土莱唐岛，共计九岛，各有专名。琼崖之人散居各岛，捕鱼为业，委系我国领土。"④

1933年7月25日，法国政府正式公告宣布该小岛主权为法国所有。⑤ 7月27日，外交部致电驻法使馆询问此消息的具体情况："报载法政府于二十五日正式宣告所占九小岛已属法国领土，法国所称九小岛其名称、位置经纬度数是什么，并盼速详细查明是否是西沙群岛，一并电复外交部。"⑥ 8月2日，驻法公使顾维钧向国民政府外交部复电报告："法占各岛名为南威岛、安波沙洲、太平岛、南钥岛、中业岛、北子岛及南子岛，共七岛。法占九岛，是在东经一百十五度，北纬十度之间，而西沙群岛在东经一百十度—十二度。北纬十五度—十六度。法国所占者是否西沙群岛，殊属疑问。

---

① ［越］阮雅：《黄沙和长沙特考》，戴可来译，北京：商务印书馆，1978年，第220页。
② 俞宽赐、陈鸿瑜主编：《"外交部"南海诸岛档案资料汇编》，档案汇编号：Ⅱ(1)：004。
③ 同上。
④ 《法国占领南海九小岛是否即系西沙群岛及岛上有无我国居民居住请详查见复》，唐屹编：《中华民国领南海资料汇编》之《第三卷国防部第十一册国军档案及相关资料档案》，唐屹出版，第130—131页。
⑤ 俞宽赐、陈鸿瑜主编：《"外交部"南海诸岛档案资料汇编》，档案汇编号：Ⅱ(1)：006。
⑥ 同上。

惟法国所占各岛，均在中国南海附近，是否中国领土，本部尚在缜密调查中。"①

虽未能清楚法占九小岛的归属，但国民政府外交部决定先向法使声明在未经确实查明前对法国之宣告保留其权利，再行调查结果。1933年8月4日，国民政府外交部致法国使馆照会："近据报载法国政府，现将安南与菲律宾间中国海内之九小岛，竖旗占领；并正式宣告该小岛自后将属法国领土。中国政府，对于斯举，甚为重视，拟请贵公使将各岛名称、地位，及其经纬度查明见复。中国政府未经确实查明真相之前，对于法国政府的上述宣言，保留权利。相应照请贵公使查找并希，见复为荷顺至照会者。"②

随后，驻法公使顾维钧8月5日回电传来法国的答复："法占九岛事，据法外交部文称该九岛在安南菲律宾间，均系岩石，当航路之要道，以具险峻，法船常于此遇险，故占领以便建设防险设备，并出图说明，与西沙群岛毫不相关。"③

对于法国政府的否认，8月11日，外交部致电广东省要求其查复法占九岛系我领土之证据资料；8月14日，外交部向驻马尼拉总领事馆下达指令，呈复调查法占九岛事，并附件呈暨。通过地方政府与驻外机构的相互配合调查，证实了早有海南渔民在九小岛生产和生活的历史事实，由此确定"九小岛"应属中国领土。对此，8月16日，奉命办理九岛案的西南政务委员会，向法领提出抗议，④再次与法国进行交涉。但在当时的历史情境中，中国所提出的外交交涉并没有得到法国的重视。

1933年的国民政府正处在"内忧外患"的处境中，仅仅在名义上而非实际上实现全国统一的国民政府一方面需要调配军队对共产党进行打击，另一方面却无法如愿地调动各军阀及其军队。加之自1931年"九·一八"事变起，日军不断地入侵，国民政府实际统治地区也在不断缩小。面对如

---

① 俞宽赐、陈鸿瑜主编：《"外交部"南海诸岛档案资料汇编》，档案汇编号：Ⅱ（1）：019。
② 吴士存：《南海问题文献汇编》，海口：海南出版社，2001年，第20页。
③ 《法占九小岛节略》，唐屹编：《中华民国领南海资料汇编》之《第三卷国防部第十一册国军档案及相关资料档案》，唐屹出版，第157页。
④ 拙民：《南海九岛问题之中法日三角关系》，《外交日报》1933年第三卷第3期，第76页。

斯境界，蒋介石"攘外必先安内"的政策，致使国民政府为了围剿共产党，而因此寄希望英、法为首的国际联盟来解决日本的侵犯，以至于国民政府在应对"法占九小岛"事件时无能为力。但是，即使国民政府未能通过武力或者其他强有力的手段收回法国占领的"九小岛"，国民政府第一时间对此事件做出了外交回应，对法国占领"九小岛"事件进行了申述及交涉，致使法国从未在相当长的时间内不受干扰且和平地实行占有。

同时，根据法国占领"九小岛"的方式来看，法国宣称"九小岛"为无主地，那么其获得方式不是国际法中的添附、割让、征服这三种权源。而占领这种权源，适用于无主地，时效则需要原主权者在内的所有国家都没有对该占领状态提出反对。① 由于国民政府在事件发生之时就向法国提出外交交涉，致使法国不可能通过占领和时效这两种方式取得南海主权。所谓"不法行为不产生权利"②，既然法国占领的"九小岛"不是"无主地"，那么法国的行为实际上就是侵犯中国的南海主权的侵略行为。因此，以继承法国南海主权自居的越南宣称南海主权则更是贻笑大方。鉴于此，中国在1946年收回南海诸岛的主权是合理合法的国家行动。

由于"法占九小岛"事件的发生，让早在清末年间，就觊觎着南海诸岛并从南海诸岛攫取经济利益的日本看到了强占南海诸岛的可能。

因为自1909年日人西泽占东沙群岛事起，国民政府对日本觊觎南海诸岛之心是有所察觉的，在调查"法占九小岛"事件的过程中，为防其以法国为样板而窃取西沙群岛，1933年8月2日，外交部电海军部下达防御命令："顷据台北电讯日本台湾总督因法国政府以简单声明得以决定所占就岛之属，籍日本政府亦将以同样手段占取与台湾关系最为密切的西沙群岛等语。查西沙群岛其东北有东沙群岛遥相对峙为吾国广东省领海二大群岛之一，其位置在东经一百十度至一百十二度及北纬十五度至十六度之间，贵部去年二月二十九日电文所述确实引证为吾国领土，且有该岛悠久之历史，不得任其占据。兹据报载日方图占事实可误，不得不先事防范，即希贵部

---

① 贾兵兵：《国际公法：理论与实践》，北京：清华大学出版社，2009年，第181页。
② 赵理海：《从国际法看我国对南海诸岛无可争辩的主权》，《北京大学学报（哲学社会科学版）》1992年第3期。

火速派舰前往驻防,以免万一。"①

同时,外交部亦致电广东省政府,要求其协助海军部派鉴驻防西沙群岛:"广东省政府密鉴,据电讯台湾总督声明将采取法国占领菲岛安南间九岛之同样手腕占据西沙群岛,查西沙群岛确为中国领土且有悠久历史,除商海军部派鉴防驻外即希予以协助。"②

但日本和法国无视中国在南海的主权,8月19日,日本政府绕过中国,单方面向法政府提出抗议,内容首述日人在该岛经营之经过情形,次述该岛应归日本之理由,及各国应尊重日本在该岛之主权及利益,最后对法方漠视以上各点并未经征询其意见即宣告占领表示遗憾。对此,法政府方面尚保持沉默态度。③

日本也意识到要法政府承认其主权似为不可能,因此一方面搜集证据与法国交涉,另一方面日本政府则以密切注意国民政府拟派军舰数艘,前往该岛调查,准备以此为理由在必要时日本海军亦当派军舰前往。④

尽管国民政府对日本的企图已有了戒备,但由于国民政府的政策和所处的国际国内环境,以及自身的国防力量孱弱,日本最终得以成功进袭南海,并以官报方式正式发表占领中国之南沙群岛,改为新南群岛,划归台湾高雄县管辖。同时,日军毁去岛上石碑,改立刻其国徽及"大日本帝国"五字之石碑,并将该岛更名为长岛,在岛上建筑码头马路及营房并采取磷矿。⑤

直至1945年8月15日,日本宣布无条件投降,第二次世界大战结束。作为二战的战胜国之一,根据《开罗宣言》中第三条"三国决定剥夺日本自1914年第一次世界大战开始以后在太平洋所夺得或占领之一切岛屿。使日本所窃取于中国之领土,例如满洲、台湾、澎湖列岛等,归还中国,并

---

① 《日方图占西沙群岛请速派舰前往并见复》,唐屹编:《中华民国领南海资料汇编》之《第三卷国防部第十一册国军档案及相关资料档案》,第153—154页。
② 俞宽赐、陈鸿瑜主编:《"外交部"南海诸岛档案资料汇编》,档案汇编号:Ⅱ(1):018。
③ 俞宽赐、陈鸿瑜主编:《"外交部"南海诸岛档案资料汇编》,档案汇编号:Ⅱ(1):062。
④ 俞宽赐、陈鸿瑜主编:《"外交部"南海诸岛档案资料汇编》,档案汇编号:Ⅱ(1):067。
⑤ 俞宽赐、陈鸿瑜主编:《"外交部"南海诸岛档案资料汇编》,档案汇编号:Ⅱ(2):121。

在相当期间，使朝鲜自由独立"①和《波茨坦公告》中第八点"开罗宣言之条件，必将实施，而日本之主权必将限于本州、北海道、九州、四国及吾人所决定的其他小岛之内"②，中国得以恢复在二战中被日本占领的南海诸岛主权。而《开罗宣言》和《波茨坦公告》也致使无论日本在南海诸岛实现了多长时间的占领与经营，其南海诸岛的主权始终是属于中国，这是毋庸置疑的。

二、收回主权计划之酝酿与舰队的组成

二战后，中国的国际地位上升，加上不再需要依靠西方各国的力量来抗衡日本，因此不需如1933年那样忌惮西方势力。同时，日本战败后丧失了对东南亚地区的武力控制，为国民政府迎来了收回南海诸岛主权的最佳时机。

1946年，国民政府主席蒋介石致电国防部，下达谕令，即酉虞侍玄字第一三五二号代电："西南两沙群岛不论如何应先各派兵一排携带帐幕限一个月内住驻。"③自此，国民政府拉开了派遣舰队收回南海诸岛的序幕。

1946年9月25日，外交部、国防部、海军总司令部与内政部各派代表奉院令进行"协助接收南海诸岛案"会商。会商结果在1946年10月11日，以内政部公函的形式发布："钧院本年9月19日京陆宋弟一三〇〇八号训令以关于接受南海诸岛案抄附广东省政府原电饬迅即会同国防外交两部商筹协助进行接收具报以同奉此呈经函约国防外交两部及海军总司令部派员会商当今决议：（一）关于接受范围依照内政部拟制之南海诸岛位置各图所示范围呈由。（二）关于南海各岛礁滩沙名称、暂照西国译名由部制为详图备供依据接收复并由部重于制订名称公布周知。（三）接收军舰由国防部选予派定。（四）于出发接前由广东省政府预制名碑以备竖立于团沙群岛之长

---

① 蒋文澜编著：《中国抗日战争实录》，南昌：江西人民出版社，2011年，第241页。
② 同上，第242页。
③ 《西南沙群岛初步进驻经过情形报告书及建设意见表》，唐屹编：《中华民国领南海资料汇编》之《第三卷国防部国军档案第一册进驻西南沙群岛案（六）》，唐屹出版，第3页。

岛，双子岛等（即二子岛）斯普拉特岛等处及其他适当岛上俾显示为我国领土并时石碑竖立地点式样及文等函内政部备查。奉令前因理合检附南海诸岛位置各图南沙群岛及南沙群岛概况表及南海诸岛名称一览表各二份呈请。鉴核迅饬广东省政府遵照办理关于接收范围及竖立石碑此项为有必要当由部派员前往协助槿呈行政部。"①

1946 年 10 月 9 日，南京海军总司令部兼代总司令桂永清向舰队指挥部下达谕令：派林遵姚汝钰为进驻第一、二两岛正副指挥官，即日赴沪指挥各舰及部队出发，并准其在上海海军各军中选择补充官兵。

经过紧张筹备，舰队筹建完成。主要由两单位人员组成，即海军总司令独立第二排和海军南沙岛观象电台，而两单位员兵分别包括独立排军官二员，士兵三十一名，排长为王永康以及观象电台官佐十一员，士兵二十三名，台长为邓清海。其中独立排武器配备为七七式机关枪二挺，每挺配单一万五千发；九九式七七步枪十六支，每支配弹一千发；十四年式手枪六只，每支配弹二万五十发。由"太平""永兴"驱逐舰，"中建""中业"登陆舰四舰为护送军舰进行进驻任务。② 此外，由内政部代表二员，海总部，空总部，联勤总部代表各一员，广州行辕代表若干员组成视察组，随舰出发视察。③

虽然在 1946 年才迎来收回南海诸岛主权的时机，但早在 1933 年法、日相继占领南海诸岛的时候，国民政府就意识到了防卫南海诸权的缺失。当随着抗日战争形势的日渐严峻，陷入战火的国民政府只能采取一些相对保守的措施，如在"法占九小岛"事件发生后的第二年审定了《中国南海各岛屿华英名对照表》。1935 年 1 月出版的《水陆地图审查委员会会刊》第一期，刊登《中国南海各岛屿华英名对照表》审定公布了 132 个岛礁名称，这是第一次较全面公布南海诸岛的地名，第一次将南海诸岛分成四部分：

---

① 《外交部驻马尼拉电文及海军司令部回函中菲外岛争议》，"中研院"近代史研究所档案馆，档案影印号：11-EAP-04152。
② 《海军总司令部调制：进驻南沙群岛经过简表》，唐屹编：《中华民国领南海资料汇编》之《第三卷国防部国军档案第一册进驻西南沙群岛案（六）》，第 1 页。
③ 同上。

"东沙岛（今东沙群岛）、西沙群岛、南沙群岛（今中沙群岛）和团沙群岛（今南沙群岛）。"① 关于中国南海主权的范围和相关的岛屿名称，国民政府在 1935 年以地图方式向世界公布。这是民国时期以来中国政府第一份公开出版的地图，也是第一份比较详细地标绘南海诸岛各岛屿、沙洲、浅滩的地图，这为国民政府收回南海诸岛主权的行动奠定了基础。

三、行动之艰辛与任务的达成

1946 年 10 月 23 日，"太平""永兴""中业""中建"四舰在指挥官林遵及副指挥官姚汝钰领导下由京驶沪，会集各部视察代表，装运物资。10 月 29 日晨，舰队由沪南航。②

途行四日中，"永兴"舰机件曾多次发生故障，庆幸仍可勉强航行，并于 11 月 2 日，舰队抵广东虎门。在该地驻留其中，舰队一面承接广东省政府派赴西沙、南沙之代表团人员及由"中业""中建"购备驻岛人员之给养，一面并拟在此期间将机件就近修理，但唯恐维修时间太久以耽误进驻任务的及时达成，遂舰队计划试航。

舰队于 11 月 7 日晨启行，并在两日后到达海南岛之榆林港。③ 11 月 9 日，四舰抵达海南岛榆林港后，因南沙群岛距离较远，为求两群岛同时进驻起见，决定进驻南沙舰队先开航。南沙舰队开航两日之后，进驻西沙舰队再起航。④

但是，计划赶不上变化，由于南海之风向，以气压分布关系，冬季半年多东北风。东京湾内，在东北风季时季中，能见度非常薄弱，尤其是在

---

① 吴士存：《南海问题文献汇编》，第 14 页。
② 《西南沙群岛初步进驻经过情形报告书及建设意见表》，唐屹编：《中华民国领南海资料汇编》之《第三卷国防部国军档案第一册进驻西南沙群岛案（六）》，第 3 页。
③ 《永兴军舰进驻西沙群岛经过情形报告书》，唐屹编：《中华民国领南海资料汇编》之《第三卷国防部国军档案第一册进驻西南沙群岛案（二）》，第 41—49 页。
④ 《西南沙群岛初步进驻经过情形报告书及建设意见表》，唐屹编：《中华民国领南海资料汇编》之《第三卷国防部国军档案第一册进驻西南沙群岛案（六）》，第 3 页。

一年中的 1 月至 4 月的细雨期，湾内可见度更低。平常时期雾较薄，薄雾在日出的时候则可消散。但在 1 月至 4 月的雾期，浓雾常常要持续直至中午。① 而南海台风的常态则以 6 月至 11 月这 6 个月为高发期，12 月至次年之 5 月这 6 个月为少。②

由此可见，为不延误战机，及时收回南海诸岛的主权，国民政府选择在天气状况如此恶劣的 11 月份进驻，不可避免地必须承受更大的风险和艰难。

11 月 12 日，"太平""中业"第一次试航南沙，离港航一小时后便遭遇险恶风浪，且"太平"机件损坏，遂折返榆林。③ 11 月 18 日，"太平""中业"第二次南航，但在 11 月 19 日又因天气变化被迫中途折返榆林。④

南沙队两次试航，均中途被迫折返，于是改变计划准备先进驻西沙。⑤ "永兴"舰与"中建"舰先行开往西沙，而"太平""中业"两舰则仍在榆林港等待南沙之气象报告。因此，11 月 27 日，"永兴""中建"两舰由副指挥官姚汝钰率领，离开榆林港而直航西沙群岛。⑥

西沙群岛位于榆林港之东南方，与之相距约 145 海里，经过一日的航行，"永兴""中建"两舰于 11 月 28 日，进抵西沙群岛之武德岛。为了顺利进驻以及预防该岛尚留有异国武力，"永兴"舰特与"中建"舰相约，在到达该岛之前半个小时先加警戒，并同时施行战斗部署，在该岛实行环绕一周后，随即在距离该岛 1 海里左右的西南方抛锚。⑦

---

① 郑资约编著，傅角今主编：《"内政部"方域丛书》之《南海诸岛地理志略》，上海：商务印书馆，1947 年，第 18 页。

② 同上，第 19 页。

③ 《海军总司令部调制：进驻西沙群岛经过简表》，唐屹编：《中华民国领南海资料汇编》之《第三卷国防部国军档案第一册进驻西南沙群岛案（二）》，第 29—33 页。

④ 同上。

⑤ 《西南沙群岛初步进驻经过情形报告书及建设意见表》，唐屹编：《中华民国领南海资料汇编》之《第三卷国防部国军档案第一册进驻西南沙群岛案（六）》，第 3 页。

⑥ 《永兴军舰进驻西沙群岛经过情形报告书》，唐屹编：《中华民国领南海资料汇编》之《第三卷国防部国军档案第一册进驻西南沙群岛案（二）》，第 41—49 页。

⑦ 同上。

绕岛一周后，两舰成功碇泊，先由"中建"舰派一艘配备武装的登陆艇装载士兵两班进行登陆及搜索事宜，并预先约定以手旗或信号枪作为通信联络，并等到接获登陆人员信号报告该岛确无居民及异国武力后，即派遣"永兴"舰的小火轮及中建舰的第二登陆舰分别输送视察团人员登陆，同时解除战斗部署。①

由于西沙群岛一带冬季气候多变（据沈鹏飞的报告内载，西沙一带12月中有半月以上强风），而武德岛又为珊瑚礁所结成之低岛，既无高山以屏障风暴，又无码头可靠岸，一旦遭遇恶劣气候则危险堪虞。因此，及时将驻守部队及物资装备运输至武德岛上为当时之要务。

"永兴"与"中建"两舰在发觉该岛尚无任何异国武力后，顺利地开始开展进驻工作，继而更加积极进行运输工作，以期将驻岛人员的一切生活物资需求尽快运抵岛上，故即于抵达之次日清晨开始，由"永兴"舰的小火轮及中建之第二登陆艇暨榆林港购备之木船两艘，加紧进行运输工作，其输送程序依指挥部之原定计划进行。②

但南海诸岛之地形，其岛高极低，而面积极小，是其一般的特征。海上望之，十里外不得见，雾天尤难寻觅，航者视为畏途。因岛地势过低，海风漫岛而过，船泊于岛侧不能避风。特别困难的是，岛礁不仅地势低，而且围绕在岛礁周围的暗礁藏于浅水中，其面积皆延展至岛之数倍，或数十倍。在低潮时期，岛礁上面水多深仅两尺左右；礁石之外则为无底之深。洋礁上太浅不能航行，礁外太深，锚不见底，欲觅良好锚地，尤属困难。③

因此，只有小火轮及登陆艇，其他舰艇都无法驶近，即使是木船在退潮后亦同样难以驶近岸边，因此运输事宜实是此次进驻任务中的艰巨工作，加之自11月29日起东南风加剧，波浪甚大，小火轮、登陆艇时时遭遇触礁或搁浅。因此在此数日中，除"永兴"舰之小火轮因触礁多次而损失奇重外，在榆林港所购之木船当日亦沉没一艘，而"中建"之登陆艇亦被撞翻

---

① 《永兴军舰进驻西沙群岛经过情形报告书》，唐屹编：《中华民国领南海资料汇编》之《第三卷国防部国军档案第一册进驻西南沙群岛案（二）》，第41—49页。

② 同上。

③ 郑资约编著，傅角今主编：《"内政部"方域丛书》之《南海诸岛地理志略》，第8页。

一只。虽如此,在此百般艰苦中仍不敢有丝毫懈怠下,最后由"永兴"舰已残破之小火轮勉强支持协助拖运汽油 50 余桶,终于在 12 月 3 日达成任务。①

即便在天气不理想,地形复杂危险,加上舰艇装备故障频发的情况下,西沙群岛的进驻总体而言仍是顺利且成功的。

而在南沙未成功进驻之前,西沙群岛的进驻必须将处于保密状态,海军总司令部致电外交部:"顷据本部率舰进驻西南沙群岛之姚副指挥官汝钰成俭等电略称'永兴中建二舰已进抵西沙武德岛,现进驻官兵及轻便装备已登陆'等情特电查照,在南沙群岛受气候影响尚未能进占前请暂勿公布。"②

因此,由于西沙群岛的成功进驻,完成南沙群岛进驻任务的目标则更显得迫在眉睫。12 月 8 日,国防部陈诚致电海军总司令部桂代总司令催促南沙群岛的进驻任务:"查南沙群岛于国防上甚为重要,而长岛则为该岛中主要岛屿,仍应以长岛为进驻目标为要。"③ 及至 12 月 12 日,陈诚再次致电海军总司令部桂代总司令转达蒋介石训斥:"东沙、西沙两群岛现驻兵力若干,何日进驻情形如何,为何不报明,此种作报告人员太疏懒,无知矣。又南沙群岛何时可派力进驻,希于电到五日内查报。"④

可见,在西沙群岛的进驻成功基础上,加上南沙群岛极为重要的国防地位,政府中央对南沙群岛的进驻任务的实行给予了更紧迫的指令,而林遵指挥官率领的"太平"和"中业"两舰也在压力下开始南沙群岛的进驻工作。

12 月 9 日,林遵致电海军总司令部,报告将尝试第三次进驻南沙群岛:

---

① 《永兴军舰进驻西沙群岛经过情形报告书》,唐屹编:《中华民国领南海资料汇编》之《第三卷国防部国军档案第一册进驻西南沙群岛案(二)》,第 41—49 页。

② 俞宽赐、陈鸿瑜主编:《"外交部"南海诸岛档案资料汇编》,档案汇编号:Ⅱ (2):174。

③ 《国防部陈诚快邮电海军桂代总司令:应进驻南沙要地长岛》,唐屹编:《中华民国领南海资料汇编》之《第三卷国防部国军档案第一册进驻西南沙群岛案(二)》,第 6 页。

④ 《国防部陈诚快邮电海军桂代总司令:陈诚奉主席蒋谕令驻军东沙西沙南沙两群岛情况报》,唐屹编:《中华民国领南海资料汇编》之《第三卷国防部国军档案第一册进驻西南沙群岛案(二)》,第 12 页。

"太平舰定本午开往南沙。"① 南沙舰队的第三次航行,虽未如前两次试航般,遭遇恶劣天气以至于被迫返航,但仍未能避免舰艇的故障。12月12日,"中业"舰舰长李敦谦致电海军总司令部:"中业舰本日八时位置,经度111°37′,纬度11°43′,自昨晚电机已坏一部,后主机亦发生故障,不能开全速,现仍勉强继续航行,预计十二日七时可到达长岛。"② 所幸"中业"舰故障问题不大而能支持继续航行,至12月13日,林遵致电海军总司令部参谋长:"恳转内政部张部长、空军周总司令、联勤黄总司令、太平、中业二舰于本日抵南沙太平岛,贵部视察及长业已登陆视察。"③

直至12月14日,林遵致电海军总司令部,"职队三次出发,幸赖钧座威德,业于本晨安抵长岛,登陆部队已开始进驻工作。"④ 又据"中业"舰长李敦谦亥文电称:"长岛搜索工作于八时完毕,岛上无人迹,建有房屋甚多,淡水井发现五个,草木遍地,海边皆有珊瑚崖,但锚位尚好,刻正为登陆部队搬运物资,预计在三日内运毕。"⑤ 至此,"太平""中业"两舰完成南沙群岛的进驻任务。

实际上,二战后的中国刚经历了十四年的抗日战争,加上自第一次鸦片战争之后的百年积弱,当时的中国可谓满目疮痍。即使二战胜利为中国提高了其在国际上的地位,但其国力孱弱依旧是中国的软肋,当时中国的实力是无法与西方各国相抗衡的。因此,中国需要趁着西方各国因战后百废待兴,无力顾及南海权力真空之时,迅速且及时地收回南海诸岛主权,不予以其他国家任何可乘之机。由此,即使天气恶劣,地形险恶,向美国

---

① 《海军总司令部来电:林遵电海总,太平舰即驶南沙》,唐屹编:《中华民国领南海资料汇编》之《第三卷国防部国军档案第一册进驻西南沙群岛案(二)》,第7页。

② 《中业舰李敦谦电海军总司令部》,唐屹编:《中华民国领南海资料汇编》之《第三卷国防部国军档案第一册进驻西南沙群岛案(二)》,第15页。

③ 《太平舰林遵电海军总司令部》,唐屹编:《中华民国领南海资料汇编》之《第三卷国防部国军档案第一册进驻西南沙群岛案(二)》,第54页。

④ 《林遵电海总报本晨登陆部队已开始进驻长岛工作由》,唐屹编:《中华民国领南海资料汇编》之《第三卷国防部国军档案第一册进驻西南沙群岛案(二)》,第38页。

⑤ 《海军总司令部代电国防部总长陈诚》,唐屹编:《中华民国领南海资料汇编》之《第三卷国防部国军档案第一册进驻西南沙群岛案(二)》,第34—35页。

租借的军舰问题频现,林遵及姚汝钰所率领的舰队也必须不畏艰险,尽快完成收回南沙、西沙群岛主权的任务。

随着林遵、姚汝钰两位指挥官率领"太平"等四舰成功完成南海诸岛之南沙、西沙群岛的进驻任务,加上之前东沙群岛的进驻,国民政府完全收回了南海诸岛的主权,进入计划建设南海诸岛并将其划入国民政府地区辖制的时期。

四、管辖权之归属与后期的建设

国民政府成功收回南海诸岛主权后,如何管理,由谁管理南海诸岛等问题在政府内部存在不同意见。

根据1946年8月1日的《关于电饬广东省政府暂行接收东沙西沙南沙团沙各群岛案令仰知照由》:"令外交部内政部函请令电饬广东省政府暂行接收东沙西沙南沙团沙各群岛等情,应准照办,除电广东省政部遵办具报,并令知内政国防两部外合行令仰知照此令。"① 可知,国民政府是打算在收回南海诸岛主权后,将其划归至广东省地方政府管辖。

但1946年12月28日,海军总司令桂永清致电国防部参谋总长陈诚,提出《为西南沙两群岛关系国防部前哨请转呈主席明令交由海军管辖以利建设由》:"查西沙南沙群岛,位居我国南陲,国防前哨,至关重要。今本军所派之两独立排及电台,业于十月二十八日、十二月十二日,分别进驻该群岛之武德岛及长岛,达成任务。乃论者有以为该岛之管辖权,应属于广东省政之议,窃期以为不当。盖西沙群岛距海南岛榆林港约一百六十余浬,南沙群岛距榆林港约六百余浬,若由广州计算,西沙将及五百浬,南沙则远在八百浬之外。距离如此辽远,粤省府既乏交通船只,将何法管辖?况各该岛,满目荒芜,目前一无居民,则所谓统治者,对象何云?故果归广东省政府遥为控属,势必鞭长莫及,易启外人觊觎,而一旦变生,前功

---

① 《外交部驻马尼拉电文及海军司令部回函中菲外岛争议》,"中研院"近代史研究所档案馆,档案影印号:11-EAP-04152。

尽弃，故为国防计，殊值考虑。职意拟效美国之经营中途岛、关岛，完全交由海军管辖，庶可毫无牵制，专责进行建设，以达成保障南疆，巩固国防前哨之使命。他日创建有成，移民政治，亦未为晚。所有拟请将察核，准予转呈主席，明令确实，实为公便。"①

由于南海诸岛确是幅员辽阔，居民稀少，地形复杂，地处机要，不容有失，海军总司令桂永清的意见得到了国民政府的认同，因此，1947年4月8日，行政院指令：准国防部请将西、南沙群岛交由海军管辖一案。

而在1947年12月2日，西沙台长李必珍曾致电海军总司令桂永清报告人事案："（一）除独立排、气象组另电报核外，本处官佐计代主任李必珍、通信员余承宣等二员仍继续工作未来半年外，技正陈守中、军需周谨清等二员，年逾瓜期，护理员李魁武，亦请及期派代。第一次进岛士兵计邵文可、王立寿、冯占美、林万松、郑建国、王功茂等六名请求瓜代②。（二）岛上生活枯寂、水土不服，多生疾病，精神极受影响，瓜代时间最好半年，极多一年，俾可振作精神，培养士气，恳俯念下情，准予从速施行。"③ 从上述电文可知，南海诸岛的驻守条件非常艰苦，如若要长期守卫南海诸岛，必须要建立完善的瓜代制度和充分的后勤保障。

随着林遵和姚汝钰率领的舰队成功进驻之后，1946年12月21日，海军部进行机密部务会议，讨论第二期进驻西、南沙之准备案。④ 1947年2月25日，海军总司令部举办了《加强东、西、南沙群岛兵力及建设实施筹备》会议，认为："以西沙加强兵力等准备工作即可完成，南沙顷奉谕同时加强兵力及运送补给，应请有关各单位分别从事准备，俾能克日完成装

---

① 《海总桂永清请参谋总长转呈主席明令交由海军管辖南沙之呈文》，唐屹编：《中华民国领南海资料汇编》之《第三卷国防部国军档案第一册进驻西南沙群岛案（二）》，第91页。

② 瓜代，本指瓜熟时赴戍，来年瓜熟时派人接替，出自《左传·庄公八年》，后指任期已满，换人接替。

③ 《西沙台长李必珍报告人事案并请建立丰年瓜代制》，唐屹编：《中华民国领南海资料汇编》之《第三卷国防部国军档案第一册进驻西南沙群岛案（二）》，第4页。

④ 《部务会议记录：讨论第二期进驻西南沙岛之准备案》，唐屹编：《中华民国领南海资料汇编》之《第三卷国防部国军档案第一册进驻西南沙群岛案（二）》，第76—81页。

舰运往。"①

　　经过会议商讨，海军部主要准备从四个方面来进行南海驻守建设的：岛屿驻守设施建设；加强岛屿兵力及武器配备；岛屿驻守部队的瓜代制度；驻守部队后勤日常生活保障。从这四个方面的建设来看，实际上是现今南海海防建设的基础布局，可见国民政府是切切实实将南海诸岛的防卫纳入国防系统，同时为了杜绝他国势力对南海诸岛的觊觎，加强了南海诸岛的军事防卫力量，而且准备在南海岛屿驻守地上为驻守官兵创建较为舒适的生活设施，国民政府对南海诸岛的管辖和建设的计划是具备长期性与全面性的。

结　语

　　早在清末，清政府就在策划经营南海诸岛。在1933年之前，并无任何其他国家宣称过其拥有南海主权，也无其他国家对中国的南海主权提出过抗议。直至1933年，"法占九小岛"事件的发生才触发了南海争端。

　　从法国占领"九小岛"的方式来看，法国宣称"九小岛"为无主地，但由于国民政府第一时间提出外交交涉这一举措，使得法国不可能通过占领和时效这两种方式取得南海主权。二战期间，虽然日本实现了武力占领南海诸岛，但中国作为二战的战胜国之一，在《开罗宣言》和《波茨坦公告》的支持下，拥有收回南海诸岛的主权的合法权利。1946年12月，国民政府向外公布，收回南海诸岛主权，而此时并无国家提出主权声索。

　　随后国民政府在南海诸岛上竖立主权碑，勘察岛屿情况，派驻军队并建立瓜代制度，设立行政管辖，这些措施无不是在确立和宣示中国在南海诸岛的主权，这些主权性质活动是政府实践的事实，国民政府自1946年以来持续地在南海诸岛行使主权，实现了在南海诸岛的"有效占领"，这在国际法上具有重要的法律效力，同时这也为后来中华人民共和国政府拥有南海诸岛的主权奠定了强有力的基础。

---

① 《海军总司令部加强东、西、南沙群岛兵力及建设实施筹备会议记录》，唐屹编：《中华民国领南海资料汇编》之《第三卷国防部国军档案第一册进驻西南沙群岛案（二）》，第27—30页。

20世纪50年代台湾当局与菲（南）越交涉及对南海权益的维护

郭　渊*

摘　要　20世纪50年代因海峡两岸政治对立，台湾当局在南海争端中处于特殊地位，采用"外交"、军事、经济建设等手段自觉维护民族权益就成为其必然选择了。面对与菲律宾、南越的"盟友"关系，以及美国在南海地区的存在，台湾当局的行为受到了一定程度的限制，但其积极作用值得肯定。在交涉过程中，台、菲均争取美国的支持，美国虽声称持不介入立场，然而在某种程度上倾向于台湾当局。对于菲律宾、南越所持的国际托管地、无主地和历史继承权等"依据"，台湾当局以历史依据为基础进行了有说服力批驳，尽管还不系统、全面，但开启了海峡两岸南海主权论证的先声。

关键词　台湾当局　南沙主权　克洛马事件　历史依据

20世纪50年代台湾当局与美国建立军事同盟，并与菲律宾、南越结成紧密的"盟友"关系，共同"反共"，然而在西沙、南沙争议问题上，一直坚持"中华民国"拥有"主权"，采取"外交"、军事措施来维护捍卫民族权益，并从历史依据、国际法理角度驳斥菲、南越无理主张，暂时挫败它们侵犯或觊觎岛礁的行为。为求有利于己的局面，台、菲均争取美国的支

---

*　郭渊，暨南大学中外关系研究所教授，南京大学中国南海研究协同创新中心兼职研究员。

持，美国虽声称持不介入立场，但在某种程度上倾向于台湾当局。在南沙"主权"建设上，台湾当局进行了渔业、磷矿资源的调查工作，试图调动台湾社会各种力量开发海域资源，其"维权"行为值得肯定。然而在冷战背景下，台湾当局因有求于这些国家，未能采取强硬立场，这对问题的解决留下了隐患。近些年来学者们从20世纪50年代台湾当局南海军事巡弋、重驻太平岛、台菲的交涉等内容，① 进行了有价值的探讨，但对南沙争端中的美国因素、菲内部矛盾、台菲南越之间的历史和法理争论、台湾当局南沙建设等内容未深入研究。本文试图对上述内容进行探讨，以求加深对台湾当局南海政策的认知。

一、"克洛马事件"与台菲的南沙交涉

1950年中国人民解放军解放海南岛，国民党将除东沙群岛以外的西沙、南沙守岛部队先后撤往台湾，自1950年至1956年台湾当局仍往来南海巡弋但不登陆南沙岛礁，故对南沙所获资料有限，对南沙情况知之不多。当国民党军队撤离南沙群岛之际，菲律宾就迫不及待地暴露其侵犯南沙群岛的企图。1950年5月13日，菲《马尼拉纪事报》发表社论，呼吁美、菲共同对西沙、南沙群岛做紧急攻势措施，并谓南沙群岛因离菲律宾近，应该立即占有。对此，菲律宾国防部表示将与外交部讨论占领南沙群岛问题。台湾当局获悉后立即发表严正声明，指出南沙群岛为中国领土，不容外人染指，菲律宾不得不暂时放弃进占意图。②

然而进入50年代中期后，菲律宾见中国南沙防御空虚，决定制造借口侵占南沙岛礁。1954年6月、7月间，菲律宾企图利用"人道王国"事件，吞并南沙部分岛礁。菲律宾向台湾暗示，南沙有可能是"走私及共产党活

---

① 如刘大禹、李荔：《蒋介石对20世纪50年代菲律宾侵占南沙群岛之应对》，《台湾研究集刊》2015年第2期；栗广：《1950s：中国台湾在南海争端中的角色——基于台湾、美国档案的解读》，《南海学刊》2016年第1期；Yann-Huei Song, *Managing Potential Conflicts in the South China Sea: Taiwan's Perspective*, Singapore: Singapore University Press, 1999，等等。

② 《菲对南沙久图染指》，《中央日报》1956年5月28日，第6版。

动之根据地"①,以此迎合台湾当局的反共心理,企图换取台湾当局对菲占领南沙岛礁的默许,减少占领群岛可能遇到的阻力。台湾当局未予理会菲之建议,但担心南沙岛礁被他方谋占,故6月23日台"行政院"函"外交部",拟请军方予以查明。"外交部"于7月14日致函"国防部",请查明中国所属南海诸岛中有无所谓"人道王国"的组织及其擅自设置的情况。②经"总统府"函"外交部"审查认为,南海所属各岛屿中并无所谓"人道王国"之组织,并将此情况电告台"驻菲大使馆",责其向菲提出抗议。鉴于南沙出现的"主权"危机,台"外交部"开始考虑恢复太平岛驻军,除上述原因外还有如下因素:(1)共产党势力正向东南亚扩张,北越已为共产党政权掌握,太平岛之战略地位日益重要,如能恢复群岛驻守,则在西、北两面可以监视中共政权在越南和海南岛的活动,东、南两面可屏障菲律宾与婆罗洲;(2)就经济方面而言,太平岛蕴藏磷矿可作肥料,能为台湾所需,且抗日战争时期日人的经营,可作为进一步开发的基础;(3)自菲律宾宣布领海后,台湾远洋渔业遭受阻碍,如能以太平岛为渔业基地,对发展台湾海洋渔业大有益处。③因条件一时未成熟,且南沙"主权"未受到严重挑战,所以台湾当局此议搁浅。"当时菲律宾政府曾拟派船只前往图查,准备利用南沙群岛为雷达站。因我政府之宣布,未便造次,乃改换方式,改由私人团体组织探险队前往南沙群岛。"④然而此时菲律宾不断挑起事端,酿成"克洛马事件",台菲围绕此事件不断展开交涉。

(一)克洛马第一次探险南沙以及台菲交涉

见"人道王国"之事失败,菲律宾紧接着利用"克洛马事件",企图谋

---

① 《所谓"人道王国"自称之领地,与我南沙群岛相邻》,"驻菲大使馆"电"外交部"(1955年6月22日 来电专号第427号),"外交部"研究设计委员会编:《"外交部"南海诸岛档案汇编》(下册),"外交部"研究设计委员会1995年5月,第812页。

② 《密(请查明"我国"在南海所属各岛有无所谓"人道王国"之组织)》,"外交部"至"国防部"代电,1954年7月14日,外(43)条第0064411号,《"外交部"南海诸岛档案汇编》(下册),第809页。

③ 《所谓"人道王国"再来函称拟购我海南岛》,"总统府"秘书长函转"外交部"(1954年4月8日(43)条二字第3403号),《"外交部"南海诸岛档案汇编》(下册),第816页。

④ 《菲对南沙久图染指》,《中央日报》1956年5月28日,第6版。

占南沙群岛。1956年3月至5月，菲律宾人托马斯·克洛马（Tomas Cloma）到南沙"探险"，宣布"正式拥有"9个岛礁，将其命名为"卡拉延群岛"（Kalayaan），是为"克洛马事件"。台湾当局获悉后，各部进行紧急电信往来，商量对策。5月18日，台"驻菲大使"陈之迈致电"外交部"，汇报菲《纪事报》刊载克洛马"探险"南沙群岛情况，以及17日菲副总统兼外长加西亚对报界的谈话，他还说加西亚不肯透露菲政府态度。① 21日，台"外交部"致电陈之迈，责其向菲方表示南沙为中国领土，菲方不能因该岛无人居住径行占领，并向菲报界阐明台立场。② 22日，台"外交部"致函"国防部"，通报上述情况，鉴于菲方对南沙群岛已经开始采取行动的情况，"外交部"建议"国防部"应重行派兵驻守或定时派遣机舰前往巡逻警戒，以杜绝菲方觊觎。③

针对菲人侵扰南沙群岛，挑衅南沙"主权"，5月22日台"内政部长"王德溥于发表严正声明，表明南沙群岛一向是中国固有领土之一部分，"无论在历史上、地理上、法理上、事实上，均为我国之固有领土之一部，任何国家均不得以先占为理由，对我国固有之领土非法侵占，否则必遭受我国最强硬之抗议，甚至采取有效的防卫行动。"④ 同日，台"驻菲大使馆"亦发表抗议声明。23日，台"驻菲大使馆"向菲外交部送照会一件，说明巴拉望岛以西及西南的南沙群岛是中国领土的一部。5月24日，台"驻菲大使"陈之迈，拜会菲外长加西亚，告之南沙群岛为中国领土的事实。加西亚诡辩称，"初步观察克洛马所提各岛似不在南沙群岛范围之

---

① 《菲人克洛马图占南沙群岛》，"驻菲大使馆"致"外交部"电（1956年5月18日 来电专号第729号），《"外交部"南海诸岛档案汇编》（下册），第825页。

② 《希向菲方提出我对南沙群岛之领土主张》，"外交部"致"驻菲大使馆"电文（1956年5月21日 去电专号第46号），《"外交部"南海诸岛档案汇编》（下册），第825页。

③ 《密（关于维护我对南沙群岛之领土主权事）》，"外交部"致"国防部"密函（1956年5月22日 外东发字第741号），《"外交部"南海诸岛档案汇编》（下册），第826页。

④ 《我对南沙群岛主权事 王内长发表严正声明》（1956年5月22日），《"外交部"南海诸岛档案汇编》（下册），第830页。

内"①，他称将召集有关机关先检查地图，日后再约我方携地图对照。他又称，克洛马曾约其前往各岛实地勘察，届时陈之迈可与他同去。

在与菲交涉之时，陈之迈致电"外交部"陈述有关情况，建议应及早准备：（1）坊间各地图均有虚线表明我领域界限，但此间所有官方地图，则因比例过于精密，四周界限未能完全包括，为此需包括全部界限之官方地图，以资对照；（2）我海军战后进驻南沙群岛，如与美日等订有接收正式文献，也需予以佐证。②25日，台"外交部"致电陈之迈，回复说战后中国海军进驻南沙群岛时，该处无人踪，并无接收文件；《南海诸岛位置图》《南沙群岛图》《南海诸岛地理志略》已于5月8日发至该馆，内中有说明南沙群岛主权由来、政府历年管制情形等。③"外交部"还嘱其密切注意台湾重申南沙"主权"立场后菲官方及报界的反应，并说王德溥已请美"驻台大使"蓝钦（Karl L. Rankin）转请美驻菲大使馆，择机向菲方表示："目前中菲间不宜发生领土争执，以免影响远东一般局势。"④

面对台湾当局的"激烈"反应，菲内部发生了矛盾。25日，菲外交部法律司邀集菲有关机关代表开会，听取克洛马陈述意见，当场确定克洛马所主张的"自由地"各岛屿在菲律宾领域之外。菲外交部新闻员称，《马尼拉公报》所载菲律宾当局正采取步骤，避免卷入南沙群岛纠纷，乃属正确报道，克洛马占领该岛纯属其私人行动，菲外交部事先无闻，亦未予支持。克洛马则反称，他申请"自由地"的所有权，系属他个人向世界公告，与菲政府无关，必要时将直接向世界法庭申诉，他并不否认各岛曾载舆图，且有人居踪迹，但认为他已经实际占领，所以应享占有权，他已经派人

---

① 《拟请公布包括南沙群岛界限之官方地图全套》，"驻菲大使馆"致"外交部"电（1956年5月24日第737号），《"外交部"南海诸岛档案汇编》（下册），第981页。

② 《"驻菲大使"访菲外交部长，重申我对南沙主权》，"驻菲大使馆"致"外交部"电（1956年5月24日 来电专号第737号），《"外交部"南海诸岛档案汇编》（下册），第832页。

③ 《密（关于维护我对南沙群岛领土主权案）》，"外交部"致电"驻菲大使馆"电文（1956年5月25日 去电专号第55号），《"外交部"南海诸岛档案汇编》（下册），第833页。

④ 《南沙群岛事》，"外交部"致"驻菲大使馆"电（1956年5月25日 外东发（45）字第0774号），《"外交部"南海诸岛档案汇编》（下册），第832页。

"留守最大之两岛"①。次日，陈之迈致电"外交部"介绍菲国内情况，并报告说使馆接到克洛马油印信函，内中称克洛马自划占领线：西南约包括尹庆群礁安波岛，东迄菲领水，北至双子礁。②这说明菲官方不支持克洛马的行为，但未对克洛马采取约束政策，故克洛马后来采取了更加激烈的行动。

菲政府采取了拖延政策，以试探台湾当局的"底线"。菲国防部、外交部经过会商认为：南沙群岛虽非菲律宾属土，但亦"尚未为任何国家主张主权"。为此决定于29日再次召开会议，对该事件进行研究，而后向菲外长提出最终建议。对于菲律宾的行为，台湾媒体认为："就六年来菲律宾不断觊觎南沙，以及克洛马'探险队'之暗中得到菲政府支持，可以想知，菲律宾一时可能不会放弃其妄图。"③此时菲虽承认南沙群岛不在其领域，但却借词可能遭受中共的攻击，而由台菲"共同占领"。《中央日报》指出："事实上，共匪绝无力量从事这样辽远的侵略，即使敢于冒险进犯，我自由中国海空军也力足予以击溃。菲律宾如果基于中菲友谊及共同的利益和立场，而予协助，自为我们所欢迎；但一时的军事互助，决不能与领土的共同占领，混为一谈。"④与此同时，菲国内舆论声音也为台湾注意，其具体情况如下：（1）美所办的报刊称克洛马以渔业为主要目的，如能申请台湾同意准许其居住南沙一岛，问题即可解决。（2）《前驱报》认为问题严重，菲副总统最初不应轻易过此问题，目前应请求美方合作，劝台勿进驻该岛，以免中菲冲突。（3）《镜报》称菲政府业已声明不介入此事，中国如派海军当不致伤害留居菲人。（4）《华侨商报》社论谓台虽审慎不即派兵，也应在南沙设治，《大中华日报》专栏主张准许菲人有条件留居南沙群岛。⑤

---

① 《菲方对我重申立场后的反应》，"驻菲使馆"覆"外交部"电（1956年5月26日来电专号第742号），《"外交部"南海诸岛档案汇编》（下册），第834页。
② 《菲方对我重申立场后的反应》，"驻菲使馆"覆"外交部"电（1956年5月26日来电专号第742号），《"外交部"南海诸岛档案汇编》（下册），第834页。
③ 《菲人觊觎未已 我将力保主权》，《中央日报》1956年5月28日，第6版。
④ 《我重申南沙群岛主权》，《中央日报》1956年5月28日，第2版。
⑤ 《菲媒体之反应》，"驻菲使馆"致"外交部"电（1956年5月28日来电专号第744号），《"外交部"南海诸岛档案汇编》（下册），第837—838页。

由于菲律宾始终没有对克洛马侵犯南沙群岛的行为进行公开表态或采取制止行动，5月28日上午，台"外交部长"叶公超约见菲派驻台湾的代表菲德尔·瓦尔德斯·罗慕斯（Fidel Valdez Ramos），慎重地告之"南沙群岛的主权属于中华民国"，请罗慕斯大使转告菲国政府，也请麦格塞塞（Ramon Magsaysay）总统能够制止加西亚副总统的不当发言。罗慕斯称克洛马南沙"探险"的目的不外为便于学生实习航海技术，或为冒险家之炫耀行为。他认为菲副总统的言论殊欠慎重，拟将详情电呈麦格赛赛总统加以制止。叶公超还告之，台湾将派遣海军前往南沙巡弋，为避免引起中菲无意义的争执，希望双方保持镇静。叶公超在约见罗慕斯时，"外交部亚东司长"李琴、《南海诸岛地理志略》作者郑资约等在座，叶将《志略》一书赠给罗慕斯。① 此书是当时关于南海诸岛屿所有出版物中记载最翔实的一本，他希望通过此书让菲外交部门认识到南沙群岛自古以来就隶属中国的客观史实。当时正在台北访问的"国际青年商会"（亚洲区）的穆托克在28日记者招待会上，曾谈到南沙问题："在我个人看来，中国方面对南沙群岛问题所持的理由，是比较充分的。但无论如何，这个问题的争执，将不会影响中菲两国的友好邦交。"②

对于台湾当局的交涉和抗议，菲采取拖延态度。5月29日，菲外交部、国防部以及武装部队代表组成的委员会举行了秘密会议。据报载会议认为克洛马所占各岛，多数不隶属于任何国家，且非南沙群岛之一部分，建议菲政府收入版图。③ 当时媒体推测该委员会很可能会向菲政府提出建议：以该群岛为克洛马"发现"为理由，主张对该群岛的主权，甚至可能以克洛马为该群岛的菲行政官。④ 同日，台"外交部长"叶公超再次声明南沙群岛

---

① 《"外交部"叶部长与菲律宾"驻华大使"雷慕士谈话记录》（1956年6月5日），《"外交部"南海诸岛档案汇编》（下册），第836—837页。

② 《叶外长面告菲大使南沙群岛主权属我》，《中央日报》1956年5月29日，第1版。

③ 《菲外交国防两部代表开会建议将克洛马所占领之南沙礁并入菲国版图》，"驻菲大使"陈之迈致"外交部"电（1956年5月30日 第750号），《"外交部"南海诸岛档案汇编》（下册），第984页。

④ 《菲各部代表会议图占我南海岛屿》，《中华日报》1956年5月30日，第2版。

是中国领土，不容侵犯。他要求菲政府对于克洛马侵犯"中华民国"领海主权行为进行制止，并正式发布声明尊重"中华民国"领土主权，他还告之台方已委托美第七舰队司令英格索尔面洽菲总统说明目前形势，促使菲立即采取措施制止克洛马的非法行为。叶公超随后在电话里请菲大使告知菲总统台湾当局的要求：（1）菲政府立即命令克洛马等全部撤出南沙群岛。（2）菲政府公开表示如克洛马不撤出南沙群岛，将来发生严重后果，菲政府不予任何保护。菲大使亦允照办。①

在与菲方交涉之际，台湾密切注意菲律宾的反应。5月30日，陈之迈致电"外交部"，称菲各报刊载大陆抗议声明，他建议此事关系"领土主权"，由台"外交部"发表南沙主权声明较易引起各方重视。陈之迈还与"外交部常务次长"周书楷通电话，商讨南沙群岛问题，而后他造访了加西亚，会谈主要内容为：（1）告之叶公超对菲大使谈话要旨，抗议菲人占据南沙若干岛屿，"特重匪共可能侵占，危害中菲安全"。（2）根据有关地图及资料，对台湾"领土"范围详为解释。加西亚起先认为克洛马所占据各岛，系在中国领土以外，所谓斯普拉特利群岛（即南沙群岛）仅限南威岛附近数岛，见台湾提供的南沙地图，始知克洛马所指各岛全在中国领土范围内，加西亚只得承认事实。此时大陆发表南沙主权声明，菲律宾感觉压力加大，为此他向台湾建议解决南沙争执方案，邀请一个或三个友好国家斡旋，其中之一为美国，今后台菲均力持沉默，对报界不发表谈话，克洛马在太平岛人员暂不勒令撤退，但不准其再做侵占之举（以上建议他将请示菲总统）。陈之迈称台对南沙领土决不放弃，菲外交部与各机关所拟定报告书既然支持克洛马，决不能发表，请友好国家斡旋一事，将报告台当局裁决。加西亚表示报告书可不发表，菲无意与台争执领土，也无支持克洛马之行为。②

但加西亚后来对报界却说，他与陈之迈的会谈并未涉及南沙群岛问题，并说菲对此问题尚未有官方立场，现正等待研究此问题的委员会提出建议。

---

① 《为南沙群岛事再约谈菲大使》，"外交部"电驻菲"陈大使"（1956年5月30日 去电专号第62号），《"外交部"南海诸岛档案汇编》（下册），第839页。

② 《陈大使访菲外长谈南沙主权问题》，"陈大使"致"外交部"电（1956年5月31日 来电专号第751号），《"外交部"南海诸岛档案汇编》（下册），第846—848页。

他还说，他预期下一周与陈之迈商谈南沙问题。①

台"外交部"内部经协商后，明确拒绝菲方所提将南沙之事交付他国斡旋之议，并提出解决问题的办法。"外交部"致电陈之迈中指出：（1）以后菲人对我"领土"提出任何请求权（Claim）应立即驳斥，毋庸请示。（2）请即答复菲外长南沙"主权"明确属我，此一事实无斡旋必要。（3）解决办法可有菲方发表两点声明：甲、菲政府无意对于"中华民国"之南沙群岛提出任何请求权；乙、菲政府亦无意支持任何菲国人在南沙群岛范围内之侵占行为。如菲政府公开承认南沙为我"领土"后，台湾愿与之商讨有利于双方在该地区合作的可能。②而此时加西亚又对报界发表谈话，强调菲政府对南沙群岛问题尚在研究中，须呈报总统才能确定态度，以前报刊所载菲官方谈话，全属虚构。③加西亚还向陈之迈表示，菲政府不能接受台湾当局所提之南沙问题的解决办法。美方此时也表态，未承认任何一方对南沙之"主权"。

台湾此前处理"人道王国事件"时经由"外交"途径，避免采取实际行动，但此时克洛马意图侵占南沙群岛，而菲政府对于克洛马所谓的"先占"所有权自始即予默许支持，这与以往情形已有不同。5月29日，台"国民大会"代表"全国联谊会"致电"行政院"，请严切交涉南沙群岛主权事并要求派军驻防。台湾当局认识道："唯有派遣海军前往太平岛巡视实况，非仅我政府维护领土主权之决心，抑亦对菲方表示我对本案坚定不移，使其知难而退。"④ 6月1日，台"外交""国防"两部同时宣布：台湾海军有巡弋所有"领水"及"领土"海面之责任。周书楷在"行政院"新闻局记者招待会上表示："我在台北与马尼拉两地，经过双方的使节，曾一再将

---

① 《陈大使昨晤菲外长 菲对南沙问题立场未定》，《中央日报》1956年6月1日，第2版。
② 《南沙群岛事》，"外交部"致"陈大使"电（1956年6月1日 去电专号第71号），《"外交部"南海诸岛档案汇编》（下册），第848—849页。
③ 《菲态度未定》，驻菲"陈大使"致"外交部"电（1956年6月1日 来电专号第752号），《"外交部"南海诸岛档案汇编》（下册），第849—850页。
④ 《叶部长致俞院长密函》，"外交部"签呈"行政院"（1956年6月2日 外（45）东字号005872号），《"外交部"南海诸岛档案汇编》（下册），第852页。

南沙属于我国之事实，促请菲律宾政府注意，告以我国的领土不容侵犯，请菲政府约束其国民勿作非法的侵占。现正等候菲政府对于此事的答复。"当有记者提问台湾是否会派海军前往南沙群岛时，军事发言人柳鹤图上校虽然未做直接答复，却表示："巡逻我国有疆土之领海及水面，系我海军重要使命，故海军经常均有执行巡弋任务，因此若我奉告各位上月曾派舰至渤海附近或下周特派舰至南沙，均为不足惊异之事。"① 6月2日，台湾当局组成海军"立威"部队，巡弋南沙群岛。

就在台湾当局派出海军特遣队的同时，6月2日，叶公超第三次召见罗慕斯，再度表明对于南沙群岛问题立场，希望菲人不要侵犯中国南沙主权。同日，菲"文化教育界访华团"中的菲记者，曾向台"外交部"发言人提出"中国政府准备如何解决中菲间关于南沙群岛争执"时，台发言人指出："这不构成一个争执，因为南沙群岛是中国的领土，是毫无疑义的。"同一天，陈之迈造访了加西亚，再度告之：中国"不能承认任何外国"对于南沙群岛的"权利主张"。对于台湾当局的一系列交涉，菲方则一直采取回避态度。加西亚认为，南沙群岛事件，只有向菲总统提出报告，"也许总统将征询内阁的意见，然后才能正式公开说明菲政府的立场。"但菲政府有关人士说，他们不信菲律宾将正式提出关于这些岛屿的权利主张，"只是暂时的占领这些岛屿，似乎是没有什么价值的，除非我们能够保卫他们，而且能够建立一个通信中心，这些岛屿是没有什么好处的。"②

菲律宾不断探寻台海军巡弋南沙之意图。6月4日，罗慕斯向台湾当局探寻有关情况。5日，叶公超第四次召见罗慕斯，指出他已训令陈之迈再度晋见加西亚，促请其发表一项声明，即申述菲对于南沙群岛无提出权利主张之意图，且无意支持菲人占领南沙岛屿之企图或行动。罗慕斯表示就个人意见，认为台方此项要求甚属合理。叶公超表示，他已训令陈之迈向加西亚暗示，一旦菲政府发表上述声明，台愿与菲、美就该群岛之经济开发与防止该群岛为"共匪窃据"事宜进行协商，此后菲人可向台"驻菲大使

---

① 《交涉南沙被侵事 正待菲方答复》，《中央日报》1956年6月2日，第1版。
② 《叶外长三度约见菲大使 重申南沙主权》，《中央日报》1956年6月3日，第1版。

馆"申请前往该群岛之入境许可,并遵照有关政府之协议前往从事科学或经济方面之活动。罗慕斯对此也表示完全赞同。叶公超告之台海军巡弋南沙,是例行任务。①

随着"立威"特遣队巡弋南沙群岛行动的深入展开,菲律宾当局不免紧张起来。有关媒体报道,菲总统麦格塞塞警告菲外交部,放弃支持克洛马之权利主张,并对美驻菲代办表示曾嘱菲外交部采取不介入政策(Hands off)。②不过,菲国总统发言人克茹斯(Crus)则拒绝证实或否认此项报道。菲武装部队参谋长瓦加斯中将(Vargas)也向总统建议,立即拒绝克洛马所提菲律宾应要求将南威岛作前进交通中心的建议。瓦加斯及武装部队参谋总部认为,该群岛过于遥远和易受攻击,不能作任何用途。③后加西亚证实外传麦格赛赛总统曾训令外交部须小心处理问题的报道,他还透露,他已经通知克洛马不要做任何可能具有政治反感的事。④但实际上菲外交部部际委员会一方面仍在寻找法律根据,证明克洛马所占各岛不属于任何国家;另一方面又拟从菲国防着眼,设法取得各岛。⑤然而,克洛马却依然我行我素,6月8日,他宣布5月底返回马尼拉的"探险队"队员11人,将乘坐菲海事学校的摩托船重返南沙群岛。6月9日,菲外交部表示,克洛马派人重返南沙"自由岛"的行动并没有获得菲外交部的批准⑥,其意图表明克洛马的行为与菲政府毫无关系。

对于台湾派遣舰队捍卫南沙"主权",以及台菲之间的争端,国际社会是有所反应的。据陈之迈说,英驻菲大使告之,菲方所说为无稽之谈,依

---

① 《"外交部"叶部长约见菲律宾大使雷慕士晤谈之节要记录》(1956年6月5日),《"外交部"南海诸岛档案汇编》(下册),第862—863页。

② 《菲积极处理南沙群岛争议》,"驻菲大使"电"外交部"(1956年6月5日 来电专号第764号),《"外交部"南海诸岛档案汇编》(下册),第866页。

③ 《叶外长再晤菲大使 重申南沙主权》,《中央日报》1956年6月6日,第1版。

④ 《我舰驶往南沙事 官方不置评 菲政府令克洛马 勿引起国际纠纷》,《中央日报》1956年6月7日,第1版。

⑤ 《菲积极处理南沙群岛争议》,"驻菲大使"电"外交部"(1956年6月5日 来电专号第764号),《"外交部"南海诸岛档案汇编》(下册),第866页。

⑥ 《我海军巡逻舰队 在南沙执行任务》,《中央日报》1956年6月9日,第1版。

照《开罗宣言》及"对日和约",南沙群岛应属于中国。教廷驻菲代表力劝台方"不宜操切,以免事态扩大,招引匪共侵略",建议应研究"共治"。对于美方对此事件的态度,台湾进行了试探。6月2日,叶公超约见"美驻华大使"蓝钦,对其说据马尼拉所获报告,美驻菲大使馆所持立场认为南沙群岛所有权归属问题尚未确定,且认为事实上美政府未承认任何一国政府对南沙、西沙群岛享有任何权利。而马尼拉报纸所做报道,曾据菲总统府某负责官员透露,美国海军当局曾于1950年间劝告菲政府占领太平岛,叶希望蓝钦能予以查明。蓝钦称他已向美国务院两度致电,将台意见详为陈报。他还说6月1日殷格索将军来访,告之"国防部长"俞大维曾就此事与之洽谈。俞强调须避免在该区域引起紧张局势,这也是蓝钦5月24日与俞晤谈后在发至美国务院电报中强调的。至于马尼拉所传美国立场一节,蓝钦称未查明此事之前不能评论,但他保证说:"美国政府决无意在任何情形下卷入目前此项争执中。"① 此次会谈中,蓝钦曾询问叶公超,"立威巡弋"是否可以暂缓前往南沙。叶公超答称无此可能,但俞大维曾在所下达的命令中,特别强调避免与闯入太平岛的菲人发生武力冲突。

台湾在派遣舰队巡弋南沙之时,还欲借助美方力量巩固区域安全,"使该区成为中美共同协防之一部"②。台湾所说"协防"所指主要对象还是针对新中国政权。6月12日,叶公超约见蓝钦,首先介绍南沙群岛争执近况,由于克洛马提出南沙权利主张,以及南越外交部最近声明,可能引起中共觊觎南沙。他强调南沙有被中共"窃据利用"的危险,"据我刻在(现在)南沙一带巡逻之舰艇最近报告,已发现太平岛之建筑物上有共党标语"。他请蓝钦将在南沙所发现的情形告之美国务院及史敦普将军(Admiral Felix B. Stump),并提议"中(台)美"双方就协防该区以阻止"共匪渗透窃据"之各项可能办法交换意见。蓝钦表示,他将台湾此项请求转达给美国政府,他本人虽不认为南沙有何战略上的重要性,但南沙若被"共匪"窃据,势

---

① 《"外交部"叶部长邀约美"驻华大使"蓝钦来部晤谈之节要记录》(1956年6月5日 外东司(45)送字第806号),《"外交部"南海诸岛档案汇编》(下册),第858—860页。

② 《极密("外交部"叶部长签呈俞部长)》(1956年6月9日 外东发(45)字0871号),《"外交部"南海诸岛档案汇编》(下册),第871—872页。

必危及越、菲安全。叶公超说：中共若窃据或控制南沙，对于该区域公海之自由，亦将为一大威胁。①叶还告之，台湾正考虑在南沙一岛上设一测候所，以应国际民航组织所请，希望得到美国海军方面的协助。6月14日，陈之迈与菲外长会谈时，菲外长表示中国大陆"侵占"（南沙）一点可不必过虑，因为美国必不容许"匪共"如此靠近菲岛，然而美代办认为美军抽调实力保卫荒岛不切实际。②

对于台湾当局的建议，美"驻华大使"蓝钦及时将美方意见予以反馈。1956年6月14日，"外交部长"叶公超接见蓝钦，蓝钦向其详细传达美国政府意见：（1）"国防部长"俞大维曾就南沙群岛问题数度与第七舰队司令英格索尔中将会商，英格索尔已将相关谈话内容告诉蓝钦，并向美国太平洋舰队司令史敦普上将建议，因南沙问题具有政治敏感性，殷格索还曾请蓝钦一同署名。（2）美国务院不愿意介入台、菲之间的"外交"纠纷，但对于维持南海地区的安全，则甚重视，目前可以担任空中巡逻任务。（3）据第七舰队在西沙附近侦察结果，并未发现大陆军舰，但是中共已经在西沙建有若干房屋，其中包括一两层楼房。③据闻法国人即将离去，而越军不久亦将撤离，蓝钦表示他个人认为，届时"国军"应该前往视察或者进驻，避免被共军占领，唯对该岛情况是否可以供长期居留一节，则不甚明悉。蓝钦又表示南沙群岛孤悬海上，如果"中华民国政府"不加占领，日后在"外交"上恐难应付，蓝钦个人希望"中华民国政府"考虑派人驻留较大几个岛屿，以策万全。

叶公超告之有关台湾军队重回南沙驻守一事，当局正在研究中，台湾可能派遣军队进驻太平岛，理由有二：（1）1955年在马尼拉举行国际民航

---

① 《本部叶部长约见美国"驻华大使"蓝钦就南沙群岛案晤谈纪要节录》（1956年6月12日），"外交部"抄送驻菲"陈大使"等，《"外交部"南海诸岛档案汇编》（下册），第875—876页。

② 《菲兼外长表示美将阻止匪共侵占靠近菲岛的南沙》（1956年6月14日），"驻菲大使"陈之迈致"外交部"电，《"外交部"南海诸岛档案汇编》（下册），第989页。

③ 美国非常希望能够了解这种建筑物的性质，究竟系营房、办公室、测候所，亦为渔业使用。又西沙群岛中距永兴岛西南60里至70里的Pattle岛，在第二次世界大战日本人投降以后为法国人所占据。

组织太平洋地区会议时,"中华民国"已经接受英国代表团的建议,将在南沙群岛的一个岛上设置测候所,以供应所有飞行于南海区域内民航机以及附近其他测候所关于气候之一切纪录与情报,"英国代表团此项正式请求并足证明南沙群岛的主权确实属于中华民国"。(2) 台湾将利用南沙群岛开发远洋渔业。叶公超提出在台湾军队进驻以后,南沙群岛一带的"中华民国"船只为避免风险或因其他紧急事故,如果有驶入美菲海军基地的必要时,希望美予以协助。蓝钦回答料无问题。叶公超又提及空中巡逻问题,询问美国可否准许台湾军机使用美菲空军基地,蓝钦则答空中巡逻一事恐须由美方担任,对台湾所提要求委婉拒绝。

关于台美合作,共同保障南沙群岛区域安全问题,蓝钦说他还没有获得美国务院的复电,不过在原则上他相信美国政府将表示赞同,唯如何执行,则有待美国防部及美太平洋司令部会商,但美国政府不愿卷入纷争。对于台湾军队派军进驻太平岛一事,蓝钦请台湾在决定以后告知,叶公超表示同意,但请蓝钦不要转告菲律宾大使,以免增加处理上的困难,蓝钦亦允照办,并希望该案能早日获得圆满解决。① 从以上台美双方交涉过程来看,美方基本上已认为南海诸岛为中国主权的事实,否则蓝钦不会对台湾军队进驻太平岛持肯定立场,然而美国却从来不愿意在南沙主权问题上公开表态。

(二) 克洛马第二次南沙"探险"与台湾当局的抗议与交涉

迫于台"外交"、军事压力,菲虽不敢公然支持克洛马侵犯南沙之行为,但却纵容其赴南沙进行"探险"。6月10日,克洛马率领其下属并配备了大批装备与粮食从马尼拉出发,宣称前往南沙群岛从事"第二次探险"。6月13日,克洛马宣称他的探险队在巴拉望附近某地会合第一探险队,但他的声明证实他的探险队此时没有人留在南沙群岛。6月14日,当陈之迈再度拜访加西亚并就克洛马侵犯南沙群岛"主权"与之交涉时,加西亚表示他将仔细研究此事,并说此问题可能提交下星期的菲内阁会议讨论。② 此

---

① 《叶部长接见蓝钦大使会谈摘要记录》(1956年6月14日 外东司(45)送字第831号),《"外交部"南海诸岛档案汇编》(下册),第1009—1011页。

② 《陈大使再访菲外长 重申南沙主权》,《中央日报》1956年6月15日,第1版。

时，据报载菲外交部部际委员会，虽对南沙争执未提出具体建议，但却搜集各种证据，企图支持南沙各岛无所属之论；南越驻菲公使，正式向菲外交部声明南沙属越。① 此时南沙形势趋于复杂化。

在菲律宾政府的怂恿下，克洛马直接挑战中国南沙领土主权。6月22日，克洛马公然致函陈之迈，通知探险队已经前往南沙群岛。在信件中，他将南沙群岛定名为"自由地"，声称："我们第二批探险队除南沙群岛外，已在该自由地各主要岛屿做实际上的视察，在伊突亚巴岛（按：可能即为南威岛）上并已建立一座电台，目前这些殖民者正清理该岛并种植香蕉与其他菲律宾各种植物。"他还说："我们的行动无意侵犯或否认中国领土的完整，在该地的所有权问题获得充分与合理的解决以前，我们认为急需保护我们的权益。"② 据《马尼拉晚报》报道，加西亚25日向总统府提出关于南沙群岛备忘录，促请菲政府正式支持克洛马的要求。③ 然而恰恰在同一天（25日），克洛马来到台"驻菲大使馆"拜访，"使馆"秘书王国铨向其说明，台菲尚在商谈南沙问题，他的意见可向菲国政府陈述，如其有意到台湾游历，可循正常手续办理。克洛马回答说，他对台湾当局和人民并无恶意，此来系表示菲一个公民对中国的友善，他对南沙之计划纯属私人经营。④

克洛马"探险队"第二次前往南沙群岛，在登上太平岛时，将不久前台湾"立威"特遣队竖立岛上的旗帜拿走，"据称系在太平岛地面拾起，但承认附近树有旗杆，又称现拟将该国旗呈送菲政府或本馆（'台驻菲大使馆'）。"⑤ 克洛马表示，他们已在太平岛上留下43人定居，建筑房屋，种

---

① 《（极密）菲外部部际小组会议企图支持南沙各岛无所属之说》，"驻菲大使馆"致"外交部"电（1956年6月12日，第773号），《"外交部"南海诸岛档案汇编》（下册），第988页。
② 《所谓菲探险队 又侵入南沙 且公然通知我使馆》，《中央日报》1956年6月22日，第2版。
③ 《传加西亚建议麦赛赛正式支持克洛马要求》，中央社（1956年6月25日 央密参（45）689号），《"外交部"南海诸岛档案汇编》（下册），第877页。
④ 《克洛马来馆表示，彼对南沙之计划纯属私人经营》，"驻菲大使"陈之迈致"外交部"电（1956年6月25日第784号），《"外交部"南海诸岛档案汇编》（下册），第990—991页。
⑤ 《克洛马人员从太平岛携回我"国旗"一面》，"驻菲大使"陈之迈致"外交部"电（1956年6月27日 第788号），《"外交部"南海诸岛档案汇编》（下册），第991页。

植菲律宾水果。获悉"国旗"事后，27 日美联社记者就此事访问陈之迈，陈之迈表示："这是一项严重的问题——严重侵犯主权的问题。"① 陈之迈采取如下行动：（1）27 日与美代办及参议员帕莱斯晤谈，均认为菲方作为殊属不智。美代办说他从未接到华府训令，甚盼能获得华府允许从事劝阻工作。（2）28 日晨陈之迈敦促"中央社"记者访菲外交部，以促其发表谈话，菲外交部发言人称国旗之事，纯属私人行动，表示不支持克洛马的行为。（3）拟访菲外长对国旗事进行抗议，但会晤时间尚未定妥；又约访菲外交顾问尼利（Neri），着重说明菲外交部报告书所言——"对日和约"未明白将南沙归还中国一节，台绝不能同意。陈之迈致电"外交部"说，关于"国旗"事 28 日晨菲出版的英文报未载评论，但是菲侨报态度激昂，台方措置如未公开，可能会引起侨报误会。他还打算明晨约见菲总统，如有机会将谈南沙问题。② 台"外交部"发言人对此事发表抗议声明，并指示陈之迈即访菲副总统兼外长，告以台方愤慨态度。

经过周密准备后，6 月 28 日，陈之迈会晤加西亚，表示台湾当局对"国旗事件"深表"关怀"，中国舆论对此也殊感愤慨，菲以后必须约束克洛马的行动。加西亚说，他对克洛马的行动一无所知，但补充说他曾一再告诫克洛马不得采取有政治性的行动，国旗一事确属重要，对台极度关切亦能理解，他表示他将调查此事。他还告诉陈之迈，"国旗"曾由克洛马交给一私人团体，复由该团体暂交菲记者公会主席保管，该团体主持人表示将把国旗送还台"驻菲大使馆"③。在谈话过程中，加西亚还"透露"他向菲总统所提的解决南沙问题的建议，即将南沙群岛分为三个部分：（甲）东经 118°沿菲领海范围西南迤至 116°，北纬 12°至 7°之间所有岛屿，菲请求列入菲领土范围。（乙）东经 116°至 114°，北纬 12°至 7°之间所有岛屿（包括

---

① 《菲"探险队"擅赴南沙 窃取我国旗》，《中央日报》1956 年 6 月 28 日，第 2 版。
② 《菲政府表示克洛马人员从南沙携回我国"国旗"，认为是私人行动》，"驻菲大使"陈之迈致"外交部"电（1956 年 6 月 28 日 第 789 号），《"外交部"南海诸岛档案汇编》（下册），第 991—992 页。
③ 《面晤菲副总统兼外长，请其约束克洛马之行为》，"驻菲大使"陈之迈致"外交部"电（1956 年 6 月 28 日 第 791 号），《"外交部"南海诸岛档案汇编》（下册），第 992 页。

太平岛在内），菲拟请求第二次世界大战中对日战争盟邦将之划归菲国所有。（丙）东经114°以西之所有岛屿（包括南威岛在内）菲国无企图。① 菲方企图采取简单办法，分割南沙群岛及其海域，这当然遭到台湾的拒绝。

为伸张南沙"主权"，6月29日台"外交部"电陈之迈向菲方要求将"国旗"交还台"驻菲使馆"。陈之迈当即遵指示，致函加西亚要求菲外交部将国旗送还。同日，克洛马致函陈之迈，对移走国旗之事表示"诚挚歉意"，同时狡辩台方"留旗南沙，同一不当，且责我方拆除彼所插标志"，台方未予理会。② 陈之迈访菲总统时，又告台方对此事极为关切，希望菲总统能发表声明，说明南沙为中国领土，菲无意侵占。菲总统麦格赛赛告知陈之迈，外长加西亚与克洛马因系同乡，所以才会支持克洛马，他已令外交顾问尼利起草声明，澄清菲政府关于克洛马对南沙所提权利主张的立场，但未透露内容。③ 6月30日，陈之迈再访尼利，反复申述台北有关南沙立场。据尼利告之：麦格塞塞总统、菲军方及他本人都不支持克洛马，南沙在台手中，对于菲安全与在菲手中是一样的，但加西亚既然"局部支持"克洛马，"症结在于如何避免使加氏太失面子"，造成对台北屈服的印象，因此尼利正在研究加西亚建议代菲总统草拟声明，下个星期或可完成。④ 同日，菲外交部就国旗事件发表声明，称此次意外事件的发生并非获得菲政府的同意，或为菲政府事先所知悉。因此菲外交部对国旗事件采取不过问政策，然菲外交部称已告诉克洛马将国旗经由本地大使馆交还台湾当局。⑤

---

① 《菲兼外长向菲总统之建议》，"陈大使"致"外交部长"密函（1956年6月28日），《"外交部"南海诸岛档案汇编》（下册），第905页。

② 《克洛马函责我在太平岛留置"国旗"及责克洛马徒众携走我"国旗"》，"驻菲使馆"致"外交部"代电（1956年6月30日 来电专号第793号），《"外交部"南海诸岛档案汇编》（下册），第899页。

③ 《菲人擅取我国旗事 我已对菲提出抗议》，《中央日报》1956年6月30日，第1版。

④ 《菲外长加西亚局部支持克洛马，拟以逾期旅菲游客案及早解决作为交换条件》，"驻菲大使"陈之迈致"外交部"电（1956年6月30日 第794号），《"外交部"南海诸岛档案汇编》（下册），第993—994页。

⑤ 《"国旗"事件结束，不等于南沙群岛争执结束》，中央社（1956年7月2日 央秘参（45）708号），《"外交部"南海诸岛档案汇编》（下册），第879页。

7月2日，菲"驻台大使馆"奉菲外交部令照会台"外交部"，转达菲政府致台湾当局及报界电文，内中称：克洛马此举菲政府事前并不知情，亦未加以同意；菲政府已面谕克洛马将国旗交还台"驻菲大使馆"并当面致歉。

菲律宾政府的反应，与台湾当局海军捍卫"主权"行动有直接关系。1956年6月29日至7月2日，台湾海军特遣部队"威远支队"巡弋南海。台"参谋总长"彭孟缉日志记载："总统"蒋介石指示南沙必须派部队占领，由"外交""国防"两部研办。"国防部"令"海军总部""极机密派军驻守南沙群岛"，其使命为"进驻南沙群岛之主要岛屿保我领土主权之完整"①。"威远巡弋"护送南沙守备部队及物资进驻太平岛之际，赶走了菲律宾人，涂毁克洛马在诸岛上所留字迹。台湾当局将1946年设立的"南沙群岛管理处"改编为"南沙守备区指挥部"。7月4日，陈之迈向菲报界说："中国政府"业已决定派遣军舰前往南沙群岛，保持"中国"对该地区的主权。② 从表面看，台菲关系似有所缓和，但实际上远非如此。据"中央社"马尼拉7月2日电，此间观察家看不出南沙争执有获得早日解决的希望：（1）菲外交部尚未采取行动，以限制克洛马在南沙的继续行动。（2）克洛马宣称（7月2日），他将坚持对巴拉望以西各岛的所有权要求，其理由为它们并不属于争执的南沙群岛的构成部分，他将不惜一切代价来保护在南沙群岛的权利。③ 据报克洛马于6日在马尼拉妄称将在中业岛设立"政府"，并将请求"自由邦"置于菲律宾政府保护之下。次日克洛马公开发表成立公告，并以函件送交台"驻菲大使馆"。④ 显然，克洛马企图混淆是非，对南沙群岛中接近菲律宾的各岛提出要求，并采取强硬措施。

---

① 《1956年台湾军队重新驻防南沙群岛（一）》，新浪网，http：//blog.sina.com.cn/s/blog_be592ca401018fkm.html。
② 《陈大使告菲国报界 我决派军驻防南沙》，《中央日报》1956年7月5日，第1版。
③ 《"国旗"事件结束，不等于南沙群岛争执结束》，中央社（1956年7月2日 央秘参（45）708号），III（4）：050。《"外交部"南海诸岛档案汇编》（下册），第878页。
④ 该函件附件指责台湾海军用武力威胁"自由地政府"人员，且有美第七舰队保护之迹象，故在未得到菲政府保护之下，组织政权维护其权利。《克洛马自组"自由地政府"之函件》，"驻菲大使"陈之迈致"外交部"电（1956年7月7日第807号），《"外交部"南海诸岛档案汇编》（下册），第995页。

迫于台湾当局的压力,菲律宾总统府、外交部均说,克洛马的行动未经菲政府认可;克洛马亦于7月7日同菲海事学校学员3人,将国旗交还台"驻菲使馆",表示出道歉之意。同时,菲政府调查克洛马探险队的行动,据说克洛马探险队的船只为非法驶出菲律宾领土,因为该船未得到菲有关当局的许可。7月9日,尼利电话陈之迈,告之菲外长及他本人均甚焦虑,恐发生"意外之事",除由他等嘱克洛马约束其部下人员外,托陈转请台海军避免发生双方"均不愿意发生之事"①。7月10日,陈之迈就南沙群岛问题,分别访问加西亚和尼利,加西亚表示克洛马应为其行动负责,他的行动和菲外交部毫无关系。他还说,菲外交部已经忠告克洛马行动需加审慎。② 尼利告之,菲总统不支持克洛马要求,又说菲军部有正式签注意见,菲外长之建议南沙划分三部分不足重视。③

尽管台湾已经派出军舰戍守南沙,但是克洛马仍于7月15日潜赴该地。他之所以秘密离境,是为了避免菲律宾海关的干涉,因为他没有离境报关手续。菲海关人员说,克洛马的航行执照已经期满失效。据泛亚社马尼拉电,菲海关14日正式通知克洛马,不得驾驶其机帆船驶出菲领海,否则即予没收。海关说,克洛马一再利用该船从事其所谓"自由邦"之活动,已经违反下列条例:(1)使用逾期之航驶通行执照,该执照在1956年3月7日即已失效。(2)驶往未经海关许可之港口亦属违法。(3)该船载客逾量,因据传曾两度驶往南沙,每次载25人。海关当局说:克洛马第一次扬言驶往南沙时,海关于6月9日提出警告,并令其于5天之内提出书面解释,但克洛马置之不理。④

在对待克洛马问题上,菲律宾内部有意见分歧。菲总统顾问尼利倾向

---

① 《续报克洛马的行为》,"驻菲大使馆"电文(1956年7月9日 来电专号808号),《"外交部"南海诸岛档案汇编》(下册),第907页。

② 《我国防部派遣部队 昨已运抵南沙群岛》,《中央日报》1956年7月12日,第1版。

③ 《菲称:克洛马的行为与菲政府无涉》,驻菲"陈大使"电(1956年7月10日 来电专号第810号),《"外交部"南海诸岛档案汇编》(下册),第908页。

④ 《克洛马又离菲 秘密潜往南沙》,《中央日报》1956年7月16日,第1版。《克洛马秘书发表声明:"自由邦"政府迁马尼拉》,中央社(1956年7月20日 央秘参(45)第756号),《"外交部"南海诸岛档案汇编》(下册),第882页。

支持总统否定克洛马的南沙领土要求。7月18日，尼利对陈之迈说，他已经拟定对菲总统建议，认为克洛马对南沙企图纯属商业推广性质，菲政府不予支持，但这一建议仍待内阁决定。① 但有消息称，菲外交部之策略在暂时安抚台湾，以便克洛马得以在南沙群岛和平定居。克洛马此时积极在南沙拓展活动，需要菲外交部支持。8月6日，克洛马搭乘菲航空公司客机到香港，再转乘泛美航空公司客机去日本，表示愿买日本船2只，利用日本优秀技术，开发南沙渔业资源。针对克洛马的活动，台"驻日大使"发表谈话，指出南沙为中国领土，希望日本各界勿受其愚弄，台湾海军已经驻扎南沙，不容他国置喙。② 克洛马还到香港活动，除为其所谓"自由邦"宣传外，还欲寻找到南沙进行捕鱼的商业"合作者"，甚至想向联合国档案处登记其所占的南沙岛礁，但均未成功。

克洛马对南沙的侵扰，并未因台湾军队两次重大巡弋而停止。为捍卫南海权益，1956年9月，台海军奉命成立了"宁远特遣支队"，巡弋南沙海域，在前往北子礁的途中，发现克洛马之弟费尔蒙·克洛马（Felmon Cloma）率领的菲海事学校训练船，并将其扣留。处理该事件时，双方并未发生冲突，台湾海军让菲船员至台艇上用餐，而后将训练船放行，解除之武器将经由"外交"途径交予菲当局。10月3日，叶公超召见菲大使，除告之上述事实外，称台湾不愿报端对此事有不正确的报道。菲大使说菲政府亦不愿将此案作为新闻资料，答应将此事电陈菲政府。10月5日，台"外交部"致电"驻菲大使馆"说，如有记者来询，"可告以尚未接获详情，以免报端渲染引起不必要之注意，而提高克洛马之身价。"③

台海军对南沙群岛的巡逻，尽管打击了克洛马的嚣张气焰，但并未根

---

① 《菲政府倾向不支持克洛马》，"驻菲大使"电（1956年7月18日来电第817号），《"外交部"南海诸岛档案汇编》（下册），第910页。

② 《沈大使驳斥克洛马妄论由》，"驻日大使馆"致"外交部"电（1956年8月14日大字16292号），《"外交部"南海诸岛档案汇编》（下册），第913—914页。

③ 《关于我海军曾在南沙群岛遇菲国克洛马机帆船事》，"外交部"致"驻菲大使馆"电（1956年10月5日外（45）东二字第1689号），《"外交部"南海诸岛档案汇编》（下册），第920页。

除其影响。10 月 4 日,"中央社"马尼拉报道,因"太仓"号军舰拘留克洛马实习船一事,"自由地"的"国务卿"阿吉拉宣称:他们将调查该事,再决定向"中华民国大使馆"提出抗议,克洛马已经前往美国,向联合国提出对南海岛屿的权利主张。11 月 27 日,克洛马由菲外交协会理事——菲律宾前驻印尼大使盖雷果(Manuel V. Gallego)、前外交部次长艾福瑞卡(Bernabe Africa)陪同,往见加西亚,建议将"自由地"归于联合国托管,并委托美国治理。陈之迈闻讯,曾向菲外交部次长皮瑞说明:该建议与《联合国宪章》第 78 条不合。菲律宾晚报的专栏作家萨尔瓦多·扎伊德(Salvador F. Zaide)更于 11 月 28 日撰文指出,该项"联合国托管、美国治理"的建议,将使菲律宾成为国际笑柄。然而克洛马听到台北计划勘察南沙群岛磷矿消息后,在 12 月 14 日曾致函菲总统,再度提出对南沙若干岛屿的主权主张。

菲侵占南沙岛礁"依据"之一,是克洛马的侵占行为。进入 1957 年,克洛马南沙行为继续得到菲外交部的支持。2 月 15 日,克洛马在马尼拉发表加西亚给他本人的函件,该信函为加西亚 2 月 8 日致克洛马,表示南沙不属于任何国家,为联合国托管地。同日,台"外交部"针对克洛马发表加西亚信函一事,重申对南沙群岛"主权",并训令陈之迈向菲政府表达台坚定立场。16 日,陈之迈向加西亚提出抗议声明,并重申台南沙"主权"立场。加西亚声称其意见并不代表菲政府之主张,该项政策仍待菲总统决定。他还说将咨询克洛马意见,是否愿与台湾共同开采南沙资源。① 同日,台"外交部"发言人江易生博士,强调"中国政府过去及现在均有警卫部队驻扎在该群岛"。他说:"关于加西亚外长函中所称各节,政府已训令我驻菲大使向菲方重申我国对于此事的一贯立场。"② 2 月 20 日,台"外交部"向陈之迈指出,在菲方未公开承认台南沙"主权"之前,台对菲方任何在南沙合作的建议,不能加以考虑。另外台方南沙合作对象为菲政府,私人申

① 《访菲外长谈南沙案》,"驻菲大使"电(1957 年 2 月 16 日 来电专号 135 号),《"外交部"南海诸岛档案汇编》(下册),第 941—942 页。

② 《外交部昨再度申明 我对南沙群岛主权》,《中央日报》1957 年 2 月 17 日,第 1 版。

请开发须遵照台湾"管理外人投资法令"办理。①

然而加西亚 16 日在记者招待会上称,菲外交部拒绝中国对南沙群岛所有权的要求,是因为南沙目前属于《旧金山和约》所有签字国,但菲并无给予克洛马以开发南沙群岛信号之意。② 台"驻菲大使馆"18 日发表南沙"主权"声明,批驳加西亚无理主张:(1)鉴于《联合国宪章》国际托管的特殊手续,以及该群岛从未被置于托管之下的事实,如何能认为该群岛的一部分,可被置于"第二次世界大战战胜国家的实际托管之下"。(2)"中国政府"过去和现在都在这些岛屿上面派驻军队,因此不能认为未被占领或无人居住。"而且所称未被占领和无人居住的岛屿,将自动地接受外人经济开发和移住一节,是杜撰的理论。菲律宾有着无数未被占领和无人居住的岛屿,可是这些岛屿当然并未得菲政府同意而受外人开发和移住。"(3)南沙群岛构成中国领土不可分割之部分,各种地理上和历史上的记录证明该群岛许多世纪以来,是中国领土的一部分,并在行政上受广东省管辖。此项事实,亦已经过许多事例,如英国、日本和法国所肯定。第二次世界大战期间,南沙群岛和亚洲许多地区一样,被日军占领,但于战后即已归还中国管辖,并经中国海军部队接收驻防。"大使馆"指出:"中日和约"将南沙群岛列为日本交回中国的领土,《旧金山和约》亦有同样规定。③ 几日后,菲外交部次长曼拉普斯(Raul Manglapus)拟对台湾进行私人访问,他对"中央社"记者说,不拟与台湾当局商讨各项"中菲问题",他拒绝评论南沙群岛的归属问题。④

台湾还采取实际行动,对菲方言论进行制止和交涉。2 月 19 日,陈之迈拜访加西亚,重申中国对南沙群岛的主权。加西亚承认,菲外交部所持南沙群岛是无主之岛的立场,未经麦格赛赛认可。⑤ 次日,根据台"外交

---

① 《南沙案:菲须承认我主权,然后谈"两国"在南沙地区合作》,"外交部"电(1957 年 2 月 20 日 去电专号第 434 号),《"外交部"南海诸岛档案汇编》(下册),第 942 页。
② 《致克洛马函 加西亚辩证其涵义》,《中央日报》1957 年 2 月 17 日,第 1 版。
③ 《我驻菲使馆昨严正声明 南沙群岛为我领土》,《中央日报》1957 年 2 月 19 日,第 1 版。
④ 《菲外次曼拉普斯 下月出来华访问》,《中央日报》1957 年 2 月 19 日,第 1 版。
⑤ 《陈之迈昨访加西亚 重申我南沙岛主权》,《中央日报》1957 年 2 月 20 日,第 1 版。

部"指示,陈之迈照会菲外长,直指克洛马之行为侵犯台湾"领土主权",希望菲政府采取有效步骤加以制止。① 22 日,台"国防部"发言人柳鹤图在"新闻局"例行记者招待会上,答复记者所询问"南沙群岛近况及中国在该群岛驻军是否有足够力量防止任何外人侵入"一事时指出,台湾军队现仍在南海中的南沙群岛设防,其力量足以保卫"国土",并在"必要时可迅予守军以支援"②。次日,加西亚在例行记者招待会上竟然再次声称:"任何战胜日人之盟国,均有进行开发之权利。"加西亚继而出示南沙群岛地图,称该群岛具有开发之价值。记者会之后,加西亚曾私下透露说,他支持克洛马实有不得已的苦衷,因为他曾投资克洛马开设的公司,准备开发南沙群岛资源(他与克洛马是同乡,据闻加西亚投资额为菲币 5 万元),但是群岛被台湾当局派兵占领,致使该公司无法前往进行开发,"而所投之资本亦无法收回,因此唯有支持克洛马继续争取南沙群岛之主权,始能挽回投资之损失"③。26 日,台"外交部"发言人江易生通台北英文《中国日报》,重申台湾在西沙及附近各群岛的"领土主权"。

此时台对南沙"主权"立场声明强于以前,这与菲、越侵占南沙岛礁有直接关系。5 月 13 日,克洛马之弟费尔蒙·克洛马率领一群菲律宾人在登岸,企图移居南沙群岛之南子礁(North Danger),遭遇到美测量队 12 人,费尔蒙·克洛马等人随即撤走。次日,台湾当局训令"驻菲大使"陈之迈向菲提出强烈抗议,指出:(1)克洛马人员未经我方许可,擅自在"中国领土"登陆,已经侵犯我"主权",其意图何在,请菲政府予以解释。(2)克洛马人员虽属非法进入"中国领域",台湾当局"为基于中菲友好关系之考虑,仍当尽力对在南子礁人员加以保护,但彼等今后任何行动必须先报请中国当局(台湾)核准",否则后果自负。(3)为避免任何不幸事件,菲

---

① 《密(抄送菲总统支持克洛马之情报,希秘存参考由》(1957 年 5 月 21 日 外(46)东二字第 00628 号),《"外交部"南海诸岛档案汇编》(下册),第 947 页。
② 《我在南沙群岛设防 力量足以保卫国土》,《中央日报》1957 年 2 月 23 日,第 1 版。
③ 《密(抄送菲总统支持克洛马之情报,希秘存参考由)》(1957 年 5 月 21 日 外(46)东二字第 00628 号),《"外交部"南海诸岛档案汇编》(下册),第 946 页。

方应对克洛马加以约束。① 接近台"驻菲大使馆"之人士谓，该项措词强硬之通牒在 5 月 21 日送交菲律宾外交部。该通牒要求菲律宾政府阻止此项企图，因其侵犯中国领土完整。台"立法委员"斥克洛马的主权声称，是一个不可思议的荒谬主张。②

克洛马见台湾当局态度强硬，转而希望美国介入，企图"驻于南沙群岛"。5 月 30 日，克洛马发表新闻，这次值得注意的是，他没有为自己或菲律宾坚持"权利主张"，而是称："克洛马和他所属的人员仅是为我们共同安全而保护这块土地的民主志愿队和保卫者。"他还说，他一向主张将"自由邦"置于联合国的托管之下，而由美国为行政当局，"外传在该群岛设立气象台及交通站的说法，可能是我和美国谈判的结果"。克洛马激烈地否认台湾当局与美国政府对于使用该群岛，双方曾有"事前安排计划"。对于台湾当局将在南沙布防更多军队以驱逐侵略者的报道，克洛马激动地说："中华民国有意在自由之邦驻军只能招致危险。"③ 此外，日本也与该事件有关，东京一贸易公司调查团团长吉雄宣称，他们曾就开发南沙丰富磷矿、渔业获致一项协定（与菲签订），在南子礁遇到在该岛上设立雷达站的美军。

为巡视南沙海疆，捍卫权益，5 月 15 日，台"海军总司令部"致函"外交部"，通报海军"太仓舰"将向 62 部队报到后受其指挥，该舰将巡弋南沙南北子礁、太平岛、鸿庥岛、敦谦沙洲、中业岛、西月岛等，而以巡弋菲人登陆南沙行动为重点。如发现菲人船只和人员，当即予侦讯，并将有关情形报部。④ 经过准备后，6 月 23 日，舰队抵马欢岛发现据太仓舰 2 万码处有一目标，该舰向其驶近，并以灯号询问得知这是一艘菲机动船只，即命其停止接受检查。检查小组检查其船籍证书后，始悉其为一渔船，船

---

① 《密（向菲政府抗议克洛马入侵南沙）》(1957 年 5 月 14 日 去电专号第 622 号），《"外交部"南海诸岛档案汇编》（下册），第 949 页。
② 《菲人登陆南沙一小岛 我提强硬抗议》，《中央日报》1957 年 6 月 5 日，第 1 版。
③ 《克洛马主张美人驻南沙群岛》(1957 年 5 月 31 日 央秘参（46）722 号），《"外交部"南海诸岛档案汇编》（下册），第 953—954 页。
④ 《为太仓舰侦巡南沙各岛事》，"海军总局"致"外交部"函（1957 年 5 月 15 日（46）势培杰第 448 号），《"外交部"南海诸岛档案汇编》（下册），第 950 页。

名为"唐路"号（Donluis），属菲圣地亚哥渔业公司（Sandiego Fishery Enterprise）所有，其航海日志曾记载在中国南沙群岛海面捕鱼之事，尚无其他不法情节。检察人员离开之际，帮助其船补充淡水，并对该船电机予以修理，又令该船随太仓舰泊于马欢岛。次日，在菲渔船请求下，太仓舰队对该船受伤船员进行医治，同时劝其以后不要再来中国南沙领海捕鱼，以免引起双方发生不愉快。该船长答允以后不再来中国领海并出具甘结外，愿返回国后告其同业者不再来中国领海作业。① 此次巡弋未有遇见其他菲人。1958 年 5 月 6 日，台太平岛守军发现有菲律宾渔船 M. B. Don Arturo 非法进入"领海"，守军发炮并予扣留，派员登船检查（该船有船员 50 人），而菲渔民称因缺乏淡水驶向太平岛取水，不知有驻军，迄于 11 日该渔船出具甘结并添加淡水与必要补助后放行。② 台湾当局顾于"友邦"关系，希望以和平方式处理菲人侵渔之事。

在这段历史时期，慑于台湾当局的南海巡弋及多次"主权"交涉，加之海上力量薄弱，菲律宾政府不敢公开对南沙群岛宣布拥有领土主权，因此未能尽到其"支持""关切""保护"克洛马一伙人的承诺，菲律宾侵犯中国南沙群岛领土主权的阴谋以失败告终。克洛马要在南沙成立"自由邦"的叫嚣就无人敢理会了，其侵略行为一时无法进行。尽管"克洛马事件"没能使菲律宾侵占中国南沙群岛的阴谋得逞，但菲律宾侵占中国南沙群岛的野心却没有消失，而且还随着时间的推移逐步膨胀。

二、台湾当局与南越对南海问题的交涉

20 世纪 40 年代末 50 年代初，南越在法国的支持下，侵入中国西沙群岛，不断制造事端，但未对中国南沙群岛采取任何行动。直到 1956 年，在

---

① 《为呈太仓舰侦巡南沙群岛经过报告由》，"海军总司令部"函（1957 年 7 月 10 日 (46) 势培寿第 1984 号），《"外交部"南海诸岛档案汇编》（下册），第 955—957 页。
② 《战后菲律宾对南沙主权主张与发展》，新浪网，http：//blog.sina.com.cn/s/blog_ 5937d31401017ox9. html。

"克洛马事件"的刺激下,南越侵占南沙岛礁的野心被勾起,① 台湾当局对南越侵占西沙、南沙群岛的行为进行"外交"斗争,并通过各种方式进行"主权"捍卫。同时,台湾当局从历史、法律角度论证南海诸岛主权属于中国,对南越声称两群岛为其所有的言论进行回击。

(一) 南越的觊觎及台湾当局的抗议

就在1956年6月1日台湾当局派出"立威"特遣队巡防南沙群岛的当天,南越外交部部长武文茂(Vu Van Mau)对南沙群岛提出主权要求,指出越南有传统的主权权利,"越南政府代表团于1951年9月7日在旧金山参加签订对日本和约会议时,为充分利用时机消弭争执之因素起见,兹确认斯普拉特利群岛(南沙南威岛)和帕拉塞尔群岛(西沙珍珠岛)之权利,该岛等是越南的传统主权,属于越南已甚悠久,而未有人提出异议。"②这使台北与马尼拉之间对于南海"主权"争议的情势,如同火上加油。对此,台"外交部"发言人于6月2日抗议声明。

尽管台湾当局不断进行说明,但是南越的侵占之心更炙。南越新闻社6月8日发表越外长对记者的谈话,宣称南越对西、南沙群岛有传统主权,并列举历史"证明",说什么台湾当局的"武力占领"无效。③ 6月10日,南越外长声称,日本在签订《旧金山和约》中放弃对西沙与南威两个岛屿一切权利要求,将其移归于法国管辖,法国后来自越南撤出,归还越南主权,那么这两个岛屿自应随之包括在内。对此,台湾当局重申"中国政府的立场,已于本月2日说明,对于越南外长的要求不必再为表示意见"。"中央社"指出,南威岛系南沙群岛中的一岛,虽然《旧金山和约》中并未规定将这些岛屿交给某一个签字国家,中国没有参加旧金山和会,但是在台日单独签订的和约中,有日本放弃对于西沙、南沙群岛的权利要求和规定,

---

① Marwyn S. Samuels, *Contest for the South China Sea*, New York and London: Methuen, 1982, pp. 85-86.

② 《战后越南对南海主权主张与发展》,新浪网,http://blog.sina.com.cn/s/blog_be592ca4010185vs.html。

③ 《越南外长宣称对西南沙群岛拥有主权》,"驻西贡公使馆"致"外交部"电(1956年6月9日第719号),《"外交部"南海诸岛档案汇编》(下册),第988页。

"'中日条约'中特别有此一项条文,且将西沙群岛及南沙群岛和台湾及澎湖群岛并列,更是说明日本是单独对中国而言,而放弃这些岛屿。"① 这是对越南所谓主权要求的有力驳斥。

菲对南沙部分岛礁侵占之际,法方也称南沙为其所有。6 月初,法驻菲代办向菲外交部声明,表示南沙与西沙不同,南沙群岛主权属于法国,其根据为 1932 年后法军曾事实占领该群岛和西沙群岛,目前无意派舰前往,仅作原则声明。② 南越立刻反驳法国的主张,巴黎越南通讯社刊布南越外交部于 6 月 1 日发表的所谓南沙主权公报。6 月 4 日,台"驻法大使馆"会晤法外交部亚洲司长鲁伊(J. Rouy),据其口头告称 Spratley 群岛属于法国,越方以 Spratley 与 Paracels 混作一谈,中法间关于南沙群岛有争执,迄今尚处于悬置中,法国从未放弃对此群岛主权。③ 英国也通过驻马尼拉大使馆,数度提出对南沙的争辩,表示英国对此地区的关切,但遭到台湾当局的拒绝。与台湾态度不同,加西亚说英国的关切是"当然的,因为这些岛屿就在英国殖民地的附近"。他又说:"法国也料将表达此种关切。"④ 对南沙纷争,甚至连荷兰也介入进来,声言荷兰将获得英国支持,随时提出对争议岛屿的主权主张。

尽管法方否认越南从其"转移主权",但是南越不断寻找理由作为所谓的主权论证。6 月 16 日,南越外长武文茂重申对中国南沙群岛拥有所谓主权,"除其他事实外,他追述道,五年前,越南代表团团长在旧金山和会上曾经庄严地重申越南对长沙群岛的主权,而该声明未为包括中国和菲律宾

---

① 《对海南各岛主权 我重申立场》,《中央日报》,1956 年 6 月 10 日,第 1 版。
② 《法国动态》,"驻菲使馆"至"外交部"密函(民国四十五年六月十一日 收电专号第七〇〇号),"驻菲大使馆"至"外交部"密函,《"外交部"南海诸岛档案汇编》(下册),第874 页。
③ 《巴黎媒体报道》,"驻法大使馆"代电(1956 年 6 月 12 日 法(45)字第 0453 号),《"外交部"南海诸岛档案汇编》(下册),第 888—889 页。
④ 《战后菲律宾对南沙主权主张与发展》,新浪网,http: //blog. sina. com. cn/s/blog_ 5937d31401017ox9. html。

在内的任何参加国所反对。"① 南越对台湾巡视南海之事充满忧虑，南越外交部政务厅长电询台"驻越代办"秘书沈祖浔说，台"外交部发言人"7月11日宣称派舰队在南沙群岛登陆是否属实。沈祖浔答称此事见诸于报载，未奉政府证实消息。"驻越代办"蒋恩铠询问台"外交部"如何答复，"外交部"回复指出，"国防部"发言人宣布派兵前往南沙之事属实，如越方再来询问，可告以该群岛为中国领土，自1940年间撤防后，迄未派兵驻守，现以实际需要经"国防部"派遣舰队前往南沙群岛，已于7月11日抵达太平岛。②

法国军队自印度支那撤退后，南越军队接替法军占据西沙和南沙部分岛礁。"中央社"越南西贡8月27日电，有消息称南越海军的登陆部队在争执中的南沙群岛南威岛，插上了红白色的南越旗帜。台"官方人士"说这件事情尚未证实，"外交部"表示在南沙太平岛上"现有中国海军部队驻防"。"外交部"致电"驻越代办"蒋恩铠询问实情。③ 29日，西贡《天钟报》又刊载了两张南越海军军官降下台湾海军在南威岛所升起的"国旗"，换上了南越国旗的相片。④ 同日，"外交部"训令蒋恩铠向南越外交部提出抗议。⑤ 31日，台"驻越代办"向南越外交部询问南越军舰登陆、竖旗之事，越方答无所知。9月1日，蒋恩铠会晤南越外长武文茂，武文茂仅承认

---

① 《关于黄沙（帕拉塞尔）群岛和长沙（斯普拉特利）群岛的白皮书》（西贡伪政权外交部1975年5月），戴可来、童力合编：《越南关于西、南沙群岛主权归属问题文件、资料汇编》，郑州：河南人民出版社，1991年，第37—38页。

② 《关于我派兵驻防南沙群岛事》，"外交部"致电"驻越代办"代电（1956年7月14日 去电专号第716号），《"外交部"南海诸岛档案汇编》（下册），第1032—1033页。

③ 《传越海军登南沙 我电蒋恩铠查询实情》，《中央日报》1956年8月29日，第2版。

④ 《越海军降下南沙群岛我"国旗"》，"中央社"（1956年8月30日 央秘参（45）第844号），《"外交部"南海诸岛档案汇编》（下册），第1179—1180页。

⑤ 台"外交部发言人"周书楷，在被外电记者询及这一问题时，也证实了越南军队确实一度在"我国南沙群岛中的某一岛登陆"，并在岛上升起越南国旗，之后即行离去，但是当记者进一步追问，这项消息是得自台"驻越公使馆"，或者来自驻扎在南沙的国民党军时，周书楷则不愿意进一步说明。不过，周书楷透露，台当局已训令蒋恩铠，就越南侵犯中国主权事件，表达严重抗议，同时重申南沙群岛是中国之固有领土。

登陆，其余均无所知，又称南越政府不愿对登陆事发表声明。① 7 日，台"驻越代办"递送抗议照会，南越政府"深表惊讶"，然而声明"不能予以考虑"，因南沙系属越南领土，且屡经说明。南越政府照会的措辞，对台派兵驻防未提抗议，虽称温和，但立场显然坚定。②

南越的行动直接促成了台湾"国防""外交"两部研讨对策，计划海军派快舰赴南威岛巡逻，并竖立"国旗"。"外交部"又致函"内政""国防"两部，认为可不理会南越方有关抗议。正在此时，南越采取动作。10 月 22 日，南越总统吴庭艳（Ngo Dinh Diem）签署法令，将南越全境省份变更名称，把南沙群岛划入福绥省，"外交部"获悉后致电"驻越公使馆"，责其向越提出抗议。③"驻越公使馆"④ 于 11 月 16 日向南越外交部提出抗议，重申南沙群岛为"中华民国领土"。南越外交部于 20 日函复台"驻越公使馆"，重申南越对南沙群岛一向为越南领土之一部分，该群岛屿划入福绥省，仅为政府对内主权之单纯措施。⑤ 台"外交当局"立即发表严正声明外，并饬"驻越公使馆"予以交涉，同时台"国防""外交""内政"等部门反复函商南沙群岛"主权"维护之事。

由于美国"驻华大使"蓝钦在 1956 年 6 月曾经建议台湾军队重返西沙，1957 年 2 月 25 日台"外交部"训令"驻越公使馆"人员查明法军是否还在西沙。"驻越公使馆"3 月 5 日回电说，2 月 19 日南越外交部发出通告

---

① 《关于越舰登陆南沙事》，"驻越代办"电"外交部"（1956 年 9 月 3 日 来电专号第 780 号），《"外交部"南海诸岛档案汇编》（下册），第 1180—1181 页。

② 《越南拒绝我方抗议》，"驻越代办"电"外交部"（1956 年 9 月 11 日 来电专号第 789 号），《"外交部"南海诸岛档案汇编》（下册），第 1181 页。

③ 《关于越南政府将南沙群岛划入越南领土事》，"外交部"电"驻越公使馆"（1956 年 11 月 13 日 去电专号第 845 号），《"外交部"南海诸岛档案汇编》（下册），第 1188 页。

④ 1955 年越南共和国（南越）成立后，台湾当局"驻西贡总领事馆"改为"公使馆"，原"总领事"蒋恩铠任"公使馆代办"。1956 年"公使"袁子健到任，1957 年"公使馆"升格为"大使馆"。1957 年台湾当局"驻越南公使馆"升格为"大使馆"后，公使袁子健升任"大使"。1975 年南越被北越推翻后，台湾当局于同年 4 月 30 日关闭"驻越大使馆"。

⑤ 《关于南沙群岛事，仅将往来照会抄本呈恳鉴核》，"驻越公使馆"致"外交部"代电（1956 年 11 月 22 日 越公（45）发字第 1323 号），《"外交部"南海诸岛档案汇编》（下册），第 1190 页。

称："若干报章报道，一部分外国人士最近曾发表谈话，涉及西沙及南沙群岛之法理地位，越南共和国政府重申其立场并无改变，其权利亦予保持，越南对该群岛之主权，无论在法理上及事实上，均不予以否认。此外，越南共和国军队从未停止控制上述该两群岛。"①"外交部"指示"驻越公使馆"，如越方再有此类公开文告发表，应以我方立场立即予以驳斥，毋庸事前呈核。

台湾关心南沙建设之事，引起了南越的抗议。1958年4月下旬，"外交部长"叶公超访问南越结束后，搭乘"中美"号专机返台，途经太平岛上空，并进行空中视察。这则新闻为台湾、国际媒体所报道，引起了南越的注意。5月9日，南越外交部节略，重申对南沙群岛享有历史性权利，"并对中国军队因占领该岛全部或部分岛屿所引起之一切后果，加以明确保留。此项情势足以危害两国间因叶部长最近访问而益增亲密的友好关系。越南政府特请中国政府最近期内将此项情势予以消除。"② 5月10日，叶公超会晤新任"驻台南越公使"阮功勋，阮功勋称：南越舆论对于台军在西沙驻军一事不满，南越对西沙群岛曾提出权利要求。叶公超答：他自越返国时所经为南沙群岛，并非西沙群岛，西沙群岛目前并无台军驻军，现"中越"关系日趋和睦，此时双方避免重提此案。阮功勋表示同意，台"外交部"遂对5月9日南越外交部节略不予答复。10月下旬，台海军派出"永寿"号扫雷舰、"永丰"号扫雷舰、"联铮"号登陆舰所组成的"扬威"巡弋支队照常前往南疆。

南越部队在1959年2月到3月间，不断在西沙群岛海域挑衅侵扰渔民，甚至强行登陆琛航岛。南越外交部于1959年2月23日致台"驻越大使馆"节略称："2月22日有中国人50名乘渔船两艘在西沙群岛Duncan（琛航岛）非法登陆，并在所建营房上悬挂中共国旗，越南海军巡逻队已将彼等扣留，并没收发报机两座及器材一批，兹再声明西沙群岛属于越南领土。"

---

① 《关于南沙群岛事，呈请鉴核由》，"驻越公使馆"致"外交部"代电（1957年3月5日越公（46）发字第0177号），《"外交部"南海诸岛档案汇编》（下册），第1200—1201页。

② 《越主张对南沙群岛享有主权》，"驻越公使馆"致"外交部"电（1958年5月16日 来电专号第400号），《"外交部"南海诸岛档案汇编》（下册），第1203页。

南越"驻台北大使馆"于 1959 年 2 月 22 日声明南越拥有西沙主权，2 月 25 日再度以新闻公报声明南越对西沙群岛的主权要求，并称南越于 2 月 22 日以后曾再度以此事通知驻在西贡的各外国使节代表，包括台"驻越大使馆"在内。台"外交部"2 月 25 日发布《关于西沙群岛之说帖》，详细说明西沙属于中国领土之历史法律及其他事实。台"外交部"发言人于次日又发表简短谈话："查自民国卅九年大陆沦陷后，我即已撤退西沙群岛驻军。据我方所得情报，该群岛目前系在中共占领之下，但若干岛屿上可能有少数越南部队。鉴于该群岛目前非在我方实际控制之下，并鉴于中越两国间关系日益增进，对于越南觊觎西沙群岛一事，我方均在不损害我对该群岛之主权原则下，尽量避免与越方发生争执。今后对于本案仍将本上述原则审慎因应。"① 新中国政府于 1959 年 2 月 27 日提出抗议，台"驻越大使馆"再于 1959 年 3 月 9 日复南越方，重申"中华民国"对西沙群岛之"主权"立场。3 月 26 日，南越海军又侵犯琛航岛，新中国政府虽立即提出抗议，但未采取行动，主要原因是可能当时台湾海峡军情紧急有关，新中国海军驻防在闽浙一带，为避免两面作战，故未对此事采取动作。

（二）在与菲、南越进行交涉之时，台湾当局进行了南沙"主权"论证

为应对菲、南越对南沙主权的挑战，台湾"外交""国防""内政""经济""交通""财政"等机构，于 10 月 16 日研究南沙群岛问题。其主要内容如下：1. 关于"主权"问题，"外交部"代表林新民指出，（1）日本在"中日和约"第二条已经明白申明放弃南沙群岛主权，这明示日本现在无权过问南沙问题。（2）菲政府对南沙群岛主权问题从未有所表示，此次事件的发生全属于克洛马个人行为，与菲政府无关，在此情形下菲方问题较为单纯。（3）法国对南沙主权曾于 1933 年宣布南沙九岛为其所有，当时外交部通过驻法大使馆提出抗议，但越南独立后即以此为根据地主张对该群岛拥有主权。"国防部"代表请"外交部"将有关南沙属我证据具体内容向其告知。经讨论，会议最后决定：（1）"外交部"积极搜集"主权"确

---

① 《战后越南对南海主权主张与发展》，新浪网，http：//blog.sina.com.cn/s/blog_ be592ca4010185vs.html。

属我之资料并极力维护"主权";(2)在"主权"未确定以前,"政府各部门"所采取的任何行动与设施应切实配合,以作为"外交"上的因应,争取"主权"的后盾。2. 关于移民设治与安全保障问题:(1)成立南海群岛管理局(包括东沙、西沙、中沙、南沙等群岛);(2)仅以南沙群岛为限"成立设治局";(3)移民问题因该区岛屿星散,陆地甚小,对于一般民众申请移民暂缓实施,但为争取时效,建议"行政院"授权"内政""经济""国防"三部,就志愿申请愿意前往作业,无须政府作任何负担之渔民与开发资源公司中先行遴选数家,准其前往作业,视为移民先驱。最后之完整开发计划,视"经济部"就该区资源详为勘测试验后再研究。3. 关于资源开发与安全保障问题,"经济部"试验渔船之派遣事属必要,建议"行政院"核准以便实施,至于整个开发计划俟"经济部"实地勘察后再行补充修订。①

为搜集南海属我的法理、历史论据,10 月 18 日"外交部司长"致"国防部次长"一函,内中多有论述:(1)国际法上领土取得的五种方式中,中国以"先占"方式取得南沙领土主权。奥本海默(L. Oppenheim)指出"占有"(Possession)与"设治"(Administration)为构成"先占"的两个主要条件。"占有"须在领土上有实际之"定居",并具有取得该地主权之意思,这通常以"升旗"或"布告"表示之,但非在该占领之领土上有实际之定居以维护占领国之权威,此种形式上之行动仅能构成假设之占领。自有史籍记载以来,海南岛渔民长期往来南沙作业,抗战胜利后,国民政府派军驻守该地,并设立"南沙管理局",纳入国家行政系统。当时未闻有任何国家提出异议,中国已在国际法上取得该地之领土主权。(2)1950 年"国军"自动撤离南沙,但并未声明放弃该地"主权"。根据一般国际法原则,领土之放弃(Dereliction)亦须具备两个条件,即放弃之事实与放弃之意思。我无放弃之意思,且有意思及能力将该"领土"重置于有效占领之下,故在经先占取得"领土主权"以后,仅事实上之暂时无人居住状态,在国际法上并不构成放弃。惟以该地无人居住,因而引起外人觊觎,滋生

---

① 《检送〈对南沙群岛问题之处理意见检讨会会议记录〉事》,"国防部"函"外交部"(1956 年 9 日(45)盈字第 833 号),《"外交部"南海诸岛档案汇编》(下册),第 921—924 页。

纠纷，故为确保我"领土主权"计，我有重新派军驻守及移民之必要。(3)各国争逐南沙群岛领土主权而论：日本历史上虽占领过南沙群岛，二战战败之后，自南沙群岛撤出，并于《旧金山和约》和"中日和约"中声明放弃南沙，是已在事实上及法理上放弃对该地之领土主权。法国历史上虽侵略过南沙，但并未在该地实行移民定居及设治。自南越独立后，法国势力已自远东退出，该国似已不再积极争取南沙之领土主权。南越自克洛马事件发生后，曾以继承法国在越南之领土管辖权为理由，主张对南沙群岛之领土主权。关于此事"驻法公使馆代办"陈雄飞曾于6月间与法外交部亚洲司长劳克斯（J. Roux）晤谈，据该司长面告，法国并未将南沙之主权转让越南。"外交部司长"在函内说，法国对于南沙主权依据薄弱已如上述，越南对该地之主权自更无置喙之余地。菲人克洛马宣布占领南沙群岛，但纯系个人行为，而欲完成占领，除具备国家行为"先占"条件外，尚需获得各国承认。且南沙群岛既已为中国合法所有，除我同意予以移转外，任何国家或个人不得以任何理由对南沙群岛作领土主权之主张。克洛马等人昧于历史，视我"领土"为"无主物"，我已再三提出警告，且其属员亦曾书面保证不再侵犯该地"主权"，如再有发现彼等有侵入南沙群岛之事情时，似可即以"非法入境"罪名，予以扣押审理。"外交部司长"还说，开发南沙群岛之事，包括移民设治、建立气象台等措施，均与维护领土主权有关，似已刻不容缓，建议"国防部"早日办理。①

当克洛马对南沙岛礁提出了"发现说"以后，台湾省水产试验所所长邓火土立即提供日据时期对南沙的调查，以供人们重新认识南沙群岛，其中包括"台湾总督府水产试验所"所编《大东亚海渔业根据地》和《台湾水产要览》、台湾水产会发行的《台湾水产杂志》、东京"南洋水产协会"发行的《南洋水产》，以上资料调查时间在1937年到1939年（昭和十二年至昭和十四年）期间，当时正处于抗战前期、太平洋战争尚未爆发之际，日本急于推动"大东亚共荣圈"，认为南海系面对西南亚扩张的跳板，因此

---

① 《关于南沙群岛领土主权事》，"外交部司长"至"国防部唐次长"函（1956年10月18日外东司（45）字第1779号），《"外交部"南海诸岛档案汇编》（下册），第924—928页。

极为热衷南海的研究与开发。① 台湾媒体对国际上有利于南沙属中国的舆论声音进行了报道。《中央日报》1956年曾报道说,"中央社"旧金山9月5日专电,美《俄克兰论坛报》著论批评有关南沙群岛的国际争执,指出中国"在许多许多年来"已占领该群岛,在目前的争执发生之前,这个事实一直未遭任何反对。该报注意到,"中华民国"、南越和菲律宾的航海家克洛马都宣称为该群岛的所有人。该报称:这些要求都是为了维持其新海外领土,此外并找不到其他的理由。该报对哪一国应该为该群岛的合法所有者,并未提出结论。但它指出,许多许多年来,中国已称南沙群岛系其所有,亦未遭任何反对。日本在第二次世界大战即有利用该群岛的报告,战后即归还中国,此后十年来,并未引起国际争执。② 1955年10月27日,国际民航组织太平洋区域飞航会议在马尼拉召开,计有美、英、台湾等17个国家和地区参加。该会议之气象委员会会中讨论台湾各"气象台站地面及高空气象"报告之收集及发送时,曾由英国代表及国际航空运输协会(IATA)代表提议,南沙岛每日四次的测风气球报告,攸关国际飞航大事,具体事务由台湾当局负责。当时该会由菲律宾代表弗洛雷斯为主席,该提案经无异议通过,并列入该会议最后报告书。③ "交通部"民航局致函"外交部",指出该项会议记录可作为南沙群岛为当局所有之旁证。

此时,台湾当局在与南越进行主权交涉的时候,其舆论媒体、"政府官员"、社会各界人士从历史、法律角度论证西沙、南沙群岛主权为当局所有,其所持的历史依据与大陆学者、官方宣传基本上相同。台湾当局在西沙、南沙群岛领土问题上,在对菲律宾、南越所持历史、法律依据进行批驳之时,能够协调社会各界、"政府部门"统筹规划、开发南沙群岛,试图采取实际行动进行主权捍卫。

---

① 《日本对南沙调查工作的记载》,新浪网,http://blog.sina.com.cn/s/blog_be592ca401016ki6.html。

② 《美报著论称 南沙群岛 早属中国》,《中央日报》1956年9月7日,第2版。

③ 《为函告在国际民航组织太平洋区域飞航会议中所论南沙群岛之气象报告决议由我国供应案,请参考由》,"交通部民航局"函"外交部"(1956年6月6日),《"外交部"南海诸岛档案汇编》(下册),第872—873页。

三、台湾当局对南海渔业资源的开发与建设

台湾历来是中国渔业生产比较发达的地区之一，这是由它的自然地理条件和各个时期经济生活的必需所决定的。1952年以前为台湾渔业生产的恢复时期，渔业生产由二战的破坏及半破坏状态恢复到战前水平，即年产量为11万吨，这一时期主要是以发展沿岸渔业为主，近海渔业和养殖业为辅，而远洋渔业极少。① 至1953年渔船恢复至242艘，渔船远至东南亚的苏禄海、苏拉威西海以及沙巴（北婆罗洲）海域作业。② 台湾当局南海渔业的展开，与下列因素的促进作用有直接关系：

首先，南海渔业调查工作，为渔业活动的展开奠定了基础。20世纪50年代，台湾沿岸渔区经常出现捕捞过度现象，资源日趋枯竭。为了继续发展渔业生产，台湾当局采取辅助渔民扩建渔船、购置渔具和勘探近海、远洋水产资源等措施，开发渔区。1954年3月，有消息说，南海有一处暗礁，在海图上名为斯卡勃罗（距离高雄约500里，位于西沙岛的东南），台"顺风一号"与"新光一号"调查后报告高雄渔会，这里新发现了飞鸟鱼的渔场。原来台湾渔民捕鱼时间比较短，每年4—5月间，约40天，发现渔场后，熟悉了飞鸟鱼的洄游性特征，每年自2月份起就可以去捕鱼，延长了捕鱼时间。③

在向远洋扩展过程中，台湾省水产试验所的渔业资源调查起到了开拓作用。为了开辟新渔场，台湾省水产试验所的海洋试验船"海庆"号（单拖/延绳钓船），于1954年9月17日从基隆港出发，赴南中国海做第一次远洋渔场调查，目的地是北纬5°至15°，东经109°至110°海域，该地在南沙群岛的西南方，印度支那半岛的东方海面。在假设的第一至第四渔场，调查队分成海洋气候观测、渔捞测验、渔场生物、渔场探测四项。后证明这里鱼

---

① 方强：《台湾渔业生产的发展过程和现状》，《台湾农业情况》1985年第2期，第8页。
② 滕永坤：《台湾省的远洋渔业和其拓展趋势》，《海洋渔业》1984年第5期，第238—239页。
③ 《西沙岛附近 发现新渔场 飞鸟鱼汛期可延长》，《中央日报》1954年3月7日，第3版。

类众多，气候适宜，适于远洋作业。在第二、第三渔场，海底有藻类，拖纲时常受阻，对作业稍有影响，第四渔场海底为细沙，沙带黏性，对拖纲起黏掣作用。最优良的是第一渔场，在前后 24 次撒网当中，没有一次遭受影响。新渔场的主要鱼类是石鲫、乌贼、狗母、白口、目鲷、赤松、黑鲷等，属于上中等鱼类，这里的鱼类在台湾省的北部渔场及台湾海峡也常见，不过体积没有这里的大。① 此后，1954 年及 1960—1962 年，台湾省水产试验所利用"海庆"号在北纬 2°—13°100 米以内深的浅海海域共进行了 12 个航次底拖网渔业资源调查，包括越南南部沿海、泰国湾、马来半岛东岸近海和加里曼丹岛北岸沿海等海域，泰国湾是调查的重点区。② 这些调查工作，为台湾南海渔业活动的开展奠定了基础。

其次，渔业界的积极推动。在南海渔业作业中，基隆渔船尤多。1949 年以后基隆渔船前往南海作业的主要困难，是 1000 海里的远航航程，因油量的限制，100 吨以下的渔船很难单独前往作业。台湾有识之士指出："因为受渔船吨位的限制，远行南海作业困难仍多，如能在我们这些丰富的领土上，从事建设，使之成为南海的渔业基地，在维护领土主权和发展渔业的两个观点上看，都有其极可贵的价值。"③ 基隆渔业界建议台湾当局，允许公司渔业船只前往南沙群岛建立渔业基地，如此 80—100 吨手操及拖网渔船，均可在该地作业，"中国渔业公司"愿派遣远洋渔船前往。该公司于 1954 年间，曾有在南沙群岛建立南进渔业基地之计划，兴建冷冻、通信设备、渔业码头等，供本省渔船南进作业的中点站，另由基地按时派专轮输送补给品和装运渔获，并将具体计划提交渔业会审查。④ 因受限于经费人力，该项计划并未兑现。

鉴于 1956 年 5 月起菲、南越对南海的觊觎，为汇集社会各方面的力量，

---

① 宋岳：《南中国海的宝藏 寻找新渔场 记海庆号赴南海调查结果》，《中央日报》1954 年 11 月 3 日，第 5 版。

② 中国科学院南沙综合科学考察队、中国水产科学研究院南海水产研究所编：《南沙群岛西南部陆架海区底拖网渔业资源调查研究专集》，北京：海洋出版社，1996 年，第 120 页。

③ 宋岳：《开辟南沙渔场》，《中央日报》1956 年 6 月 8 日，第 3 版。

④ 《基渔界认南沙群岛 系我南海优良渔场》，《中央日报》1956 年 6 月 2 日，第 3 版。

研究开发南海渔业，台湾"中国水产协会"于1956年8月29日，邀请专家举行如何开发南沙群岛渔业座谈会，目的是促进开发南沙群岛渔业，"巩固我国国防，增进水产资源关系颇大，故为此一问题向政府供献（贡献）技术性意见。"与会专家纷纷就南沙群岛的渔业价值、可能开发的渔业种类、如何开发南沙群岛的渔业等问题进行讨论，认为南沙渔业颇有开发价值，"惟须先有安全保障"。会议最后达成如下共识：（1）开发价值：南沙渔源尚属丰富，因海鸟多，鱼类必多，除海面能看到的各种鱼类外，并有海参及贝类，故颇具开发价值。（2）开发渔业种类：底曳网、鲔网、流刺网，沿岸杂渔业。（3）如何开发：甲、政府方面应先从事基本的调查工作。乙、渔业界方面，A. 遴选专家协助政府解决技术问题，B. 协助从前已去南沙作业过而富有经验值人士前往开发。① 据媒体报道，高雄市渔会决定采用3个步骤发展南沙渔业："第一，该会派员随海军前往南沙，先行调查渔船停泊与作业地点。第二，商请"海庆"号前往南沙，详细调查鱼类资源与作业地带。第三，再遴选50吨级船只开始捕鱼。"② 为开发南沙渔业资源，渔业界人士强调"政府"所起的作用非常重要。

最后，南海渔业资源不断受到他国侵渔。据1955年6月基隆渔会报道，日本最新式"母船式机船底曳纲船团"，在南海北部湾一带活动频繁，影响台湾远洋渔业。据台湾省水产试验所长邓火土称："日本东海、黄海底曳渔场，因受共匪与大韩民国限制，同时又值夏季渔淡期，致使远洋渔业产量锐减，为打破此一难关，乃由日本大洋渔业公司下关分公司组成全世界最新式之'母船式机船底曳纲船团'，到北部湾一带渔场捕鱼。"该船团之为首船只为134吨级的"第二明石丸"，船长为古鹤孙太郎，该船率领12艘手操纲船，于4月26日由日本出发，驶往北部湾开始作业，预计作业至12月20日止，渔获物定为93万吨。"而我远洋渔业苟欲与之竞争，则应设法组成船团出海，并投巨资筹建母船，始可与之抗衡，以发展远洋渔业。"③

---

① 《南沙鱼多 值得开发》，《中央日报》1956年8月30日，第3版。
② 《开发南沙渔场 高市决定步骤》，《中央日报》1956年8月1日，第3版。
③ 《日本船团出动 在我南海捕鱼 我远洋渔业受影响》，《中央日报》1955年6月13日，第3版。

1954—1966年，日本神奈川水产试验场利用1952—1964年日本金枪鱼延绳钓船，在北纬6°—16°、东经109°—122°海域作业的资料，调查南海金枪鱼渔场。1968—1969年，日本东京水产大学海洋生物系使用"共振丸52号"调查船，在北纬5°—11°、东经105°—112°海域拖网调查底层鱼类群落分布。① 日本人的非法捕鱼和调查行为，非一般渔民团体所能抗拒，故需要台湾当局积极作为。

在国际局势变动和民间人士推动下，台湾当局研讨开发南沙群岛问题。首先，进行南沙渔业、矿产资源的开发。1956年6月，叶公超致函"行政院长"指出："政府如能在太平岛驻军并建立远洋鲔钓基地尤属理想，此项计划倘获实现，我远洋渔船自不必冒险前往菲律宾，自划领海，苏禄海作业以免遭受菲海军拦截拘捕，而我对海南渔民中可能混入之匪谍活动亦可随时预防制止。"② 8月15日，"经济部渔业资源增进委员会"宣布将由政府推动开发南沙渔业，第一步骤是委托"中国渔业公司"派遣50吨级的"渔定"号、"渔象"号两艘中型渔船，随带机器竹筏4只，工作人员40人，以南沙群岛太平岛为基地，实地调查渔业资源。此项调查工作，预定为期3个月，各项试验性渔捞作业范围包括："远洋鲔旗鱼钓渔试验""鳍、飞鱼流刺渔业""浮游鱼焚寄网渔业""底延绳钓渔业""杂鱼手钓渔业""采集干贝、海参"等作业，在试验性作业期中所有渔获物，除供应当地驻军食用外，其剩余者即在南沙就地干制与盐藏，并对于干制与盐藏效果进行试验。

南沙群岛鸟粪含磷酸甚多，经化验分析结果，值得开发。渔业人士称，政府为开发南沙群岛渔业，前曾派遣渔业专家及技术人员到该群岛做实地考察，并将岛上鸟粪带回进行化验分析，以确定其是否有开发价值。据悉南沙群岛的鸟粪已经堆积成块，群岛双子礁的鸟粪根据肥料公司化验的结果，发现其中含有30%的磷酸，成分甚佳，颇有利用价值。据专家估计，

---

① 中国科学院南沙综合科学考察队、中国水产科学研究院南海水产研究所编：《南沙群岛西南部陆架海区底拖网渔业资源调查研究专集》，第120页。

② 《极密（"外交部"叶部长签呈俞部长）》（1956年6月9日 外东发（45）字0871号），《"外交部"南海诸岛档案汇编》（下册），第871页。

南威岛的鸟粪,其成分可能较双子礁者更佳。① 1959年4月17日,"经济部"高级主管透露:政府为积极开发所有资源借以充裕民生,决定对于南沙群岛的资源着手开发,其初步开发计划业经有关单位会商订定,并将呈报"行政院"审核。南沙群岛资源中,以矿藏较为丰富,故初步计划即开发矿产,而后渐及其他。同时这项矿产的开发工作,将来可能由"国军"退役官兵担任。② 次日,台北中英文报纸均刊载,"行政院"准许"国军退除役官兵就业辅导委员会"所拟南沙群岛开发计划,决定派遣退伍军人前往南沙群岛开采矿产。

可见为维护南沙"主权",台湾将南沙开发再次提到议事日程,然而此举遭到南越的反对。4月27日,南越外交部致台"驻越大使馆"节略,抗议台南沙开发计划。③ 28日,南越大使馆代办阮功勋奉南越政府训令到"外交部"拜会"部长"黄少谷,声称南越对南沙群岛主权主张,对台拟派人前往南沙群岛开发一事,提出口头抗议,并称南越已将正式抗议文件递送台"驻越公使馆"。黄少谷告之,南沙群岛及位于南中国海之其他群岛向系中国领土,迭经"中华民国政府"一再明确宣布。阮功勋取出一项印刷文件翻阅,认为南越方面更有权主张对南沙群岛之主权,早在1933年7月21日法国宣布将南沙群岛划为越南巴亚省(Province of Baria)之一部,并将此事分别通知中、菲、荷、美等有关各国政府,除英表示有所异议外,中国政府当时并未表示任何异议,南越独立后,既已全部继承法国在越南之主权,自包括对南沙群岛之主权在内。④ 黄少谷对之进行了驳斥,并告诉他关于南越方所述,由台"驻越大使馆"答复南越外交部。5月9日,台"外

---

① 《南沙群岛鸟粪,含磷酸甚多,经化验分析结果,认为值得开发》,《中央日报》1956年9月8日,第3版。

② 《开发南沙岛 计划待核定》,《中央日报》1959年4月18日,第3版。

③ 《密(越抗议我南沙开发计划)》,"驻越大使馆"致"外交部"电(1959年4月29日 越(48)第0501号),《"外交部"南海诸岛档案汇编》(下册),第1211页。

④ 《黄部长与"越代办"谈南沙群岛主权问题后,签呈"行政院"陈兼院长》,(1959年4月29日 外(48)东二字第00462号),《"外交部"南海诸岛档案汇编》(下册),第1206—1209页。

交部"专电"驻越大使馆",复答南越方,驳斥其无理要求。① 此后半年多时间,不见南越方答复。

其次,移民开发南沙。1956年8月31日,"国防部"召开"南沙开发会议",由"国防部次长"唐君铂担任主席,计有"国防""经济""交通""内政""外交""财政""海军总部"等机关代表参加,会议报告与结论包括:1. 团体及私人共有80多件申请,移民南沙并设治,始能确保"领土主权"。2. "经济部"所拟具的南沙渔业开发计划,全部经费约新台币2460万元,其中1360万元拟请政府核发,其余1100万元由公民经营渔业机构投资,第一艘实验船渔9月10日出发到南沙作业。3. 移民西月、中业、南子礁各主岛,并酌予武装,以造成占领之既成事实,实际维护"领土主权",此事由"国防""经济""内政"三部会商办理。4. 决定于南沙群岛设立一气象台,其设立及维持所需费用,呈"行政院"核拨。② "内政部"于9月初再次开会讨论移民南沙问题,对各岛分析后,拟妥具体规划执行办法,包括太平岛60人、中业岛40人、西月岛40人、南子礁30人。③ 事后并由"内政部"拟定"南海群岛移民设治办法"。"内政部"还于9月8日召开"守土开发座谈会",出席者有申请者90多人,"地政司司长"主持会议,会议形成两点结论:(1) 由政府组织开发南沙专案小组;(2) 调查申请人资格问题;(3) 对有关公司及申请合格垦民劳资双方问题加以研究。④

---

① 具体内容:1. 南沙群岛一如西沙群岛,数百年以来构成中国领土之一部,"中华民国"对于该两群岛享有"领土主权",迭经"政府"明确宣布。2. 南沙群岛于第二次世界大战后,我自日本接收,1947年12月1日我政府重申我国主权,并由内政部以命令公布该群岛岛礁名称102个,当时南越当局未提任何异议。3. 1956年10月22日南越总统命令将南沙群岛划归福绥省,当时我"驻越公使馆"奉"政府"训令于同年11月16日略致南越外交部,重申我在南沙群岛之"主权"。《关于南沙群岛案应复越方各点》,"外交部"电"驻越大使馆"(1959年5月9日 去电专号第568号),《"外交部"南海诸岛档案汇编》(下册),第1212—1213页。
② 《南沙开发会议》,"外交部"亚东司出席会议报告(1956年8月31日),《"外交部"南海诸岛档案汇编》(下册),第1079—1080页。
③ 《检送有关开发南沙群岛第一、二次会议记录》,"内政部"致"外交部"函(1956年9月18日),《"外交部"南海诸岛档案汇编》(下册),第1094—1095页。
④ 《开发南沙群岛 内部召集申请人民 商讨技术问题》,《中央日报》1956年9月9日,第3版。

因南沙地缘环境特殊，移民开发、戍守面临诸多困难。经过反复考量，11月1日，"内政""外交""经济""交通""国防"五部合呈"行政院"，认为南海群岛所属范围岛屿极为星散，又无适量之土地可供屯垦，如以一般民众移往，势必无法维生，因此不宜作一般性移民，而改由就以自给自足之生存能力公司，"遴选数家估计约可派往设站作业者100人先行核准，紧急移往有淡水供应之岛屿定居"①。关于南沙群岛开发的人员，1957年1月，"国防部"建议编组退除役官兵前往南沙接替戍守任务，仅留守"国军"一个班的象征兵力，退除役官由政府核准的相关开发公司负担经费，除了开发南海资源以外，并促成移民设治，但是因"海军部"反对作罢。以后移民计划缩减到只剩下太平岛，而且由太平岛退伍的官兵加入"行政院退辅会"的"荣民工程处"，负责采集磷矿等工作，与以前的设想相差很多，这都与南海现实的困难有关，最重要包括当时的环境以台海战局为要务，台湾海军无法进行经常性的补给，以及所需建设经费过于庞大等原因。

最后，筹设南沙灯塔之议。为促进南沙开发与航行事业，台湾有关部门讨论在南沙设立灯塔之事。"交通部"建议"国防部"在南威岛、太平岛接近苏禄海渔区处，为发展远洋渔业，可设立小型灯塔，而双子岛为南沙群岛北端主岛，其西北方为通航大道，若设立航标，对于航运安全，亦裨益良多。上述航路标志设置的地点，"交通部"建议由海军驻南沙群岛部队派技术人员调查后，再由"海军总部"会同海道测量局决定。② 对于此事，蒋介石曾在1956年7月批示："本案甚为重要，国防部与各有关单位应多加研究。"③ 然而"财政部"认为无此必要，因为南沙群岛礁滩丛立，灯塔建立，"可能导致航海人员之过分倚赖心理，在不利天候情况下，反生意外，

---

① 《为会衔呈报研商南沙群岛问题结论及拟具处理计划，恳请鉴核由》，"内政""外交""经济""交通""国防"五部合呈"行政院"（1956年11月1日），《"外交部"南海诸岛档案汇编》（下册），第1128页。

② 《关于南沙群岛设立航路标志案》，"交通部"致"国防部"函（1956年8月29日通航（45）00371号），《"外交部"南海诸岛档案汇编》（下册），第1096—1097页。

③ 《建议在南沙群岛建立灯塔》，"国防部"函"行政院秘书长"（1956年7月19日（45）松仑字第284号），《"外交部"南海诸岛档案汇编》（下册），第1098页。

适与助航之原旨相悖",况且数十年来一般航海商人、人员从无设立灯塔的建议,也足以证明无此必要,"交通部"后来也撤销此议,① 最后南沙灯塔未予兴建。

虽然南沙灯塔建设未能实施,但是海军巡逻南沙海域尤其是太平岛时对过往他国船只仍有所规定。1956 年 6 月 28 日,当台湾海军"立威巡弋"任务完成未久,即由"国防部"发布《敕令海军在巡逻南沙群岛航行途中及驻守期间发现渔船、民船时应采取之行动指示原则》,规定"国军"在南海海域处理各种船只的办法:(1) 海军舰艇在巡逻台湾至南沙群岛航道上发现"匪区"船民时应以捕捉为原则,经询问获取情报后,认为有继续侦讯必要时,得予扣留或解送来台,否则即予就地释放,如有拒捕行为,即予轰击。(2) 海军舰艇在巡逻台湾至南沙群岛航道上发现有日本、琉球、菲律宾、南越及与我无"外交关系"国家渔船、民船时,其在公海以内者不予干涉。(3) 日本、琉球、菲律宾、南越等国渔船民船不遵规定进入领海以内者,应按国际公法处理,如靠岸登陆者应先行拘留,经询明无不法情形者即予释放,否则继续扣留或解送来台,若因避难或遇险等情形应按照国际公法惯例处理(4) "匪区"渔船民船接近或登陆南沙群岛时,应尽可能予以捕捉,经讯问后,由当地指挥官依状况决定释放或继续扣留,如有拒捕行为即予轰击。②

台湾海军处理南海航行船只的办法,虽对新中国或往来新中国的船舰有明显的敌对情绪,但对于日、琉、菲、南越等经常侵入南海海域的船只进行驱赶、拘留或审问,这也是对民族权益的一种践行方式。1960 年 3 月 30 日,"国防部"通知"无敌对及恶意行为,应尽量避免射击"。台湾海军以后对待一般国家船舰,依其参加的《领海和毗连区公约》规定执行。在朝

---

① 《关于南沙群岛建立灯塔案函请查照转陈由》,"财政部"函"行政院"秘书处(1956 年 8 月 31 日 (45) 台财关发字第 05129 号),《"外交部"南海诸岛档案汇编》(下册),第 1099—1100 页。

② 《令饬海军在巡逻南沙群岛航行途中及驻守期间发现渔船应采之处置,仰遵照由》,"国防部"令 (1956 年 6 月 28 日 (45) 升昌 0167 号),《"外交部"南海诸岛档案汇编》(下册),第 1027—1028 页。

鲜战争宣布停战后的一段期间,苏联经由东欧及中亚运送许多工业产品战略物资前往新中国,特别是军机的燃料油。台、美都十分紧张,决定对开往新中国的商船,采取军事拦截行动。1953年10月4日,台湾海军在台湾东部海域,以"资助中共"为由,强行拦波兰籍商轮"布拉萨"号(Prasa),稍后又逮捕了波兰籍油轮"高德瓦"号(Goldwa);1954年6月24日,再派驱逐舰"丹阳"号在台湾与菲律宾之间的巴士海峡,扣押载运飞机汽油的苏联万吨级油轮"陶甫斯"号(Tuapse),逮捕船员49人,成为重大的国际事件,苏联对其进行国际交涉,最后在美国支持下以证据不足而将诉讼拒之门外。日后台湾将上述3艘被扣押的商船分别命名为"贺兰"号、"天竺"号、"会稽"号,成为海军的运补舰。①

菲律宾华侨对台湾当局捍卫南沙群岛斗争,亦采取积极支持态度。1956年6月,泛亚社马尼拉电,台湾军舰驶抵南沙群岛的消息传至菲律宾华侨后,他们极表兴奋,认为"政府"能够维护领土主权,一部分侨界人士主张派员慰劳舰艇人员。②7月12日,菲华侨团体对于台湾当局派遣舰队前往南沙,确保中国对该群岛主权的行动,发起募捐运动。③7月19日,"驻菲大使馆"致电"外交部"说,台海军进驻南沙,华侨对台湾信心大增,"此可谓南沙问题之意外收获",自12日起菲华侨捐款慰问南沙驻军已达菲币1600余元,各方仍在进行,该款拟由《大中华报》保管。"外交部"致电"大使馆"说,为避免刺激菲方起见,希望转告有关方面对捐款劳军之事不要扩大。"外交部"将上述情况通报了"国防部"。④台湾当局小心谨慎,但是旅菲华侨却热情高涨。12月,菲《大中华报》所从事的募捐之事,获得该报读者的热烈支持,前后共收到捐款菲币14,724.38元,该款由"外交

---

① 《蒋介石在台湾违反国际法劫持苏联货轮始末》,中国江苏网,http://cul.jschina.com.cn/system/2013/06/05/017533313_01.shtml。
② 《闻祖国国军舰抵南沙 旅菲侨胞极表兴奋》,《中央日报》1956年6月8日,第1版。
③ 《我派军驻守南沙 菲华侨兴奋 正募款慰劳》,《中央日报》1956年7月13日,第1版。
④ 《关于旅菲华侨捐款慰劳南沙驻军事》,"外交部"致"国防部"代电(1956年7月20日外东发第(45)字第1173号),III(7):024。《"外交部"南海诸岛档案汇编》(下册),第1033—1034页。

部"收转"海军总部"收,一半作为慰劳南沙群岛驻军之用,一半在该岛建设纪念物或军舍、气象台之用,台"侨务委员会"12月10日特此致电《大中华报》表示感谢。①

台湾当局开发南沙资源行为,亦得到了菲侨胞的支持。1957年8月16日,菲侨领高庆云等人到台"驻菲大使馆"欲投资开发南沙群岛。高庆云为菲"钟表首饰商同业公会"理事长,代表该公会会员参加"中国南海开发企业股份有限公司",并呈请"侨务委员会"转请"行政院"将南沙群岛之磷矿开采权正式授予"南海公司",以利于侨胞投资。②台"驻菲大使馆"将此事致电"外交部",该部又致电"内政部"。9月15日,"内政部"函复"外交部"指出,对于旅菲侨胞申请赴南沙群岛开发,"甚愿尽先考虑并令促其成",并由该部会商有关机关办理。③ 1957年1月,菲律宾怡沙米拉郊亚鄢社华侨,捐献南沙群岛垦殖基金,计菲币270元,并请转"国防部"。该部将该项捐款存入菲交通银行内的中央银行。④

台湾当局捍卫南沙"主权"斗争,得到台湾各阶层的关注与支持。1956年5月,台"第一届国民大会"代表"全国联谊会"致电"行政院",对于菲律宾图谋占领南沙群岛一事,请予严正交涉,并迅即派军驻防。电文指出:"查南沙群岛现虽无人居住,但在历史地理法理及事实上均为我中华民国固有领土之一部分,无可置疑,任何人不得藉故占据。"⑤"立法院"与"国防""外交"两委会于1956年7月5日举行秘密会议,听取"国防""外交"两委首长报告政府处理南沙群岛事件之经过。会议由王泽民委员主持,"国防部副部长"马纪壮,前往南沙群岛指挥官姚汝钰、"外交部副部长"沈昌焕分别报告后,立委10余人提出询问,沈、马分别答复。⑥ 后来

---

① 《菲大中华日报 发动捐款 慰劳南沙国军》,《中央日报》1956年12月11日,第4版。
② 《侨胞愿投资 开发南沙磷矿》,《中央日报》1957年6月16日,第3版。
③ 《准函以旅菲侨胞申请赴南沙群岛事函请查照由》,"内政部"函"外交部"(1956年9月15日台(45)内地98029号),《"外交部"南海诸岛档案汇编》(下册),第1111—1112页。
④ 《菲律宾华侨捐献南沙垦殖基金拟呈缴钧院由》,"国防部"呈"行政院"(1957年2月6日(46)丰贮字第85号),《"外交部"南海诸岛档案汇编》(下册),第1135页。
⑤ 《国代联谊会电政院 请维护南沙岛主权》,《中央日报》1956年5月30日,第1版。
⑥ 《我海军经常派舰 巡逻南海领土》,《中央日报》1956年7月6日,第1版。

"外交部次长"周书楷答复记者询问时说:"中国"海军经常派遣军队巡逻南海中的中国领土,每次巡逻时在每一地区停留久暂,视各地区的情形而定。1958年8月8日,海军"军中作家前线访问团"20余人前往南沙群岛访问,于23日返抵海军基地。同时,海军军官学校学生200余人,利用暑假乘舰船出发南沙群岛作为期2周的舰艇训练。①

20世纪50年代初为了巩固防卫,台湾当局才将原本戍守南沙、西沙群岛的军队撤回,结果给了菲律宾、南越可乘之机。虽两群岛无部队常驻,然而台湾当局从未声明放弃群岛"主权",且在1956年对南沙进行了几次巡弋,此后每年都定期派出舰艇编队前往太平岛补充物资,进行守卫部队的轮换,此举在一定程度上震慑了他国的南海野心。在"领土"纠纷不断之际,台湾当局主要通过"外交"方式,抗议他国的不法行为,论证西沙、南沙主权属我,在历史依据和法理上占据一定的主动地位。而当时大陆海空军力量十分薄弱,且不为国防建设的重点,故没有军事能力进驻南沙群岛;加之未与菲律宾"建交"、与南越处于实际上的敌对状态,故无法通过"外交"途径进行交涉,如此以实际行动捍卫民族权益的责任历史地落在台湾当局的肩上。此时台湾海军实力处于亚洲地区独强的地位,而菲、南越海军实力无法与台湾抗衡,所以它们在某种程度上慑于台湾海军的南海巡弋,对台湾当局采取一种不敢进行军事抗拒却小步推进的策略。

海峡两岸政治对立,削弱了共同捍卫南沙主权的力量,造成了南沙地缘利益逐渐受损。台湾当局受限于冷战思维——与"盟友"协同"反共",错过了驱赶入侵者、进占南沙岛礁的大好时机,这种筑成民族悲剧的思维在南沙问题一出现就产生了,即使对于存在某些有利于民族权益维护的因素也视而不见。如1954年台湾当局讨论恢复太平岛驻军,然而考虑的主要原因是:共产党势力正向东南亚扩张,北越已为共产党政权掌握,太平岛之战略地位日益重要,如能恢复群岛驻守,则在西、北两面可以监视中共政权在越南和海南岛的活动,东、南两面可屏障菲律宾与婆罗洲。② 当时北

---

① 《海军军中作家 访问南沙归来》,《中央日报》1957年8月24日,第4版。
② 《所谓"人道王国"再来函称拟购我海南岛》(1954年4月8日),《外交部"南海诸岛档案汇编》(下册),第816页。

越承认西沙、南沙群岛属于中国,但因从属于不同的阵营,台湾当局对北越采取断然反对态度。历史经验证明,如何维护以及能否保全民族利益,是任何政党尤其是执政党战略能力高低的重要衡量标准;领土主权的完整是捍卫民族权益的核心内容,也是肩负历史使命之政党的命定所在,在任何历史条件下如果偏离这个轨道,很可能造成一个民族无法抚平的伤痛。面对目前南海、东海错综复杂的形势,海峡两岸只有携手合作,建立政治、军事互信,才能最大限度地维护中华民族海洋领土的安全。

档案文献

AU 与国际关系史研究[*]

姚百慧 李云霄[**]

一

"珍稀原始典藏档案"(Archives Unbound,AU)是 Gale 公司开发的系列专题数据库合集的统称。Gale 公司隶属于圣智学习集团(Cengage Learning),长久以来因其出版的高品质权威参考书而闻名,同时还开发了600 多个在线数据库。其档案资源中,已为中国学者熟悉的包括众多缩微胶卷和"美国解密档案在线"(*U. S. Declassified Documents Online*,即原先的"解密文件参考系统")[①]。AU 是 Gale 公司数据库类旗舰产品之一。

AU 的设计理念是针对特定研究人员,它的每个子库都有一个特定的专题内容。2009 年 12 月,AU 首次公布了 13 个专题。以后陆续增加,截至

---

[*] 本文系国家社科基金青年项目"戴高乐第二次执政时期的美法关系(1958—1969)"(12CSS012)阶段性成果。感谢 Gale 公司沈磊女士为本文写作提供的帮助。

[**] 姚百慧,首都师范大学历史学院教授;李云霄,首都师范大学历史学院博士生。

[①] 对 Gale 相关缩微及"解密文件参考系统"(Declassified Documents Reference System,DDRS)的介绍,参见姚百慧主编:《冷战史研究档案资源导论》,北京:世界知识出版社,2015 年,第 1—2 章。

2016年7月，已经有226个专题数据库。由于总专题数量已比较庞大，Gale 把它们归入18个大类中（AU各专辑及国内馆藏情况见附件）。

从资料来源来看，AU中的专题档案主要是来自美国政府机构（美国国家档案馆、联邦机构图书馆、总统图书馆），约一半左右，其中，有80多个专题来自于美国国家档案馆，占总数的三分之一强；来自美国国会及各州图书馆、大学图书馆、学会图书馆与档案馆、出版社、个人收藏的约71个；来自英国、加拿大、爱尔兰、中国的档案馆、图书馆、出版社等地的专题33个。总体说来，AU是以美国档案文献（尤其是政府机构档案）为主的专业数据库。

AU每个专题收藏的文献页数，从1600余页到22万余页不等。文献生成时间，最早可追溯到13世纪中期，最晚到20世纪末，主体是在19世纪和20世纪。

从其专题情况来看，AU对政治学、经济学、历史学等学科的研究都有一定的价值。因多收录各国解密档案，AU已成为国际关系史研究的最基本史料之一。

二

对于国际关系史研究者来说，AU的意义主要有如下三点。

首先，AU提供了大量的一手档案文献。虽然"国际事务"大类下只有3个专题数据库，但区域研究大类（非洲历史、拉美研究、欧洲研究、亚洲研究、中东研究）、部分专题研究大类（越战研究）中的绝大部分专题都可以视作国际关系史数据库。这些大类的总专题数已有139个，超过目前总专题数的60%。此外，其他大类中也有部分专题涉及国际关系史问题，如"北美历史"中就有个专题《1812年战争：公海外交》（*The War of 1812: Diplomacy on the High Seas*）。而正如我们已讨论的，这些数据库的主要来源是美国政府解密档案。对于中国学者来说，AU这些档案的存在更为重要。

AU 中多数库转自 Gale 公司的缩微胶卷,而这些胶卷在国内是没有馆藏的。①所以,AU 在线资源的开发,很大程度上补充了国内的馆藏。

其次,AU 的开发,不仅会推动学界原有选题的深化,也必将有助于深入挖掘国际关系史研究的新课题。如研究英国 20 世纪 30 年代的绥靖政策,国内学界原先利用较多的是罗伯特·塞尔夫选编的 4 卷本《尼维尔·张伯伦日记书信》②,强调作为首相的他私人信件有相当高的史料价值。③ 但 4 卷选编本的总页数不超过 2000 页,而现在 AU 开发的专题库《尼维尔·张伯伦文件》(The Papers of Neville Chamberlain)则有 11 万多页。如果能利用好 AU 的这个库,以及与之相关的《奥斯汀·张伯伦文件》(The Papers of Sir Austen Chamberlain,11 万多页),相信会对两次世界大战期间的英国外交有更新的认识。另外,像 20 世纪上半期欧洲国家在非洲推行殖民主义的问题,由于资料问题,有些研究无法开展。而 AU 中"非洲历史"大类中的几个专题,完全可以为研究法国、德国、意大利、葡萄牙在非殖民活动提供丰富的史料。

最后,AU 最近的发展动态,实际上为包括国际关系史研究在内的人文社会科学研究提供了新的方向及工具,那就是数字人文及数字挖掘技术。Gale 公司现在把 AU 及该公司其他偏重原始档案文献类的库(比如"美国解密档案在线""十八世纪作品在线""十九世纪作品在线""现代法律之路""现代世界形成""英国政府档案在线""《泰晤士报》数字典藏"等等)合并成超大型的珍稀原始资源文献库"Gale Scholar"。该库包括 1.7 亿

---

① 比如 Gale 的"尼克松政府文件:白宫特别文件"(The Papers of the Nixon Administration, 1969-1974, The White House Special Files)总计 68 个缩微胶卷国内均无馆藏,现在被转成 AU 库,改名为"尼克松政府文件:总统机密及主题特别文件"(Papers of the Nixon Administration: The President's Confidential and Subject Special Files, 1969-1974)。根据笔者的调查,这个专辑国内至少已为深圳大学城、中国人民大学、南京大学、武汉大学等购买。

② Robert Self, eds., The Neville Chamberlain Diary Letters, Aldershot, Hampshire, England: Ashgate Pub., 2000-2005.

③ 齐世荣:《关于开展国际关系史研究的两点意见》,《历史教学》2016 年第 2 期,第 4 页。齐世荣先生专门撰文谈私人信函的价值,并以相当篇幅举了张伯伦书信的例子。见齐世荣:《史料五讲》,北京:首都师范大学出版社,2014 年,第 83—113 页,尤见第 92—95 页。

页资料，内容涵盖跨越全球近 500 年的历史。Gale Scholar 意识到数据分析对数字人文领域的作用，提供原始数据和基于云技术的人文研究平台，尝试帮助学者从不同的数据类型之间得出新的结论。

三

由于 AU 平台可以实现不同专辑之间交叉检索（Gale Scholar 平台上此功能更加强大），所以可以说近现代国际关系史研究（尤其是美国外交史）几乎所有研究主题，都可以尝试在其中发现有用线索。但由于 AU 设计的专题式特征，对其利用也更多是基于专题的，也就是说，如果 AU 的 200 多个专辑中，恰好有与自己的研究专题密切相关的库，那其作用就更大。因此，我们尝试以一个专题为例，详细谈谈如何利用问题。

台湾问题是中国学者关注较多的一个话题。其中，美台关系是影响台湾问题的一个重要因素。在 AU 库中，有多个专门涉及美台关系的专辑。《美国国务院"中华民国事务办公室"主题文件（1951—1978）》（*Subject Files of US State Department's Office of the Republic of China Affairs*, 1951-1978）就是其中一个。为叙述方便，以下把该专辑简称《台湾文件》。

《台湾文件》内容源自美国国务院 RG59 系列的"总部非核心档案"[①]，具体说来是美国国务院远东事务司下属的"中华民国事务办公室"的档案，[②] 总计收录 1951—1978 年的美国档案 441 卷文件，12745 页。文件类型有简报、往来通信、备忘录、政策文件、报告、统计数据及其他杂件记录。内容包括援助、教育、文化往来、财政事务、"外交"关系、"国际"贸易、法律事务、军事事务、原子能、官方访问、石油、政治事务等。尤其是美台之间的高层互动，涉及陈诚、严家淦、沈剑虹、汉弗莱（Hubert Humphrey，1966 年访台）、阿格纽（Spiro T. Agnew，1970 年和 1971 年访

---

① 对该系列的介绍，见姚百慧主编：《冷战史研究档案资源导论》，第 48—53 页。
② 收录的 Lot 文件包括：72D140、70D437、70D377、70D499、70D502、71D186、71D187、71D516、72D145、73D22、73D26、78D138、74D25、74D427、73D38、74D39、75D76、75D61、76D151、76D441、76D444、77D26。

台)、腊斯克（Dean Rusk，1964年和1966年访台)、罗杰斯（William P. Rogers，1969年访问东亚)、马康卫（Walter P. McConaughy)、里根（Ronald Reagan，1971年访问台湾和钓鱼岛)。

《台湾文件》和其他专辑一样，可以进行关键词全文搜索并把搜索结果高亮显示、PDF下载；文件标题可按预定格式生成引文。我们也可以点击"查看所有文件"（View All Documents）进行浏览查询和下载。这样，可以看到该专辑中所有卷宗的题目及相关情况。

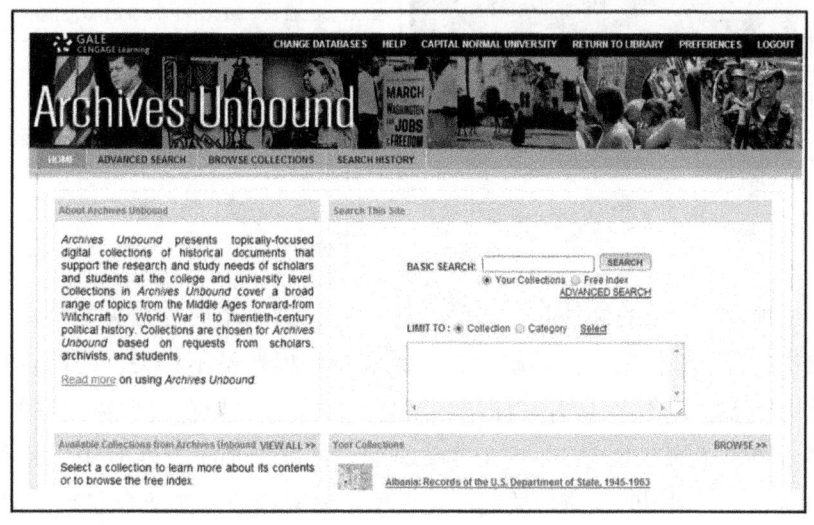

图1 AU库检索界面首页

需要提及的是，AU中的文件，是按"文件夹"（Folder）为单位计算的，也就是说它的名称实际上是"文件夹"信息，表明该"文件夹"的标题、时间、内含档案页码，以及相应的档案来源和专辑信息。这和美国档案的基本编目类似，如美国国家档案馆档案，基本排序是"档案群集RG号—档案专题名称—盒号—文件夹"。但是，AU编目上一个重大缺点是没有列出盒子信息，因此很难与原档进行对照，对引用上也造成了一定的困扰。

一个文件夹可能是一份文件，但多数情况下是关于一个主题的多份文件合集。比如，其中关于"POL 3—中国代表权—法国承认（中国）1964

年"的"文件夹"相关信息如图2所示。其中包括的具体档案有：美国驻法国大使馆致国务院电（6件）、国务院致美国驻法国大使馆电（6件）、"美国驻中华民国大使馆"致国务院电（16件）、国务院致"美国驻中华民国大使馆电"（2件）、美法外交人员谈话备忘录（1件）、美国政府内部备忘录（2件）、关于法国承认共产党中国大事记（1件），总计34件。

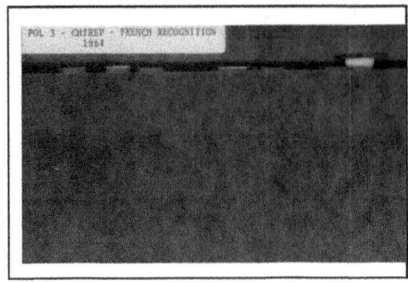

图2 "POL 3—中国代表权—法国承认（中国）1964年"
文件夹首页及相关信息

这种命名方法的好处是如果我们按标题找到一个研究相关卷宗，会集中地找到若干份档案。但其缺点是，无法找到标题虽不相关、但内容相关的其他档案。加之，AU有些标题起草的十分草率，如在《台湾文件》中，很多标题中（约有七八份）只有Lot编码，这就增加了判断其中内容的难度。因此，在利用时，应把关键词查找和标题浏览的方法结合起来。此外，在引用时，由于档案标题的模糊性，建议是把具体档案名称、时间、数据库档案标题（实际为文件夹名称）、AU及其专辑名称等信息列入，必要时也可以增加具体档案在该夹中电子档页码，以便后期查找。如上述文件夹第13页有份美国驻法国大使馆致国务院的电报，我们可以如下引注："Telegram from the Embassy in France to the Department of State, No. 1906, October 18, 1963," *AU, Subject Files of US State Department's Office of the Republic of China Affairs（1951 - 1978）*, Lot File 75D76, POL 3 CHIREP, French Recognition 1964, p. 13。

附件　AU 各专辑及国内馆藏情况

序号	英文题目	页数	时间范围	中国馆藏情况
一	大类：北美历史（36 个专题）			
1	The Minutemen: Rise of the Militia Movement in America, 1963-1969	47854	1700-1950	
2	Mountain People: Life and Culture in Appalachia	42122	1700-1950	
3	County and Regional Histories and Atlases: New York	229685	1804-1966	
4	County and Regional Histories and Atlases: Pennsylvania	201863	1839-1971	
5	County and Regional Histories and Atlases: Ohio	165550	1852-1920	
6	County and Regional Histories and Atlases: Illinois	172991	1852-1921	
7	County and Regional Histories and Atlases: Michigan	121941	1854-1973	
8	County and Regional Histories and Atlases: Wisconsin	73508	1857-1909	
9	County and Regional Histories and Atlases: Indiana	135111	1857-1922	
10	County and Regional Histories and Atlases: California	52057	1867-1919	
11	The Civil War in Words and Deeds	144069	1860-1865	
12	Civil War Service Reports of Union Army Generals	8712	1864-1887	
13	Federal Response to Radicalism in the 1960s	87391	1956-1971	
14	Overland Journeys: Travels in the West, 1800-1880	71133	1800-1880	四川大学

续表

序号	英文题目	页数	时间范围	中国馆藏情况
15	Society, Culture & Politics in Canada: Canadiana Pamphlets from McMaster University, 1818-1929	81857	1805-1929	
16	Confederate Newspapers: A Collection from Florida, Georgia, Tennessee, Virginia and Alabama	9234	1860-1865	
17	The War of 1812: Diplomacy on the High Seas	5551	1812-1814	武汉大学
18	National Security and the FBI Surveillance of Enemy Aliens	29061	1940-1978	
19	City and Business Directories: Virginia, 1801-1929	196695	1801-1929	
20	City and Business Directories: West Virginia, 1839-1929	96577	1839-1929	
21	City and Business Directories: Alabama, 1837-1929	60533	1837-1929	
22	City and Business Directories: Arkansas, 1871-1929	47043	1871-1929	
23	City and Business Directories: Louisiana, 1805-1929	63273	1805-1929	
24	City and Business Directories: Mississippi, 1860-1929	11397	1860-1929	
25	City and Business Directories: North Carolina, 1886-1929	109577	1886-1929	
26	City and Business Directories: Tennessee, 1849-1929	244131	1849-1929	
27	City and Business Directories: Florida, 1882-1929	70295	1886-1929	

续表

序号	英文题目	页数	时间范围	中国馆藏情况
28	Electing the President: Proceedings of the Republican National Conventions, 1856-1988	10675	1856-1988	
29	Electing the President: Proceedings of the Democratic National Conventions, 1832-1988	16757	1832-1988	
30	The American Fur Company: America's First Business Monopoly	38343	1831-1849	
31	Sunday School Movement and Its Curriculum	39941	1884-1920	
32	Amateur Newspapers from the American Antiquarian Society, Part I	38025	1825-1900	
33	Grassroots Civil Rights and Social Action: Council for Social Action	32376	1934-1956	
34	The Mafia in Florida and Cuba: FBI Surveillance of Meyer Lansky and Santo Trafficante, Jr.	11290	1946-1977	
35	City and Business Directories: Maryland, 1752-1929	153455	1752-1929	
36	National Farm Worker Ministry: Mobilizing Support for Migrant Workers, 1939-1985	53709	1939-1985	
二	大类:电影研究(2个专题)			
1	"Through the Camera Lens": Moving Picture World and the Silent Cinema Era, 1907-1927	115972	1907-1927	四川大学
2	Hollywood, Moral Censorship, and the Motion Picture Production Code, 1927-1968	30899	1927-1968	天津外国语大学
三	大类:非洲历史(8个专题)			
1	Evangelism in Africa: Correspondence of the Board of Foreign Missions, 1835-1910	39986	1835-1910	

续表

序号	英文题目	页数	时间范围	中国馆藏情况
2	European Colonialism in the Early 20th Century: French Colonialism in Africa: From Algeria to Madagascar, 1910-1930	17834	1910-1930	
3	European Colonialism in the Early 20th Century: German Colonies to League of Nations Mandates in Africa, 1910-1929	5868	1910-1929	
4	European Colonialism in the Early 20th Century: Italian Colonies in North Africa and Aggression in East Africa, 1930-1939	6082	1930-1939	
5	European Colonialism in the Early 20th Century: Political and Economic Consolidation of Portuguese Colonies in Africa, 1910-1929	8814	1910-1929	
6	Liberia and the U.S.: Nation-Building in Africa, 1864-1918	17723	1864-1918	
7	Liberia and the U.S.: Nation-Building in Africa, 1918-1935	35000	1918-1935	
8	The Greensboro Massacre, 1979: Shootout between the American Nazis and the Communist Workers Party	13239	1979-1981	
四	大类：美国黑人（19个专题）			
1	Black Economic Empowerment: The National Negro Business League	15779	1901-1928	
2	African America, Communists, and the National Negro Congress, 1933-1947	98600	1933-1947	

续表

序号	英文题目	页数	时间范围	中国馆藏情况
3	The Southern Negro Youth Congress and the Communist Party: Papers of James and Esther Cooper Jackson	45009	1932-2000	
4	Fight for Racial Justice and the Civil Rights Congress	115378	1946-1955	
5	"We Were Prepared for the Possibility of Death": Freedom Riders in the South, 1961	4285	1961	
6	James Meredith, J. Edgar Hoover, and the Integration of the University of Mississippi	8792	1961-1962	四川大学
7	Black Nationalism and the Revolutionary Action Movement: The Papers of Muhammad Ahmad (Max Stanford)	17210	1962-1999	
8	The Republic of New Afrika: Independence, Reparations, and Citizenship	14163	1968-1980	
9	The Black Liberation Army and the Program of Armed Struggle, 1970-1980	8452	1970-1983	
10	The Liberation Movement in Africa and African America	11513	1970-1985	
11	The Bush Presidency and Development and Debate Over Civil Rights Policy and Legislation	133499	1989-1991	
12	Federal Surveillance of African Americans, 1920-1984	88021	1920-1984	四川大学
13	Fannie Lou Hamer: Papers of a Civil Rights Activist, Political Activist, and Woman	28577	1966-1978	
14	FBI Surveillance of James Forman and SNCC	6115	1961-1976	

续表

序号	英文题目	页数	时间范围	中国馆藏情况
15	Grassroots Civil Rights & Social Activism: FBI Files on Benjamin J. Davis, Jr.	71934	1941-1990	
16	Ralph J. Bunche Oral Histories Collection on the Civil Rights Movement	27002	1967-1973	
17	Franklin D. Roosevelt and Race Relations, 1933-1945	15428	1933-1945	
18	Reconstruction, Jim Crow, and the Enforcement of Federal Law in the South, 1871-1884	59185	1871-1884	
19	Integration of Alabama Schools and the U.S. Military, 1963	12818	1963	
五	大类：国际事务（3个专题）			
1	JFK's Foreign Affairs and International Crises, 1961-1963	64126	1958-1964	南京大学；武汉大学；四川大学
2	Papers of the Nixon Administration: The President's Confidential and Subject Special Files, 1969-1974	66921	1969-1974	南京大学；武汉大学
3	The Cold War: Voices of Confrontation and Conciliation	1295	1950s-1990s	南京大学；武汉大学
六	大类：环境研究（2个专题）			
1	Development of Environmental Health Policy: Pope A. Lawrence Papers, 1924-1983	33447	1924-1983	南京大学
2	The Clean Air Act Amendments of 1990: Reduction of Acid Rain, Urban Air Pollution, and Environmental Policy	16411	1989-1991	南京大学

续表

序号	英文题目	页数	时间范围	中国馆藏情况
七	大类：拉丁美洲研究（10个专题）			
1	Feminism in Cuba, 1898–1958	14315	1898–1958	四川大学
2	Revolution in Mexico, the 1917 Constitution, and Its Aftermath: Records of the U.S. State Department	120581	1910–1924	
3	The Revolution in Honduras and American Business: The Quintessential "Banana Republic"	24489	1910–1930	
4	Nicaragua: Political Instability and U.S. Intervention, 1910–1933	36964	1910–1933	南京大学
5	Foreign Relations between the U.S. and Latin America and the Caribbean States, 1930–1944	82212	1930–1944	南京大学
6	Federal Surveillance of the Partido Independentista Puertorriqueño	10083	1941–1982	
7	Rastafari Ephemeral Publications from the Written Rastafari Archives Project	4162	1971–2012	
8	SUR, 1931–1992	41450	1931–1992	
9	Crisis in the Dominican Republic: Records of the U.S. State Department Central Files, February 1963–1966	21809	1963–1966	南京大学
10	Foreign Relations between Latin America and the Caribbean States, 1930–1944	105704	1930–1944	
八	大类：女性研究（6个专题）			
1	Women Organizing Transnationally: The Committee of Correspondence, 1952–1969	56645	1952–1969	

续表

序号	英文题目	页数	时间范围	中国馆藏情况
2	The International Women's Movement: The Pan Pacific Southeast Asia Women's Association of the USA, 1950-1985	9921	1950-1985	国家图书馆；四川大学
3	Women's Issues and Their Advocacy Within the White House, 1974-1977	54111	1974-1977	四川大学
4	Witchcraft in Europe and America	263207	1500-1930	四川大学
5	International Women's Periodicals, 1786-1933: Social and Political Issues	103870	1786-1933	
6	The Quest for Labor Equality in Household Work: National Domestic Workers Union, 1965-1979	8853	1965-1979	
九	大类：美国印第安人（5个专题）			
1	The War Department and Indian Affairs, 1800-1824	7588	1800-1824	四川大学
2	The American Indian Movement and Native American Radicalism	14195	1968-1979	四川大学
3	American Indian Correspondence: Presbyterian Historical Society Collection of Missionaries' Letters, 1833-1893	40238	1833-1893	四川大学
4	The Meriam Report on Indian Administration and the Survey of Conditions of the Indians in the U.S.	24382	1928-1943	
5	The Indian Trade in the Southeastern Spanish Borderlands: Papers of Panton, Leslie and Company	46828	1763-1901	
十	大类：欧洲研究（46个专题）			
1	French Royal and Administrative Acts, 1256-1794 (Actes Royaux Français, 1256-1794)	100032	1256-1794	南京大学

续表

序号	英文题目	页数	时间范围	中国馆藏情况
2	The Dublin Castle Records, 1798-1926	119866	1798-1926	四川大学
3	Correspondence from German Concentration Camps and Prisons, 1936-1945	5747	1936-1945	四川大学
4	Intergovernmental Committee on Refugees: The West's Response to Jewish Emigration	30100	1938-1947	四川大学
5	Jewish Underground Resistance: The David Diamant Collection	1235	1939-1944	四川大学
6	Patriotes aux Armes! (Patriots to Arms!): The Underground Resistance in France, Belgium, Holland, and Italy, 1939-1945	21348	1939-1945	南京大学;首都师范大学
7	Psychological Warfare and Propaganda in World War II: Air Dropped and Shelled Leaflets and Periodicals	9730	1939-1945	南京大学;首都师范大学
8	World War II, Occupation, and the Civil War in Greece, 1940-1949: Records of the U.S. State Department Classified Files	85413	1940-1949	南京大学
9	U.S. Relations with the Vatican and the Holocaust, 1940-1950	35023	1940-1950	南京大学
10	German Folklore and Popular Culture: Das Kloster. Scheible	13776	1845-1849	四川大学
11	Journaux de la Révolution de 1848 (Newspapers of the French Revolution of 1848)	68161	1848-1852	四川大学
12	Alexander III and the Policy of "Russification", 1883-1886	67159	1883-1886	南京大学;四川大学
13	The Economy and War in the Third Reich, 1933-1944	30506	1933-1944	南京大学;四川大学

续表

序号	英文题目	页数	时间范围	中国馆藏情况
14	La France pendant la guerre 1939-1945: Résistance et journaux de Vichy (Voices from Wartime France 1939-1945: Clandestine Resistance and Vichy)	139549	1939-1945	四川大学
15	Czechoslovakia from Liberation to Communist State, 1945-63: Records of the U.S. State Department Classified Files	52359	1945-1963	四川大学
16	Occupation and Independence: The Austrian Second Republic, 1945-1963	84972	1945-1963	四川大学
17	East Germany from Stalinization to the New Economic Policy, 1950-1963	34479	1950-1963	四川大学
18	Socialism and National Unity in Yugoslavia, 1945-63: Records of the U.S. State Department Classified Files	85002	1945-1963	
19	The Cyprus Crisis in 1967	5991	1963-1967	南京大学；陕西师范大学
20	The Holocaust and the Concentration Camp Trials: Prosecution of Nazi War Crimes	27781	1944-1949	
21	Post-War Europe: Refugees, Exile and Resettlement, 1945-1950	119962	1945-1950	南京大学
22	Testaments to the Holocaust: Documents and Rare Printed Materials from the Wiener Library, London	100764	20世纪30年代至60年代早期	
23	Conditions & Politics in Occupied Western Europe, 1940-1945	178785	1940-1945	

续表

序号	英文题目	页数	时间范围	中国馆藏情况
24	The Jewish Question: Records from the Berlin Document Center	25569	1891-1945	河南大学
25	Northern Ireland: A Divided Community, 1921-1972, Cabinet Papers of the Stormont Administration	71990	1921-1972	南京大学
26	The Nuremburg Laws and Nazi Annulment of Jewish German Nationality	16435	1935-1945	河南大学
27	Women, War and Society, 1914-1918	115225	1914-1918	
28	SAFEHAVEN Reports on Nazi Looting of Occupied Countries and Assets in Neutral Countries	8853	1944-1945	
29	Methodist Episcopal Church Archives: Missionary Activities	47241	1819-1952	
30	Nazism in Poland: The Diary of Governor-General Hans Frank	10182	1939-1945	
31	The Papers of Neville Chamberlain	115526	1869-1940	南京大学；首都师范大学
32	The Papers of Sir Austen Chamberlain	110747	1863-1937	首都师范大学
33	The Papers of Joseph Chamberlain	141316	1836-1914	首都师范大学
34	Industrial Mobilization in Britain and the Ministry of Munitions, 1915-1918	6873	1915-1918	
35	The Russian Civil War and American Expeditionary Forces in Siberia, 1918-1920	9289	1918-1920	南京大学
36	State Department's Bureau of Intelligence and Research Reports: USSR	13317	1941-1947	南京大学；首都师范大学
37	Allied Propaganda in World War II and the British Political Warfare Executive	174680	1941-1946	南京大学

续表

序号	英文题目	页数	时间范围	中国馆藏情况
38	Mercure de France, 1672-1810	300081	1672-1810	
39	World War I and Revolution in Russia, 1914-1918	73607	1914-1918	
40	Commercial and Trade Relations Between Tsarist Russia, the Soviet Union and the U.S., 1910-1963	37001	1910-1963	
41	Nazi Bank and Financial Institutions: U.S. Military Government Investigation Reports and Interrogations of Nazi Financiers, 1945-1949	19200	1945-1949	
42	Albania: Records of the U.S. Department of State, 1945-1963	7163	1945-1963	首都师范大学
43	Greece: Records of the U.S. Department of State, 1950-1963	64448	1950-1963	首都师范大学
44	Hungary: Records of the U.S. Department of State, 1945-1963	99015	1945-1963	
45	Poland: Records of the U.S. Department of State, 1945-1963	70453	1945-1963	
46	Romania: Records of the U.S. Department of State, 1945-1963	34842	1945-1963	
十一	大类：商业与经济（5个专题）			
1	Price Control in the Courts: The U.S. Emergency Court of Appeals, 1941-1961	104265	1941-1961	
2	The Savings and Loan Crisis: Loss of Public Trust and the Federal Bailout, 1989-1993	11657	1989-1993	
3	Reporting on the Coal Industry: The Coal Trade Bulletin, 1901-1918	23135	1901-1918	

续表

序号	英文题目	页数	时间范围	中国馆藏情况
4	The Union Label and the Needle Trades: Records of the United Garment Workers of America	46973	1899-1994	
5	German Anti-Semitic Propaganda, 1909-1941	24176	1909-1941（bulk 1932-1939）	
十二	大类：文学与艺术（5个专题）			
1	The Southern Literary Messenger: Literature of the Old South	23949	1834-1864	四川大学；天津外国语大学
2	Literature, Culture and Society in Depression Era America: Archives of the Federal Writers' Project	37407	1933-1943	四川大学；天津外国语大学
3	The Papers of Amiri Baraka, Poet Laureate of the Black Power Movement	9297	1913-1998	天津外国语大学
4	American Art-Union, 1839-1851: The Rise of American Art Literacy	49793	1839-1851	
5	Robert Winslow Gordon and American Folk Music	17246	1909-1932	
十三	大类：亚洲研究（38个专题）			
1	Global Missions and Theology	2369	1800-1899	国家图书馆；四川大学
2	Evangelism in India: Correspondence of the Board of Foreign Missions, 1833-1910	69017	1833-1910	国家图书馆
3	The Hindu Conspiracy Cases: Activities of the Indian Independence Movement in the U.S., 1908-1933	2796	1908-1933	国家图书馆

续表

序号	英文题目	页数	时间范围	中国馆藏情况
4	Political, Economic, and Military Conditions in China: Reports and Correspondence of the U.S. Military Intelligence Division, 1918-1941	17601	1918-1941	国家图书馆；南京大学；武汉大学
5	Political Relations and Conflict between Republican China and Imperial Japan, 1930-1939: Records of the U.S. State Department	64752	1930-1939	国家图书馆；南京大学；武汉大学
6	Japan at War and Peace, 1930-1949: U.S. State Department Records on the Internal Affairs of Japan	114304	1930-1949	国家图书馆；南京大学；武汉大学；四川大学
7	Japanese-American Relocation Camp Newspapers: Perspectives on Day-to-Day Life	24838	1942-1945	国家图书馆；四川大学
8	Final Accountability: Rosters of Evacuees at Japanese-American Relocation Centers, 1944-1946	3145	1944-1946	国家图书馆
9	U.S. Relations and Policies in Southeast Asia, 1944-1958: Records of the Office of Southeast Asian Affairs	46022	1944-1958	国家图书馆；南京大学；武汉大学
10	The Chinese Civil War and U.S.-China Relations: Records of the U.S. State Department's Office of Chinese Affairs, 1945-1955	46492	1945-1955	国家图书馆；南京大学；华东师范大学；武汉大学；四川大学；国际关系学院

续表

序号	英文题目	页数	时间范围	中国馆藏情况
11	The Amerasia Affair: China and Postwar Anti-Communist Fervor	14092	1945-1973	国家图书馆；南京大学；四川大学
12	Records of the National Council for United States-China Trade, 1973-1983	73923	1973-1983	国家图书馆；南京大学；四川大学
13	Personal Justice Denied: Public Hearings of the Commission on Wartime Relocation and Internment, 1981	4670	1981	国家图书馆
14	The Chinese Recorder and the Protestant Missionary Community in China, 1867-1941	52083	1867-1941	国家图书馆；南京大学；华东师范大学；四川大学
15	Policing the Shanghai International Settlement, 1894-1945	92160	1894-1945	国家图书馆；上海图书馆
16	India from Crown Rule to Republic, 1945-1949: Records of the U.S. State Department	53824	1945-1949	国家图书馆
17	19th Century English-Language Journals from the Far East	14094	1817-1901	国家图书馆；上海图书馆；郑州大学；中国科学院自然科学史研究所
18	General George C. Marshall's Mission to China, 1945-1947	56741	1945-1947	国家图书馆；南京大学

续表

序号	英文题目	页数	时间范围	中国馆藏情况
19	European Colonialism in the Early 20th Century: Colonialism and Nationalism in the Dutch East Indies, 1910-1930	15213	1910-1930	武汉大学
20	European Colonialism in the Early 20th Century: German Colonies in Asia and the Pacific - From Colonialism to Japanese Mandates, 1910-1929	10150	1910-1929	国家图书馆；武汉大学；中国科学院自然科学史研究所
21	The Minutes of the Shanghai Municipal Council	14758	1854-1943	国家图书馆；上海图书馆
22	Shanghai Municipal Council: The Municipal Gazette, 1908-1942	13650	1908-1942	上海图书馆
23	German Foreign Relations and Military Activities in China, 1919-1935	18735	1919-1935	国家图书馆；中国科学院自然科学史研究所
24	Military Leaders of World War I: Official and Private Papers of Generaloberst Hans von Seeckt	25593	1866-1936	国家图书馆；中国科学院自然科学史研究所
25	Records of the U.S. Information Service in China: Chinese Press Reviews and Summaries, 1944-1950	37418	1944-1950	国家图书馆；南京大学
26	The Indian Army and Colonial Warfare on the Frontiers of India, 1914-1920	5280	1914-1920	武汉大学

续表

序号	英文题目	页数	时间范围	中国馆藏情况
27	Sukarno and the Army-PKI Rivalry in the Years of Living Dangerously, 1960-1963	18527	1960-1963	
28	State Department's Bureau of Intelligence and Research Reports: China	7374	1941-1947	南京大学；郑州大学；武汉大学
29	State Department's Bureau of Intelligence and Research Reports: Japan	14651	1941-1947	南京大学；武汉大学
30	State Department's Bureau of Intelligence and Research Reports: Korea	1763	1941-1947	武汉大学
31	Subject Files of US State Department's Office of the Republic of China Affairs, 1951-1978	12745	1951-1978	南京大学；郑州大学
32	Records of U.S. State Department's Division of Chinese Affairs	19749	1944-1961	南京大学；首都师范大学
33	World Communism: Pamphlets from McMaster University	141622	1901-1969	南京大学
34	Records of the Far Eastern Commission, 1945-1952	187990	1945-1952	南京大学
35	Political Relations Between China, the U.S. and Other Countries, 1910-1929	38238	1910-1929	南京大学；武汉大学
36	India-Pakistan Conflict: Records of the U.S. State Department, February 1963-1966	15387	1963-1966	南京大学；郑州大学；武汉大学
37	China Maritime Customs Service: The Customs' Gazette, 1869-1913	36697	1869-1913	中国科学院自然科学史研究所

续表

序号	英文题目	页数	时间范围	中国馆藏情况
38	Pakistan from Crown Rule to Republic: Records of the U.S. Department of State, 1945-1949	5741	1945-1949	
十四	大类：越战研究（8个专题）			
1	Indochina, France, and the Viet Minh War, 1945-1954: Records of the U.S. State Department, Part 1, 1945-1949	10715	1945-1954	国家图书馆；郑州大学
2	The U.S. Civilian Advisory Effort in Vietnam: U.S. Operations Mission, 1950-1954	15742	1950-1954	国家图书馆
3	The U.S. Military Advisory Effort in Vietnam: Military Assistance and Advisory Group, Vietnam, 1950-1964	18669	1950-1964	国家图书馆；南京大学
4	Ambassador Graham Martin and the Saigon Embassy's Back Channel Communication Files, 1963-1975	6445	1963-1975	国家图书馆；南京大学；郑州大学
5	America in Protest: Records of Anti-Vietnam War organizations - Vietnam Veterans Against the War	20117	1967-1975	国家图书馆；四川大学
6	Intelligence Reports from the National Security Council's Vietnam Information Group, 1967-1975	12308	1967-1975	国家图书馆；南京大学；郑州大学；四川大学
7	The Observer: News for the American Soldier in Vietnam, 1962-1973	5218	1962-1973	
8	The U.S. Civilian Advisory Effort in Vietnam: U.S. Operations Mission, 1954-1957 - Classified & Subject Files of the Executive Office	64259	1954-1957	南京大学

续表

序号	英文题目	页数	时间范围	中国馆藏情况
十五	大类：中东研究（26个专题）			
1	Evangelism and the Syria-Lebanon Mission: Correspondence of the Board of Foreign Missions, 1869-1910	20455	1869-1910	
2	Afghanistan and the US, 1945-1963: Records of US State Department Classified Files	9674	1945-1963	南京大学；陕西师范大学
3	Democracy in Turkey, 1950-1959: Records of the U.S. State Department Classified Files	54489	1950-1959	陕西师范大学；四川大学
4	The King and the People in Morocco, 1950-1959: U.S. State Department Records on the Internal Affairs of Morocco	42291	1950-1959	四川大学
5	Records of the Persian Gulf War	49569	1990-1991	南京大学；陕西师范大学；四川大学
6	U.S. Middle East Peace Policy and America's Role in the Middle East Peace Process, 1989-1993	93234	1989-1993	南京大学；四川大学
7	The British Mandate in Palestine, Arab-Jewish Relations, and the U.S. Consulate at Jerusalem, 1920-1940	36841	1920-1940	
8	The French Mandate in the Lebanon, Christian-Muslim Relations, and the U.S. Consulate at Beirut, 1920-1941	9112	1920-1941	
9	U.S. and Iraqi Relations: U.S. Technical Aid, 1950-1958	52834	1950-1958	陕西师范大学；四川大学

续表

序号	英文题目	页数	时间范围	中国馆藏情况
10	The Middle East Online: Arab-Israeli Relations, 1917-1970	137631	1917-1970	南京大学
11	The Middle East Online: Iraq, 1914-1974	68794	1914-1974	南京大学；陕西师范大学
12	The Persian Gulf States and Yemen, 1950-1959: Records of the State Department	12036	1950-1959	
13	Afghanistan in 1919: The Third Anglo-Afghan War	1898	1919	
14	British Campaign in Mesopotamia, 1914-1918	3334	1914-1918	陕西师范大学
15	U.S. Operations Mission to Saudi Arabia, 1950-1955: Correspondence and Subject Files of the Office of the Director	19794	1950-1955	陕西师范大学
16	Palestine and Israel: Records of the U.S. Department of State, 1945-1959	77488	1945-1959	
17	Saudi Arabia: Records of the U.S. Department of State, 1930-1959	14261	1930-1959	陕西师范大学
18	Egypt: Records of the U.S. Department of State, 1853-1959	125000	1853-1959	
19	Iran (Persia): Records of the U.S. Department of State, 1883-1959	103000	1883-1959	
20	Iraq: Records of the U.S. Department of State, 1888-1944	20000	1888-1944	
21	Lebanon, Palestine, Syria, Trans-Jordan: Records of the U.S. Department of State, 1836-1944	45000	1836-1944	
22	Morocco: Records of the U.S. Department of State, 1797-1929	58000	1797-1929	

续表

序号	英文题目	页数	时间范围	中国馆藏情况
23	Turkey, Greece, and the Balkan States: Records of the U. S. Department of State, 1930-1944	11685	1930-1944	陕西师范大学；首都师范大学
24	Turkey: Records of the U. S. Department of State, 1802-1949	234000	1802-1949	陕西师范大学
25	Aden: Records of the U. S. Department of State, 1880-1906	1682	1880-1906	陕西师范大学
26	Libya: Records of the U. S. Department of State, 1796-1885	7096	1796-1885	
十六	大类：同性恋研究（4个专题）			
1	Phyllis Lyon, Del Martin and the Daughters of Bilitis, Part I	40293	1955-1984	四川大学
2	Phyllis Lyon, Del Martin: Beyond the Daughters of Bilitis	54734	1966-1984	
3	The Homophile Movement: Papers of Donald Stewart Lucas, 1941-1976	15131	1941-1976	
4	Politics, Social Activism and Community Support: Selected Gay and Lesbian Periodicals and Newsletters	191035	1947-2004	
十七	大类：健康研究（2个专题）			
1	In Response to the AIDS Crisis: Records of the National Commission on Acquired Immune Deficiency Syndrome, 1983-1994	37091	1983-1994	
2	Narcotic Addiction and Mental Health: The Clinical Papers of Lawrence Kolb, Sr.	16954	1912-1972	

续表

序号	英文题目	页数	时间范围	中国馆藏情况
十八	大类：法律历史（1个专题）			
1	Lincoln at the Bar: Extant Case Files from the U.S. District and Circuit Courts, Southern District of Illinois, 1855-1861	3550	1855-1861	

说明：AU 的全部子库，目前已融入 Gale Scholar 平台。深圳大学城、中国人民大学已购买该平台。

学术动态

"第二届全国国际关系史研究生论坛"综述

温主保[*]

2016年10月23—24日,"理解国际关系:东方与西方的历史经验"第二届全国国际关系史研究生论坛在北京召开,本次论坛由首都师范大学历史学院世界史学科和国际关系史研究中心主办。众多国际关系史领域的知名学者和来自海内外30余所高校的研究生参加了此次论坛。本次论坛从报名的80余篇论文中,挑选出44篇与会讨论,内容涉及中外关系史、东亚国际关系史、经济外交史、美国外交史、英美之外的大国关系史五个大方面(具体分为十个讨论组)。突出国关史学界研究较为薄弱的问题——东方国家外交的历史经验总结、非英美大国关系史研究、冷战之前的国际关系史研究,是本论坛鲜明的特色之一。

开幕式及主旨演讲

开幕式由首都师范大学历史学院讲师崔金柱主持,首都师大研究生院

---

[*] 温主保,首都师范大学历史学院2016级硕士研究生。

常务副院长梁占军教授、历史学院党委书记董增刚教授致开幕词，首都师大全球史中心执行主任刘文明教授代表世界史学科介绍学科概况。几位教授回顾了首都师范大学历史学院尤其是世界史学科的光辉历史，表示要在齐世荣先生为世界史学科所做的突出贡献这样一个高起点上，敬畏学术、追求卓越，把世界史学科良好发展势头继续保持下去。同时梁占军教授还鼓励新一代的青年学子多掌握几门语言，为研究多边国际关系互动的历史打下基础。华东师范大学资深教授崔丕老师代表兄弟院校致辞，肯定了首都师大世界史学科在促进国内国际关系史研究方面的巨大努力。

开幕式后，在梁占军教授主持下，北京大学国际关系学院牛军教授和南开大学日本研究院院长宋志勇教授分别发表了主旨发言。牛军老师的发言题目为《当代中国外交史研究的几个问题》，他对当代中国外交史基本事实的界定问题、如何借鉴其他学科方法和理论、当代中国外交史研究应该置于哪个学科、谁在具体从事新中国外交工作、如何在世界体系中理解中国外交五方面的问题发表了看法。

宋志勇老师发言的主旨题目为《东京审判与国际关系》，这个话题是宋老师从战后中日研究比较中引出的，他主要谈以下几个问题：第一个是战争审判问题，有关战后惩治战争罪犯的国际共识；其次是在被告选定中，如何体现出当时的国际关系格局；另外是在11个参加东京审判的国家中，美国从初期准备、法庭宪章的制定、首席检察官的任命、东京审判的后期释放在押的战争嫌疑犯中基本上起了主导作用，中国提供了大量有理有据的证据对战犯的最终惩治做出了重要贡献，各个国家出于自身利益及未来考虑导致其使战争罪犯最终逃脱了东京审判；最后宋老师总结道，不能简单地把东京审判看成是一场法律审判，它是介于政治与法律之间的影响世界和国际关系的重要的审判。

会议第一日晚，华东师范大学崔丕教授为与会学生代表和青年教师做了专题学术讲座，题目是《美日两国国会审议返还琉球群岛施政权协定的进程及其对钓鱼岛归属问题的影响》。崔老师从1969年12月2日美日达成的《谅解备忘录》开始谈起，到1971年美日最终签署《美日返还冲绳协定》，细致研究了美国行政部门与立法部门之间关于协定处理的差异和争论、美日两国审议协定的差异和钓鱼岛归属这三个问题。在这样一个过程中,崔老师从美国、日本、台湾和大陆四个方面进行解读,解释了《美国返还冲绳协定》各项条款制定的多方原因,并对钓鱼岛问题的"前世今生"进行了系统的梳理。崔老师的这篇文章立意宏大,切入点精准,从不同维度探讨了美日协定的制定的原因、过程和影响,无不体现了做学问的严谨态度和深切的现实关怀。崔老师的讲座不仅仅提供了研究美日这一时期关系的翔实资料,也贡献了一种宏大的多维视野,更是对青年学者潜心学术的激励与启发。

中外关系史话题研讨

主旨发言后为分组讨论环节。论坛采取逐个讨论的形式,分组讨论中每人陈述8—10分钟,点评、讨论和回应共20分钟,剩余时间集体讨论,以便可以使每篇文章得到详细的分析。

围绕"中外关系史"这一主题,分三组对晚清到新中国的中外关系史问题进行了讨论。第一组"二战和冷战时期的中外关系史"由北京大学牛军教授和华东师范大学韩长青老师点评,另外"晚清民国中外关系史"和"民国外交史"两组由社科院近代史所李珊助理研究员和辽宁师范大学郭鑫老师点评。主要讨论了金晶、郭松达等13人的文章。

"晚清民国时期中外关系史"组研讨情况如下。

郭松达的《马慕瑞与宁案》,主要论述了1927年3月"宁案"爆发后,美国驻华公使马慕瑞当即主张对中国下达"最后通牒",试图维护华盛顿会议上确立的"大国一致原则",主张与各国联合制裁,拖延与国民政府的谈判进程,但最终失败,其实质反映了美国旧有的以武力胁迫维护在华利益的手段已经做出调整。李珊助理研究员认为文章的问题是,对华盛顿会议上的大国一致原则需要探源,马慕瑞和凯洛格的思想要分清,论文可以多进行一些比较性分析。郭鑫老师建议文章注释需要进一步的规范。

缪朱林的论文题目为《九一八事变前中美治外法权交涉与谈判的几个重要问题》,主要分析了国民政府时期,中美双方围绕立即撤废治外法权还是逐渐撤废治外法权展开争论，这一争论贯穿整个谈判过程，展现了双方不同的外交理念，体现了外交传统与现实、旧秩序与新秩序之间的斗争和妥协。李珊助理研究员建议多参考前辈学者的研究，尤其是对"十七条草案"（1930年10月中美谈判时美方代表亨培克提出）要做进一步考察，档案注释格式要更规范。郭鑫老师认为文章要对美国政策的转变进行探讨，并探究在政策转变过程中宗教因素起了多大的作用。

邓雨的《庚子事变后中外关于"逞凶"问题的争论与交涉》是关于庚子事变后，中外对惩凶一事的不同看法的解读，中国官员虽据理力争，但最终被迫接受西方强硬要求，其实质揭露出了西方主导下的中国外交格局正逐步形成。李珊助理研究员点评道：文章对惩凶问题的逻辑和思路很清晰，问题是对案例的归属划分做得不够恰当，可参考国际法的援例，对外文尽量多进行挖掘。郭鑫老师提到对关键性的节点应放到论文后面来叙述。

管世琳的论文题为《入乡随俗：从印信、公文看晚清英国对华外交中的"中国化"现象》，其主要分析了近代中英外交中，英国为减小与中国交往的阻力，实现英国利益的最大化，以中国的文化风俗来与之交流，从印信和公文方面，揭示了晚晴时期，英国对华外交中的"中国化"现象，剖析了背后隐藏的深刻用意。李珊助理研究员认为单从礼仪方面看英国对中国外交有些过于笼统，对威妥玛这一部分可进一步研究。郭鑫老师点评到文章切入点很好，以印章和公文为例极具特点，但它也是一个相互的过程，中国同时也受西方的影响，同时要分清个例和普遍现象。

"民国外交史"组研讨情况如下。

郭宁的《一战初期中国的中立（1914.7—1915.1）》，根据一战初期中国中立立场历经的过程，探究了隐藏在其后的日本这一影响因素，指出日本趁欧战激烈之际在中国大肆扩张，抢占德国残存的地盘，而山东成为中日争夺的焦点，直接影响一战后中国在巴黎和会的目标。郭鑫老师点评到：这篇文章选题新颖，资料充分，但文章题目对"中国的中立"这一名词概念没有做出明确定义，史料堆积较严重；另外对北洋政府的整体政策没有进行系统阐述，只从中国方面做了分析，应该从更广阔的视角展开。李珊助理研究员对命题思路提出了修改性意见，并且指出应对当时舆论问题做进一步探讨。

张展的论文《汪伪政权"参战"问题新考》，主要论述了二战期间，随着太平战争的爆发和日本诱降重庆国民政府的失败，日本对汪政策进行的根本调整：同意了汪伪政权的"参战"请求并抛出"对华新政策"。总体来看汪伪方面的参战，有主动的成分，但最终参战是被动的结果。郭鑫老师认为：对日本这一时期的政策没有考虑到"南进北进"之争的背景，资料引用不当需要注意。李珊助理研究员点评道：叙述方面不是特别清晰，最好进行详细论述，结论部分也需要完善。

蔡梓的论文题目为《变局中的坚守——〈苏德互不侵犯条约〉与国民政府的抗日外交战略》，分析了苏德条约给国民政府联合英、美共同抗日的外交战略带来变化，并最终确立了坚守抗日外交战略。同时国民政府依据"苏联本质是中国之患"与"德苏日勾结不能根本危及中国抗战及英美取胜"的判断，确立了最坏情况下弃苏而联英、美的外交战略底线。郭鑫老师认为本文外文资料引用较少，对"二手资料"的应用不当，学术规范方面需要加强。李珊助理研究员对研究的拓展提出了建议。

赵思洋的《国际关系中基准时间在近代中国的形成——基于民国时期中国国际关系史研究的分析》，是基于布赞等英国学派学者对国际关系基准时间"再问题化"进行的思考，旨在分析作为话语体系的中国国际关系史、国际关系理论的研究和教学的基准时间是如何建构起来的，或者说中国是如何接受这套西方正统的基准时间，以及在接受之前中国学人对国际关系史是否还存在或使用其他的基准时间。郭鑫老师对文章摘要写作提出建议，并建议案例挑择与主题要更好地接轨，参考文献的引用要切合论题研究，中西方理论应用还要进一步区分清楚。

"二战和冷战时期的中外关系史"组研讨情况如下。

金晶以《浅析中国与联邦德国建交的原因与过程》为题，通过联邦德国解密外交档案、美国外交档案及中文资料，考察了1969—1972年联邦德国的对华政策，从国际环境、国内政策、"代表权"问题及两国贸易等方面分析两国建交的原因和过程。牛军老师点评道：文章综合应用了中国、德国及美国的外交档案以及一些回忆录，将基本的线索描述了出来，比较好，但没有突出联邦德国对外政策的特点和所受的限制以及领导人如何突破这一限制，另外有关联邦德国对华外交的阶段性和迫切性部分需要进一步加强。

忻怪的《安哥拉内战与美中关系研究——"联华援安"战略始末》一文从1975年爆发的安哥拉内战中美国向中国提出"联华援安"建议入手，谈到鉴于对外战略的转变，中国没有接受"联华援安"方案，但双方就后续问题仍保持了配合，客观上增强了政治互信与战略共识。牛军老师认为，论文观点基本上是成立的，文章从档案中挖掘了许多新的内容，尤其是中国对外政策援助的变化。同时牛老师也对论文标题提出修改建议，希望作者进一步明确中美关系在此过程中的影响，对论据做出进一步解释。

吴泉成的《论20世纪40年代中苏关系中的新疆问题》主要对20世纪40年代苏联对新疆政策进行了研究，认为苏联的新疆政策分为初、中、晚三个阶段，不同时期的背景和考虑决定了苏联的政策走向。牛军老师认为此文章相对成熟，但同时，牛老师也提出三点问题，一是论文文献应用中缺少国民政府的档案，其次是苏联与阿尔泰地区革命运动的关系没有明确点出来，第三是美国的因素对苏联的政策产生了多大的影响需要有新的资料来支撑。

李嘉豪的《浅析中苏同盟对新中国解放台湾的制约因素》从三个方面分析了新中国解放台湾计划的搁浅，包括苏联支持的下降、朝鲜战争的爆发、美国的干涉。这三个因素结合阻碍了新中国的攻台计划。牛军老师评论：行文有些繁琐，并且有自相矛盾之处，论文资料应用不充分，光靠一两份文件无法说明问题的重要性。

庄泽虹的《冷战初期中国大陆的侨务政策——以地方档案为中心的考察（1949—1966）》探讨了新中国成立到1966年中国大陆侨务政策的调整，认为新中国的侨务政策是随着对国家利益的不同界定和认知转变的。牛军老师评道："这是一篇很有价值的论文，国内研究尚少，此文章对文献工作做了一个很好的梳理；但侨务工作机构繁杂，本文对此认识不够，要选择好研究视角。"

东亚国际关系史话题研讨

"东亚国际关系史"大组分为三个小组,第一组是"前近代东亚的国际秩序",由首都师范大学王铭老师和孔源老师点评;第二组是"战后东亚国际关系",由北京大学金东吉教授和华东师范大学梁志副教授点评;第三组是"近代东亚国际关系",由北京大学唐利国副教授和首都师范大学崔金柱老师进行点评。本大组讨论了张鑫宇、朱雅莉、吴文浩等12位同学的文章。

"前近代东亚的国际秩序"组研讨情况如下。

张鑫宇的《新清史视野下乾隆时期清帝国与西方的互动》介绍了新清史学者批判了以费正清为代表的用"朝贡体系"解释中国的世界秩序的观点,推翻了以"朝贡体系"为中西交流的前提传统观点,建立了包含三个主要特点——帝国性质、扩张行为、满族特色——的清帝国外交模式,但实质并未突破"冲击—回应"的模式,将清王朝与西方的互动描述过于简单化了。王铭老师认为选题很有意思,关注到了对新清史忽略了的问题,尤其是梳理了前人的众多研究,很有价值,另外对文章标题和注释格式做出了修改性建议。

刘凯的《江户时代琉、日、萨关系的实态》以琉球、德川幕府、萨摩岛津氏三方为视角考察了1609年萨摩侵琉之后的琉日关系。展现了三方出于各自不同的目的,在不同时期相互之间关系的转变。孔源老师认为,文章利用日本史料能够梳理出这样的成果非常成功,有发展的前景。王铭老师说道,论文的问题意识很好,但在文中体现的不是非常明显,对三方的关系应加以注意,同时必须考虑到中国因素在影响它们关系改变的作用,史料方面比较难找,需要三方进一步的互证。

吕振纲的《1644—1662年东亚国际体系的危机与重建——双重政治主题下的清代朝贡体系生成史》探讨了清朝取代明朝朝贡体系的过程:一种是权力政治,清朝基于自己的权力优势、资源和策略打败南明;另一种通过认同政治,改善自身同已有的朝贡国的关系,建构起比较完整的认同体系。王铭老师点评道,论文有一定的史实、理论方法,同时又包含国际关系，思路视角很独特，文章进一步研究需要将理论和框架结合更紧密一些，自变量和因变量可以再思考一下。

赵蒙的《再论"仁祖辩诬"事件——以康雍乾时期中朝宗藩策略演变为视角》考察了朝鲜王朝"辩诬"及明清史学对朝鲜王朝的影响，并通过这一过程进一步探研中朝双方对维护宗藩体系的重要影响。王铭老师说道，文章小标题的设置掩盖了重要论述的部分，背景过于繁多，文章在一级和二级标题、注释和格式方面存在一些不足，论文后半部概述可以再多斟酌一下。大家在会后还提出对相关的文献资料的补充，专有名词的解释等有关问题。

"战后东亚国际关系"组研讨情况如下。

朱雅莉的《"自主"政策触碰文革"左"倾：朝鲜对华政策研究（1966—1969）》文章研究了文革初期随着中国外交政策的左倾发展，朝鲜开始有意疏远中国，但出于反美立场和地缘政治考虑，朝鲜在处理对中苏关系时实行"等距离外交"。金东吉教授点评道：文章的缺点是对韩国的最新研究没有充分的关注，等距离外交事实上是不被国外学者接受的（一直是认为中国对苏联"一边倒"），同时他还介绍了目前韩国对此的研究进展，对与会论文的提升起到了重要的作用。

张建伟的《美日"冲绳密约"考论》对"冲绳密约"这一现象产生的原因进行了分析，其形成表明了美国依然是双边关系的主导方，在交涉过程中日本不仅要照顾对方的利益诉求，同时还受国内掣肘，日本支付的军用地原补偿费是为收回冲绳岛付出的代价。梁志老师认为，文章以美、日档案着手，选题难度很大，对这种微观的课题做出了很好的范例，给出了一个清晰的思路，但在结论方面存在不足，他建议作者谈谈双方是否真的以实力决定它们的对策；结语部分可以裁掉。

彭永福的《马来亚东南亚地区合作政策的缘起与东南亚联盟的成立（1957—1961）》探讨了马来亚在战后复杂国际和周边环境下联合菲律宾的合作倡议引起印度尼西亚的不满，其实质是双方对东南亚地区话语权的争夺，这一争夺阻碍了东南亚地区合作与发展。梁志老师觉得文章选题好的方面是从小地方着手看冷战，在史料运用上可利用档案互证，但比较有难度的,其次除了大环境这一背景,还要从东南亚内部分析,来看马来亚东南亚地区合作政策到底意欲何为,这样问题才能得到清楚的解释。

朴多晶是就读于北京大学历史系的韩国留学生,她的文章《朝鲜战争初期中国出兵朝鲜决策及变化原因探析》利用新近公开的档案对中国出兵朝鲜的历史进行了探究。文章认为,中国在不同阶段展现出不同的态度,其根本原因在于毛泽东从新中国政权的巩固及战争取胜条件考虑,而非美国突破三八线那么简单。金东吉教授说道,这篇文章利用新档案和旧档案,还利用了俄国档案,对中国出兵朝鲜的真实想法基本上梳理得比较清晰。另外,金东吉教授又补充了相关解密档案的史料,对理解这一课题提供了很大帮助。

"近代东亚国际关系"组研讨情况如下。

吴文浩博士的《日本对放弃在华治外法权政策的变迁(1903—1943)》,对1903—1943年间日本在华治外法权做了分析,认为日本只是原则上同意撤废治外法权,其根本目的是服务于"满蒙政策"与"大陆政策"的,是为侵略中国服务的。崔金柱老师认为作者在档案基础上将文章梳理得比较清楚,但作者只用日本外务省的文献是不够的,日本在这一时期的国内变化比较大,文章没有考虑到军部这一最重要的机构;尽管利用了《申报》的资料,但可信度值得商榷,中国方面的因素也没有得到太大的提及。

董娜的《早期西方地图中的钓鱼岛研究》从西方文献中为钓鱼岛属于中国做出依据——虽然钓鱼岛的名称在西方不同时期几经演变,但西方人绘制的地图都将其与台湾北部视为同一地理单元,而不属于琉球群岛的任何部分。崔金柱老师说道,单纯从文章来看,作者收集了大量相关地图,但存在两点问题,一是没有问题意识;二是文章论证不清楚,相关地图的截取与主题是不合适的,而且主体是借助于外国地图;三是历史背景需要补充。其他老师和同学又对此进行了热烈讨论。

田甜的《大正文化所受的美国文化的影响》从日本大正时期国内社会的众多方面都受到的美国文化影响的这一现象出发,探究了这一时期日本受美国文化影响的因素,说明了美国文化早已在二战前就渗透进日本,同时也对战后日本产生重要影响。崔金柱老师认为文章标题可能过大,很难把握,论文只集中于消费文化,忽视了其他概念因素,而且没有获取到一手材料和文献,仅局限于翻译过来的书目是远远不够的,思考的方面还需要加强。唐利国老师对摘要内容做了补充说明。

刘牧琳的《甲午战争后朝鲜对华认识变化研究(1894—1899)》以《朝鲜王朝实录》为依据,着重分析了1894—1899年朝鲜政府对华认识变化的过程,并探究了朝鲜政府对华转变的原因,认为《朝鲜王朝实录》对今日的东亚国际关系研究有重要学术价值。唐利国老师点评道,文章标题与时间不太相符,而且材料应用不能证明文章的论点,需要寻找新的史料来证明。崔金柱老师在论文注释和参考文献的应用方面提出建议:对前人研究的相关内容要弄清楚,尤其是古文功底要加强。

经济外交史话题研讨

本组讨论的主题是"经济外交史",点评人是华东师范大学崔丕教授和中共中央党校张静副教授,讨论了丁夏阳、熊晨曦等4位同学的文章。

丁夏阳的《贸易融冰:1973年美中贸易委员会访华研究》,通过论述1973年美中贸易会谈,认为长期对华封锁的美国希望扩大双边贸易,但中方反应冷淡,这是由于中美两国对贸易的认识和期待不同,但毕竟为日后两国贸易关系的改善打下基础。崔丕老师点评到,文章比较新颖的一点是应用了一手文献,且对国内相关数据库做出叙述。他认为任何历史研究都具有相对性,受时代局限,论文恰好补充了这一点,建议作者再从更深的层次和美国国内根源进行分析。张静老师认为文章对国内外相关研究做出的概括不够。

李继高的《"中国差别"的废除与中英贸易关系(1957—1960年)——兼谈中国对外开放的历史条件》讲述了英国在1957年废除"中国差别"政策后,其他巴黎统筹委员会的主要盟国紧随其后,这一事件对中西方的经济产生了积极影响。崔丕老师认为,选题对新的学术研究具有价值,从新的角度对这一时期的中英关系做了阐释。张静老师谈道,研究这一选题不可避免受当时环境的影响，论文内容没有明确说清背景史实，同时文章在相关资料引用以及注释标注上做得不够恰当。

周磊的《二十世纪七十年代初中国大规模引进工业技术设备的个案研究——以中法项目为例》从20世纪70年代中法项目这一个例入手，结合中法两国的相关文献和档案，对这一时期中国引进法国工业设备和生产技术的背景、谈判过程、具体内容及产生的作用和影响做出分析，为中法关系研究做了补充。崔丕老师说道，论文对法国文献和中国资料的综合使用比较突出，建议在多边国家的比较研究中来看或者以数据图表的形式做出双方项目的研究。张静老师对文章在史料引用上也给出了建议。

熊晨曦的《中美两国关于资产索赔问题的交涉与谈判，1977—1979》介绍了卡特政府时期中美双方解决资产索赔问题，美国以商界和经济人士进行试探，最终于1979年中美签署了《中华人民共和国和美利坚合众国关于解决资产要求的协议》，从政治层面解决了这一问题，并为中美关系正常化扫清障碍。崔丕老师点评道，论文对新材料的追踪是比较到位的，用到了美国最新的外交解密档案，但文章没有考虑到越南对中美双方谈判的影响因素。张静老师在论文资料转引格式和规范上提出了修改性建议。

美国外交史话题研讨

以"美国外交史"为主题，分为两个小组展开讨论，一组是"冷战之前的美国外交史"，点评人分别由华东师范大学梁志副教授和韩长青老师，另一组是"战后东南亚、中东国际关系中的美国因素"，点评人是厦门大学范宏伟教授和中山大学肖瑜副教授，两组主要讨论了路子正、尹蒙蒙等10位同学的论文。

"冷战之前的美国外交史"组研讨情况如下。

路子正的《追求自由与保持共和：美国建国之父的身份意识和外交思想》以对美国产生重大影响的潘恩、亚当斯、汉密尔顿、华盛顿和杰斐逊五位领袖的国家身份意识为核心，探讨了他们对美国这个新国家的特性、地位和制度的思考。作者认为这塑造了美国的外交，并催生了理想主义、现实主义、孤立主义和国际主义四大外交传统。梁志老师认为文章从微观方面出发研究美国外交思想，行文规范流畅，很有意义，建议文章可以先给出一个宏观的论述，再从微观进行写作，效果会更好。

孙一笑的《约翰·亚当斯政府的海地政策》主要论述了约翰·亚当斯时期美国对的海地政策。华盛顿从自身利益出发，利用海地问题牵制英、法，从而达到了各方力量平衡，维护了美国的目标。梁志老师点评道，历史并不是表面显现的那么简单，作者对文章涉及到的专有名词要进行解释，并延伸到更深的层次考虑。韩长青老师认为从学术论文规范的角度看，此文学术介绍尚有不足，文章层次划分有些不合理。

李泽源和石可鑫的《1805年美国与的黎波里和平友好条约探究》分析了美国早期与的黎波里签订的条约，认为条约充分体现美国早期孤立主义、中立原则以及航海自由的思想，美国借此条约保障了远洋贸易，同时为日后的亚非扩张提供了经验。梁志老师建议史料来源位置要放置清楚，并且要对欧洲和美国对亚非的不同政策进行比较研究。韩长青老师对行文结构进行了修改性建议：应围绕主题安排文章层次，同时文章应与1796年的条约相比较来看，此外论文学术规范仍需注意。

王一哲的《美国一战时期的战时海报宣传——以〈我需要你加入美国军队〉为例》从一战期间的美国对内宣传着手，分析了美国成功动员国内群众的因素。美国通过战时海报宣传，构建起群众自觉接受和认知的国家形象，在个人与集体的对立中找到了一个平衡点。梁志老师认为文章选题独特，视角新颖，属于一种跨学科研究，同时又对论文提出建议，首先是资料来源需要补充，其次可以进行个案性研究，第三是可从男女性别对宣传政策的反应做进一步探讨。

韦自明的《从西伯利亚干涉中观察美国对日政策态度变化分析》对一战后协约国干涉苏俄新政权中美日关系的变化做了考量，作者从微观和宏观两个角度解读了西伯利亚干涉前后美国对日政策态度的变化。梁志老师认为文章最大的缺失是没有进行学术史的介绍，使得文章的创新性无法体现出来，很难让人评判它的价值；同时梁志老师对行文结构提出建议：事件背景应加以扩充，行文在参考文献和注释方面需要进一步规范。崔丕老师建议韦自明的论文进行详细的学术史回顾，并列举了一些相关名著进行讲解，引发了在座同学思考。

"战后东南亚、中东国际关系中的美国因素"组研讨情况如下。

尹蒙蒙的论文《美国对菲律宾1972年军官法对策研究》，对1972年费迪南德·马科斯以"反共"和改革为由签署军官法文件并在菲律宾建立起威权统治后美国的对菲政策进行了研究。对于此例军官法，美国国内尽管意见相异，但在认定菲律宾威权政权能确保其在菲军事基地和商业利益价值后，违背了自己的宣传价值理念对此事件采取了默认态度。范宏伟老师点评道：文章虽对美菲政策有一定研究意义，收集了大量文献，但视角还需要加强，而且文章叙述多，评论少，措辞不够到位，史料把握能力尚待加强。肖瑜老师对文章题目提出修改建议，认为可进一步细化。

王酉艳的《东南亚条约组织的建立与美马关系的发展》一文主要论述：冷战期间美国与大多数东南亚国家组建了遏制共产主义的东南亚条约组织，在东南亚条约组织中，马来亚也被纳入进来，但它从未与美国签订军事条约或加入美国组建的军事条约中，而是从本国利益出发，与东南亚条约组织保持了一种间接的关系。范宏伟老师认为文章问题意识不强，且一手资料应用不够，没有较大突破，段落划分不合理，缺少对时间的关注度，行文内容与主旨有些脱节，改进空间较大，并提出修改意见。

杜晓东的《"七月革命"与美国对埃及的外交政策》分析了1952年埃及"七月革命"后，美国迅速与埃及"自由军官组织"建立秘密联系，承认新政府并提供援助，但由于双方在战略目标上的分歧导致两国关系又逐渐走向疏远和恶化。肖瑜老师认为文章的优点在于条理清晰，不足之处在于对时间段的追溯需要重新选择，学术史的叙述没有做好；另外美国对埃及的外交政策应从大背景——冷战环境下来看，苏联的影响因素必须进行考虑，不能光靠武器一方面的因素，同时英、美的外交政策不能混为一谈。

白云天的《"阿拉伯的希特勒"还是"今天的萨拉丁"？——美国和阿联（埃及）战略矛盾中的"心理障碍"（1957—1959年）》一文分析了美国将埃及在中东地区的扩张视为苏联以外的另一种威胁，埃及则声称自己的统一是阿拉伯民族应对大国控制和抵御侵略的有效手段，折射出双方对自身角色的认知和定位的不同，进而加深两者在中东地区的战略矛盾。肖瑜老师评论道：文章主次划分不够清晰，对内容中的国家称谓要注意，问题意识不够明显，文章部分内容逻辑不强，论据和论点无法进行互证，对此，肖瑜老师提出进一步修改意见。

成振海以《联合国调解阿以冲突的首次尝试——对"贝纳多特方案"的历史考察》对贝纳多特方案失败的原因进行了探讨，认为此方案受阿以冲突、英美不同的政治利益考量，此外，战争局势的发展以及方案本身的不切实际使其很难推行下去。肖瑜老师点评道：文章对贝纳多特方案的作用说明不够，但可进行更细致的研究。范宏伟老师对论文题目提出修改意见，并谈到学术论文写作的一些心得，学术观点的提出可以从一个角度联想出多处看法，文章的写作可用归纳或陈述，这可以根据选题而定。

非英美大国关系史话题研讨

这一组以"非英美大国关系"为主题，讨论了高建芝、邵天泽等4位同学的文章。由同济大学陈弢老师、中山大学肖瑜副教授做点评人。

高建芝的《论奥匈帝国吞并波斯尼亚和黑塞哥维那的原因》介绍了奥匈帝国之所以吞并波黑是为了转移国内矛盾、重振帝国威望，提升自己的国际地位，而1908年动荡的巴尔干局势恰好成为帝国重塑雄风的催化剂。陈弢老师认为文章的主要贡献是讲出了奥匈帝国的作用，文献资料引用较多，但局限于英文资料，核心对象国的资料没有引用到，另外文章题目可进行微小的修改。肖瑜老师点评到文章主题与内容没有进行很好的接轨，有些内容是不必要叙述的，与文章没有关联可做删改。

马吟婷的《1947年莫斯科外长会议与战后法国加入冷战的起源》分析了二战后法国对苏政策的转变，认为这种转变主要在于双方的利益冲突，1947年的莫斯科外长会议使法国认识到与苏联无法达成一致，但与英美可达成共识，因此逐渐倾向于加入西方阵营，拉开了法国参与冷战的序幕。陈弢老师评论到文章的优点是应用到法国一手资料——法国外交档案，但是在结构上有些重叠，叙述内容与档案没有划分清楚。肖瑜老师对文章标题做出了修改：将法国加入冷战的起源改为法国倒向西方阵营，并建议对法国加入冷战的原因进行更深的探讨。

张绍兵的《从敌对到合作：冷战初期澳日关系的转变》主要叙述了澳大利亚从二战期间的敌视日本到战后与日合作的过程，揭露了背后的隐藏因素——美国遏制战略的出台，扶持日本遏制共产主义，因此，作为美国盟友的澳大利亚做出让步，同意日本加入科伦坡计划，以此巩固澳美同盟，改善澳日关系。陈弢老师说道，除了对澳大利亚的一方的探讨，还需要对日本的需求进行讨论，文章叙述中要更多的自己的评论。肖瑜老师点评道，对专有名词没有做出解释，论文问题意识淡薄，没有集中于澳日，只是从澳美来看，主旨没有分清。

邵天泽是京都大学的硕士研究生，他的论文《浅论1964年中德伯尔尼会谈时期日德两国的协作关系——基于中德日三国的外交档案的考察》利用中德日三国的外交档案分析了1964年中法建交对联邦德国的影响。在会谈期间，西德积极展开外交，除了请示美国，还与日本进行多次磋商，文章主要对这一过程进行梳理，重新审视中国在冷战时期所处的国际环境。陈弢老师评论道，文章的突破是以一手材料研究日德关系，补充了对德国外交政策的研究，但论文对日德的协作影响伯尔尼会谈的展现不够。肖瑜老师谈道，文章标题没有对主题谈论清楚，且对史料的摘选没有很好处理，无法支撑起主题的研究。随后大家对文章细节进行了热烈的讨论。

闭幕演讲及闭幕式

分组讨论结束后，本次会议进入尾声。闭幕式会议由外交学院《外交评论》杂志执行主编陈志瑞编审主持，北京大学王立新教授和社科院世界历史所徐再荣研究员分别做了闭幕演讲。

王立新教授的主题演讲题目是《史学论文写作漫谈》，就青年学人在论文写作中可能遇到的问题发表了自己的看法，其中就如何选题，王立新教授引用法国历史学家安托万·普鲁斯特的话说，"真正的空白不是还未有人书写其历史的漏网之鱼，而是历史学家还未做出解答的问题。当问题被更新了，空白有时候不用填就消失了"。那么什么是有意义的问题呢？王教授提出了三个标准：一是要探究不同历史现象之间的联系，而不是对现象进行叙述，这种联系既可以是因果关系，也可以是相互之间的关联性；二是要触及历史现象和过程背后的深层动力，而不仅仅是过去史实的重建；三是，有意义的问题应该是阐释性的，而非描述性的。对于如何提出一个好问题，王老师指出了四个可以努力的方向：第一个途径是了解学术史，通过梳理学术史找到有意义的创新，实现学术的创新；第二个途径是关怀现实，在过去和现实之间建立关联性，以此发现新问题，开拓新领域，提出新看法；第三个途径是培育自己跨学科的素养，跨学科的知识对我们发现选题，提出有意义的问题非常有帮助。并举出实例：加迪斯利用"安全困境"解释冷战起源；第四个途径是多读深思，要对前人的成果进行批判性阅读，刨根问底，不要轻易认同前人研究。批判性阅读的另一种方式是探究既有结论与经验事实是否一致，我们在学习和阅读过程中如果发现了与既有结论不一致的史实或现象，就说明既有的解释出了问题，需要新的解释。最后王老师讲道："历史研究是一门技艺，技艺是需要工具的。这里的工具既包括史学的基本技能，也包括跨学科的素养和各种理论知识。工具箱越丰富，学养越丰厚，越能在别人看不出问题的地方发现问题，在常见的史料中发现新意义，为老问题的解释找到新视角，从而写出优秀的史学论文来。"

徐再荣研究员做了主题为《学术规范与学术生态：关于国内世界史研究和学科建设的几点观察和再思考》的演讲。徐老师对学术论文中的注释、引用观点的应用格式做了详细的讲解，对学术中的抄袭、署名这些问题进行了批判，并对学术史回顾提出了严肃要求。另外，徐老师指出：学术文章中大标题与小标题的关系、层次结构的衔接、概念理论的应用等问题要引起重视；对书评的写作要提出更高的要求，反对吹捧；对学科发展中的批判性回顾和评述在国内还是较少，真正的学者必须具有自我批判意识，对自己的学术研究要有清楚的认识。徐老师的讲座内容坦率、一针见血，引起了在场学者和学生的共鸣。《外交评论》执行主编陈志瑞编审和《南洋问题研究》主编范宏伟教授也对文章发表和学术生态问题发表了意见。

最后，首都师范大学历史学院的翟韬老师宣读了首都师范大学世界史学科负责人、国际关系史研究中心主任徐蓝教授的寄语和致辞，并对到场嘉宾、学者和参会代表表示了衷心感谢。本次论坛圆满闭幕。

本次论坛是首都师范大学历史学院世界史学科和国际关系史研究中心一直以来积极推进国内国际关系史研究工作的一个重要体现。世界史学科和国关史中心近年陆续举办了多届"国际关系史青年论坛"（已到第三届）、"全国国际关系史研究生论坛"（已到第二届）和"国际关系史研究工作坊"（已到第三届）等系列会议，对促进青年学者交流及推动国际关系史的研究起到了重要作用。主办方表示，将会一如既往地把系列会议，尤其是把研究生论坛办好、办下去。

第一届"宣传与公共外交史工作坊"综述

武乐曼*

2016年10月29—30日,第一届"宣传与公共外交史工作坊"在首都师范大学召开,来自15所高校和研究机构的专家参加了此次工作坊。宣传与公共外交史工作坊由首都师范大学历史学院国际关系史研究中心、国家社科基金项目"冷战前期美国对华宣传与文化外交研究"[①] 项目组、北京市教委重点项目"美国对外宣传与文化外交史史料整理与研究综述"[②] 项目组发起并组织,旨在促进研究不同方向的学者之间的相互交流,深化公共外交史研究。

本次工作坊有主旨演讲、分组讨论、学术经验交流会等多种形式。首都师范大学翟韬老师主持开幕式,并代替因事未能出席的首都师范大学世界史学科负责人、著名学者徐蓝教授感谢各位专家学者的莅临。《外交评论》执行主编陈志瑞编审代表兄弟单位致辞,勉励大家注重理论,用跨学科视野从事公共外交史研究。

开幕式后,北京大学王立新教授做了以《作为心理战的冷战:对冷战特性的再思考》为题的主旨演讲,强调冷战期间美苏两国对抗中意识形态和思想的作用。冷战的根本特性就在于无处不在的心理较量,王立新老师

---

* 武乐曼,首都师范大学历史学院2015级硕士研究生。
① 项目号15BSS023。
② 项目号SZ201510028013。

从六个方面进行了论证:广义的心理战略被置于与军事战略同等重要的地位、心理舆论的考量进入美国外交政策的整个过程和所有方面、和平时期常设宣传和心理战机构、塑造形象影响别国的心理成为对外军事干预的重要目标、影响国际舆论和外国心理的考虑塑造和改变了美国的国内政治、冷战结束的方式主要是由心理战的效果决定的。通过分析,王立新教授认为冷战终结的原因是里根政府对苏联的强硬政策和长期遏制战略以及苏联自身的弱点。在冷战之所以成为心理战的根源问题上,王立新老师提出了自己的观点:一、冷战双方对冷战性质的认定——"人心之争";二、核武器的出现使双方意识到必须避免爆发直接的军事冲突;三、通信和传媒技术的变化使外国公众的心理更为重要而且影响其心理更为简单可行;四、民主化和大众政治的潮流使公众对外交政策产生重要影响,改变了外交行为的方式。最后,王立新老师还谈了以上这些分析对学术研究的启示:研究冷战公共外交史,不应仅仅局限于狭义的心理战、政治战和宣传活动,还要把研究范围扩大到行为宣传;另外,要注重考察内政与国际形象塑造之间的关系;要更加注重文本分析,从表层的政策研究上升到文本研究;还要借鉴心理学的概念和工具来丰富公共外交史研究。王立新老师的演讲内容涉及机构与政策、国内与国外、措施与效果等方方面面,不仅为在座学者展现了一幅清晰的心理冷战画面,还提供了方法论上的指导。

接下来,首都师范大学史桂芳教授选取了日本这一个案,就《日本亚洲主义的演变与舆论动员》题目做演讲。史桂芳老师首先对日本亚洲主义这一理念进行溯源探究,接着介绍了亚洲主义的基本特征和目标:以东西方文化、人种差异为前提,以东亚共同抵抗欧美列强为旗号,要求亚洲邻国服从日本的"领导",以实现日本统治亚洲的最终目标。在第二部分,史老师向与会学者展示了亚洲主义在中日战争时期的演进:日本先是主张东亚联盟论,又进一步提出东亚协同体论,利用媒体进行宣传和战争动员,制造侵略有理言论,宣传战争理论,歪曲事实真相。史桂芳老师的讲座很大程度上还原了当初真实的日本战时企图、对内对外宣传、舆论动员的历史,并倡导跨学科研究,认识历史的复杂性、多面性。

10月29日下午至30日下午为小组讨论,会议共分四个主题,分别是

"对内宣传：身份认同、集体记忆、政治动员"；"中美两国对外宣传中的形象塑造和话语建构"；"日本对外宣传与他国涉日宣传"；"战后美国在东亚的文教活动与公共外交"。本届工作坊讨论来自中国社会科学院和13所全国高校的共15名学者提交的论文，内容主要集中在中国共产党、国民党、美国、日本四方，也有一篇论文涉及苏联的宣传问题。工作坊采取小组发言人互评的方式，先由作者介绍文章主要观点，然后由主评人点评并提出问题，其他参会人员也积极进行评论，最后由作者就其他学者的点评和问题做出回应。

第一组的主题是"对内宣传：身份认同、集体记忆、政治动员"，召集人是中国海洋大学副教授俞凡老师，共讨论三篇论文。小组第一个发言人是电子科技大学的朱叶老师，她的报告题目是《"想象中国"：战时国民党广播中民族主义话语建构及传播》。这篇文章对国民党"喉舌"——广播电台进行考察，国民党广播电台不仅通过广播政治化的节目、充满动员色彩的演讲和形式多样的救亡歌曲激起大众的民族主义热情，更是通过各种固定节日和宣传周、时事宣传周无时无刻不在进行民族主义渗透。朱叶老师的这篇论文一定程度上还原了国民党统治期间民族主义的发展对国民党宣传政策的影响，同时讨论在这样的政策指导下，国民党通过广播实现民族主义动员，构建战时的民族主义话语体系，达到加强国家控制和个人崇拜的目的。俞凡老师进行点评：一般来说，广播文本较难收集，而且做报刊史比较困难的一点就是衡量它的效果，再者，国民党的宣传可以说并不成功，相对机械化，与中共的宣传效果差距甚大。朱叶老师搜集了国民党当时的主要报纸和重要讲话，对它们的效果进行了分析。接着俞凡老师提出问题：你是从什么方面对它的效果进行评析的？朱叶老师就此问题做出回应：宣传效果主要是从报纸上进行评估，因为当时国民党的官方周报不时会对听众来信进行选登。对于国民党国内宣传效果这一方面，确实不如中共，因为中共的宣传侧重点在底层民众，而国民党的宣传重在国际，主要是为了争取美国支持。另一方面，利用广播宣传也有它的优势——受众广。除此之外，参会学者还对这篇文章具体写作上的问题进行了探讨。

接下来是俞凡老师就《新闻史研究与战后台湾传媒业的集体记忆——

以 1949 年以来台湾地区新记〈大公报〉与张季鸾研究为中心的考察》进行发言。俞凡老师认为新闻史研究在很大程度上影响了传媒从业者的集体记忆，进而影响了他们构建社会集体记忆的方式，通过对战后台湾学界对张季鸾及新记《大公报》的研究及其对不同时期台湾传媒从业者集体记忆影响历程的梳理——张季鸾和《大公报》的形象和"功用"从 20 世纪 50 年代的"拥蒋反共"，到 70 年代的"民权卫士""自由先驱"，再到 80 年代以后对抗过度商业化和"台独"——作者得出这样一个结论：当政府对社会控制力较强时，这种形塑就会严格遵循政府设定的轨道；当政府对社会控制力弱时，这种形塑就会偏离政府的轨道，进而消解政府营造的集体记忆。中国社会科学院俄罗斯东欧中亚研究所助理研究员陈余老师对此篇文章进行评论。首先，陈老师非常赞同俞凡老师所讲的"一切真理都是相对的"，政治、社会、传媒人在一定程度上影响了对张季鸾的研究。但是，是否可以说政治、社会是影响评价的真正外因？另外集体记忆、社会记忆、历史记忆三个概念有什么差异？在文中作者也提到了威权体制和极权体制，这两者之间又有什么不同？针对陈余老师的问题，俞凡老师做出以下回应：台湾社会比较特殊，通常是"笔杆子里出民主"，传媒人也不一定是完全顺着社会走，比如 70 年代的政治空气就比较自由，可以"找缝"传播民主。俞凡老师表示，对于理解"三个记忆"可以从西方语言中入手。集体记忆是"collective memory"，社会记忆是"social memory"，历史记忆是"historical memory"。"威权体制"是台湾的表述方式，"极权体制"的表述在大陆较为流行，另外，二者之间意思也有差别，蒋介石时期够不上极权，说威权更为合适。之后，与会学者还进一步讨论了雷震"自由中国"事件和李万居《公论报》与 60 年代的"自由中国"事件。

  第三位发言人是陈余老师，她的报告题目是《卫国战争时期苏联的政治宣传：目标、实践与结果》。陈余老师首先概括了卫国战争宣传时期的特点——形式多样的宣传实践，包括广播、电影、讲座、报纸等；接着分析了苏俄实用主义的宣传策略：通过塑造祖国母亲受难的形象，激起民众爱国热情；借助纪念一战等战争回忆苏俄时期对德作战的典范；不再打压宗教，团结一切可以团结的力量。但是，宣传也存在一定问题：新闻缺乏时效性，纸张缺乏、运输困难，有歪曲事实的情况，宣传机构各自为政，缺乏统筹意识。但从总体上来说，苏俄的战时宣传是成功的，起到了不可替代的作用。对此篇文章进行主评的朱叶老师认为这篇文章总体很好，非常全面，但对宣传结果的评价不够，另外除了政府宣传是否存在私人宣传。陈余老师回应道：因时间仓促，评价部分做得确实还不够。除国家宣传外，虽有其他声音存在，但苏俄控制紧密，宣传机器强大，其他声音影响很小，故不做考虑。

第二组的主题是"中美两国对外宣传中的形象塑造和话语建构"，召集人是同济大学陈弢老师，讨论有关中美对外宣传的四篇文章。第一篇文章题目是《略论抗战时期的英文书写与国际宣传》，作者是中国社会科学院近代史所助理研究员李珊老师。文章通过对抗日战争时期英文著述的梳理，认为在民族危亡之机，除了重庆国民政府对外宣传机构编写出版大量英文宣传品外，尚有许多精通英语的中国人积极地运用英文写作的宣传功能，面向西方控诉日本帝国主义的侵略行径，争取西方国家的支持与援助，唤起世界人民对中国人民奋勇抗战的同情。作者主要分析了徐淑希和林语堂这两个典型人物的英文著述，认为中国人用英文书写的形式进行战时宣传、为挽救国家命运而发声，是中国近代民族主义精神空前高涨的表现。南京师范大学抗战研究中心研究员范国平老师对这篇文章进行评论：这篇论文大量运用档案材料，非常好。另一方面，对档案的分析应该更深入一些。其他与会专家还提出几点意见，建议文章的四个部分（"英文写作成为国民党战时国际宣传的工具""国家立场上的控诉：徐淑希记录日本侵华罪行的英文著作""海外华人团体与留学生的抗日宣传""民族的重生：文学家的战时英文书写"）单独成篇，这四部分内容除都是战时英文对外宣传外，没有其他内在机理的联系，放在一起使问题失焦。

接下来是范国平老师就《让汉尼拔远征相形见绌的伟大壮举：浅谈长征在西方世界的传播》发言。长征在中国具有非常大的影响，但是西方对长征的关注度出人意料的低。据范国平老师搜集，从1936年以来，西方对红军长征的论著不超过十部。这篇文章本着披沙拣金的原则，介绍重要著作中披露的红军长征形象，这几部著作为《神灵之手》《西行漫记》《长征：

前所未闻的故事》等。范老师对这些著作对于传播长征的作用进行评价,他认为这些著作运用较为准确的一手资料,用浅显易懂的语言,起到了向更多的人传播红军长征形象的作用。同济大学陈弢老师对此进行点评:这篇文章视角较为独特,但整篇文章注释较少,这是一个缺憾。另外,太过注重传播的过程,对影响的分析稍显不足。范国平老师回应道,这篇文章着重点在于分析这些著作中的长征形象,所以叙述的篇幅大于评论的篇幅。

陈弢老师的报告题目是《展出新中国:中国与莱比锡博览会》,莱比锡博览会是新中国成立后参加的第一个多边性质的国际博览会,对于中国和民主德国两个社会主义国家来说,莱比锡博览会是打破西方封锁和禁运的重要舞台。陈弢老师介绍了中国参加莱展的原因、方针、参展内容和影响,说明新中国成立初期通过参加莱展在德国和欧洲开展公共外交这一尝试,塑造了新中国的新形象,同时打破西方贸易禁运,迫使联邦德国逐步减轻对莱比锡博览会和东西方贸易的封锁,另一方面也促进了中德贸易的发展。长沙学院胡腾蛟副教授认为此篇文章视角新颖,从较小视角切入,探讨较大的政治问题;文章叙述上层次清晰,既有高层决策,又有实际的产品展示,时间段也十分具体,梳理清晰。最值得一提的是运用到了德国和中国双方的档案,做到了档案互证,但德国方面资料稍显不足。文章对于中德之外的第三方国家反应鲜有涉及。陈弢老师表示会再增加德国方面档案资料,另外查找其他国家资料,看有无对中国参加莱比锡博览会的评论。

第二组最后一位发言人是胡腾蛟副教授,他的报告题目是《20世纪50年代美国劳工话语及形象的海外传播》,胡腾蛟老师认为,劳工形象宣传是美苏冷战对抗的重要内容,美国通过美化国内劳工生活,强调他们富足的生活,反映了美国赢得冷战胜利与追求海外身份认同的双重企图。文章主要内容由三部分组成:一是美国政府与劳工组织国内合作的重启,马歇尔计划强化了双方的合作;二是20世纪50年代美国海外劳工宣传政策的制定,主要涉及杜鲁门时期和艾森豪威尔时期;三是美国劳工形象的自我塑造,美国利用各种宣传媒体极力宣扬美国劳工生活的自由、富足,是"人民资本家",是"美国梦"的践行者。最后,胡腾蛟老师对美国冷战劳工宣传做出概括:冷战使美国劳工话语具有强烈的意识形态攻伐意味,在世界范围内掀起反对共产主义的"自由"劳工运动浪潮,旨在将美国自由资本主义制度推销给世界工人,但其实劳工形象是美国自我缔造的阶级神话,本身存在重大缺陷。社科院近代史所李珊老师对这篇文章做出评价:从劳工形象塑造看美国的对外宣传是一个非常好的考察视角,运用的档案资源也很丰富,从劳工宣传机制到劳工形象的自我呈现四个维度之间环环相扣,接着,李珊老师提出以下几个问题:劳联、产联为什么在马歇尔计划提出后对政府的态度由不合作转为合作?"人民资本家"的语境概念是什么?胡腾蛟老师回应道,劳联和产联态度转变的原因是由于冷战的挤压和国内舆论的压力,同时也是为了最大程度捍卫自身利益,不应忽视的是在马歇尔计划提出之初苏联也是持支持态度的,这一定程度上影响了美国国内的劳工思想。"人民资本家"即 People's Capitalist,更多的是一种宣传上的提法和口号,是为了展示美国社会富足的宣传手段。

第三组的主题是"日本对外宣传与他国涉日宣传",召集人是武汉大学历史学院王萌副教授。首先发言的是南京信息工程大学副教授孙继强老师,题目为《日本战时传播的路径构建策略评析》。二战期间,日本政府效仿德国确立了"总力战"体制,试图将全部社会资源纳入其中,以达到为战争服务的目的,并逐渐形成双向的战时传播路径构建——既存在政府的话语权构筑,又存在媒体的趋同性报道。政府主导下的情报局和军部主导下的大本营报道部通过法制建设、舆论机构实施新闻统制;媒体则包括日本新闻联盟、同盟通讯社,这两个机构通过强化报道机制和自我规制开展思想战。孙继强老师通过分析战时政策传播过程,勾勒出日本战时宣传围绕政府、媒体、受众三要素展开的构建路径:政府借助传播网络营造狂热的战争环境,而处于这个战争环境中的受众反之进一步强化了这种战争环境,进而促进传播网络的日臻完善。王萌老师就此篇文章点评道:总体上是一篇比较成熟的文章,把日本战时宣传的构建分析得十分透彻,但对于宣传策略部分着墨不够;另外在具体写作上,日期划分不是很清晰,全面战争时期应包括太平洋战争,不用再单独把这一时期提出来叙述。

接着,王萌老师就《暮色下的哈尔滨:犹太系报纸与中日战争初期日本的犹太工作》发言。文章详细地分析了"河豚计划"(即日本政府在伪满洲国建立"犹太自治区"的方案)的前因后果。当时犹太人利用报纸不断向日本人发出信号,希望用"对日友好"来换取在日本治下伪满洲国的居住权。犹太报纸发出的信号,引起了日本军中"犹太通"的注意,在军部的操作下,日本政府开始考虑于伪满建立"犹太自治区"的方案,但最终,"河豚计划"还是失败了,犹太人在伪满建立民族聚居区的梦想也随之破灭。犹太人在二战时期的遭遇本应受到同情,但在中日战争初期,犹太民族为了追求虚幻的"犹太自治区",不辨是非曲直,为日本军国主义鼓噪呐喊,对世界反法西斯舆论形成了消极影响,这应为后人所鉴。孙继强老师对此文章做出点评:这篇论文选题新颖,日本社会中的亲犹情绪与犹太民族建立居住区的愿望一拍即合,日本需要从犹太人中获得人才、资金和技术,同时在国际上树立良好形象,这是巩固日本在中国东北殖民统治的需要。孙继强老师表示希望王萌老师就这个问题继续做下去,比如研究日本对犹政策对其在东北的殖民统治有什么影响,同时要注意利用多国档案。

第三位发言人是天津社会科学院日本研究所副研究员田庆立老师,他的发言题目是《盟国占领时期美国对日本文化外交的滥觞》。在对日占领时期,美国基于自身国家战略利益,在应对共产主义势力威胁之时,也推行了一系列具有针对性的文化外交举措,目标是实现日本社会的民主化和非军事化。美国利用天皇大打心理战,同时利用盟军总司令部民间情报局对宣传进行审阅和管控。田庆立老师还对《美日文化关系报告书》这一文件进行个案分析,美国对日文化交流本着双向性、两国共同策划和政府同民间协调交流的原则。在这三原则的指导下,美国开展了更加具有针对性和方向性的政策,开启了形式多样的交流项目,利用英语教学、图书输送、资料交换等项目,使对日宣传不仅取得预期效果,还为美日关系的深入发展注入了生机和活力。最后,田庆立老师总结了美国对日文化外交的启示:宣传目标要有针对性,手段要有多样性,而且文化交流是一个双向的过程,相互依存、相互促进。南京大学助理研究员王睿恒老师对这篇文章做出点评,王老师认为,研究盟国占领时期美国对日文化宣传这个课题很有价值,文章梳理得也很清楚。正因为这个课题有许多值得研究之处,所以从此还可以扩展出许多研究方向,比如《美日文化关系报告书》出台前后美国对日文化外交政策逆转的原因，洛克菲勒三世在对日外交中所起的作用，《美日文化关系报告书》如何影响盟总活力等，都为学者进一步研究提供思路。文章没有提到美日文化交流的不足之处，这是一个缺憾。田庆立老师表示感谢在座专家学者提出的建议，会再详细分析二者之间的双向交流，把普通民众的反应也考虑进去。

小组最后一个发言人是王睿恒老师，他的报告题目是《太平洋战争时期美国对华宣传塑造的日本形象》。王老师以专门负责对华宣传和对日心理战事务的美国官方宣传机构战争信息署（Office of War Information）在华设立的分部为切入点，分析了战争信息署在华宣传中的日本形象。战争信息署通过报纸、广播等宣传方式，塑造了这样一个日本形象：极端军国主义、野蛮的杀人机器、军事败绩无可掩盖。目的是鼓舞中国人的战斗士气，促进美国战时的对华政策，推动战争进程。美国用"反法西斯战争"取代日本对二战"种族战争"宣传的定性，用民主国家联盟和反法西斯阵线将中国和美国联系在一起，并通过对日本暴行和败绩的连篇报道，给予中国人战争必胜的信心，对鼓舞战时中国的士气发挥了重要作用。田庆立老师作为主评人点评道：王老师选了形象塑造这一个热门话题，把美国宣传中的日本形象刻画得十分清晰。尤其是提到日本宣传鼓吹的"大东亚共荣圈"和"种族战争"，这一方面还有很大的研究空间。其他老师也提出相应意见，比如将美国对华宣传中塑造的日本形象与美国在本国建构的日本形象进行对比，以及进一步区分美对华宣传中的日本形象哪些是美国自主进行的，哪些是国民党的意思。王睿恒老师对最后一个问题做出回应，指出战争信息署在华新闻处是在国民党的新闻监管下进行的，对于其他建议会好好考虑，力争使文章更完善。

第四组的主题是"战后美国在东亚的文教活动与公共外交"。召集人是浙江大学张杨教授，讨论关于美国文教活动的四篇文章。第一篇是张杨教授的《徘徊在反共与"教化"之间：冷战前期亚洲基金会对亚洲高等教育的干预》，亚洲基金会作为冷战前期美国政府在亚洲进行隐蔽冷战活动的"准非政府组织"，在政治、经济、社会、文化等多个领域从事政府乐见其成但又无法亲自从事的活动，其中以在高等教育领域的活动最为引人注目。

亚洲基金会设立亚洲大学项目，一方面通过在东南亚国家建立高等教育学校进行反共宣传，另一方面促进当地发展。这一项目服务于基于冷战共识形成的国家安全目标，乃至美国文化中致力于改造世界的长期理想。亚洲基金会在亚洲高等教育领域的活动一方面折射出美国深受冷战思维影响的对抗式决策取向，另一方面也可揭示出美国意识形态在其对外政策制定中的影响。福建师范大学江振鹏教授认为这篇文章优点突出，问题意识毋庸置疑，资料使用也十分丰富，是一篇不可多得的好文章。同时提出一个问题：亚洲基金会如何处理与官方的关系？另外提出一点建议，即文章鲜少涉及制定者、执行者等，在文章中增加人物，会更完整、明白。张杨老师对江老师的问题做出回应：已有相关档案梳理清楚，亚洲基金会完全遵循美国官方指定，它虽不是政府组织，但它完全是美国政府在东南亚的代言人。对于江老师提出的意见，张杨老师表示这是一个努力方向，会试着添加。

东北师范大学白玉平老师的发言题目是《文化冷战与美国国际教育的政策变迁（1950—1975）》，文章分为文化冷战的概念、冷战与美国国际教育的转型、70年代："相互依赖"中的国际教育和结论四部分。白玉平老师认为意识形态斗争导致教育的冷战化，美国决策层不顾教育界人士注重国际教育产生长期效应的意见，将国际教育项目作为实现冷战使命这一短期政治目标的工具。杜鲁门、艾森豪威尔、肯尼迪、约翰逊、尼克松政府都将国际教育作为扩张美国影响力的工具，并逐渐将这一职能公开化。美国国际教育政策的实行一方面体现出美国人对自己教育文化传统的高度自信，另一方面更是暗含美国人利用美国社会模式改造其他国家的企图。这一策略在其他国家受过美国教育的人身上表现出相当的成功，"美国情结"挥之不去。张杨老师认为这篇文章对于美国国际教育总体面貌展现得十分全面，但要注意的是文化冷战与冷战的总体演变是怎样契合的，文化交流如何与教育交流进行界定等，其他与会学者也就这些问题进行了讨论。

福建师范大学副教授江振鹏老师的《新世纪以来"美国在台协会"对台湾地区的公共外交》主要包括这几个问题：协会自身公共外交功能、协会与传统公共外交的巩固、协会与"新公共外交"的扩展、协会对台湾地区推行公共外交的成效和影响。江振鹏老师认为，美国在台协会不仅进一步继承了20世纪中后期以来业已推行的富布赖特计划、留学美国的教育交流等传统公共外交项目，而且还适应了21世纪初期的新变化，用其自身的优势来积极扩展对台湾地区普通公众和青年学生的"新公共外交"，具有很强的渗透性和战略性特征，在美国"重返亚太"、推行"亚洲再平衡战略"的大背景下尤具现实意义。首都师范大学翟韬老师认为江振鹏老师的文章将学术研究与国际政治紧密结合，建立在自觉学术史认识上，具有强烈的现实关怀；文章为我们提供了许多新的知识，比如美国利用设立签证条件和新媒体技术来施行公共外交；对于美国在台协会的效果评估，江振鹏老师利用民意调查，基本上对宣传效果进行了全面的解释和评价。对于江振鹏老师在文中写到的"美国对台湾地区这些公共外交活动的持续开展与两岸之间的民间交流形成一定程度上的竞争性关系，从而给中国政府的对台政策带来长期的阻力"，翟韬老师认为，应把这种"竞争性关系"表述的再具体些，否则读者不易明白。与会学者还对台湾政局变化对美国对台政策考虑的影响、美国资料中心和台湾两党之间的关系进行了讨论。

小组最后一个发言人是首都师范大学的翟韬老师，报告题目为《华人的美国梦：冷战前期对华宣传与美国国家形象的塑造》。20世纪50年代中期之后，美国"扬美"宣传集中体现在华裔美国人实现了"美国梦"这一主题和形象上，宣传过程中出现一组"经典"的美国形象——在美华人利用美国优越的制度和环境、依靠个人奋斗成为社会精英，实现"美国梦"，通过构建一幅白手起家、社会流动、种族和谐的画面进行扬美宣传。"华人的美国梦"宣传主题反映了美国对东南亚华人华侨战略定位的转变，开始把华人视为新独立国家的少数族裔，目的是促进华侨融进当地社会，帮助东南亚建成稳定的民族国家从而排斥新中国的影响。其次，这一宣传主题反映了美国对外心理宣传攻势对象的重大变化：从苏东社会主义阵营转向第三世界。最后，"华人的美国梦"直接根源于和反映了美国外宣主题的重大转型：从政治和意识形态话题转向经济和社会话题。这也反映出美国国家身份认同的变化。白玉平老师对这篇文章做出点评：这篇文章文本分析十分透彻，很好地解答了美国对外宣传为什么取得那么大成功的原因，同时也为现今中国应该进行的国际宣传提供了借鉴。但文章的余论有些不足，再增加些分析会更好。同时，白玉平老师提出一个问题：麦卡锡主义有没有影响美国的对华宣传？翟韬老师回应道：从50年代中期起，美国不再用政治优越性来界定外宣中的美国形象，所以麦卡锡主义对美对华宣传影响不大，它只是造成客观形势要求在美华人与政府合作，与中共划清界限。最后，在座学者还讨论了中国的公共外交和海外华人认同问题。

小组讨论结束后是学术经验交流会，参会学者就目前正在进行的研究和接下来的研究计划进行发言，交流经验，这一方式对促进在座学者公共外交史的研究大有裨益。翟韬老师作为组织者首先发言，表示在冷战国际史研究方面，进一步要做的是充分挖掘中共外宣档案和国民党方面的档案；同时要借鉴文化研究和传播学的理论工具。自己目前的兴趣点在于国、共、美在冷战中是怎样争夺海外华侨的，将主要从三方在华侨文化身份塑造和重建方案的较量等方面进行分析。随后，参会学者一一进行发言。陈弢老师表示自己下一步的计划是研究冷战中前期的中德关系以及中国对欧宣传如何影响社会主义同盟内部关系的问题。江振鹏老师致力于非政府组织对战后台湾重建影响的研究。俞凡老师指出日本记者在华活动和日本对中国新闻政策的演进这个方向值得进一步探索。田庆立老师表示对战后日本人的自我认识、日本人怎样看待美国和中国十分感兴趣。李珊老师表示通过参加这次工作坊收获良多，发现不同的国别史同仁都在关注一个共同感兴趣的问题，找到了归属感。她建议该领域以后的研究中应该更加重视史实重建，将文章写得更有深度。孙继强老师对日本战时媒体，尤其是报界宣传尤感兴趣。王萌老师注意到欧美劳动观念——八小时工作制、不雇佣童工等——向世界的传播，表示要继续研究欧美劳动观念是怎样影响到东亚国家的问题。白玉平老师认为冷战时期的美国大学有为美国政府文化外交服务的现象，但具体起到什么作用还需要进一步研究。首都师范大学殷志强老师表示目前对日本思想战和反战宣传以及日本政府如何应付反战宣传很感兴趣，会继续做下去。特别指出的是，首都师范大学全球史研究中心刘文明老师、岳秀坤老师和《首都师范大学学报（哲学社会科学版）》编辑杜平老师出席了本场经验交流会，并与参会学者一起探讨了对外思想战、宣传与公共外交等方面的问题，提出自己进一步的研究方向。三位老师对本次工作坊给予了很高的评价，刘文明老师指出：这是一场名副其实的工作坊，主题集中、讨论精彩，研究中、日、美三方的学者互补互利，可以极大促进学术研究。

  本次工作坊小范围的交流形式使每篇文章都得到充分的讨论，对与会学者在论文中具体问题的改进和论文层次的提高具有指导意义，对推动公共外交史领域内的相互交流和这一新兴学科的进步起到了促进作用。

中国第二次世界大战史研究会 2016年年会暨学术研讨会综述*

武 垚**

2016年12月17—18日，中国第二次世界大战史研究会2016年年会暨学术研讨会在北京召开。这次会议由中国第二次世界大战史研究会主办，首都师范大学历史学院、武汉大学国家领土主权和海洋权益协同创新中心共同承办。来自于国内多所高校、军队的研究学者以及社会二战史爱好者共100余人参加了会议。与会人员就二战爆发、中国的抗日战争、二战的影响和启示以及战后国际秩序与南海问题等进行了讨论。

第二次世界大战起源和国内外的相关研究是与会学者关心的重要问题。首都师范大学徐蓝教授在《第二次世界大战起源的若干问题》的主题报告中指出，帝国主义是法西斯国家发动二战的深厚根源；极端民族主义是法西斯国家发动二战的内在动力；两次世界大战之间存在着一定的因果关系，法西斯国家的建立和绥靖政策的形成都与第一次世界大战及其结果直接相关。徐蓝老师认为就法西斯国家发动二战的动机来说，其性质是帝国主义的；就二战的最终战争目的和性质来说，是一场反法西斯的正义战争。山东师范大学的赵文亮教授把二战结束后七十余年来中国学者关于二战起源问题的研究归纳为三个阶段：1949年、1949—1978年、1979—2016年。中

---

* 在该次会议上还进行了中国第二次世界大战史研究会会长、副会长、理事等的换届选举。本文仅综述其学术讨论方面。

** 武垚，首都师范大学历史学院2015级硕士研究生。

国人民抗日战争纪念馆研究员黄超、张量层层分析了日本侵略中国大陆政策形成的渊源关系，指出日本天皇制、军国主义以及先天不足的畸形经济等政治、军事、经济等综合原因使得日本成为二战的亚洲策源地。中国社会科学院俄罗斯东欧中亚研究所张盛发研究员对苏联和俄罗斯的二战史的观点体系的形成与演变进行了研究，认为苏联时期二战史观主要以斯大林的讲话和论述为理论基础，俄罗斯在继承苏联时期二战史观的基础上注重突出保守的民族主义价值观。

在战后国际秩序方面，军事科学院肖裕声少将的主题报告主要从朝鲜半岛的核问题出发，分析了战后遗留的这些问题对国家安全战略的影响及对策。武汉大学历史学院刘晓莉副教授认为联合国的托管制度和托管理事会虽然并未最终解决殖民地问题，但成功规避了美国的直接军事占领，鼓舞了未独立领土人民的信心。武汉大学中国边界与海洋研究院张愿讲师分析了美国为获取在葡萄牙亚速尔群岛的军事基地，在战后处置中向葡萄牙所做出的妥协，指出葡萄牙在美葡关于亚速尔群岛的谈判中的让步，更多是出于现实的无奈和对美国的畏惧。首都师范大学历史学院史桂芳教授认为美国对日本的占领政策为日本军国主义和"皇国史观"的存续提供了客观条件，并影响着东亚地区的政治格局。武汉大学历史学院张士伟副教授认为，美国通过布雷顿森林会议期间对苏联的让步争取了苏联的支持，从而巩固了美国战后的世界领导地位。黑龙江大学历史学院李朋教授指出，战后建立的包括联合国在内的一系列国际组织和国际秩序，对维护世界的相对和平安定做出了重大贡献，这使得近现代以来的武力侵略和弱肉强食的传统扩张模式就此终结。

中国的抗日战争也是学者们关注的一个重点。中国人民革命军事博物馆研究员姜廷玉认为，中国共产党为推动国际反法西斯统一战线的形成和战争的胜利做出了重要的贡献。石家庄陆军指挥学院庞存生教授认为，中国的抗日战争不仅牵制了日军的大量兵力，并且为盟军提供了有力支援，为世界反法西斯战争的胜利做出了巨大贡献。武警工程大学蒲元讲师等人从军事视角对1941年晋南会战失利原因进行了再探讨，指出日军采取的三面向心攻击战法、黄河地障和突击战术是晋南会战中国军队失败的重要原因。湖南文理学院文史学院张华副教授对国际鼠疫防疫专家伯力士在1941年12月到1943年春的常德鼠疫防疫工作进行了研究。

二战时期盟国关系以及盟国与中立国关系对二战的发展也产生了重要的影响。内蒙古师范大学唐方亮讲师利用英、美档案对二战时期英、瑞（瑞典）、美海运贸易的战略分歧和协调进行了分析。武汉大学中国边界与海洋研究院关培凤副教授从领土争端出发对战时中英关系进行分析，指出英国拒不交还九龙租借地、中缅边界南段"1941年线"的产生以及支持西藏"独立"等领土问题是战时中英关系"不协调"的一个重要原因。武汉大学历史学院韩永利教授指出对时势的共识、相互的认知、目标的一致是战时中美战略合作形成与坚持的重要原因。

对现实问题的关怀是历史研究价值的重要方面之一。南海主权争端是我国目前面临的重大挑战。武汉大学国家领土主权与海洋权益协同创新中心胡德坤教授和海军军事学术研究所任筱锋研究员在各自的主题报告中，分别从历史和法律的视角对南海仲裁案进行了解读。胡德坤教授在"南海仲裁的历史视角"的主题报告中，通过对中国大陆、台湾地区档案以及日本、英国、美国档案和历史文件的考察，充分证明了在历史上，南海地区是中国不可分割的一部分并且这一事实得到世界主要国家的承认。任筱锋研究员分析了菲律宾的仲裁要求、仲裁过程，指出仲裁结果的片面性和不合理性，并提出中国独特的"耕海牧鱼"的渔民史是中国争取海洋历史权利的重要历史依据。国际关系学院国际政治系郑晓明讲师通过对二战后盟国战后安排中关于中国领土主权内容的研究，指出当时中国的南海主权得到了英、美、苏等世界主要大国的承认，是没有引发南海诸国争议的。武汉大学政治与公共管理学院国际关系学系刘早荣副教授将美国在20世纪30—40年代美国在南海诸岛主权问题上的立场分为日本占领南海诸岛之前、日本占领南海诸岛之后以及二战进入大转折之后三个阶段。国防大学夏一东教授和张维对越南战后海上军事战略的发展过程进行了详细的论述，并将其分为1945—1975年，战略萌芽；1975—1986年，南攻北防；1986—2000年，积极防御；2000年至今，陆守海进四个阶段。赣南师范大学朱大伟副教授则对中国东海方向的琉球群岛进行了研究，他总结归纳了二战结束前后，中国知识界提出的琉球回归中国、中国托管或中美共管以及琉球独立等不同解决方案的历史过程。

除了上述较为集中的选题，很多与会学者还对其他诸多研究内容进行了探讨。天津师范大学历史文化学院耿志副教授对二战时期美国的综合性战略计划——"胜利计划"的制定和内容进行了论述，指出这一计划虽然有所不足，但仍然为反法西斯战争的胜利做出了巨大的贡献。山东师范大学研究生王泽方对二战初期德国曼施坦因作战计划成功的原因进行了总结。陕西师范大学历史文化学院宋永成副教授对二战期间苏联犹太人代表团到美、英等盟国的访问之行进行了论述评析。作者以解密的苏联档案文献为基础，同时结合英国、美国、以色列档案文件对此次访问的目的、经过以及影响进行了深入探讨，认为犹委会代表团的盟国之行是一次卓有成效的民间外交活动。中国人民抗日战争纪念馆乔玲梅副研究员论述抗战文物的重要作用和历史意义。沈阳炮兵学院张志强教授研究了二战对陆军发展的影响。苏州工业园区管委会的邵建东上校探讨了二战对新形势下维护我国国家安全的启示和借鉴意义。

会议期间，黑龙江大学的李朋教授、国际关系学院的林利民教授、首都师范大学的史桂芳教授、武汉大学的严双伍教授对各小组的论文进行了精彩的点评，与会学者们进行了充分的讨论与交流。本次学术会议为来自国内高校、研究院所、军队和其他机构的学者提供了一个良好的交流平台。会议上内容丰富的论文和主题报告，既体现了二战史研究的学术价值，也表现出了历史研究为现实提供借鉴意义的重要价值。

书 评

《真实的黎巴嫩真主党》评介

狄安略*

外交部原副部长杨福昌曾说,中东地区哪一个国家最让人看不懂,那就是黎巴嫩。在中东地区黎巴嫩是个小国,但其国内政治的复杂性却居中东之首,它是各种宗教、文化和政治斗争的集合点。[①]

2015年年底,国内关于黎巴嫩问题研究的又一部学术著作《真实的黎巴嫩真主党》成功出版。本书的作者肖克(Karim Alwadi)是叙利亚人,他受到父亲——叙利亚前驻华大使默罕默德·海依尔·瓦迪(Mohammad Khleir Alwadi)的熏陶和鼓励,2004年就来到中国求学,并在中国人民大学和外交学院先后获得国际关系硕士和博士学位。

黎巴嫩真主党是阿拉伯世界影响最大、实力最强、受关注最多的什叶派伊斯兰政治组织。[②] 过往对于真主党的研究,国内学者提出真主党的宗旨是"输出伊斯兰革命",建立"伊斯兰共和国"。[③] 它是伊朗实现其地区构思的重要工具,[④] 抑或是伊朗分散美国压力的工具。真主党是反以抵抗组

---

* 狄安略,首都师范大学历史学院2012级硕士研究生。
① 陈天社:《真主党探微》,《阿拉伯世界》2000年第2期,第33页。
② 李福泉:《真主党的发展演变与黎巴嫩政治前景》,《西亚非洲》2013年第2期,第69页。
③ 王维周:《黎巴嫩十叶派和真主党》,《阿拉伯世界》1989年第1期,第19页。
④ 董漫远:《真主党及其地区性作用》,《国际问题研究》2007年第6期,第20页。

织、合法主流政党、社会福利组织三重身份的结合。① 而阿拉伯和西方的学者则由于受到自身不同国家、政治和宗教派别和意识形态方面的影响，对真主党的评价存在两种极端的现象，肖克力图避免过去其他研究中的局限，还原真主党的真实历史，展现真主党的真实面貌。

一

中东地区是国际社会关注的热点地区，而真主党是其中主要的政治力量之一。《真实的黎巴嫩真主党》介绍了真主党的成立原因、主要思想和纲领文件及其组织结构和重要人物，并对真主党过往的发展进程和未来所面临的挑战都做了深刻的分析和解读。本书由此分为六个章节。

第一章介绍真主党的成立的背景因素。作者认为真主党的成立是多种因素共同作用的结果。首先，伊斯兰世界中什叶派对真主党的支持是其存在的最重要的因素。什叶派占黎巴嫩人口的三分之一，因为其生存环境的变化而产生对黎巴嫩经济社会变革的要求。其次，伊朗对真主党在政治、经济和军事等方面进行了大力的支持。双方可谓是"你中有我，我中有你"的关系。再次，黎巴嫩国内缺乏强大的政党和政治派别，各大教派势力均衡，民众也缺乏统一的国家理念。真主党巩固了自己的什叶派地位，逐步成为可以左右黎巴嫩政局的政党。最后，以色列与黎巴嫩在水资源问题和巴勒斯坦问题上矛盾激烈，真主党以抗议以色列作为自己成立的口号，获得了良好的群众基础。

第二章阐释了真主党的主要思想和纲领文件。真主党的主要思想包括教法学家统治理论和圣战（抵抗运动）思想。教法学家统治理论，是指民族的领导者必须是公正的、通晓法律的教法学家，才能建立符合真主意志的制度。这一思想使真主党获得了群众基础。同时，真主党借助《古兰经》将反对以色列的战争称为圣战，这对于什叶派信众具有极大的号召力。真

---

① 李福泉：《真主党的发展演变与黎巴嫩政治前景》，《西亚非洲》2013年第2期，第70—72页。

主党的纲领文件主要是1985年的《公开信》和2009年的《政治文件》。《公开信》是真主党成立初区分"善恶敌友",呼吁限制西方霸权主义思潮在伊斯兰世界的影响的声明。《政治文件》则显示了勒真主党的"温和化"以及它在过去二十多年来充分适应黎巴嫩、阿拉伯地区的政治和军事形势发展起来的能力(第45页)。

第三章所写的是真主党的组织结构和重要人物。本书主要介绍了真主党的党内架构、武装力量、宣传机器、文教机构等诸多方面。作者认为,真主党随时准备根据最新的形势的变化来调整它的目标及内部结构(第65页),充满了实用主义的色彩。对于真主党的重要人物,本书选取介绍了真主党的"精神之父"阿巴斯·穆萨维,总书记纳斯鲁拉,副总书记纳伊姆·卡西姆,以及军事领袖穆格尼亚这四位主要领导人。通过对这些关键人物的评析介绍,真主党的组织构成和发展历程也可见一斑。

第四章回顾了真主党发展的两个阶段。第一阶段是1982—2000年,真主党在其成立和发展壮大时期,主要任务是发动群众进行反以战争,因此并没有将很多精力放在国内政治上。(第93页)第二阶段是2000年以后,在以色列被迫从黎巴嫩南部撤军后,真主党继续反以战争的同时,积极参与国内政治,并通过与伊朗和叙利亚的结盟,逐步发展成为黎巴嫩乃至中东地区的一支重要力量。

第五章主要内容是真主党的外对关系。作者认为与伊朗和以色列的关系构成了真主党对外关系的最重要的两个方面,与伊朗"亲密无间",与以色列则"水火不容"。在巴勒斯坦问题上,真主党主张通过抵抗运动迫使以色列承认巴勒斯坦人民的合法权利。同时,真主党与叙利亚的关系经历了从敌对警惕到深化发展的过程(第141页),但其与海湾国家的关系还十分紧张(第154页),并受到伊朗与这些国家关系的正相影响。美国由于无条件支持以色列,并将真主党列为恐怖组织。而真主党与美国的敌对状态,也提升了其在黎巴嫩和阿拉伯地区的民众支持度。

第六章谈到了真主党的未来和所面临的挑战。作者认为真主党具有可持续发展的能力,它将在中东地区长期存在下去,其地区影响力也会越来越大。真主党享受着与伊朗保持密切关系的便利,同时也力图甩掉"伊朗政党"的帽子,但无论真主党如何努力想证明自己的黎巴嫩属性,只要伊朗伊斯兰共和国一直存在,真主党同伊朗的联盟关系就会一直存在(第223页)。目前,真主党不再只是黎巴嫩政坛的角逐力量之一,而是实际已经控制了黎巴嫩政坛。因此,真主党也面临自我约束的问题。对于真主党的领导层来说,不沉迷权力,并竭力挽回叙利亚危机而失去的民意支持十分重要。

作者认为,尽管真主党在其发展过程中面对来自国际社会、地区势力的威胁,如美国和以色列以及其他一些阿拉伯国家和国内反对派的阴谋破坏,20多年来,真主党还是完成了自身的持续发展(第227页),不仅成为黎国内举足轻重的政治和军事力量,而且上升为具有地区性影响的激进力量。真主党是一个充满生命力的政党,它会根据地区发展形势适时调整自己的目标和策略。未来,真主党将通过政策调整等方式继续在中东地区的政治局势中扮演重要的角色。

二

本书具有以下几个突出特点。

首先,作为一个叙利亚人,作者有机会实地造访真主党在黎巴嫩和叙利亚的机构,甚至亲自采访到部分真主党领导人,为这一领域的其他研究者,尤其是中国研究者提供了很多不易获得的宝贵信息。

其次,著作参考了很多中国学者、阿拉伯学者的研究成果,还有很多一手材料。书中所引文献中利用了阿拉伯相关国家的网站、电台、报纸、杂志等方面的资料来系统介绍真主党的建立和发展概况,目前在我国尚无同类研究能够做到。著作很好地弥补了我国中东地区研究资料中的缺乏,对研究中东问题有重要的参考价值。

再次,本书可以说是国内第一部系统研究真主党问题的专著。本书对真主党成立三十多年来的发展轨迹有着清晰的梳理和回顾,也体现出真主党成立和发展的过程中,根据国际、国内环境的变化,在其战略和战术上都进行了相对应的调整。同时,由于本书是作者在其数年前的博士论文基础上修改而成的,作者在写作中和出版时不断更新着内容,深化着认识,可谓不仅是"就事论事",还有"就时论时"的味道。如作者对"阿拉伯之春"、叙利亚危机、阿以冲突和解等问题中,真主党所面临的挑战也做出了自己分析和思考。

又次,本书细化介绍了真主党的党内架构、武装力量、宣传机器、文教机构等诸多方面。此外,还特别关注了相关领导人物在该党成立和发展过程中的角色和作用。通过对这些机构和组织的变迁的介绍,以及对这些关键人物履历和性格的评析,真主党的真实面貌可见一斑。

最后,作者力图避免过去其他研究中,由于研究者受其国籍、政治和宗教派别和意识形态方面差异的影响,而对真主党的评价存在两种极端的现象。肖克对真主党的得失有着较为客观的评析,也对该党未来的发展做出了自己的预见。

三

同时,本书也存在着一定的局限和缺憾。

首先,作者受到自己主客观条件方面的局限,在著作中对于西方学者相关研究的引用和借鉴尚显不足。全书只引用了几篇西方学者的论著,其余都是阿拉伯学者和中国学者的著作。

其次,本书是在作者博士论文基础上完成的,然而作为一部学术著作,在其出版时对真主党问题国内外的研究现状和文献综述的部分内容进行了删减。这对于读者和其他研究者来说不得不说是一种缺憾。

另外,真主党作为黎巴嫩政治舞台上一支新兴的政治力量,其活动经常受到叙利亚和伊朗的制约和影响。① 尤其是真主党与伊朗有着"你中有我,我中有你"的特殊关系,真主党努力甩掉"伊朗政党"的帽子,同时享受着伊朗对其政治、经济、军事等方面的支持和援助。这种广而深的联盟关系一直存在着。作者在其研究中虽有所提及但却没有进一步展开讨论。

---

① 吴云贵:《黎巴嫩真主党述评》,《西亚非洲》1997年第6期,第36页。

最后，多年来，黎巴嫩在面临内部矛盾和外部冲突过程中，真主党的名字也多次和恐怖事件和暴力活动联系在一起，20世纪80年代初，暴力、暗杀、绑架是黎真主党的主要活动方式;① 真主党号召圣战，对中东和平进程也持反对态度。② 作者对于这方面的评述显得有所不足。

当然，这些问题在一部著作中全部得到解决是十分困难的，特别是肖克作为一名年轻的跨国学者，以中文写作，全书在内容和语言上所达到的成熟度已是不易。总体说来，本书让我们对真主党成立和发展的来龙去脉有了较为全面和清晰的了解，也让我们中东地区的政治格局有了更深入的认识。

---

① 温诚:《黎巴嫩真主党政策调整浅析》，《阿拉伯世界》2003年第4期，第18页。
② 吴云贵:《黎巴嫩真主党述评》，《西亚非洲》1997年第6期，第38页。

评伦德斯塔德
《战后国际关系史》(第六版)

喻 卓*

盖尔·伦德斯塔德（Geir Lundestad）的《战后国际关系史》自1985年第一版以斯堪的纳维亚语问世以来，已经有挪威语、瑞典语、英语、汉语、俄语及土耳其语版本，先后发行六版，在世界多个国家出版。本文是以英语第六版[①]的中译本《战后国际关系史》（第六版）[②]为基础写作而成。

盖尔·伦德斯塔德是挪威奥斯陆大学国际关系史教授，曾担任挪威诺贝尔研究所主任和诺贝尔委员会秘书，是挪威最有影响力的历史学家之一。他的主要研究领域为国际关系史、美欧关系、美国对外政策等。伦德斯塔德著述颇丰，在国际政治及美欧关系领域都有大量的著述，是研究战后问题最具造诣并具有全球影响的学者。其代表作品主要有《被邀请的帝国？美国与西欧，1945—1952》《二战以来的美国与西欧》《美帝国的崛起与衰落》《20世纪的战争与和平》《大国的衰落：和平、稳定与合法性》《战后国际关系史》等。

《战后国际关系史》（第六版）记载了自二战以来国际关系史发展、演

---

* 喻卓，首都师范大学历史学院2014级硕士研究生。

① Geir Lundestand, *East, West, North, South, Major Developments in International Politics Since 1945* (6th Edition), Los Angeles, London: SAGE, 2010.

② ［挪］盖尔·伦德斯塔德：《战后国际关系史》（第六版），张云雷译，北京：中国人民大学出版社，2014年。该书最初是作为王浦劬主编的《国外经典政治学教材》之一种。2015年，该书又以《大国博弈》（第六版）为题单独发行了中文版。

变的全过程，着重介绍了二战后最为重要的美苏关系，以及东西关系、南北关系、美欧关系、苏联集团内部关系等主要关系，突出展示了朝鲜战争、越南战争、中苏分裂、东欧剧变和苏联解体等重大事件的历史细节，以及东亚的崛起、去殖民化、发展与欠发展、全球化与碎片化等历史趋势的内在动力。作者独具匠心，在编写体例上编年与主题相结合，在阐释方法上叙述与评论相结合，同时还恰当引入国际关系史和国际政治的一些理论和方法，深入浅出。该书以全球化视野，全面覆盖了战后至今国际关系史的众多主题，叙述简明扼要、线索清晰、重点突出，被誉为最好的国际关系研究导论。作者坦言"历史从不是只写一次即成定论，它必须经历一次又一次的补充与完善"（初版序第 2 页，下面括号内页码均为该书第六版中文译本《战后国际关系史》对应页码）。随着时间的推移和国际局势的变化，在第六版中，作者新增了三个章节，对于各章的材料也做了调整，它比以前的版本都更为全面。《战后国际关系史》（第六版）作为一本内容丰富的国际关系史教材，早年就被国内多所著名高校的历史、国际关系等相关院系使用。

编年与主题相结合

该书共十五章，在全书的阐释中，作者把按年代的编排与按主题的安排相结合，动态地展现了冷战开始、扩大、缓和、紧张和结束的全过程，按主题突出了战后国际关系史上的重大变革。

第一章作为战后"新世界"的开端，从宏观的方向阐明二战后，美国、苏联、德国、日本、英国、法国等国际地位的变化。之前数个世纪以欧洲为中心的世界即将瓦解。

第二章至第七章，各章以编年的方式勾勒了冷战开始、扩大至全球、东西关系缓和、东西方再度紧张、冷战结束，以及冷战后的地区冲突等整个战后国际关系史的大脉络。

第八章至第十四章，以主题的方式阐述 1945—2009 年国际关系史上的重要内容和历史趋势。军备竞赛无疑是战后时期美苏较量的重要内容，第八章作者就讨论了"军备竞赛"以及各个时期的美苏战略。第九章以"美国与西欧"关系为主题,论述了美欧关系从合作到争议、从紧张再到合作的变迁,作者认为"美国仍然是主导者,尽管欧洲希望它能与自己有更多的协商"(第141页)。第十章全面阐释了"苏联/俄罗斯和(前)共产党国家"的关系,其中尤以中苏分裂、苏联与东欧关系、东欧剧变和苏联解体为重。现在的国际关系中,新的东方已经发展起来,无疑,东亚自二战以后已开始成为一个越来越重要的地区,在新增的第十一章"东亚的崛起"中反映了这些新变化。第十二章,作者从国际、国家、地区三个层面和国际政治中的不结盟运动来解释"去殖民化"进程。第十三章和第十四章,主要讨论了"南北经济关系"问题,以及理论和更为结构性的发展变化,系统分析了发展中国家为什么贫穷的问题。

为综合众多角度,作者把第十五章作为"结论",以希解释全球化与碎片化并存的原因,东方与西方、北方与南方的概念,超级大国、国家和个人对国际关系的影响。

作者表示"并非所有的章节都是基于同等程度的研究和思考"(初版序第2页),笔者认为就重要性而言,全书章节安排合理,详略得当。但是编年与主题的安排方式存在的明显问题是,有一些紧密联系的问题被分在不同章节加以分析,作者使用"前后参看"的方式以减少重复,虽能表明作者对全文熟练的驾驭能力,但是这难免会给读者带来思维断裂的弊端。如本书第15页就存在三处"参见……"的情况。

叙述与评价相结合

在编写的过程中,作者将对历史的叙述与对历史的评价结合起来,深入解析重要历史事件和问题的内在动力和因果关系。在东西问题上,作者自认为是所谓的后修正主义者,作者表示不会明显地考量归罪指责问题,只试图对美国和苏联国家政策背后的推动力做些许说明。

在描述一国政策、策略,以及事件的发展和大的历史脉络时,作者多用叙述的阐释方法。而在解释内在动力和因果关系、容易引起争论的问题、概念的演变等问题上，作者多给出其他学者对该历史问题的不同解读，同时做出评价，表明自己的观点。

作者认为二战以后，美国和苏联在世界众多地区直面对方，但是较之于之后的事态，两个超级大国的克制都十分明显（第3页），这表明了作者的中立态度。在论述美苏在世界诸多地区对抗的原因时，作者给出了其他学者的解释（第10—11页）：人性不同说、政治经济体系差异说。作者进一步讨论了体系差异，认为社会民主不一定能消解冲突，战时同盟关系形成的氛围影响战后，还补充了两种不同观念的冲突。但是在论述美国政策（第11—15页）时，可以明显看出作者对美国冷战初期政策的偏向，在谈到美国对莫斯科和东欧国家的贷款问题和租借法案时，作者明确表示美方提出的条件过于严苛，双方无法达成一致，美国对经济援助物资和资金的分配很明显地反映出华盛顿的介入和优先次序，能否获得贷款的决定性因素是这个国家的对外政策立场。而在解释美国对外政策的限制时，作者列出的几点内容：不会有使用原子弹来直接威胁苏联的可能、租借协议停止的原因、贷款谈判所附带条件并非单独对苏联和东欧所设，都很难令人信服。作者在解释美国在全球的干涉时，只是指出美国担负责任的轻重因地区不同；列举华盛顿对东欧、中国和西欧的政策，也同样不太具有说服力。其中可以看出，作者虽没有明确表明归罪问题，但是对美国政策的合理性做出了更多解释，表明作者对美国政策的偏向。

史实与理论相结合

本书的另一特点是，在阐明基本史实的过程中，大量引入不同理论，让我们在了解史实的基础上，对国际关系的主要发展趋势和基本理论有更好的理解。

第二章伊始，作者就说明了关于冷战的新旧理论，阐述传统主义者、修正主义者、后修正主义者的观点和三派不同之处，最后还列举了一些值得注意的新变化。关于冷战结束的原因，作者也同样解释了"胜利派"的两种视角、中庸派的观点，以及其他的不同观点；作者提出有必要突破对个人因素的着迷，研究者应尝试将冷战同更为深刻的国家及国家结构联系起来。

在去殖民化问题上，作者从国际层面、国家层面和地区层面来解释这一进程，这三个层面也是我们在研究许多国际关系问题时需要考虑的因素。在南北关系问题上，作者解析了自由主义学派和结构主义学派的观点，并运用这两派观点来解释南北经济关系的四个中心问题。但让笔者产生疑惑的是，在作者的表述中，对结构主义者的观点论述更细致，且随处可见对结构主义者观点的怀疑和批判；而对自由主义者的观点提及较少，并没有对自由主义者的观点做出评价或表示认同。在解释南方为什么贫穷的问题时，作者引入经济学家加布尔雷思划分第三世界国家的三种模式，以解释经济发展情况各异的原因。

在本书的结论中，作者解释了现在流行的全球化和碎片化理论，或者叫概念更适合，并从四个层面解释了全球化与碎片化并存的原因。作者点明了东方与西方、北方和南方的概念，这也与原著英文书名"东西南北"相呼应。同时，这些概念的定义也随着国际局势的变化而演变，比如东方的概念，就存在传统的定义、冷战时期的特指、新的正在崛起的东方等含义，而新的东方仍然复杂多变；南方的概念也非常复杂，经常很难明确哪些国家属于哪个分类，各方也没有建立起有效的全球组织，这些概念仍在变化之中。

全面与简明相结合

全面与简明相结合的特点，是说该书内容全面，视野宏阔，囊括了战后国际关系史的众多主题，几乎覆盖了所有重大历史事件和问题，叙述简明扼要、语言精练。例如，在第三章"美国亚洲政策的变更"（第37—41页）一节中，作者把美国条约体系的复杂变更，全面系统地展现在读者眼前，使人一目了然。从第十三章和第十四章可以看出，作者除了对冷战中传统的政治、军事、集团内部关系的关注之外，也关注各国家阵营间的关系。在第十三章中，作者分五个主要阶段对南北经济关系做了详细的评估，紧接着第十四章引入两个理论讨论南北经济关系。

全面来看,在很多问题的处理上,作者不是一家之言,而是全面总结了学界的观点,再融合自己的看法,让本书更能经得起长久考验。作者对于利用单一因素解释国际问题的做法表示极度怀疑,这也启发我们在国际关系史的研究中需要更全面、更宏观地看问题。

作者简明扼要的叙事方法和较少展现具体事实、更多注重国际关系主要发展趋势的阐释,无疑为读者带来了很多便利。但是其中难免存在一些问题,作者对某些史实的叙述点到为止,缺乏深入分析,导致结论太过牵强。例如,作者在书中(第11—13页)提到,1945年8月,54%美国人认为苏联值得信任,战后美苏可能继续合作。而到1945年9月至10月的伦敦外长会议,英、美与苏联之间有了公开分裂,"原本合作的希望很大,故而因合作失败而造成的失望情绪更大","进而大部分公众舆论觉得斯大林简直是希特勒第二"。笔者认为这其中转向太快,正是由于作者宏大的范围、简略的叙述,而又没有支持的细节和确信的证据,不免让人产生疑惑。

本书存在的另一个问题是,缺乏注释和充分的参考文献,全书只有及少的数据列表标明了资料来源,而对于许多其他学者的观点作者并没有明确标注。作者虽然在每一章最后列出了最重要的文献,但数量较少。就教科书来说,为简洁起见,这些可能是通行的做法,但对于研究型著作来说,可能需要更深入的解释和规范的注释。

在本书的中译本中也存在一些明显的翻译及印刷错误,主要有如下几类。(1)数字翻译错误。中文本第2页,"二战结束时,美国与苏联各有大约1.2亿的在役人员"。经核查英文原文,"1.2亿"应该是"1200万"。第4页,"但收益仅有3亿英镑","3亿"应改为"3.5亿"。(2)错别字问题。第14页,"美国并无准备参与承担任务义务","任务"应该是"任何"。第138页,"北约的一体化均势组织","均势"应改为"军事"。(3)多字、漏字的情况。第121页,"在贝文外大臣的领导之下"是"贝文外交大臣"。第152页,"苏联入侵捷克斯洛"应该是"捷克斯洛伐克"。(4)专有名词翻译不准确。第108页,"由潜艇发射的弹道导弹"通常被译为"潜射弹道导弹"。第118页的"《不扩散核武器条约》通常译为"《核不扩散条约》"。(5) 句子不通、逻辑不清的问题。第 30 页,"没有理由对莫斯科爱毛泽东胜于爱蒋介石有什么疑问……"应该译为"几乎没有理由怀疑苏联集团更倾向于毛……"。第 171 页,"日本早就想要与中国建立更紧密的联系,但是又不得与美国的政策保持一致,这样日本也只得承认中国"应该翻译为:"日本早就想与中国改善关系,但是又必须与美国的政策保持一致。现在,日本也承认了中国。"

稿 约

《近现代国际关系史研究》是由首都师范大学历史学院国际关系史研究中心出版的学术辑刊,每年2辑。本辑刊旨在为从事国际关系史研究的学者提供一个相互交流的平台,设有专题研究、中外关系研究、美国外交研究、宣传与公共外交史、研究生论坛、档案文献、学术动态、书评等栏目,欢迎学界同行赐稿。相关信息如下:

1. 研究性论文要以一手档案为基础,具有原创性且未曾发表,欢迎选题新颖、运用多边档案的长篇研究。其中,研究生论坛中刊发博士硕士及本科生的优秀论文。本辑刊尤其愿意刊发能反映学界动态的研究综述、书评书讯、专题书目等内容的稿件,也欢迎以某个专题内容为核心整理的档案资料汇编。

2. 注释体例,请以《历史研究》格式为准。详情可见中国社会科学杂志社相关页面:http://qk.cass.cn/lsyj/tgxt/ywzs/。来稿并请附上论文英文标题、中文摘要和关键词。

3. 编辑部将组织同行专家对来稿进行评审,并将评审结果尽快通知作者。

4. 来稿一经录用,请勿再投他处。

5. 录用并出版的作品,将略致薄酬,并赠样书2册。刊发后稿件版权归《近现代国际关系史研究》辑刊所有。

6. 纸本请寄:北京市海淀区西三环北路83号首都师范大学历史学院,姚百慧收,邮编100089;电子稿请发:baihuiyao@163.com。

首都师范大学历史学院
国际关系史研究中心
2017年2月1日